W0200779

DUMONT'S PFLANZEN-FÜHRER

DUMONT'S
PFLANZEN-FÜHRER

2.000 prämierte Pflanzen,
ausgewählt von der
Royal Horticultural Society

DUMONT

EIN DORLING KINDERSLEY BUCH

Alle in diesem Buch enthaltenen Angaben, Daten, Ergebnisse etc. wurden von den Autoren nach bestem Wissen erstellt und von ihnen und dem Verlag mit größtmöglicher Sorgfalt überprüft. Gleichwohl sind inhaltliche Fehler nicht vollständig auszuschließen. Daher erfolgen die Angaben etc. ohne jegliche Verpflichtung oder Garantie des Verlags oder der Autoren. Beide übernehmen keine Verantwortung und Haftung für etwaige inhaltliche Unrichtigkeiten.

Titel der englischen Originalausgabe: *RHS Good Plant Guide*

© 1998 der englischen Originalausgabe:
Dorling Kindersley Ltd., London

© 1999 der deutschsprachigen Ausgabe: DuMont Buchverlag, Köln

5. Auflage 2000
Alle deutschsprachigen Rechte vorbehalten

Aus dem Englischen von Dr. Nadja Biedinger, Dr. Rüdiger Seine,
Dr. Elvira Groß, Botanisches Institut der Universität Bonn
Satz der deutschen Ausgabe: Achim Mantscheff, Books & Bagels, Köln–Amsterdam
Umschlaggestaltung: Nicole Hardegen, Köln

Reproduktionen: GRB Editrice, Italien
Printed and bound by Lego, Italien

ISBN 3-7701-4814–2

INHALT

EINLEITUNG

Gärtner haben heutzutage reichlich Auswahl beim Pflanzenkauf. Die Züchter bringen beständig neue Sorten auf den Markt. Außerdem sind Pflanzen nicht nur in Gärtnereien und Baumschulen, sondern auch in Supermärkten und Einkaufszentren im Angebot. In diesen, traditionell nicht auf Pflanzen ausgerichteten Geschäften sind Hinweise und Ratschläge nur selten zu bekommen. Es ist deshalb nicht verwunderlich, daß Gartenfreunde es gelegentlich schwierig finden, die richtige Pflanze auszuwählen.

DUMONT's Pflanzenführer wurde zusammengestellt, um Gärtnern unabhängig von ihrer Vorbildung und Erfahrung die Auswahl hervorragender, zuverlässiger Pflanzen zu ermöglichen. Da alle Pflanzen in diesem Buch von der *Royal Horticultural Society* empfohlen werden und die Mehrheit sogar die Auszeichnung *Award of Garden Merit* (AGM, siehe S. 10–12) erhielt, können auch Anfänger hier die richtigen Pflanzen aussuchen.

Allerdings beziehen sich die Empfehlungen nur auf die Pflanzenarten und -sorten, nicht auf die Gärtnereien oder Händler, denn es ist unmöglich, die Qualität jeder einzelnen Pflanze zu garantieren, die an irgendeinem Ort verkauft wird. An diesem Punkt müssen Gartenfreunde ein gewisses Maß an gesundem Menschenverstand und Urteilskraft besitzen, um sicherzugehen, daß die gekaufte Pflanze zu Hause auch gedeihen wird. Die folgenden Seiten geben Hinweise darauf, wie man gesunde, gut gewachsene Pflanzen oder Zwiebeln auswählt, richtig transportiert und ihnen einen guten Start im Garten ermöglicht.

Wachsende Auswahl
Exotische Pflanzen wie dieser blaue Mohn (Meconopsis grandis) *sind sehr attraktiv, man sollte aber vor dem Kauf prüfen, welche Bedürfnisse sie haben.*

FÜR DEN GARTEN AUSWÄHLEN

Es ist wichtig, die passenden Pflanzen für die Standortbedingungen im eigenen Garten auszuwählen; die Vorlieben der Pflanzen sind in dem Kapitel *Prämierte Pflanzen von A–Z* angegeben. Gut vorbereiteter Boden, Düngung und, unter trockenen Bedingungen, Bewässerung in der Anfangsphase sind wichtige Voraussetzungen für das Wohlergehen der Pflanzen. Im Kapitel *Pflanzen für jeden Standort* wird aber auch auf Arten für nährstoffarme oder trockene Stellen hingewiesen. Die Einträge in diesem Pflanzenführer geben auch grundlegende Pflegehinweise, Ratschläge zur Beschneidung und, bei empfindlicheren Pflanzen, zum Schutz im Winter. Wenn Sie diesen Hinweisen folgen, sollten sich die Pflanzen gut entwickeln und als Zierpflanzen oder Nutzpflanzen die Erwartungen erfüllen, die eine Empfehlung durch die *Royal Horticultural Society* weckt.

WIE MAN DIESES BUCH BENUTZT

DUMONT'S Pflanzenführer soll die Auswahl von Pflanzen auf zwei verschiedene Weisen erleichtern.

DAS A–Z PRÄMIERTER PFLANZEN

Hier werden über 1.000 Pflanzen mit vollständigen Einträgen und Fotos vorgestellt. In diesem Abschnitt finden Sie Details über Pflanzen, deren Namen Sie auf einem Schild oder in einer Gartenzeitung gelesen oder im Fernsehen oder Radio gehört haben. Die Beschreibungen enthalten Angaben zur Art der Pflanze, ihrem Wuchs, dem Zierwert, dem besten Standort, der wirkungsvollsten Verwendung und zur Pflege. Die wichtigsten Kulturansprüche werden zum schnellen Überblick auch in Symbolen angegeben (siehe rechts).

DIE PFLANZEMPFEHLUNGEN

Das Kapitel *Pflanzen für jeden Standort* enthält praktische »Einkaufslisten« mit Pflanzenempfehlungen, etwa für feuchte, schattige Stellen oder für Themenpflanzungen, z.B. Pflanzen, die Vögel anlocken. Zusätzlich gibt es auch Vorschläge für Obst und Gemüsesorten. Auf die Einträge im alphabetischen Teil wird mit Seitenzahlen verwiesen.

Blickfang (rechte Seite)
Auf Pflanzenausstellungen kann man neue Pflanzensorten kennenlernen.

ERKLÄRUNG DER SYMBOLE

🏆 Prämierte Pflanze

FEUCHTEBEDÜRFNIS/FEUCHTETOLERANZ

💧 Wasserdurchlässiger Boden
💧 Feuchter Boden
💧 Nasser Boden

LICHTBEDÜRFNIS/LICHTTOLERANZ

☼ Volle Sonne
☼ Halbschatten; entweder lichter Schatten oder zeitweise Schatten
☼ Schatten

Hinweis: Wenn zwei Symbole einer Kategorie erscheinen, gedeiht die Pflanze unter verschiedenen Bedingungen.

ANGABEN ZUR FROSTHÄRTE

(Bei der Verleihung des *Award of Garden Merit* wird die Frosthärte geprüft)

🏆F1 Pflanzen aus warmen, frostfreien Klimaten, die im beheizten Gewächshaus oder im Zimmer gehalten werden müssen. Einige können im Sommer im Beet oder im Topf im Freiland kultiviert werden.

🏆F2 Pflanzen, die im kalten Gewächshaus oder im Wintergarten gedeihen; manche können im Sommer im Freien stehen.

🏆F3 Pflanzen, die in milden Gebieten im Freiland gedeihen oder in gemäßigten Breiten im Sommer im Freien gehalten werden, aber frostfrei überwintert werden müssen (z.B. Dahlien).

🏆F4 Frostharte Pflanzen.

🏆F1+3 Wintergartenpflanzen für frostgefährdete Gebiete; im Sommer können sie im Freiland gehalten werden.

DIE PFLANZEN IN DIESEM BUCH

Die Auswahl an Pflanzen, über 2.000, die in *DUMONT's Pflanzenführer* vorgestellt werden, wurde sehr sorgfältig getroffen, damit alle Pflanzentypen vorhanden sind und für jeden Platz im Garten eine Pflanze gefunden werden kann. Die meisten dieser Pflanzen sind in Großbritannien leicht erhältlich, mit etwas Ausdauer und der Unterstützung einer guten Gärtnerei sollten sie aber auch im übrigen Europa zu bekommen sein. Die meisten in diesem Buch enthaltenen Pflanzen haben den Preis der *Royal Horticultural Society*, den *Award of Garden Merit* (AGM), erhalten. Der stilisierte Pokal, das Zeichen für den Preis, hat sich mit der Zeit in Großbritannien und weit darüber hinaus zu einem Qualitätsmerkmal in Gärtnereikatalogen, auf Etiketten und in Gartenbüchern entwickelt.

DER AGM

Die bedeutende Auszeichnung der *Royal Horticultural Society*, der *Award of Garden Merit* (AGM), wird für herausragende Pflanzen verliehen. Alle Zierpflanzen, ob aus dem Freiland oder dem Gewächshaus, auch Obst- und Gemüsepflanzen, können mit dem Preis ausgezeichnet werden. Jede Art von Pflanze, von Bäumen bis hin zu winzigen Alpenpflanzen, kann bei den Testverfahren angemeldet werden.

Der AGM ist die höchste Auszeichnung, die die *Royal Horticultural Society* vergibt, er soll aber vor allen Dingen einen praktischen Nutzen für den Gärtner haben und ihm die Auswahl von Pflanzen erleichtern. Jede der prämierten Pflanzen erfüllt die folgenden Kriterien:

G. clarkei **'Kaschmir White'**
Vielseitige, leicht zu kultivierende Pflanzen erhalten den AGM, weil sie äußerst nützlich sind.

Camellia x williamsii **'Brigadoon'**
Ausgewählte Sorten blühender Pflanzen werden besonders hervorgehoben.

Hydrangea macrophylla **'Altona'**
Die besten Sorten von Gartenklassikern werden empfohlen.

- Ausgezeichnete Zierpflanze für das Gewächshaus oder das Freiland.
- Gute Konstitution.
- Im Gartenhandel erhältlich oder wenigstens zur Vermehrung zugänglich.
- Nicht besonders anfällig für Schädlinge oder Krankheiten.
- Benötigt keine aufwendige Pflege, abgesehen von den besonderen Standortbedingungen, die die Pflanze braucht (z.B. kalkfreier Boden).
- Die vegetativen und floralen Merkmale sind relativ stabil.

Der letzte Punkt bezieht sich vor allem auf Pflanzen mit ungewöhnlichen, von der Art abweichenden Merkmalen, wie gefüllten Blüten oder panaschierten Blättern. Solche Pflanzen stammen häufig von einem einzelnen, natürlich mutierten Individuum ab und neigen dazu, zur normalen Blütenform oder Blattfarbe zurückzuschlagen, besonders wenn die Vermehrung über Samen erfolgt. Diese speziellen Merkmale können erst durch mehrere Generationen gezielter Vermehrung und Auswahl so weit stabilisiert werden, daß ein Sortenname (meist vom Züchter gewählt) eingetragen und die Pflanzen gehandelt werden können. Viele Mutanten lassen sich nie aus Samen nachziehen und müssen über vegetative Methoden, wie Stecklinge, vermehrt werden.

WIE PFLANZEN DEN PREIS ERHALTEN

Der AGM wird entweder nach Sichtungsverfahren vergeben, die gewöhnlich im Ausstellungsgarten der *Royal Horticultural Society* in Wisley, England, durchgeführt werden. Er kann aber auch an anderen Orten, an denen besondere Fachkenntnisse zu bestimmten Gattungen vorhanden sind, oder durch eine Expertengruppe vergeben werden. Es gibt keine Abstufung innerhalb des

Prunus laurocerasus
Diese Immergrüne ist ganzjährig interessant und als Hecke oder Solitärpflanze einsetzbar.

Anemone blanda
'White Splendour'
Reichblühende Sorten für jeden Standort und Jahreszeit erhalten den AGM.

***Acer negundo* 'Flamingo'**
AGM-Pflanzen mit panaschierten Blättern schlagen selten zur grünen Form zurück.

AGM, gute Pflanzen werden nicht von besseren und besten Pflanzen unterschieden. Allerdings sind die Anforderungen bei Gruppen, die viele Sorten umfassen, besonders hoch, um zu gewährleisten, daß die Auszeichnung sinnvoll und für Gärtner nützlich ist.

WEITERE PFLANZEN IN DIESEM BUCH

In einigen Pflanzengruppen, etwa bei Einjährigen (besonders für Sommerbeete) und Gemüse, gibt es so viele neue Sorten, die jährlich ihre Vorgänger ablösen, daß die Versuche und Begutachtungen für die Verleihung des AGM kaum noch schnell genug sind, um mit der Entwicklung mitzuhalten. Um bei diesen Gruppen, die etwas unterrepräsentiert sind, eine größere Auswahl zu bieten, wurden im Kapitel *Pflanzen für jeden Standort* auch andere, ausgewählte Sorten aufgenommen, die sich über Jahre hinweg als zuverlässig erwiesen haben. Einige wurden in den Gärten der *Royal Horticultural Society* in Wisley und andernorts kultiviert, andere werden von verschiedenen Organisationen, wie der niederländischen *Fleuroselect,* empfohlen, die sich auf ein- und zweijährige Pflanzen von erstklassigen Züchtern spezialisiert hat und deren Auszeichnungen europaweit anerkannt werden.

PFLANZEN FINDEN

In diesem Buch werden durchgehend die botanischen oder wissenschaftlichen Namen der Pflanzen verwendet. Einerseits sind dies ohnehin die Namen, die Gärtner auf Etiketten und in Versandkatalogen finden, andererseits sind sie international anerkannt und überbrücken Sprachbarrieren.

Auf den Anfänger mag die Nomenklatur (Namengebung) von Pflanzen verwirrend wirken. Eine kurze Einführung in die Nomenklatur befindet sich auf den Seiten 24–25. Es ist wichtig festzuhalten, daß der AGM nur für einzelne Pflanzen innerhalb einer Gattung vergeben wird. Auch wenn sich die ausgezeichnete Sorte auf den ersten Blick nicht sehr von einer nahe verwandten unterscheidet. Einige Pflanzen besitzen Synonyme, ältere oder alternative Namen, auf die manchmal hingewiesen wird. *DUMONT's Pflanzenführer* listet bei einer Reihe von Pflanzen bekannte Synonyme auf. Die deutschen Namen der Pflanzen erscheinen im A–Z der prämierten Pflanzen und im Register.

Pflanzentest
Auf diesem Versuchsfeld im RHS-Garten in Wisley werden die besten Viola*-Sorten ausgewählt.*

DER KAUF GUTER PFLANZEN

Der erste Schritt zu einem Garten mit gesunden Pflanzen liegt in sorgfältiger Auswahl und aufmerksamem Einkauf.

WO SOLL MAN KAUFEN

Pflanzen werden heutzutage an so vielen unterschiedlichen Stellen verkauft, daß es keine einfachen, festen Regeln für den richtigen Händler mehr gibt. Grundsätzlich sollte man Pflanzen aber nur kaufen, wenn man relativ sicher ist, daß die angebotenen Exemplare richtig etikettiert sind, sorgfältig kultiviert wurden und keine Schädlinge und Krankheiten in den Garten einschleppen.

DER EINKAUF PER POST

Pflanzen im Versandhandel zu kaufen gehört zu den einfachsten (fast süchtig machenden!) Wegen, spezielle Sorten oder Arten zu beziehen. Die Auswahl ist riesig, viel größer als in den meisten Gartenbaubetrieben, und außerdem kann man bei Gärtnereien bestellen, die sich auf einzelne Pflanzengruppen spezialisiert haben und nicht besichtigt werden können. Mit Pflanzenkatalogen und Versandlisten ausgestattet, kann man fast jede Pflanze ganz bequem von zu Hause aus finden und bestellen. Vorausgesetzt, daß jemand am Liefertag die Pflanzen in Empfang nimmt, erhält man dann in der Regel sehr gesunde Exemplare. Die meisten Versandhändler ersetzen beim Transport beschädigte Pflanzen aber auch anstandslos. Gewöhnlich werden die Pflanzen mit einem kleinen Erdballen geliefert und sollten dann sofort gepflanzt werden.

EINKAUFS- UND PFLANZZEITEN

Laubwerfende Bäume, Sträucher und Rosen sind mit Ballen oder mit freiliegenden Wurzeln erhältlich. Immergrüne Gehölze werden nur mit Ballen angeboten. Doch diese Pflanzen sind nur in der Ruhezeit im Angebot; am besten kauft man sie im Spätherbst oder im zeitigen Frühjahr und pflanzt sie sofort ein. Containerware, die das ganze Jahr angeboten wird, erfreut sich immer größerer Beliebtheit. Diese Pflanzen können während des gesamten Jahres gesetzt werden, aber auch für sie sind die traditionellen Pflanzzeiten mit den ausgeglichenen Wetterbedingungen am geeignetsten. Pflanzen sollten niemals in gefrorenen oder ausgetrockneten Boden gesetzt werden, sondern in ihren Töpfen bleiben, bis die Bedingungen günstiger geworden sind.

In frostgefährdeten Gebieten dürfen nur voll frostharte Pflanzen im Winter gepflanzt werden. Im Frühjahr sollten empfindlichere Pflanzen gesetzt und Beetpflanzen gekauft werden. Pflanzen für Sommerbeete sollten keinesfalls zu früh gekauft werden, egal wie groß die Verlockung nach den dunklen, kahlen Wintertagen auch sein mag.

Beetpflanzen, die im zeitigen und mittleren Frühjahr angeboten werden, sind für Gewächshausbesitzer gedacht, die sie bis zum Ende der Frostgefahr unter Glas vorkultivieren können. Wenn man Beetpflanzen zu frühzeitig im Garten auspflanzt, riskiert man den Verlust der Pflanzen durch späte Fröste.

DIE EINKAUFSLISTE

Ob Sie einen neuen Garten anlegen, eine eingegangene Pflanze ersetzen oder einfach nur ein paar Veränderungen vornehmen wollen, eine sorgfältige, gut getroffene Auswahl ist der Schlüssel zum Erfolg. Es gilt, die vielen Standortfaktoren des eigenen Gartens zu bedenken (siehe S. 16–17), aber auch einige Einkaufstips (siehe S. 18–19) helfen, die richtige Wahl aus einem großen Angebot zu treffen. Viele Gartenliebhaber gehen am liebsten mit einer genauen Vorstellung zum Einkauf. Dennoch wird niemand bestreiten, daß gerade die spontanen Einkäufe zu den größten Freuden des Gärtners gehören. Mit *DUMONT's Pflanzenführer* ausgerüstet, können Sie auch spontan die richtigen Pflanzen aussuchen und teure Fehlkäufe vermeiden.

Sorgfältig kultivierte Pflanzen
Gesunde, klar beschriftete Pflanzen sind ein Merkmal, an dem man ausgezeichnete Gärtnereien erkennt.

Die Auswahl der richtigen Pflanzen

Obwohl es Mittel und Wege gibt, die Klima- und Bodenansprüche der Pflanzen zu erfüllen, spart man doch viel Mühe und Ausgaben, wenn man Pflanzen erwirbt, denen die Bedingungen des eigenen Gartens zusagen.

Die Frosthärte

In den meisten Gärten tritt im Winter Frost auf. Optimismus ist ein schlechter Ersatz für Schutzmaßnahmen, wenn frostempfindliche Pflanzen überleben sollen. Am besten überwintern sie in einem Gewächshaus, ein frostfreier Schuppen oder ein kühler Arbeitsraum können aber auch genutzt werden. In wirklich kalten Lagen lohnt es sich, einjährige Beetpflanzen zu nutzen. Die wärmeren Stellen sollten für wärmeliebende Sträucher und Stauden reserviert werden, die im Winter mit einer dicken Mulchschicht geschützt werden können.

Mehr Möglichkeiten
Kübelpflanzungen können gut für Gärtner sein, die Pflanzen mit speziellen Bodenbedürfnissen wie diese Azaleen halten möchten, für die sich ihr Garten nicht eignet.

SONNE UND SCHATTEN

Es ist empfehlenswert, eine »Karte« anzulegen, die zeigt, wieviel Sonne verschiedene Bereiche zu unterschiedlichen Jahreszeiten erhalten. Gutes Wachstum erreicht man durch genaues Erfüllen der Lichtbedürfnisse der Pflanzen.

DER BODEN

Die meisten Pflanzen gedeihen auch auf nicht ganz optimalen Böden, viele wachsen sogar unter eher ungünstigen Bedingungen. Es ist immer besser, Pflanzen zu kaufen, die den Boden vertragen, als den Boden so zu verändern, daß er zu den gewünschten Pflanzen paßt. Der Effekt, den man beispielsweise durch das Einarbeiten großer Mengen Torf oder Lehm erzielt, hält meist nicht sehr lange an; außerdem ist eine solche Veränderung auch unter Umweltaspekten nicht zu befürworten. Die heimischen Tiere nehmen derartig stark umgestaltete Gärten häufig nicht als Lebensraum an. Die Anreicherung des Bodens mit Mineralien ist aber durchaus wichtig. Man kann zwei Fliegen mit einer Klappe schlagen, wenn die Nährstoffe nicht in Pulver- oder Körnerform zugegeben, sondern als Mulch (Kompost oder alter Mist) verabreicht werden, der dann auch die Bodenstruktur verbessert.

Die Bestimmung des Säure- oder Basengehaltes des Bodens, des pH-Wertes, ist wichtig. Die meisten Pflanzen vertragen einen großen pH-Bereich in der neutralen Zone. Es gibt aber auch Arten, die sich so entwickelt haben, daß sie auf sehr sauren oder sehr alkalischen Böden wachsen können. Die Ansprüche solcher Pflanzen sollte man nicht ignorieren und beispielsweise versuchen, Azaleen auf kalkhaltigem Boden zu kultivieren; solche Versuche sind zum Scheitern verurteilt. Man sollte eher Pflanzen auswählen, die den vorhandenen Bodentyp bevorzugen oder, wenn man unbedingt eine spezielle Pflanzengruppe kultivieren will, die Pflanzen in Kübeln mit geeigneter Bodenmischung oder Topferde halten.

DER WASSERABFLUSS

Der Ausdruck »wasserdurchlässig, aber feuchtigkeitsspeichernd« gehört zu den häufig gebrauchten, aber scheinbar irreführenden Begriffen im Gartenbau. Allerdings beschreibt er keinen Widerspruch, obwohl es auf den ersten Blick so wirkt. Vielmehr beschreibt er einen Boden, dessen Zusammensetzung weder von Kies oder Sandkörnern, die kein Wasser halten können, noch von Lehm dominiert wird, der Wasser bindet und als klebrige Masse festhält. Die Anwesenheit einer dunklen, faserigen Substanz namens Humus erlaubt dem Boden, gleichzeitig Feuchtigkeit zu halten und Luft an die Wurzeln der Pflanzen zu lassen. Die Struktur des Bodens kann am besten dadurch verbessert werden, daß man Humus (siehe S. 21) einarbeitet; entweder im gesamten Garten oder beim Setzen einzelner Pflanzen.

GESUNDE PFLANZEN AUSWÄHLEN

Vermeiden Sie es, Pflanzen in schlechtem Zustand zu kaufen, selbst wenn es das einzige Exemplar einer von Ihnen schon lange gesuchte Sorte sein sollte. Eine kranke Pflanze gesund zu pflegen kann eine ganze Saison dauern, die Pflanze sieht nicht attraktiv aus und heutzutage ist das Angebot an Topfpflanzen so reich, daß Sie vermutlich später im Jahr eine gesündere Pflanze finden, die Sie direkt einpflanzen können. Es gibt wohl kaum einen Gärtner, der nie Mitleid mit einer vernachlässigten Pflanze verspürt hat, doch sollten Sie immer darauf achten, daß von Krankheiten oder Schädlingen befallene Pflanzen diese auch auf andere Zöglinge übertragen können.

DER EINKAUF

Zum Verkauf angebotene Pflanzen sollten deutlich ausgezeichnet, gesund, unbeschädigt und frei von Krankheiten und Schädlingen sein. Prüfen Sie die Pflanzen eingehend. Bei Pflanzen mit Wurzelballen sollte der Ballen fest und etwas feucht und das umgebende Netz intakt sein. Topfpflanzen sollten auch in Töpfen gezogen sein. Kaufen Sie keine Pflanzen, die auf Feldern oder Anzuchtbeeten gezogen wurden und kurzfristig getopft wurden. Auf der Oberfläche sollten keine Wurzeln zu sehen sein. Unten aus dem Topf herauswachsende Wurzeln deuten darauf hin, daß die Pflanzen zu lange im Topf kultiviert wurden. Heben Sie den Topf an, um sicherzustellen, daß die Wurzeln nicht in den darunterliegenden Boden eingedrungen sind. Pflanzen mit im Topf zusammengedrängten Wurzeln wachsen nicht gut an.

GESUNDES WACHSTUM

Ein kräftiger, oberirdischer Wuchs ist wichtig. Kaufen Sie keine Pflanzen

Glänzende, gesunde Blätter

Ein früher Beschnitt sorgt für einen schönen Wuchs

Die Wurzeln sind gut ausgebildet, aber nicht zu dicht

Gutes Exemplar
Diese Skimmia *hat einen kompakten Wurzelballen in gutem Verhältnis zum oberirdischen Teil.*

Gesunde Zwiebel
Der gesunde Zwiebelhals, die intakte Haut und die basale Scheibe, an der die Wurzeln entspringen, sind ein gutes Zeichen für den Gärtner.

Gesunde Scheibe am Grund der Zwiebel

Schlechtes Exemplar
Der schlecht abgeschnittene Hals, verletzte Schale und basale Scheibe der Zwiebel verraten mangelhafte Lagerung: diese Zwiebel wird nicht gedeihen.

Infektionen können durch die Wunde eintreten

mit blassem oder gelbem Laub, verletzten Triebspitzen oder etiolierten Trieben (weiche, blasse, überlange, schwache Triebe). Die Erde sollte nicht von Moosen oder Unkraut bedeckt sein.

Bei krautigen Pflanzen (Stauden, Sommerblumen etc.) sind kleine, gesunde Exemplare preiswerter als größere und wachsen schnell heran. Meist sind sie in Gruppen gesetzt attraktiver, als Einzelpflanzen wirken sie leicht verloren. Wählen Sie bei krautigen Pflanzen, auch bei jungen Einjährigen oder Beetpflanzen, die kräftigsten, buschigsten Exemplare mit möglichst vielen Blütenknospen aus.

BÄUME UND STRÄUCHER

Achten Sie beim Kauf der langlebigen Bäume und Sträucher auf Form und Gesundheit der Pflanzen. Sie sollten ein regelmäßiges Astwerk und einen im Vergleich zum Wurzelballen oder Topf nicht zu großen, oberirdischen Wuchs besitzen. Eine kräftige, vielstämmige Pflanze bildet die schönsten, gerundeten Sträucher, während junge Bäume von Beginn an nur einen geraden, glatten Stamm haben sollten. Ein einseitig gewachsener Strauch kann natürlich an einer Mauer gepflanzt werden, doch verzweigen sich Sträucher besser und bedecken mehr Platz, wenn die Triebspitzen erst nach dem Pflanzen beschnitten werden.

ZWIEBELPFLANZEN

Suchen Sie Blumenzwiebeln (siehe oben) nach denselben Kriterien aus wie Gemüsezwiebeln, und nehmen Sie keine weichen, verfärbten, kranken oder beschädigten Exemplare. Zwiebeln, die bereits etwas ausgetrieben haben, können Sie kaufen, sie sind jedoch nicht ideal geeignet.

Vorbereiten des Bodens

Am besten sind diejenigen Pflanzen für Ihren Garten geeignet, die mit ihren Ansprüchen den gegebenen Wachstumsbedingungen entsprechen. Die meisten Böden können jedoch verbessert werden, um die Auswahl der kultivierbaren Pflanzen zu erhöhen.

Der Bodentyp Ihres Gartens

Um gut gedeihende Pflanzen und ein erfolgreiches Gärtnern zu gewährleisten, sollten Sie die Qualität und Zusammensetzung des Bodens in Ihrem Garten untersuchen. Normalerweise ist er sand oder tonhaltig oder eine Mischung aus beidem. Wenn der Boden eine leichte, lockere Struktur und eine gute Drainage besitzt, ist es vermutlich Sandboden. Er fühlt sich beim Zerreiben rauh und grusig an und macht beim Umgraben ein charakteristisches, knirschendes Geräusch. Er läßt sich leicht umgraben, ist jedoch nährstoffarm. Tonböden sind schwer, klebrig, im nassen Zustand leicht formbar und können staunaß werden. Sie sind schwer zu bearbeiten, jedoch oft sehr nährstoffreich. Eine Mischung beider Typen ist ideal.

Weiterhin können Sie ermitteln, welchen pH-Wert der Boden hat, also wie sauer oder alkalisch er ist, und wie hoch die Anteile der verschiedenen Nährstoffe sind. Hierfür kann man einfache, in den meisten Gartencentern erhältliche Testsets verwenden.

Unkrautjäten

In einem neu anzulegenden Garten oder einem vorher nicht genutzten Teil sollten Sie zunächst Unkräuter und Abfälle entfernen. Vor dem Bepflanzen Unkraut zu jäten ist deshalb sehr wichtig, weil Unkräuter mit den Kulturpflanzen um Licht, Feuchtigkeit und Nährstoffe konkurrieren. Wenn der Boden sehr stark von ausdauernden Unkräutern überwuchert ist, können Sie die Fläche auch vor dem Bepflanzen mit einem systemischen Unkrautvernichter besprühen, der die Wurzeln zerstört. Dies ist in der Hauptwachstumsphase im Frühsommer am wirkungsvollsten. Die zeitliche Verzögerung zahlt sich später aber aus. Mehrere Anwendungen können nötig sein.

Einzelne ausdauernde Unkräuter sollten sorgfältig mit allen Wurzelteilen ausgegraben werden. Einjährige Unkräuter können direkt vor dem Pflanzen gejätet oder besprüht werden.

Den Boden bearbeiten

Umgraben oder Unterharken des Bodens lockert verdichtete Stellen auf und unterstützt die Belüftung, die für gutes Pflanzenwachstum nötig ist. Je tiefer Sie umgraben, desto besser, doch der ärmere Unterboden sollte auf keinen Fall an die Oberfläche befördert werden: Die Pflanzen benötigen alle Nährstoffe des dunkleren, nährstoffreicheren Oberbodens.

Leichtes Umgraben
Gutes Werkzeug und gute Technik erleichtern das Umgraben und schonen den Rücken. Prüfen Sie Gewicht und Höhe des Spatens beim Kauf; arbeiten Sie stets mit einem geraden Rücken.

Auflockern
Die Grabgabel in den Boden stechen, herausheben und umdrehen, um den Boden zu belüften. Bedecken Sie den Boden mit organischem Material, so daß es untergearbeitet wird.

Wenn Sie tief graben müssen, sollte der Oberboden vorher entfernt und nach dem Umgraben wieder aufgebracht werden.

Schwere Tonböden sollten im Spätherbst umgegraben werden, damit während des Winters Frost und Kälte die Bodenstruktur verbessern können, indem die Erde in kleinere Stücke zerfällt. In nassem Zustand sollte der Boden nicht umgegraben werden, da dadurch die Bodenstruktur zerstört wird. Es spart Arbeit, wenn man gleich Dünger einarbeitet.

DEN BODEN VERBESSERN

Umgraben und Harken verbessert zwar die Struktur des Bodens, doch um den Boden wirklich zu verbessern, ist das Einbringen von Dünger unerläßlich. Die Drainage, Belüftung, Fruchtbarkeit und Feuchtespeicherfähigkeit der meisten Böden kann einfach durch die Zugabe von gut verrottetem, humusreichem, organischem Material verbessert werden; eine Saison früher durchführen, damit sich der Boden setzen kann. Gartenkompost oder Blattmulch eignen sich zum Anreichern von Sandböden. Regelmäßig zugegeben, verbessern sie auch die Struktur von Tonböden. Letztere können auch durch die Zugabe von Kies bis zu einer Tiefe von mindestens 30 cm aufgelockert werden. Gelegentlich werden organische Mulchmaterialien wie Rinde oder Kokosschalenstücke untergehoben.

DAS PFLANZEN

Welche Pflanzen Sie auch ausgewählt haben, alles sollte gut vorbereitet sein, damit sie prächtig gedeihen. Sorgfältiges Pflanzen spart Zeit und Geld, und gut ausgewählte Pflanzen, die optimal gesetzt werden, wachsen gut und können Schädlingen und Krankheiten trotzen.

PLANUNG VOR DEM PFLANZEN

Vor dem Pflanzen sollten Sie die mögliche Wuchshöhe und -breite abschätzen und genügend Platz lassen. Beim Zusammenstellen von Pflanzengruppen müssen die jahreszeitlichen Attraktionen und die Erscheinung im Winter abgestimmt werden.

ZEITPUNKT DES PFLANZENS

Die besten Pflanzzeiten sind Frühjahr und Herbst. Das Pflanzen im Herbst ermöglicht ein rasches Anwachsen, da der Boden noch warm und feucht ist. Pflanzen, die keine feuchten Winter vertragen oder nicht voll frosthart sind, sollten im Frühjahr gepflanzt werden.

Stauden können zu jeder Zeit, außer bei extremen Bedingungen, gepflanzt werden. Im ersten Jahr sollten sie sich schnell und gut entwickeln. Wenn sie bei heißem oder trockenem Wetter gepflanzt werden, sollten Blüten und größere Blätter vor dem Pflanzen entfernt und eine Schattierung angebracht werden.

Das Einpflanzen
Pflanzen in einer Schüssel mit Wasser einweichen. Den Wurzelballen so einsetzen, daß er mit der Bodenoberfläche abschließt.

Boden auffüllen
Das Loch mit Erde auffüllen und leicht andrücken, damit die Wurzeln Kontakt mit der Erde haben, dann wässern und den Wurzelbereich mit Mulch bedecken.

PFLANZTECHNIKEN

Pflanzen Sie Topfpflanzen oder Pflanzen mit Wurzelballen in ein Loch, das zweimal so groß wie der Ballen ist, und gießen Sie, falls nötig. Pflanzen vorsichtig aus dem Topf nehmen und die Wurzeln mit den Fingern auflockern. Die Pflanze auf die korrekte Höhe in das Loch setzen und mit einer Mischung aus Kompost, Dünger und Erde auffüllen. Boden andrücken und reichlich gießen. Um die Pflanze herum mulchen, um das Wasser zurückzuhalten und der Unkrautbildung entgegenzuwirken.

Pflanzen ohne Wurzelballen werden im Prinzip genauso gepflanzt, es ist aber wichtig, daß die Wurzeln vor dem Einpflanzen nicht austrocknen. Graben Sie das Loch vorher aus, und umhüllen oder lagern Sie die Pflanzen bei Verzögerungen in feuchtem Sand oder Gartenkompost, bis die Bedingungen günstiger sind. Das Loch muß so groß sein, daß die Breite die völlig ausgebreiteten Wurzeln faßt. Die Tiefe sollte so gewählt werden, daß die Pflanze genauso weit in der Erde steht wie vorher im Topf oder in der Anzucht. Nach dem Pflanzen die Erde leicht andrücken.

PFLANZEN AN MAUERN

Stellen Sie vor dem Pflanzen die Stützen auf. Sträucher und Kletterpflanzen mindestens 25 cm von Mauern oder Zäunen entfernt pflanzen, damit die Wurzeln nicht im Regenschatten stehen, und neigen Sie die Pflanzen leicht zur Wand hin. Binden Sie die Haupttriebe an ihren Stützen fest. Sträucher und sich nicht selbst festhaltende Kletterer müssen mit zunehmendem Wachstum weiter angebunden werden; windende Triebe benötigen oft eine Lenkung.

EINJÄHRIGE UND BEETPFLANZEN

Da diese Pflanzen nur für kurze Zeit blühen, sollten sie sorgsam gepflanzt werden. Feuchter Boden und regelmäßiges Auskneifen der abgeblühten Triebe sind dabei sehr wichtig. Beetpflanzen sollten während der gesamten Saison gedüngt werden; viele frostharte Einjährige blühen jedoch am besten in nicht gedüngtem Boden. Einjährige werden häufig als Sämlinge in Torftöpfchen angeboten, die unter Glas oder in Innenräumen weiterkultiviert werden. Beim Auspflanzen werden die Wurzeln kaum beschädigt, und die Pflanzen gedeihen schnell.

ZWIEBELN SETZEN

Zwiebeln werden meist in eine Tiefe gesetzt, die ein- bis dreimal ihrer Höhe entspricht. Kleine Zwiebeln relativ flach in die Erde und größere Blumenzwiebeln wie von Tulpen oder Lilien etwas tiefer setzen.

PFLANZENNAMEN VERSTEHEN

In diesem Pflanzenführer werden alle Pflanzen unter ihrem botanischen Namen aufgeführt. Die grundlegende Einheit der Pflanzenklassifikation ist die Art, deren zweiteiliger Name *kursiv* geschrieben wird: der erste Teil gibt die Gattung an und der zweite Teil die Artbezeichnung oder das »Artepitheton«.

GATTUNGEN

Eine Gattung ist eine Gruppe einer oder mehrerer Pflanzenarten, die viele gemeinsame Merkmale besitzen, wie z.B. *Chrysanthemum* oder *Rosa*. Der Gattungsname ist mit unseren Nachnamen vergleichbar, da er Individuen vereint, die eng miteinander verwandt sind. Hybridgattungen (Kreuzungen zwischen zwei Gattungen, wie x *Halimiocistus)* werden durch ein »x« vor dem Gattungsnamen gekennzeichnet.

ARTEN

Arten sind Gruppen von Pflanzen, die in der Lage sind, dieselben Nachkommen miteinander zu erzeugen. In den zweiteiligen botanischen Namen unterscheidet das Artepitheton eine Art von anderen Arten derselben Gattung und ist mit unseren Vornamen vergleichbar. Das Artepitheton bezieht sich oft auf ein bestimmtes Merkmal der Art, wie *alpinum* oder *tricolor*, oder auch auf die Person, die die Pflanze zuerst entdeckt hat.

UNTERARTEN, VARIETÄTEN UND FORMEN

Natürliche Varianten einer Art – Unterarten, Varietäten oder Formen – werden durch einen zusätzlichen, kursiv gesetzten Namen beschrieben, dem die Abkürzungen »ssp.«, »var.« oder »f.« vorangestellt

Art
Malus floribunda *gehört zu derselben Gattung wie Äpfel* (Malus).

Varietät
Dictamnus albus *var.* purpureus *besitzt purpurne Blüten und nicht rosaweiße wie die Art.*

Hybride
Das »x« hinter dem Gattungsnamen bei Osmanthus x burkwoodii *steht für eine Hybride.*

werden. Es sind kleinere Untergruppen, die sich geringfügig von der Art unterscheiden.

HYBRIDEN

Wenn unterschiedliche Arten derselben Gattung gemeinsam kultiviert werden, können sie sich kreuzbestäuben und Hybriden bilden, die dann die Merkmale beider Eltern tragen. Von diesem Prozeß profitieren Gärtner, die die Eigenschaften zweier verschiedener Pflanzen kombinieren wollen. Die neue Hybride wird dann vegetativ vermehrt. Ein Beispiel ist *Camellia* x *williamsii*, deren Eltern *C. japonica* und *C. saluensis* sind.

SORTEN

Varianten, die gezüchtet oder künstlich erzeugt werden, erhalten einen gärtnerischen Namen. Dieser erscheint in einfachen 'Anführungszeichen' hinter dem Artnamen. Einige Sorten besitzen auch Handelsnamen, die im Handel oft anstatt des richtigen Sortennamens verwendet werden. Wenn die Eltern nicht bekannt oder die Kreuzungen zu komplex sind, kann die Sorte auch direkt nach dem Gattungsnamen stehen, z.B. *Dahlia* 'Conway'. In wenigen Fällen, vor allem bei Rosen, ist die Pflanze unter dem gängigen Handelsnamen bekannt und nicht unter dem korrekten Sortennamen; in diesen Fällen wird der handelsübliche Name dem eigentlichen Sortennamen vorangestellt, wie bei *Rosa* BONICA 'Meidomonac'.

GRUPPEN UND SERIEN

Viele sehr ähnliche Sorten werden der Einfachheit halber als Serien oder Gruppen bezeichnet. Manchmal sind es Mischungen aus vielen Sorten, die sich lediglich in der Blütenfarbe unterscheiden.

Sorte
Komplexe Elternarten wie bei Osteospermum *'Buttermilk' sind nicht angegeben.*

Sorte einer Art
Ophiopogon planiscapus *'Nigrescens' wird wegen der schwarzen Blätter gern gehalten.*

Serie
Die Antirrhinum *Sonnet-Serie ist eine Mischung leuchtend gefärbter Sorten für Sommerbeete.*

PRÄMIERTE PFLANZEN VON A–Z

In diesem Teil werden attraktive und zuverlässige Pflanzen für jeden Garten und für alle Gartenbereiche beschrieben, die allesamt die begehrte Auszeichnung der *Royal Horticultural Society* erhielten. Neben dem Zierwert sollten vor dem Kauf einer Pflanze auch deren Frosthärte, Wuchsgröße, Standort- und Bodenansprüche bedacht werden.

ABELIA 'EDWARD GOUCHER'

Dieser halbimmergrüne Strauch mit überhängenden Ästen besitzt glänzende, dunkelgrüne Blätter, die im jungen Zustand bronzefarben überlaufen sind. Von Sommer bis Herbst erscheinen trompetenförmige, rosafarbene Blüten. Wie auch die meisten *Abelia*-Arten eignet sich diese Sorte für sonnige Rabatten.

KULTUR: *In gut drainiertem, fruchtbarem Boden in voller Sonne pflanzen und vor kalten, trockenen Winden schützen. Totes oder beschädigtes Holz im Frühjahr entfernen, einige der älteren Triebe nach der Blüte bis zum Boden zurückschneiden, um neues Wachstum zu fördern.*

☼ ◊ ♈F4 ↕1,5 m ↔2 m

ABELIA FLORIBUNDA

Ein immergrüner Strauch mit überhängenden Ästen, an denen im Frühsommer röhrenförmige, leuchtend rosarote Blüten in Büscheln hängen. Die Blätter sind oval und glänzend dunkelgrün. Ideal für sonnige Rabatten geeignet, überlebt aber kalte Winter nur an sehr geschützten Stellen.

KULTUR: *In wasserdurchlässigem, fruchtbarem Boden in voller Sonne pflanzen, vor kalten, trockenen Winden schützen. Ältere Äste nach der Blüte zurückschneiden, im Frühling totes oder beschädigtes Holz entfernen.*

☼ ◊ ♈F3 ↕3 m ↔4 m

ABELIA X *GRANDIFLORA*

Ein rundlicher, halbimmergrüner Strauch mit überhängenden Ästen. Er wird wegen der attraktiven, glänzend dunkelgrünen Blätter und den von Hochsommer bis Herbst üppig entstehenden, duftenden, rosa getönten, weißen Blüten kultiviert.

KULTUR: *In gut drainiertem, fruchtbarem Boden in voller Sonne pflanzen, vor kalten, trockenen Winden schützen. Ältere Äste nach der Blüte zurückschneiden, im Frühling beschädigtes Holz entfernen.*

☼ 💧 ♈F4 ↕3 m ↔4 m

ABUTILON 'KENTISH BELLE'

Ein halbimmergrüner Strauch mit dunkel purpurbraunen Trieben und schlanken, überhängenden Ästen. Die großen, glockenförmigen Blüten dieser Schönmalve hängen von Sommer bis Herbst an den Trieben und sind aprikotgelb und rot gefärbt. Die Blätter sind leicht gelappt und dunkelgrün. In kalten Gebieten an einer warmen Mauer ziehen, die Schutz und eine Stütze bietet.

KULTUR: *In wasserdurchlässigem, fruchtbarem Boden in voller Sonne halten. Jährlich im späten Winter beschneiden, um einen regelmäßigen, gesunden Wuchs zu erhalten.*

☼ 💧 ♈F2–3 ↕↔ bis 2,5 m

ABUTILON MEGAPOTAMICUM

Diese kletternde Schönmalven-Art ist ein halbimmergrüner Strauch, der von Frühling bis Herbst hängende, glockige, rot und gelb gefärbte Blüten trägt. Die Blätter sind oval, an der Basis herzförmig und leuchtendgrün. In kalten Klimaten an einer warmen Mauer pflanzen oder im Wintergarten halten.

KULTUR: *In wasserdurchlässigem, mäßig fruchtbarem Boden in voller Sonne kultivieren. Im späten Winter oder zeitigen Frühjahr alle störenden Triebe entfernen.*

☼ ◊ F3 ↕↔ 2 m

ABUTILON VITIFOLIUM 'VERONICA TENNANT'

Ein aufrechter, laubwerfender, schnellwüchsiger Strauch, der sich zu einem kleinen, buschigen Baum entwickeln kann. Im frühen Sommer hängen an den graufilzigen, kräftigen Trieben zahlreiche große, becherförmige, malvenfarbene Blüten. Die grau behaarten Blätter sind scharf gesägt. In kalten Gegenden überleben sie möglicherweise nicht.

KULTUR: *In wasserdurchlässigem, mäßig fruchtbarem Boden in voller Sonne halten. Jungpflanzen nach der Blüte in Form schneiden, ältere Pflanzen nicht beschneiden.*

☼ ◊ F3 ↕5 m ↔2,5 m

ACAENA MICROPHYLLA

Diese Stachelnüßchen-Art ist eine mattenbildende Staude und trägt Köpfchen aus kleinen, mattroten Blüten mit stacheligen Brakteen, die sich zu dekorativen Klettenfrüchten entwickeln. Die fein zerteilten, mittelgrünen Blätter sind im jungen Zustand bronzefarben überlaufen und werden nur in den härtesten Wintern abgeworfen. Gut für Steingärten, Tröge oder Hochbeete geeignet.

KULTUR: *In mäßig fruchtbarem, wasserdurchlässigem Boden an einen sonnigen oder halbschattigen Ort pflanzen. Bewurzelte Triebe am Rand entfernen, um das Wachstum einzudämmen.*

☼ ◑ ◊ 🏆F4 ↕5 cm ↔ 15 cm

ACANTHUS SPINOSUS

Diese im Wuchs interessante Staude trägt lange, gebogene, dunkelgrüne Blätter, die tief eingeschnitten sind und stachelige Ränder besitzen. Vom Spätfrühjahr bis zum Hochsommer entstehen reinweiße, zweilippige Blüten mit purpurnen Brakteen an langen, kräftigen Trieben. Akanthus ist als Schnitt- und Trockenblume geeignet. In großflächige Rabatten pflanzen.

KULTUR: *Am besten in tiefem, nährstoffreichem, wasserdurchlässigem Boden in voller Sonne oder im Halbschatten pflanzen. Viel Raum geben, damit die elegante Wuchsform wirken kann.*

☼ ◑ ◊ 🏆F4 ↕1,5 m ↔ 60 cm

ACER GRISEUM

Dieser langsamwüchsige, laubwerfende, ausladende, baumförmige Ahorn wird wegen seiner abschilfernden, orangebraunen Borke kultiviert. Die dunkelgrünen, in drei Blättchen unterteilten Blätter färben sich im Herbst von Orange bis Rot und Scharlachrot. Die winzigen, gelben Blüten erscheinen im zeitigen oder mittleren Frühjahr in hängenden Büscheln und reifen zu braunen, geflügelten Früchten heran.

KULTUR: *In feuchtem, gut drainiertem Boden in der Sonne oder im Halbschatten pflanzen. Nur im Winter Triebe entfernen, die die Rinde des Stammes und die unteren Teile der Haupttriebe verdecken.*

☼◑ ♢ F4 ↕↔ 10 m

ACER GROSSERI VAR. *HERSII*

Dieser laubwerfende, aufrechte bis ausladende Baum besitzt eine kräftig weiß und grün gestreifte Rinde. Die dreilappigen, dreieckigen, leuchtend grünen Blätter färben sich im Herbst orangegelb. Im Frühjahr erscheinen hängende Büschel aus winzigen, blaßgelben Blüten, die zu rosabraunen Flügelfrüchten heranreifen.

KULTUR: *In fruchtbarem, feuchtem, drainiertem Boden in die Sonne oder den Halbschatten pflanzen. Vor kalten Winden schützen. Im Winter Äste, die die Rinde des Stammes und der Haupttriebe verdecken, entfernen.*

☼◑ ♢ F4 ↕↔ 15 m

ACER JAPONICUM 'ACONITIFOLIUM'

Dieser buschige, laubwerfende, große Strauch oder Baum besitzt tief gelappte, mittelgrüne Blätter, die sich im Herbst dunkelrot färben. Im mittleren Frühjahr entstehen zahlreiche, aufrechte Büschel aus auffälligen, rotpurpurnen Blüten, die zu braunen Flügelfrüchten heranreifen.

KULTUR: *In fruchtbarem, feuchtem, gut drainiertem Boden im Halbschatten pflanzen. In Gebieten mit strengen Wintern den Wurzelbereich im Herbst mulchen. Nur im Winter schlecht gewachsene Triebe entfernen.*

◐ ○ 🏆F4 ↕5 m ↔6 m

ACER NEGUNDO 'FLAMINGO'

Ein rundkroniger, laubwerfender Baum mit Blättern, die in zahlreiche, rosa umrandete Blättchen unterteilt sind. Sie verfärben sich im Sommer weiß. Regelmäßig beschnitten, kann er in Strauchrabatten gehalten werden; die Blattfärbung wird intensiv, und die Blätter werden größer. Die Blüten sind klein und unscheinbar.

KULTUR: *In feuchtem, gut drainiertem Boden in voller Sonne oder Halbschatten pflanzen. Um strauchigen Wuchs zu erreichen, alle zwei Jahre im Winter auf ein bleibendes Astwerk zurückschneiden. Äste mit vollständig grünen Blättern entfernen.*

☼◐ ○ 🏆F4 ↕15 m ↔10 m

ACER PALMATUM

Die Kultivare vom Japanischen Ahorn sind meist kleine, rundkronige, laubwerfende Sträucher. Einige, wie 'Sango-kaku', können auch zu kleinen Bäumen heranwachsen. Sie werden wegen des zarten, farbenfrohen Laubes geschätzt, das sich im Herbst auffällig umfärbt. Die Blätter von 'Butterfly' sind beispielsweise graugrün, weiß und rosa gezeichnet und die von 'Osakazuki' werden im Herbst leuchtendrot. Im mittleren Frühjahr erscheinen hängende Büschel aus kleinen, rötlichpurpurnen Blüten, die später zu Flügelfrüchten heranreifen. Japanischer Ahorn eignet sich hervorragend für Gärten jeder Größe.

KULTUR: *In feuchtem, gut drainiertem Boden in Sonne oder Halbschatten pflanzen. Nur Jungpflanzen beschneiden und hochziehen; störende oder sich kreuzende Triebe im Winter entfernen, um regelmäßiges Astwerk zu erhalten. Ausgewachsene Pflanzen so wenig wie möglich beschneiden.*

☼ ◑ ◊ 🏆F4

1 ↕↔5 m

2 ↕3 m ↔ 1,5 m

3 ↕2 m ↔ 3 m

4 ↕↔6 m

5 ↕6 m ↔ 5 m

1 *A. palmatum* 'Bloodgood' **2** *A. palmatum* 'Butterfly' **3** *A. palmatum* 'Garnet'
4 *A. palmatum* 'Osakazuki' **5** *A. palmatum* 'Sango-kaku'

ACER PSEUDOPLATANUS 'BRILLIANTISSIMUM'

Diese langsamwüchsige Kulturform des Bergahorn ist ein laubwerfender Baum mit dichter Krone. Seine fünflappigen Blätter färben sich mit zunehmendem Alter von Lachsrosa bis Gelb und Dunkelgrün um. Im Frühjahr erscheinen hängende Büschel aus gelbgrünen Blüten, die zu Flügelfrüchten heranreifen. Für kleinere Gärten sehr gut geeignet.

KULTUR: *In jeglichem Boden in Sonne oder Halbschatten pflanzen. Verträgt exponierte Standorte. Jungpflanzen im Winter beschneiden, um einen Hauptstamm und ein regelmäßiges Astwerk zu erhalten.*

☼ ◐ ◊ F4 ↕6 m ↔8 m

ACHILLEA 'MOONSHINE'

Eine gruppenbildende, immergrüne Staude mit schmalen, fedrigen, graugrünen Blättern. Von Frühsommer bis Frühherbst erscheinen hellgelbe Blüten in abgeflachten Blütenköpfchen, die ein leicht dunkleres Zentrum besitzen; diese Kulturform der Schafgarbe ist für Blumengestecke, Mischrabatten oder Wildblumen- und Landhausgärten geeignet. In kalten Regionen können sie oft ohne Schutz nicht überleben.

KULTUR: *In gut drainiertem Boden an einen offenen, sonnigen Standort pflanzen. Alle zwei bis drei Jahre teilen, um die Wüchsigkeit zu fördern. Mit einem Wintermulch vor Kälte schützen.*

☼ ◊ F3 ↕↔ 60 cm

ACONITUM 'BRESSINGHAM SPIRE'

Eine kompakte Staude, die vom Hochsommer bis zum Frühherbst extrem aufrechte Blütenstände aus behelmten, tiefvioletten Blüten trägt. Die Blätter sind tief eingeschnitten und glänzend dunkelgrün. Sehr gut für Gehölzgärten oder halbschattige Rabatten geeignet. Alle Pflanzenteile vom Eisenhut sind giftig!

KULTUR: *Gedeiht am besten in kühlem, feuchtem, fruchtbarem Boden im Halbschatten, verträgt jedoch die meisten Böden und volle Sonne. Die längsten Triebe sollten gestützt werden.*

☼◑ ♦ F4 ↕90–100 cm ↔30 cm

ACONITUM 'SPARK'S VARIETY'

Diese aufrechte Sorte des Eisenhutes wird höher als 'Bressingham Spire' und trägt in Hoch- und Spätsommer aufrechte Blütenstände aus behelmten, tiefvioletten Blüten, die in Büscheln an verzweigten Trieben stehen. Die tief eingeschnittenen Blätter sind sattgrün. Eignet sich für Gehölzgärten oder schattige Standorte. Alle Pflanzenteile sind giftig!

KULTUR: *Gedeiht in kühlem, feuchtem Boden in Halb- oder Vollschatten. Die längsten Triebe stutzen. Alle drei Jahre im Herbst oder späten Winter teilen und wieder einpflanzen, um die Wüchsigkeit zu fördern.*

◑● ♦ F4 ↕1,5 m ↔ 45 cm

ACTINIDIA KOLOMIKTA

Eine wüchsige, laubwerfende Kletterpflanze mit großen, tiefgrünen Blättern, die im jungen Zustand purpurn überlaufen sind und später lebhaft rosa und weiß gefärbte Flecken ausbilden. Die weiblichen Pflanzen bilden kleine, eiförmige, gelbgrüne Kiwi-Früchte, jedoch nur, wenn die männlichen Pflanzen in der Nähe wachsen. An einer Wand oder durch Bäume ziehen.

KULTUR: *Gedeiht am besten in wasserdurchlässigem, fruchtbarem Boden. Für maximale Fruchtproduktion in voller Sonne, vor starken Winden geschützt, pflanzen. Neutriebe beim Erscheinen anbinden und im Sommer schlecht gewachsene Triebe entfernen.*

☼ ◊ F4 ↕5 m

ADIANTUM PEDATUM

Dieser laubwerfende Frauenhaarfarn trägt lange, mittelgrüne Wedel von bis zu 1 m Länge. Sie besitzen glänzend dunkelbraune oder schwarze Stiele, die von kriechenden Rhizomen aufsteigen. In schattigen Rabatten oder lichten Gehölzgärten pflanzen.

KULTUR: *Gedeiht am besten in kühlem, feuchtem Boden im Voll- oder Halbschatten. Alte oder beschädigte Wedel im zeitigen Frühjahr entfernen. Alle paar Jahre die Rhizome teilen und wieder einsetzen.*

◐ ● ◊ F4 ↕↔ 30–40 cm

AESCULUS PARVIFLORA

Ein großer, Dickichte bildender, laubwerfender Strauch, der eng mit der Roßkastanie verwandt ist und großlappige, dunkelgrüne Blätter besitzt. Im jungen Zustand ist das Laub bronzefarben, im Herbst ist es gelb gefärbt. Im Hochsommer erscheinen aufrechte, weiße, bis zu 30 cm hohe Blütenstände, deren Blüten zu glattwandigen Früchten reifen.

KULTUR: *In feuchtem, wasserdurchlässigem, fruchtbarem Boden in der Sonne oder im Halbschatten pflanzen, gedeiht nicht auf nassen Böden. Wenn nötig, das Wachstum nach dem Blattabwurf durch einen Rückschnitt bis zum Boden eindämmen.*

☼◐ 💧 F4 ↕3 m ↔5 m

AETHIONEMA 'WARLEY ROSE'

Ein kurzlebiger, immergrüner oder halbimmergrüner, kompakter Strauch, der im Spätfrühjahr und Frühsommer Büschel aus leuchtendrosa, kreuzförmigen Blüten trägt. Die kleinen, schmalen Blätter sind graugrün. Steintäschel eignet sich hervorragend für Steingärten oder zur Bepflanzung einer Mauer.

KULTUR: *Gedeiht am besten in gut wasserdurchlässigem, alkalischem Boden, verträgt aber auch arme, saure Böden. Einen Standort in der vollen Sonne wählen.*

☼ 💧 F4 ↕↔ 15–20 cm

AGAPANTHUS CAMPANULATUS SSP. *PATENS*

Eine wüchsige, gruppenbildende Staude mit Dolden aus glockigen, hellblauen Blüten. Diese erscheinen von Spätsommer bis Frühherbst an kräftigen, aufrechten Trieben. Die schmalen, graugrünen Blätter werden jährlich abgeworfen. Für Rabatten oder große Töpfe als spätblühende Staude geeignet.

KULTUR: *In feuchtem, aber gut wasserdurchlässigem, fruchtbarem Boden oder Topferde in der vollen Sonne pflanzen. In der Wachstumsperiode reichlich, im Winter wenig gießen.*

☼ ♦ F3 ↕bis 45 cm ↔30 cm

AGAPANTHUS CAULESCENS

Eine gruppenbildende, laubwerfende Staude mit lauchähnlichen Trieben, die große, offene Dolden aus glockigen, violettblauen Blüten tragen. Diese erscheinen von Hochsommer bis Frühherbst über den riemenförmigen, mittelgrünen Blättern. Die Schmucklilie ist eine attraktive, spätblühende Staude, die in Regionen mit kalten Wintern als Topfpflanze gehalten werden kann.

KULTUR: *In feuchtem, wasserdurchlässigem, fruchtbarem Boden in der vollen Sonne pflanzen. In kalten Gebieten im Winter hereinholen. Mindesttemperatur: 2 °C.*

☼ ♦ F1 ↕1–1,2 m ↔60 cm

AGAVE VICTORIAE-REGINAE

Eine frostempfindliche, sukkulente Staude mit grundständigen Rosetten aus dunkelgrünen Blättern mit weißen Flecken. Die in der Mitte stehenden Blätter tragen an der Spitze einen braunen Stachel. Im Sommer erscheinen aufrechte Blütenstände aus cremeweißen Blüten. Gute Solitärpflanze. In frostgefährdeten Gebieten in Töpfen halten und im Winter zum Schutz hereinnehmen.

KULTUR: *Gedeiht am besten in stark drainiertem, leicht saurem Boden oder in Topferde für Kakteen. In die volle Sonne setzen. Mindesttemperatur: 2 °C.*

☼ ◊ ♆F1 ↕↔ bis 50 cm

AJUGA REPTANS 'ATROPURPUREA'

Eine immergrüne Staude, die sich mit Ausläufern üppig ausbreitet. Die dunkelblauen Blüten entstehen im Spätfrühjahr und Frühsommer in Wirteln an den aufrechten Trieben. Die glänzenden Blätter dieser Sorte des Kriechenden Günsels sind tief bronzepurpurn gefärbt. Ausgezeichnet zur Randbepflanzung von Rabatten, unter Sträuchern und robusten Stauden geeignet.

KULTUR: *Gedeiht am besten in feuchtem, aber gut wasserdurchlässigem, fruchtbarem Boden, verträgt aber die meisten Böden. In die Sonne oder den Halbschatten pflanzen.*

☼ ◑ ◊ ♦ ♆F4 ↕15 cm ↔1 m

AJUGA REPTANS 'BURGUNDY GLOW'

Diese Sorte des Kriechenden Günsels ist eine niedrigwüchsige, immergrüne, bodendeckende Staude mit zum Teil behaarten Trieben und attraktiven, silbergrauen Blättern, die tief weinrot überlaufen sind. Im späten Frühjahr und Frühsommer erscheinen dunkelblaue Blüten in hohen, ährenartigen Wirteln.

KULTUR: *Gedeiht am besten in feuchtem, fruchtbarem Boden, verträgt aber auch arme Böden und sogar tiefen Schatten.*

☀☀ 💧 🏆F4 ↕15 cm ↔1 m

ALCHEMILLA MOLLIS

Eine trockenheitstolerante, gruppenbildende, relativ hohe, bodendeckende Staude. Von Frühsommer bis Frühherbst erscheinen Büschel aus winzigen, leuchtend grünlichgelben Blüten. Die blaßgrünen Blätter sind rundlich und haben geknitterte Ränder. Der Frauenmantel eignet sich für Wildblumengärten, große Steingärten und als Schnitt- oder Trockenblume in Sträußen.

KULTUR: *In feuchtem, wasserdurchlässigem, humosem Boden an einen offenen, sonnigen Standort pflanzen. Da sie sich reichlich aussät, sollten die Blüten direkt nach dem Verblühen entfernt werden.*

☀ 💧💧 🏆F4 ↕60 cm ↔75 cm

ALLIUM (ZIERLAUCH)

Viele mit Zwiebeln überdauernde Staudenarten und Kultivare aus der Gattung *Allium* werden für gärtnerische Zwecke kultiviert. Die winzigen Sommerblüten stehen meist in reicher Zahl in kugeligen oder halbkugeligen Dolden dicht – wie bei *A. giganteum* – oder weniger dicht – wie bei den tiefrosa Köpfchen von *A. cernuum* – zusammen. Die abgespreizten Blätter geben zerrieben einen unangenehmen Geruch ab; zur Blütezeit sind sie häufig verwelkt. Die Fruchtstände der größeren Laucharten trocknen gut und bleiben bis in den Herbst hinein stehen. Einige, wie *A. moly*, säen sich reichlich aus und verwildern leicht.

KULTUR: *In fruchtbarem, gut wasserdurchlässigem Boden in voller Sonne pflanzen. Zwiebeln im Herbst 5–10 cm tief setzen; zur selben Zeit Gruppen älterer Pflanzen teilen und wieder einpflanzen. In Gebieten mit kalten Wintern* A. cristophii *und* A. karataviense *mit einem dicken Wintermulch versehen.*

☼ ◊ 🏆F3, F4

1 ↕30–60 cm ↔ 18 cm

2 ↕1,5–2 m ↔ 15 cm

3 ↕10–25 cm ↔ 10 cm

4 ↕15–25 cm ↔ 5 cm

5 ↕30–60 cm ↔ 5 cm

1 *A. cristophii* (syn. *A. albopilosum*) **2** *A. giganteum* **3** *A. karataviense*
4 *A. moly* **5** *A. cernuum*

ALSTROEMERIA LIGUTU HYBRIDEN

Diese sommerblühenden Knollenpflanzen bilden Blütenstände mit weit geöffneten Blüten, die weiß, rosa, gelb oder orange getönt und häufig in kontrastierenden Farben gestreift oder gepunktet sind. Die mittelgrünen Blätter sind schmal und gedreht. Inkalilien sind gute Schnittblumen und für sonnige Misch- oder Staudenrabatten geeignet.

KULTUR: *In fruchtbarem, feuchtem, wasserdurchlässigem Boden in voller Sonne pflanzen. In Gebieten mit sehr kalten Wintern mit einer dicken Mulchschicht schützen. Nicht stören, damit sich Gruppen bilden.*

☼ 💧 🏆F4 ↕50 cm ↔75 cm

AMELANCHIER X *GRANDIFLORA* 'BALLERINA'

Ein laubwerfender Baum, der wegen seiner weißen Frühjahrsblüte und farbenprächtigen Herbstfärbung kultiviert wird. Jung sind die glänzenden Blätter bronze getönt, sie werden im Sommer mittelgrün, im Herbst rot oder purpurn. Die süßen, saftigen Früchte dieser Kulturform der Felsenbirne sind zunächst rot und bei Reife purpurschwarz. Gekocht eßbar.

KULTUR: *In feuchtem, wasserdurchlässigem, neutralem bis saurem Boden in voller Sonne oder Halbschatten pflanzen. Der natürliche Wuchs sollte belassen und nur wenig, wenn nötig, im Winter beschnitten werden.*

☼ ◐ 💧💧 🏆F4 ↕6 m ↔8 m

AMELANCHIER LAMARCKII

Die vielstämmige, laubwerfende, baumförmige Kupferfelsenbirne hat im jungen Zustand bronzefarbene Blätter, die im Sommer dunkelgrün, im Herbst leuchtendrot-orange gefärbt sind. Hängende Büschel weißer Blüten entstehen im Frühjahr. Die reifen Früchte sind für Vögel attraktiv und gekocht eßbar. Ist auch unter dem Namen *A. canadensis* bekannt.

KULTUR: *In humosem, feuchtem, wasserdurchlässigem, neutralem bis saurem Boden in voller Sonne oder im Halbschatten pflanzen. Der natürliche Wuchs sollte belassen und nur wenig im Winter beschnitten werden.*

☼ ◑ ◊◊ F4 ↕10 m ↔12 m

ANAPHALIS TRIPLINERVIS 'SOMMERSCHNEE'

Diese gruppenbildende Zierform des Perlpfötchens trägt blaß graugrüne, weißwollige Blätter. Die winzigen, gelben Blütenköpfchen sind von weißen Brakteen umgeben und erscheinen von Hoch- bis Spätsommer in dichten Büscheln; sehr gute Schnitt- und Trockenblume. Bietet einen hübschen Laubkontrast, auch in feuchten Rabatten.

KULTUR: *In ausreichend wasserdurchlässigem, mäßig fruchtbarem Boden, der im Sommer nicht austrocknet, pflanzen. In volle Sonne oder Halbschatten setzen.*

☼ ◑ ◊ F4 ↕80–90 cm ↔45–60 cm

ANCHUSA AZUREA 'LODDON ROYALIST'

Eine gruppenbildende Staude, die sich wegen ihrer Blütenstände aus intensiv dunkelblauen Blüten hervorragend für Staudenrabatten eignet. Die Blüten dieser Ochsenzungen-Sorte erscheinen im Frühsommer an verzweigten Trieben über den lanzettlichen und behaarten, mittelgrünen Blättern, die am Grund der Stengel stehen.

KULTUR: *In tiefem, feuchtem, wasserdurchlässigem, fruchtbarem Boden sonnig pflanzen. Häufig kurzlebig, kann aber durch Wurzelschnittlinge vermehrt werden. Wenn sie üppig wachsen, sollten sie gestützt werden.*

☼ ◊ ♆F4 ↕90 cm ↔60 m

ANDROSACE CARNEA SSP. *LAGGERI*

Der Fleischrote Mannsschild ist eine immergrüne, kissenbildende Staude mit im Spätfrühjahr erscheinenden, kleinen Büscheln aus winzigen, tiefrosa Blüten mit gelbem Saftmal. Die zugespitzten Blätter stehen in dichten Rosetten. In der Natur kommen sie auf alpinen Wiesen und in Felsspalten vor, sie eignen sich daher hervorragend für Steingärten oder Tröge.

KULTUR: *In feuchtem, wasserdurchlässigem, grushaltigem Boden in voller Sonne pflanzen. Mit Grus oder Kies bedecken, um Triebe und Blätter trocken zu halten.*

☼ ◊ ♆F4 ↕5 cm ↔8–15 cm

ANDROSACE LANUGINOSA

Diese Mannsschild-Art ist eine immergrüne, mattenbildende Staude mit im Hoch- und Spätsommer erscheinenden, kompakten Blütenständen aus flachen, kleinen, rosa Blüten mit dunkelrosa oder grünlichgelbem Saftmal. Die tief graugrünen Blätter stehen an kriechenden, rötlichgrünen Trieben, die mit seidigen Haaren bedeckt sind. Sie gedeiht in Geröllbeeten, Hochbeeten oder Trögen.

KULTUR: *In feuchtem, wasserdurchlässigem, grushaltigem Boden in voller Sonne pflanzen. In Gebieten mit nassen Wintern durch eine Abdeckung schützen.*

☼ ◊ ♈F4 ↕bis 10 cm ↔bis 30 cm

ANEMONE BLANDA 'WHITE SPLENDOUR'

Diese Anemonen-Art ist eine frühjahrsblühende Staude, welche Büschel aus vielen Trieben bildet, die knorrigen Knollen entspringen. Einzelne aufrechte, abgeflachte, weiße Blüten mit rosa Unterseiten stehen über breit ovalen, dunkelgrünen Blättern, die in zart gelappte Blättchen unterteilt sind. Eignet sich hervorragend zum Auswildern an sonnigen oder schattigen Standorten mit guter Drainage.

KULTUR: *In wasserdurchlässigem, humusreichem Boden in volle Sonne oder Halbschatten pflanzen.*

☼ ◑ ◊ ♈F4 ↕↔ 15 cm

ANEMONE HUPEHENSIS
'HADSPEN ABUNDANCE'

Eine aufrechte, basal verholzte, spätblühende Rabattenstaude, die sich durch an den Wurzeln entspringende Triebe ausbreitet. Im Hoch- und Spätsommer erscheinen Blütenstände mit rosaroten, langsam weiß verblassenden Blüten an den Enden verzweigter Triebe. Die tief geteilten, langstieligen, dunkelgrünen Blätter sind oval und scharf gesägt.

KULTUR: *In feuchtem, fruchtbarem, humosem Boden in Sonne oder Halbschatten pflanzen. In kalten Gebieten mulchen.*

☼◑ ◊♦ 🏆F4 ↕60–90 cm ↔40 cm

ANEMONE × HYBRIDA
'HONORINE JOBERT'

Diese Anemonen-Sorte ist eine aufrechte, basal verholzte Staude mit verzweigten, drahtigen Trieben, die sich hervorragend als lange blühende Bepflanzung für Spätsommerrabatten eignet. Von Spätsommer bis Mitte Herbst erscheinen einzelne, reinweiße Blüten mit rosa getönter Unterseite und goldgelben Staubblättern oberhalb der tief geteilten, mittelgrünen Blätter. Kann wuchern.

KULTUR: *In feuchtem, wasserdurchlässigem, mäßig fruchtbarem Boden in Sonne oder Halbschatten pflanzen.*

☼◑ ◊♦ 🏆F4 ↕1,2–1,5 m ↔unbegrenzt

ANEMONE NEMOROSA 'ROBINSONIANA'

Diese Sorte des Buschwindröschen ist eine wüchsige Staude, die zahlreiche große, sternförmige, blaß lavendelblaue Blüten bildet. Sie entstehen von Frühjahr bis Frühsommer an kastanienbraunen Trieben über tief geteilten Blättern, die im Hochsommer abwelken. Wie alle Buschwindröschen eignet sie sich zur Unterpflanzung in Strauchrabatten oder Gehölzgärten und läßt sich leicht auswildern.

KULTUR: *In lockerem, feuchtem, aber gut wasserdurchlässigem, humusreichem Boden im lichten Schatten pflanzen.*

☀ ◯ ♈F4 ↕8–15 cm ↔30 cm oder mehr

ANEMONE RANUNCULOIDES

Das frühjahrsblühende, sich ausbreitende, ausdauernde Gelbe Windröschen eignet sich sehr gut zur Auswilderung in feuchten Gehölzgärten. Die großen, einzelnen, hahnenfußartigen, gelben Blüten entstehen über einem »Kragen« aus kurz gestielten, rundlichen, tief gelappten, frischgrünen Blättern.

KULTUR: *In feuchtem, aber gut wasserdurchlässigem, humusreichem Boden im Halbschatten oder im durchbrochenen Sonnenlicht setzen. Verträgt während der Ruhephase im Sommer trockenere Bedingungen.*

☀ ◯● ♈F4 ↕5–10 cm ↔bis 45 cm

ANTENNARIA MICROPHYLLA

Eine mattenbildende, halbimmergrüne Staude mit dicht weiß behaarten, spatelförmigen, graugrünen Blättern. Im Spätfrühjahr und Frühsommer erscheinen Blütenstände mit flaumigen, rosaroten Blütenköpfchen an kurzen Trieben. In Steingärten, als niedrige Bodendecker im Vordergrund von Rabatten, in Mauerspalten oder in Pflasterritzen verwenden. Die Blütenstände dieses Katzenpfötchens ergeben dekorative Trockenblumen.

KULTUR: *In gut wasserdurchlässigem, nur mäßig fruchtbarem Boden an einen vollsonnigen Standort setzen.*

☼ ◊ 🏆F4 ↕5 cm ↔ bis 45 cm

ANTHEMIS PUNCTATA SSP. *CUPANIANA*

Diese mattenbildende, immergrüne, ausdauernde Hundskamille bildet im Frühsommer in einem Schwung viele, später nur noch wenige, kleine, aber langlebige, margeritenartige Blütenköpfchen. Die weißen Köpfchen mit gelbem Zentrum erscheinen einzeln an kurzen Ästen zwischen dem dichten, fein zerteilten, silbriggrauen Laub, das im Winter stumpf graugrün wird. Hervorragend als Rabattenbegrenzung geeignet.

KULTUR: *In wasserdurchlässigem Boden an einen geschützten, sonnigen Standort setzen. Nach der Blüte zurückschneiden.*

☼ ◊ 🏆F3–4 ↕30 cm ↔45 cm

ANTIRRHINUM
SONNET-SERIE

Löwenmäulchen sind kurzlebige Stauden, die am besten als Einjährige kultiviert werden. Die Sonnet Serie bildet vom Frühsommer bis zum Herbst aufrechte Blütenstände aus duftenden, zweilippigen Blüten in Weiß, Gelb und Bronze bis Purpur, Rosa und Rot. In Gruppen gepflanzt, sind die tiefgrünen Blätter an den basal verholzten Trieben kaum sichtbar. Hervorragend als Schnittblumen oder für Sommerbeete geeignet.

KULTUR: *In kräftig drainiertem, fruchtbarem Boden in voller Sonne pflanzen. Die gesamten Blütenstände nach der Blüte abschneiden.*

☼ ◊ ♀F3 ↕30–60 cm ↔30 cm

AQUILEGIA VULGARIS
'NIVEA'

Die Gemeine Akelei ist eine aufrechte, wüchsige, gruppenbildende Staude mit beblätterten Büscheln aus im Spätfrühjahr und Frühsommer erscheinenden, kurz gepornten, nickenden, reinweißen Blüten. Die graugrünen Blätter sind in gelappte Blättchen unterteilt. Eignet sich sehr gut für lichte Gehölzgärten oder Staudenrabatten. Manchmal unter dem Namen 'Munstead's White' erhältlich.

KULTUR: *In feuchtem, wasserdurchlässigem, fruchtbarem Boden kultivieren und einen voll besonnten oder halbschattigen Standort wählen.*

☼ ◐ ◊ ♀F4 ↕90 cm ↔45 cm

AQUILEGIA VULGARIS 'NORA BARLOW'

Diese aufrechte, wüchsige Staude wird gerne wegen der beblätterten Büschel aus trichterförmigen, gefüllten, pomponförmigen Blüten kultiviert. Bei dieser Form der Gemeinen Akelei sind sie rosa und weiß gefärbt, haben grüne Blütenblattspitzen und erscheinen vom Spätfrühjahr bis zum Frühsommer. Die graugrünen Blätter sind tief in schmale Lappen unterteilt. Für Staudenrabatten und Landhausgärten geeignet.

KULTUR: *In feuchtem, wasserdurchlässigem, fruchtbarem Boden kultivieren und einen offenen, sonnigen Standort wählen.*

☼ ◊ F4 ↕90 cm ↔45 cm

ARABIS PROCURRENS 'VARIEGATA'

Eine mattenbildende, immergrüne oder halbimmergrüne Staude mit lockeren Büscheln aus im Spätfrühjahr erscheinenden, kreuzförmigen, weißen Blüten an hohen, schlanken Stengeln. Die schmalen Blätter stehen in flachen Rosetten, besitzen cremeweiße Ränder und sind zuweilen rosa getönt. Diese Gänsedistel-Sorte ist für Steingärten geeignet. Sie übersteht kalte Winter nicht immer.

KULTUR: *In gut wasserdurchlässigem Boden in voller Sonne pflanzen. Alle Triebe mit vollständig grünen Blättern entfernen.*

☼ ◊ F3 ↕5–8 cm ↔30–40 cm

ARBUTUS UNEDO

Der immergrüne Erdbeerbaum hat eine attraktive rauhe, abschilfernde, rotbraune Borke. Hängende Büschel aus kleinen, urnenförmigen, weiß bis rosa getönten Blüten erscheinen im Herbst, wenn die roten, erdbeerähnlichen Früchte des Vorjahres reifen. Die glänzenden, tiefgrünen Blätter sind schwach gezähnt. Hervorragend für große Strauchrabatten geeignet, wenn sie vor Wind geschützt werden.

KULTUR: *Am besten in wasserdurchlässigem, humusreichem, saurem Boden geschützt und sonnig pflanzen. Verträgt leicht alkalische Bedingungen. Im Frühjahr die unteren Äste nur wenig beschneiden.*

☼ ◊ ♆F4 ↕↔ 8 m

ARENARIA MONTANA

Diese niedrigwüchsige, ausladende, üppig wachsende, immergrüne Staude bildet im Frühsommer zahlreiche flach becherförmige, weiße Blüten. Die kleinen, schmal lanzettlichen, graugrünen Blätter stehen an drahtigen Trieben und bilden lockere Matten. Sandkraut ist leicht in Mauer- oder Pflasterritzen oder in Steingärten zu kultivieren.

KULTUR: *In sandigem, feuchtem, aber sehr gut wasserdurchlässigem, armem Boden in voller Sonne kultivieren. Benötigt ausreichende Feuchtigkeit.*

☼ ◊ ♆F4 ↕2–5 cm ↔30 cm

ARGYRANTHEMUM 'JAMAICA PRIMROSE'

Eine buschige, immergrüne Staude, die margeritenartige, primelgelbe Blüten mit einem dunkler gelbem Zentrum ausbildet. Die Köpfchen erscheinen im gesamten Sommer über dem farnartigen Laub. In frostgefährdeten Regionen nur in Sommerbeeten oder Töpfen, die im Winter geschützt werden können, pflanzen.

KULTUR: *In gut wasserdurchlässigem Boden oder Topferde an eine warme, sonnige Stelle setzen. Draußen gehaltene Pflanzen mit einem dicken Mulch schützen. Triebspitzen auskneifen, um ein buschiges Wachstum zu fördern. Mindesttemperatur: 2 °C.*

☼ ◊ ♅F1+3 ↕1,1 m ↔1 m

ARGYRANTHEMUM 'VANCOUVER'

Dieser kompakte, sommerblühende, immergrüne Halbstrauch wird wegen seiner gefüllten, margeritenartigen, rosa Blütenköpfchen und des farnartigen, graugrünen Laubes geschätzt. Für gemischte oder krautige Rabatten geeignet; in frostgefährdeten Gebieten in Sommerbeete oder Töpfe, die unter frostfreien Bedingungen überwintert werden, pflanzen.

KULTUR: *In wasserdurchlässigem, wenig fruchtbarem Boden in die Sonne setzen. Beetpflanzen mit dickem Mulch schützen. Triebspitzen auskneifen, um buschiges Wachstum zu fördern. Mindesttemperatur: 2 °C.*

☼ ◊ ♅F1+3 ↕90 cm ↔80 cm

ARMERIA JUNIPERIFOLIA

Diese kleine, polsterbildende, immergrüne, halbstrauchige Grasnelken-Art besitzt kleine, purpurrosa bis weiße Blüten, die in kurz gestielten, kugeligen Büscheln im späten Frühjahr entstehen. Die kleinen, graugrünen Blätter sind behaart, besitzen stachelige Spitzen und stehen in lockeren Rosetten. Sie kommt auf Bergwiesen und in Felsspalten vor und eignet sich daher für Steingärten oder Tröge. Auch als *A. caespitosa* bekannt.

KULTUR: *In gut wasserdurchlässigem, armem bis mäßig fruchtbarem Boden an einer offenen Stelle in voller Sonne pflanzen.*

☼ ◊ ♈F4 ↕5–8 cm ↔bis 15 cm

ARMERIA JUNIPERIFOLIA 'BEVAN'S VARIETY'

Ein kompakter, kissenbildender, immergrüner Halbstrauch mit kleinen, tiefrosa Blüten, die in kurz gestielten, rundlichen Büscheln im späten Frühjahr über Rosetten aus schmalen, kleinen, zugespitzten, graugrünen Blättern entstehen. Eignet sich für Steingärten und Tröge oder für den Vordergrund von Rabatten.

KULTUR: *In gut wasserdurchlässigem, armem bis mäßig fruchtbarem Boden an einer offenen Stelle in voller Sonne pflanzen.*

☼ ◊ ♈F4 ↕bis 5 cm ↔bis 15 cm

ARTEMISIA ABSINTHIUM 'LAMBROOK SILVER'

Eine gruppenbildende, basal verholzte, immergrüne Staude, die wegen ihrer Fülle von farnartigen, aromatischen, silbriggrauen Blättern kultiviert wird. Die graugelben Blütenköpfchen dieser Beifuß-Sorte entstehen im Spätsommer und sind wenig dekorativ. Für Steingärten oder Rabatten geeignet; an exponierten Stellen muß sie geschützt werden.

KULTUR: *In gut wasserdurchlässigem, fruchtbarem Boden in voller Sonne kultivieren. Auf schlecht drainierten Böden ist sie kurzlebig. Im Herbst bis zur Basis zurückschneiden, um den kompakten Wuchs zu erhalten.*

☼ ◊ F4 ↕bis 75 cm ↔60 cm

ARTEMISIA LUDOVICIANA 'SILVER QUEEN'

Eine aufrechte, buschige, gruppenbildende, halbimmergrüne Staude mit schmalen, flaumig behaarten Blättern, die manchmal am Rand gezackt sind; im jungen Zustand sind sie silbrigweiß, später werden sie grüner. Von Hochsommer bis Herbst erscheinen schlanke, weißwollige Büschel aus bräunlichgelben Blütenköpfchen. Für in Silber gehaltene Rabatten unverzichtbar.

KULTUR: *In gut wasserdurchlässigem Boden an einer offenen, sonnigen Stelle pflanzen. Im Frühjahr zurückschneiden, um die beste Laubausbildung zu erzielen.*

☼ ◊ F4 ↕75 cm ↔60 cm oder mehr

ARTEMISIA 'POWIS CASTLE'

Diese wüchsige, strauchige, basal verholzte, ausdauernde Beifuß-Sorte besitzt dichte, bauschige Büschel aus fein zerteilten, aromatischen, silbergrauen Blättern. Im Spätsommer erscheinen Büschel aus unscheinbaren, gelb getönten, silbrigen Blütenköpfchen. Hervorragend für Steingärten oder Rabatten geeignet. In Gebieten mit kalten Wintern überlebt sie manchmal nicht.

KULTUR: *In gut wasserdurchlässigem, fruchtbarem Boden in volle Sonne setzen. In schweren, schlecht drainierten Böden läßt sie stark nach und kann kurzlebig sein. Im Herbst bis zum Grund zurückschneiden, um den kompakten Wuchs zu erzielen.*

☼ ◊ ♆F3 ↕60 cm ↔90 cm

ASPARAGUS DENSIFLORUS 'MYERSII'

Eine überhängende oder kriechende, immergrüne Staude mit pyramidenartigen, schmalen, hellgrünen Trieben. In warmen Regionen trägt diese Spargel-Sorte im Sommer Büschel aus kleinen, rosa getönten, weißen Blüten, die zu leuchtendroten Beeren reifen. In kalten Gebieten unter Glas halten und als Solitärpflanzen setzen; auch als kleinere Zimmer- oder Ampelpflanze geeignet.

KULTUR: *In feuchtem, aber gut drainiertem, fruchtbarem Boden im Halbschatten halten. Mindesttemperatur: 2 °C.*

◐ ◊ ♆F1 ↕60–90 cm ↔1–1,2 m

ASPLENIUM SCOLOPENDRIUM

Der Streifenfarn ist eine aufrechte, immergrüne Staudenpflanze mit unregelmäßigen Büscheln aus federballartig angeordneten, zungenförmigen, ledrigen, leuchtendgrünen Wedeln, bis 40 cm lang. An der Basis sind sie herzförmig und haben oft gewellte Ränder. Auf der Unterseite ausgewachsener Wedel entstehen rostfarbene Sporenhaufen, die im Fischgrätenmuster angeordnet sind. Gut für alkalische Böden geeignet.

KULTUR: *In feuchtem, aber gut drainiertem, fruchtbarem, humusreichem, am besten alkalischem Boden mit zusätzlichem Grus im Halbschatten halten.*

◑ ◊◊ 🏆F4 ↕45–70 cm ↔60 cm

ASTER ALPINUS

Die ausladende, gruppenbildende, ausdauernde Alpenaster wird wegen der Fülle ihrer margeritenartigen, purpurblauen oder rosapurpurnen Blütenköpfchen mit tiefgelbem Zentrum kultiviert. Die Köpfchen entstehen im Früh- und Hochsommer an aufrechten Trieben über den kurz gestielten, schmalen Blättern. Diese niedrigwüchsige Aster eignet sich für den Vordergrund von Rabatten oder Steingärten. Einige besonders attraktive Sorten sind erhältlich.

KULTUR: *In gut drainiertem, mäßig fruchtbarem Boden in der Sonne halten. Jährlich nach dem Rückschnitt im Herbst mulchen.*

☼ ◊ 🏆F4 ↕bis 25 cm ↔45 cm

ASTER AMELLUS 'KING GEORGE'

Eine gruppenbildende, buschige Staude mit lockeren Büscheln aus großen, margeritenartigen, violettblauen Blütenköpfchen mit gelbem Zentrum, die sich vom Spätsommer bis zum Herbst öffnen. Die rauhen, mittelgrünen Blätter sind behaart und lanzettlich. Diese Bergaster-Sorte ist eine hervorragende spät blühende Rabattenpflanze.

KULTUR: *In offenem, gut drainiertem, mäßig fruchtbarem Boden in der vollen Sonne halten. Gedeiht am besten auf alkalischen Böden.*

☼ ◊ ♀F4 ↕↔ 45 cm

ASTER 'ANDENKEN AN ALMA PÖTSCHKE'

Diese wüchsige, aufrechte, gruppenbildende Staude bildet Büschel aus großen, margeritenartigen, lachsrosa Blütenköpfchen mit gelbem Zentrum aus. Die Köpfchen öffnen sich von Spätsommer bis Herbst an steifen, nahezu verholzten Trieben über rauhen, lanzettlichen, stengelumfassenden Blättern. Gute Schnittblume, für Herbstpflanzungen bestens geeignet.

KULTUR: *In feuchtem, gut drainiertem, fruchtbarem Boden in Sonne oder Halbschatten pflanzen. Alle drei Jahre teilen und wieder einpflanzen, um Wüchsigkeit und Blütenqualität zu fördern. Braucht evtl. Stützen.*

☼ ◐ ◊ ♀F4 ↕1,2 m ↔60 cm

ASTER X *FRIKARTII* 'MÖNCH'

Diese aufrechte, buschige, ausdauernde Astern-Sorte bildet von Spätsommer bis Frühherbst eine ununterbrochene Attraktion durch die langlebigen, margeritenartigen, rotvioletten Blütenköpfchen mit orangefarbenem Zentrum. Die dunkelgrünen Blätter sind rauh und länglich. Sehr gut geeignet als farbenfrohe Ergänzung in Spätsommer- oder Herbstbeeten.

KULTUR: *Gedeiht am besten in gut drainiertem, mäßig fruchtbarem Boden an einer offenen, sonnigen Stelle. Jährlich nach dem Rückschnitt im Spätherbst mulchen.*

☼ ◊ F4 ↕70 cm ↔35–40 cm

ASTER LATERIFOLIUS 'HORIZONTALIS'

Diese reich verzweigte, gruppenbildende, ausdauernde Aster bildet von Hochsommer bis Mitte Herbst Büschel aus margeritenartigen, weißen, manchmal rosa getönten Blütenköpfchen mit dunklerem Zentrum. Die schlanken, behaarten Triebe tragen kleine, lanzettliche, mittelgrüne Blätter. Sehr gut als spät blühende Staude in Mischrabatten zu verwenden.

KULTUR: *In feuchtem, aber gut drainiertem, mäßig fruchtbarem Boden im Halbschatten pflanzen. Im Sommer feucht halten.*

◐ ◊ F4 ↕60 cm ↔30 cm

ASTER 'LITTLE CARLOW'

Eine gruppenbildende, aufrechte Staude, die im frühen und mittleren Herbst große Büschel aus margeritenartigen, violettblauen Blütenköpfchen mit gelbem Zentrum bildet. Die dunkelgrünen Blätter sind oval bis herzförmig und gezähnt. Diese Astern-Sorte ist für Herbstbeete und als Schnitt- und Trockenblume geeignet.

KULTUR: *In feuchtem, mäßig fruchtbarem Boden im Halbschatten pflanzen, verträgt aber auch gut drainierte Böden in voller Sonne. Jährlich nach dem Rückschnitt im Spätherbst mulchen.*

☼ ◐ 💧💧 🏆F4 ↕90 cm ↔45 cm

ASTILBE × *ARENDSII* 'FANAL'

Eine gruppenbildende Staude, die wegen der langlebigen, zugespitzten, fedrigen Blütenstände aus winzigen, dunkel karminroten Blüten im Frühsommer kultiviert wird; sie werden später braun und behalten bis in den Winter hinein ihre Form. Die dunkelgrünen Blätter dieser Prachtspiere sind in kleine Blättchen unterteilt und stehen an kräftigen Trieben. In feuchten Rabatten, Gehölzgärten oder an Gewässerrändern pflanzen.

KULTUR: *In feuchtem, fruchtbarem, am besten humusreichem Boden in der vollen Sonne oder im Halbschatten pflanzen.*

☼ ◐ 💧 🏆F4 ↕60 cm ↔45 cm

ASTILBE × *CRISPA* 'PERKEO'

Eine sommerblühende, gruppenbildende Staude, die im Vergleich mit anderen Prachtspieren-Arten niedrigwüchsig ist und fedrige Blütenstände aus winzigen, sternförmigen, tiefrosa Blüten trägt. Die steifen, fein zerteilten, zerknitterten, dunkelgrünen Blätter sind im jungen Zustand bronzefarben getönt. Für Rabatten oder Steingärten geeignet. Die besten Blütenfarben entstehen im lichten Schatten.

KULTUR: *Im Halbschatten in ausreichend feuchtem, fruchtbarem Boden pflanzen, der reich an organischem Material ist.*

F4 ↕15–20 cm ↔15 cm

ASTILBE 'SPRITE'

Eine sommerblühende, gruppenbildende, zwergige Staude, die sich zur Pflanzung an Gewässerrändern eignet. Die fedrigen, zugespitzten Blütenstände mit winzigen, sternförmigen, muschelrosa Blüten biegen sich dekorativ über üppig wachsende, breite, mittelgrüne Blätter mit vielen schmalen Blättchen.

KULTUR: *In ausreichend feuchtem, fruchtbarem Boden pflanzen, der reich an organischem Material ist. In den Halbschatten setzen.*

F4 ↕50 cm ↔bis 1 m

ASTILBE 'STRAUSSENFEDER'

Eine wüchsige, gruppenbildende Staude mit lockeren, gebogenen, roten Blütenständen im Spätsommer und Frühherbst. Die Blütenstände der Prachtspiere nehmen nach der Blüte eine braune Farbe an und bleiben bis zum Winter an der Pflanze. Die dunkelgrünen Blätter sind in ovale Blättchen unterteilt und im jungen Zustand bronzefarben überlaufen. Gut für feuchte Rabatten, Sumpfgärten oder Gewässerränder.

KULTUR: *In feuchtem, fruchtbarem Boden in Sonne oder Halbschatten setzen. Benötigt während des Wachstums viel Feuchtigkeit. Jährlich im Frühjahr organisch mulchen, um das Wasser besser im Boden zu halten.*

☼ ◑ 💧 ♆F4 ↕90 cm ↔60 cm

ASTRANTIA MAXIMA

Diese mattenbildende Staude besitzt im Sommer und Herbst kuppelförmige, rosa Blütenstände mit einem sternförmigen Kragen aus papierartigen, grünlichrosa Brakteen an kräftigen Trieben. Die mittelgrünen Blätter sind in drei gezähnte Lappen unterteilt. Sterndolden eignen sich als Schnitt- und Trockenblumen wie auch für Landhausgärten.

KULTUR: *In feuchtem, fruchtbarem, am besten humusreichem Boden in der Sonne oder im Halbschatten halten. Verträgt trockenere Bedingungen.*

☼ ◑ 💧💧 ♆F4 ↕60 cm ↔30 cm

ASTRANTIA MAJOR 'SUNNINGDALE VARIEGATED'

Die gruppenbildende, ausdauernde Große Sterndolde trägt attraktive tief gelappte, grundständige Blätter, die unregelmäßig gemusterte, cremegelbe Ränder besitzen. Ab dem Frühsommer erscheinen an drahtigen Trieben kuppelförmige Blütenstände aus winzigen grünen oder rosa, oft auch tief purpurroten Blüten mit einem sternförmigen Kragen aus blaßrosa Brakteen. Gedeiht gut in feuchten Rabatten, Gehölzgärten oder an Ufern.

KULTUR: *In feuchtem, aber gut drainiertem, fruchtbarem Boden halten. Für eine optimale Blattfärbung in die volle Sonne setzen.*

☼ ○ ♆F4 ↕30–90 cm ↔45 cm

ATHYRIUM FILIX-FEMINA

Der Waldfrauenfarn besitzt fein zerteilte, hellgrüne Wedel, ca. 1 m lang, die jährlich abgeworfen werden, in aufrechten, federballartigen Rosetten stehen und sich mit dem Alter nach außen biegen. Die Fiederung der Wedel ist sehr unterschiedlich, und die Stiele sind manchmal rotbraun. Eignet sich für schattige Standorte wie Gehölzgärten.

KULTUR: *In feuchtem, fruchtbarem, neutralem bis saurem Boden halten, der mit Gartenkompost oder Blattmulch angereichert wurde. An eine schattige, geschützte Stelle setzen.*

✹ ● ♆F4 ↕bis 1,2 m ↔60–90 cm

AUCUBA JAPONICA 'CROTONIFOLIA' (WEIBLICH)

Die panaschierte Form dieser Aukube ist ein rundlicher, immergrüner Strauch mit großen, glänzend dunkelgrünen Blättern, die kräftig goldgelb getupft sind. Im mittleren Frühjahr erscheinen aufrechte Büschel aus kleinen, purpurnen Blüten, die im Herbst zu roten Beeren reifen.

KULTUR: *In jeglichem (außer staunassem) Boden, für beste Blattfärbung in Sonne, sonst in den Schatten setzen. In kalten Gebieten schützen. Zusammen mit männlichen Formen pflanzen. Verträgt jederzeit leichten Beschnitt; im Frühjahr schneiden, um buschiges Wachstum zu erhalten.*

☼◐ ◊◊ ♈F4 ↕↔ 3 m

AURINIA SAXATILIS

Eine immergrüne Staude, die im Spätfrühjahr dichte Büschel aus leuchtendgelben Blüten ausbildet. Die ovalen, behaarten, graugrünen Blätter stehen in Gruppen. Hervorragend für Steingärten, Mauern und Böschungen geeignet. Felsensteinkresse ist auch unter dem Namen *Alyssum saxatilis* im Handel erhältlich.

KULTUR: *In mäßig fruchtbarem, gut drainiertem Boden an einen sonnigen Standort pflanzen. Nach der Blüte zurückschneiden, um einen kompakten Wuchs zu fördern.*

☼ ◊ ♈F4 ↕20 cm ↔bis 30 cm

BALLOTA PSEUDODICTAMNUS

Ein immergrüner Halbstrauch, der Büschel aus rundlichen, gelblich graugrünen Blättern an aufrechten, weißwolligen Trieben bildet. Im Spätfrühjahr und Frühsommer erscheinen Wirtel aus kleinen, weißen oder rosaweißen Blüten, die von einem blaßgrünen Trichter umgeben werden. In Gebieten mit kalten, nassen Wintern überlebt diese Gottvergeß-Art möglicherweise nicht.

KULTUR: *In armem, sehr wasserdurchlässigem Boden in voller Sonne, im Winter vor starker Nässe geschützt kultivieren. Im zeitigen Frühjahr zurückschneiden.*

☼ ◊ ♈F3–4 ↕45 cm ↔60 cm

BAPTISIA AUSTRALIS

Diese Färberhülsen-Art ist eine sich leicht ausbreitende, aufrechte Staude mit einem für lange Zeit im Jahr andauernden Zierwert. Die leuchtend blaugrünen Blätter an graugrünen Trieben sind in drei kleine Blättchen unterteilt. Während des Frühsommers erscheinen Blütenstände aus indigoblauen, oft weiß oder cremefarben gezeichneten Blüten. Die dunkelgrauen Hülsen können getrocknet werden.

KULTUR: *In tiefem, feuchtem, wasserdurchlässigem, fruchtbarem, neutralem bis saurem Boden in die volle Sonne pflanzen. Nach dem Pflanzen sollte sie nicht mehr gestört werden.*

☼ ◊ ♈F4 ↕1,5 m ↔60 cm

BEGONIA (BEGONIEN MIT ATTRAKTIVEN BLÜTEN)

Üppig blühende Begonien werden meist als Einjährige gehalten und sind in Größe und Form sehr unterschiedlich, wodurch sich viele Möglichkeiten für Sommerbepflanzungen bieten. Informationen zum Wuchs können Etiketten entnommen werden. Aufrechte oder kompakte Begonien wie 'Pin Up' und 'Irene Nuss' eignen sich für Sommerbeete; als Topf- oder Ampelpflanzen können hängende oder kriechende Formen wie 'Illumination Orange' genutzt werden. Begonien können auch als Zimmerpflanzen gehalten werden. Die Blüten sind in vielen Farben und Formen, ungefüllt oder gefüllt erhältlich und stehen im Sommer in lockeren Büscheln.

KULTUR: *In humusreichem, neutralem bis saurem Boden oder Topferde mit guter Wasserdurchlässigkeit kultivieren. Sie blühen am besten im Halbschatten und leiden bei direkter Sonne. In der Wachstumsperiode Volldünger verabreichen. 'Irene Nuss' überlebt nicht unter 15 °C.*

F1, F2–3

1 ↕20–30 cm ↔ 30 cm

2 ↕60 cm ↔ 30 cm

3 ↕75 cm ↔ 60 cm

4 ↕25 cm ↔ 20 cm

1 *B.* Cocktail-Serie (F2–3) **2** *B.* 'Illumination Orange' (F2–3) **3** *B.* 'Irene Nuss' (F1) **4** *B.* 'Pin Up' (F2–3)

BEGONIA (BEGONIEN MIT ATTRAKTIVEN BLÄTTERN)

Diese ausdauernden Begonien werden meist als Einjährige gezogen und wegen der attraktiven Blätter in zahlreichen Farben gehalten. So sind die Blätter von 'Merry Christmas' grün umrandet; das Laub von *B. metallica* ist dunkelgrün und metallisch gefärbt. Einige Blätter werden auch wegen ihrer Zeichnung kultiviert (z.B. besitzen die Blätter von *B. masoniana* eine kräftige, kreuzförmige Zeichnung). Unter günstigen Bedingungen kann 'Thurstonii' strauchförmig werden, aber die meisten wie auch 'Munchkin' sind kompakter. In Sommerbeeten, im Wintergarten oder als Zimmerpflanzen halten.

KULTUR: *In fruchtbarem, gut drainiertem, neutralem bis saurem Boden oder Topferde in durchbrochenem Schatten halten. In der Wachstumsperiode regelmäßig einen stickstoffreichen Dünger verabreichen. Mindesttemperatur: 15 °C.*

◐ ◊ F1

1 ↕50 cm ↔ 45 cm

2 ↕25 cm ↔ 30 cm

3 ↕90 cm ↔ 60 cm

4 ↕20 cm ↔ 25 cm

5 ↕2 m ↔ 45 cm

1 *B. masoniana* 2 *B.* 'Merry Christmas' 3 *B. metallica* 4 *B.* 'Munchkin' 5 *B.* 'Thurstonii'

BELLIS PERENNIS 'POMPONETTE'

Diese gefüllte Form des Gewöhnlichen Gänseblümchens wird meist als Zweijährige für Frühjahrsbepflanzungen genutzt. Vom späten Winter bis Frühling erscheinen rosa, rote oder weiße Blütenköpfchen mit federkielförmigen äußeren Blüten über den dichten Büscheln aus spatelförmigen, leuchtendgrünen Blättern.

KULTUR: *In gut wasserdurchlässigem, mäßig fruchtbarem Boden in voller Sonne oder im Halbschatten pflanzen. Abgeblühte Köpfchen entfernen, um die Blütezeit zu verlängern und Selbstaussaat zu vermeiden.*

☼ ◑ ◊ F4 ↕↔ 10–20 cm

BERBERIS DARWINII

Diese Berberitzen-Art ist ein wüchsiger, überhängender, immergrüner Strauch, der von Mitte bis Ende des Frühjahrs eine Fülle von kleinen, tief goldorangefarbenen Blüten an bestachelten Trieben trägt; diese reifen im Herbst zu blauen Beeren heran. Die Blätter sind glänzend dunkelgrün und bestachelt. Kann als schwer durchdringbare Hecke gepflanzt werden.

KULTUR: *In jeglichem (außer staunassem) Boden in voller Sonne oder im Halbschatten pflanzen und vor kalten, austrocknenden Winden schützen. Wenn nötig, nach der Blüte beschneiden.*

☼ ◑ ◊ ♦ F4 ↕3 m oder mehr ↔3 m

BERBERIS × *OTTAWENSIS* 'SUPERBA'

Dieser bestachelte, rundliche, laubwerfende, im Frühjahr blühende Strauch bildet Büschel aus kleinen, blaßgelben, rot getönten Blüten, die im Herbst zu roten Beeren heranreifen. Die purpurroten Blätter färben sich, bevor sie abfallen, in Karminrot um. Dekorativer Solitärstrauch und auch für Strauchrabatten geeignet.

KULTUR: *In nahezu jeglichem gut drainierten Boden am besten in voller Sonne pflanzen. Zur Wintermitte dichten Wuchs ausdünnen.*

☼ ◊◊ F4 ↕↔ 2,5 m

BERBERIS × *STENOPHYLLA* 'CORALLINA COMPACTA'

Ein kleiner, immergrüner Strauch mit tiefgrünen Blättern mit stacheliger Spitze, die an überhängenden, bestachelten Trieben stehen. Vom mittleren Frühjahr an erscheinen winzige, hellorangefarbene Blüten, die zu kleinen, blauschwarzen Beeren reifen. Diese Berberitzen-Sorte kann als lockere Hecke gepflanzt werden.

KULTUR: *Gedeiht am besten in fruchtbarem, humusreichem, verläßlich wasserdurchlässigem Boden in voller Sonne. Nach der Blüte stark zurückschneiden.*

☼ ◊ F4 ↕↔ bis 30 cm

BERBERIS THUNBERGII 'BAGATELLE'

Ein sehr kompakter, bestachelter, laubwerfender Strauch mit tief purpurroten Blättern, die sich im Herbst orange und rot umfärben. Die blaßgelben Blüten dieser Berberitzen-Sorte reifen zu glänzenden, roten Früchten heran. Für Steingärten geeignet, überlebt aber in Gebieten mit kalten Wintern möglicherweise nicht.

KULTUR: *In gut drainiertem Boden in voller Sonne halten, um die beste Laub- und Blattfärbung zu erhalten. Dichten und ungeordneten Wuchs von Mitte bis Ende des Winters ausdünnen.*

☼ ◊ 🏆F3 ↕30 cm ↔40 cm

BERBERIS THUNBERGII 'ROSE GLOW'

Ein kompakter, bestachelter, laubwerfender Strauch mit rötlichpurpurnen Blättern, die im Laufe der Saison nach und nach weiß gefleckt werden. Im mittleren Frühjahr erscheinen winzige, blaßgelbe Blüten, die zu roten Beeren heranreifen. Gut als undurchdringliche Hecke geeignet.

KULTUR: *In jeglichem (außer staunassem) Boden in voller Sonne oder im Halbschatten pflanzen. Im Sommer abgestorbene Triebe herausschneiden.*

☼ ◑ ◊◊ 🏆F4 ↕2 m oder mehr ↔2 m

BERBERIS VERRUCULOSA

Ein langsamwüchsiger, kompakter, im Frühjahr blühender Strauch, der sich gut als Solitärstrauch setzen läßt. Die becherförmigen, goldgelben Blüten stehen zwischen den glänzenden, dunkelgrünen, stechend spitzen Blättern an bestachelten, überhängenden Trieben. Im Herbst entwickeln sich bei dieser Berberitzen-Art birnenförmige, schwarze Beeren.

KULTUR: *Gedeiht am besten in gut wasserdurchlässigem, humusreichem, fruchtbarem Boden in voller Sonne. Das Beschneiden auf ein Minimum reduzieren.*

☼ ◊ F4 ↕↔ 1,5 m

BERBERIS WILSONIAE

Ein sehr stark bestachelter, halbimmergrüner, überhängender Strauch, der dichte Büschel aus graugrünem Laub bildet, das sich im Herbst rot und orange verfärbt. Im Sommer entstehen Büschel aus blaßgelben Blüten, die zu hellrosa bis rosaroten Beeren heranreifen. Gut als undurchdringliche Hecke geeignet. Aus Samen gezogene Hybriden vermeiden, da sie weniger wüchsig sein können.

KULTUR: *In jeglichem, gut wasserdurchlässigem Boden in Sonne oder Halbschatten setzen. Die beste Blüten- und Laubfärbung bilden sie in voller Sonne. Dichtes Astwerk zur Wintermitte ausdünnen.*

☼ ◑ ◊ F4 ↕1 m ↔2 m

BERGENIA PURPURASCENS 'BALLAWLEY'

Diese gruppenbildende, immergrüne Staude gehört zu den ersten im Frühjahr erblühenden Pflanzen und trägt leuchtend karminrote Blüten an kräftigen, roten Trieben. Die ledrigen, ovalen Blätter dieser Bergenie färben sich im Winter bronzerosa. Für Gehölzgärten oder, in Gruppen gepflanzt, als Begrenzung von Rabatten geeignet.

KULTUR: *In jeglichem, gut wasserdurchlässigem Boden in Sonne oder lichten Schatten setzen. Vor kalten Winden schützen. Im Herbst mulchen.*

F4 ↕bis 60 cm ↔60 cm

BERGENIA 'SILBERLICHT'

Eine im Frühling blühende, gruppenbildende Staude mit dichten Büscheln aus becherförmigen, weißen, oft rosa überlaufenen Blüten. Die mittelgrünen Blätter sind rund und ledrig und haben gesägte Ränder. Gut zur Unterpflanzung von Sträuchern geeignet, die im Winter für etwas Schutz sorgen.

KULTUR: *In jeglichem, gut wasserdurchlässigem Boden in voller Sonne oder im Halbschatten pflanzen. Vor kalten Winden schützen, um Blattverbrennungen zu vermeiden. Im Herbst mulchen.*

F4 ↕30 cm ↔50 cm

BETULA NIGRA

Die Schwarzbirke ist ein hoher, konischer bis ausladender, laubwerfender Baum mit glänzenden, rhombischen Blättern. Die Rinde ist gescheckt, rotbraun und schält sich bei jungen Bäumen in Schichten ab; bei älteren Bäumen wird die Rinde schwarz oder grauweiß und bildet Risse. Im Frühjahr erscheinen die auffälligen, gelbbraunen, männlichen Kätzchen. Schöner Solitärbaum, allerdings nur für große Gärten geeignet.

KULTUR: *In feuchtem, wasserdurchlässigem, mäßig fruchtbarem Boden in voller Sonne pflanzen. Im späten Herbst altes, totes oder beschädigtes Astwerk entfernen.*

☼ ♢ ♈F4 ↕18 m ↔12 m

BETULA PENDULA 'YOUNGII'

Diese Trauerform der Weißbirke ist ein kuppelförmiger, laubwerfender Baum, der häufig breiter als hoch wird und einen eleganten, überhängenden Wuchs besitzt. Gelbbraune, männliche Kätzchen erscheinen im zeitigen Frühjahr vor den dreieckigen, glänzenden Blättern; im Herbst färbt sich das Laub goldgelb. Attraktiver Baum für kleine Gärten.

KULTUR: *In feuchtem, wasserdurchlässigem Boden an einem offenen, sonnigen Standort pflanzen. Nur minimal beschneiden; Äste, die am nackten Hauptstamm entstehen, im späten Winter entfernen.*

☼ ♢ ♈F4 ↕8 m ↔10 m

BETULA UTILIS VAR. *JACQUEMONTII*

Eine offene, breit konische, laubwerfende, baumförmige Birke mit glatter, abschilfernder, weißer Borke. Im zeitigen Frühjahr erscheinen die attraktiven Kätzchen, das dunkelgrüne Laub färbt sich im Herbst satt goldgelb. Einzeln oder in Gruppen setzen, in großen Gärten am besten an Stellen, an denen die Wintersonne die attraktive Borke anstrahlen kann.

KULTUR: *In feuchtem, wasserdurchlässigem Boden in die Sonne setzen. Totes oder beschädigtes Holz der jungen Bäume im späten Herbst entfernen. Später den Beschnitt auf ein Minimum reduzieren.*

☼ ◊ F4 ↕15 m ↔7,5 m

BIDENS FERULIFOLIA

Diese gruppenbildende, kurzlebige Staude wird meist als Einjährige gezogen. Sternförmige, leuchtend goldgelbe Blütenköpfchen erscheinen vom mittleren Frühjahr bis zu den ersten Frösten. Die Blätter sind frischgrün und fein zerteilt. Diese Zweizahn-Art ist hervorragend als Ampelpflanze oder zum Überwachsen von Kübeln geeignet.

KULTUR: *In feuchtem, wasserdurchlässigem, fruchtbarem Boden oder Topferde in der Sonne setzen. Ist kurzlebig, kann aber im Herbst leicht durch Sproßstecklinge vermehrt werden. Mindesttemperatur: 2 °C.*

☼ ◊◊ F1+3 ↕bis 30 cm ↔unbegrenzt

BRACHYGLOTTIS 'SUNSHINE'

Ein buschiger, polsterbildender, immergrüner Strauch mit ovalen Blättern, die im jungen Zustand silbriggrau, später dunkelgrün und unterseits filzigweiß werden. Vom frühen bis mittleren Sommer erscheinen margeritenartige, gelbe Blütenköpfchen. Einige Gärtner ziehen sie als Grünpflanze und knipsen die Knospen ab, bevor sie sich öffnen. Gedeiht an Küstenstandorten.

KULTUR: *In gut wasserdurchlässigem Boden an einen sonnigen, geschützten Standort pflanzen. Nach der Blüte in Form schneiden. Im Frühling kräftig zurückschneiden.*

☼ ◊ 🏆F4 ↕1–1,5 m ↔2 m oder mehr

BRACTEANTHA BRIGHT-BIKINI-SERIE

Diese Strohblumen sind aufrechte Einjährige oder kurzlebige Stauden, die von Spätfrühjahr bis Herbst papierartige, gefüllte Blütenköpfchen in Rot, Rosa, Orange, Gelb und Weiß bilden. Die Blätter sind graugrün und lanzettlich. Zur Begrenzung von Rabatten oder in Blumenkästen pflanzen; eignen sich gut als langlebige Schnitt- und Trockenblumen.

KULTUR: *In feuchtem, wasserdurchlässigem, mäßig fruchtbarem Boden an einen vollsonnigen Standort setzen.*

☼ ◊ 🏆F3 ↕bis 30 cm ↔30 cm

BRUNNERA MACROPHYLLA 'HADSPEN CREAM'

Eine gruppenbildende Staude mit attraktivem Laub, die hervorragend als Bodendecker in Rabatten und unter laubwerfenden Bäumen geeignet ist. Mitte und Ende Frühjahr erscheinen aufrechte Büschel aus kleinen, leuchtendblauen Blüten oberhalb der herzförmigen Blätter, die einen unregelmäßigen, cremeweißen Rand besitzen.

KULTUR: *In feuchtem, wasserdurchlässigem, humusreichem Boden pflanzen. An einen kühlen, leicht schattigen Standort setzen.*

◑ ○◐ ♀F4 ↕45 cm ↔60 cm

BUDDLEJA ALTERNIFOLIA

Dieser dichte, laubwerfende, strauchige Sommerflieder besitzt schlanke, überhängende Äste. Im Frühsommer erscheinen duftende, fliederpurpurne Blüten zwischen den schmalen, graugrünen Blättern. Kann gut an einer Mauer gezogen oder auch mit einem Hauptstamm als auffälliger Solitärstrauch gepflanzt werden. Wird gerne von Insekten besucht.

KULTUR: *Am besten in kalkhaltigem Boden pflanzen, gedeiht aber in jedem drainierten Boden in voller Sonne. Triebe nach der Blüte auf kräftige Knospen zurückschneiden; im Frühjahr kräftiger Rückschnitt.*

☼ ○ ♀F4 ↕↔4 m

BUDDLEJA DAVIDII

Alle Kultivare des Schmetterlingsflieders sind schnellwüchsige, laubwerfende Sträucher in vielen Blütenfarben. Wie der deutsche Name anzeigt, werden sie gerne von Schmetterlingen und anderen Insekten besucht. Die langen, gebogenen Triebe tragen lanzettliche, mittel- bis graugrüne Blätter, bis zu 25 cm lang. Konische Blütenstände aus leuchtenden, duftenden Blüten, bis 30 cm lang, stehen von Sommer bis Herbst am Ende der überhängenden Triebe. Die Blütenstände von 'Royal Red' sind am längsten. Die Sträucher vertragen im Frühjahr kräftige Rückschnitte, was sie auch für kleine Gärten geeignet macht.

KULTUR: *In gut drainiertem Boden in der Sonne halten. Jeden Frühling auf niedriges Astwerk zurückschneiden, auch um eine bessere Blüte auszulösen. Blütenstände nach der Blüte auf die nächsten Blätter oder Seitentriebe zurückschneiden, um die Selbstaussaat zu verhindern: So kann eine zweite Blüte ausgelöst werden.*

☼ ◊ 🏆F4

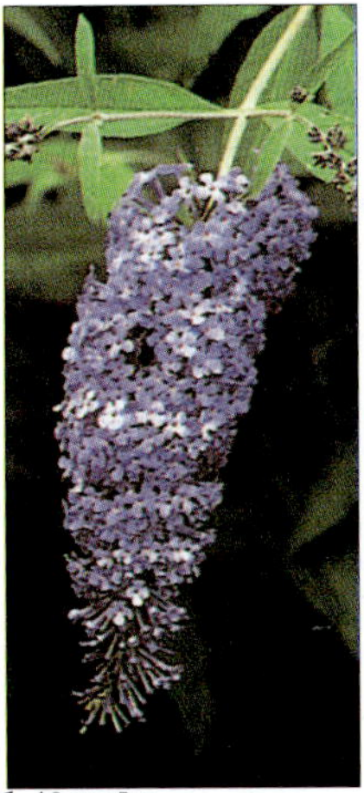

1 ↕3 m↔5 m

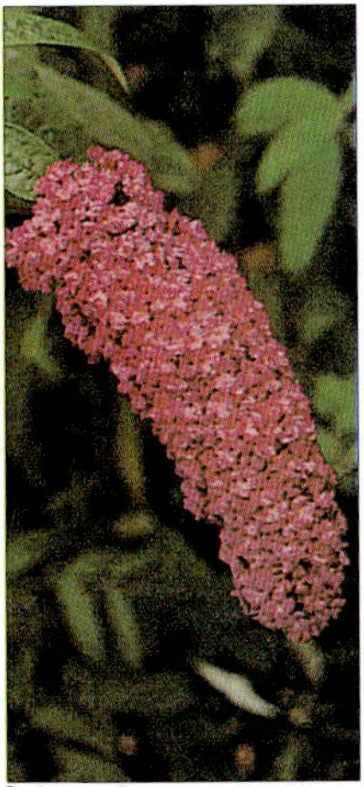

2 ↕3 m↔5 m

3 ↕3 m↔5 m

1 *B. davidii* 'Empire Blue' **2** *B. davidii* 'Royal Red' **3** *B. davidii* 'White Profusion'

BUDDLEJA GLOBOSA

Ein laubwerfender oder halbimmergrüner Strauch mit für Schmetterlingsflieder ungewöhnlichen, kugeligen Blütenständen aus winzigen, orangegelben Blüten im Frühsommer. Die lanzettlichen Blätter sind dunkelgrün mit wolliger Unterseite. Dieser große Strauch wird häufig im unteren Bereich kahl und verträgt keinen Rückschnitt, daher am besten im Hintergrund von gemischten Rabatten pflanzen.

KULTUR: *Gedeiht auf drainierten, kalkhaltigen Böden an einem sonnigen, vor kalten Winden geschützten Standort. So wenig wie möglich beschneiden, ansonsten bleibt die Blüte im Folgejahr aus.*

☼ ◊ ♀F4 ↕↔ 5 m

BUDDLEJA 'LOCHINCH'

Ein kompakter, laubwerfender Strauch, ähnelt sehr *B. davidii* (s. S. 77), mit langen Blütenständen aus fliederblauen Blüten, die von Spätsommer bis Herbst erscheinen. Die Blätter sind im jungen Zustand flaumig behaart und grau, später sind sie glatt und unterseits weißfilzig. Werden rege von Schmetterlingen besucht.

KULTUR: *In gut wasserdurchlässigem, mäßig fruchtbarem Boden in der Sonne kultivieren. Jedes Jahr mit Anschwellen der Knospen im Frühjahr alle Triebe bis fast auf den Grund zurückschneiden.*

☼ ◊ ♀F3–4 ↕2,5 m ↔ 3 m

BUXUS SEMPERVIRENS 'ELEGANTISSIMA'

Diese panaschierte Form des Buchsbaum ist ein dichter, immergrüner Strauch, der kleine, schmale, glänzende, leuchtendgrüne Blätter trägt, die weiß berandet sind. Die Blüten sind unscheinbar. Da Buchsbaum gut beschnitten werden kann, eignet er sich als niedrige Hecke. Mit grün beblättertem Buchsbaum gepflanzt, sieht diese Form in Flechtgärten interessant aus.

KULTUR: *In wasserdurchlässigem Boden in Sonne oder lichten Schatten pflanzen. Im Frühjahr (auch kräftig) oder Sommer zurückschneiden.*

☼ ◑ ◊ F4 ↕↔ 1,5 m

BUXUS SEMPERVIRENS 'SUFFRUTICOSA'

Eine sehr dichte, langsamwüchsige, immergrüne Buchsbaum-Sorte mit kleinen, glänzenden, leuchtendgrünen Blättern. Wird häufig als Abgrenzung oder als in Form geschnittener Strauch genutzt. Im späten Frühjahr und Frühsommer entstehen unscheinbare Blüten. Hervorragend als Hecke geeignet.

KULTUR: *In wasserdurchlässigem Boden in Sonne oder Halbschatten pflanzen. Ein vollsonniger, trockener Standort kann Blattverbrennungen hervorrufen. Hecken im Sommer beschneiden; kräftige Rückschnitte nur im späten Frühjahr.*

☼ ◑ ◊ F4 ↕ 1 m ↔ 1,5 m

CALENDULA 'FIESTA GITANA'

Diese zwergige Ringelblumen-Sorte ist eine buschige, schnellwüchsige Einjährige, die von Sommer bis Herbst zahlreiche, meist gefüllte, pastellorange oder gelbe wie auch zweifarbige Blütenköpfchen ausbildet. Die Blätter sind behaart und aromatisch. Hervorragend als Schnittblume für Beete und Töpfe geeignet.

KULTUR: *In gut wasserdurchlässigem, armem bis mäßig fruchtbarem Boden in volle Sonne oder Halbschatten pflanzen. Regelmäßig abgeblühte Köpfchen entfernen, um die Blütezeit zu verlängern.*

☼ ◑ ◊ F4 ↕bis 30 cm ↔30–45 cm

CALLICARPA BODINIERI VAR. *GIRALDII* 'PROFUSION'

Ein laubwerfender Strauch, der wegen seiner im Herbst erscheinenden, tiefvioletten, glänzenden Beeren kultiviert wird. Die zugespitzten, blaßgrünen Blätter sind im Frühjahr bei ihrer Entfaltung bronzefarben, im Sommer erscheinen blaßrosa Blüten. In Strauchrabatten ist der Liebesperlenstrauch lange Zeit attraktiv; am besten in Gruppen setzen; in kalten Wintern überlebt er nicht verläßlich.

KULTUR: *In wasserdurchlässigem, fruchtbarem Boden in Sonne oder lichten Schatten pflanzen. Jedes Jahr im Frühjahr einen von fünf Trieben bis zur Basis zurückschneiden.*

☼ ◑ ◊ F3 ↕3 m ↔ 2,5 m

CALLISTEMON CITRINUS 'SPLENDENS'

Diese attraktive Kulturform des Zylinderputzers ist ein immergrüner Strauch mit meist überhängenden Ästen. Dichte Blütenstände aus leuchtendroten Blüten erscheinen im Frühjahr und Sommer zwischen den graugrünen, nach Zitrone duftenden Blättern, die jung bronzerot sind. Vor sonnigen Mauern pflanzen, um sie vor Kälte zu schützen.

KULTUR: *Gedeiht am besten in wasserdurchlässigem, neutralem bis saurem Boden in voller Sonne. Triebspitzen der Jungpflanzen auskneifen, um buschiges Wachstum zu fördern. Kräftige Rückschnitte im Frühjahr.*

☼ ◊ 🏆F3 ↕2–8 m ↔1,5–6 m

CALLISTEPHUS MILADY SUPER MIXED

Diese kräftige, zum Teil welkeresistente Mischung unterschiedlich gefärbter, einjähriger Sommerastern eignet sich hervorragend für Beete oder Töpfe. Die gefüllten, rundlichen Blütenköpfchen erscheinen von Spätsommer bis Herbst und sind rosa, rot, scharlachrot, blau oder weiß gefärbt. Die Blätter sind mittelgrün und gezähnt.

KULTUR: *In feuchtem, wasserdurchlässigem, fruchtbarem, neutralem bis alkalischem Boden an einen sonnigen, geschützten Standort pflanzen. Regelmäßig verblühte Köpfchen entfernen, um die Blütezeit zu verlängern.*

☼ ◊◆ 🏆F3 ↕bis 30 cm ↔25 cm

CALLUNA VULGARIS

Kultivare der Besenheide sind aufrechte bis ausladende, fein beblätterte Heidekräuter. Sie sind ausgezeichnete immergrüne Bodendecker, wenn vor dem Pflanzen alle Unkräuter entfernt werden. Von Hoch- bis Spätsommer erscheinen Blütenstände aus glockenförmigen, rot, rosa oder weiß getönten Blüten. 'Kinlochruel' besitzt gefüllte, weiße Blüten in langen Büscheln. Einige Kultivare, wie 'Robert Chapman' und 'Beoley Gold', bleiben auf Grund ihrer herrlich gefärbten Beblätterung bis in den Winter attraktiv. Die Blüten ziehen Bienen und andere Insekten an und eignen sich als Begleitpflanzung von Zwerg-Koniferen.

KULTUR: *Gedeiht am besten in wasserdurchlässigem, humusreichem, saurem Boden an einem offenen, sonnigen Standort, der dem natürlichen Wuchsort in Moorhabitaten entspricht. Im zeitigen Frühjahr Blütentriebe beschneiden; überlange Triebe bis zu deren Ansatzpunkt unter dem Blütenflor abschneiden.*

☼ ◊ F4

1 ↕25 cm ↔ 35 cm

2 ↕35 cm ↔ bis 75 cm

3 ↕25 cm ↔ 40 cm

4 ↕25 cm ↔ 65 cm

1 *C. vulgaris* 'Darkness' **2** *C. vulgaris* 'Beoley Gold' **3** *C. vulgaris* 'Kinlochruel'
4 *C. vulgaris* 'Robert Chapman'

CALTHA PALUSTRIS

Die Sumpfdotterblume ist eine gruppenbildende Staude, die gut in Sumpfgärten oder am Rand von Fließgewässern und Teichen gedeiht. Die becherförmigen, wachsigen, leuchtendgelben Blüten stehen im Frühjahr an hohen Trieben über den nierenförmigen, glänzenden, grünen Blättern.

KULTUR: *Gedeiht am besten in sumpfigem Boden an offenen, sonnigen Stellen. Das Wurzelwachstum kann durch Pflanzkörbe für Wasserpflanzen, die in höchstens 23 cm tiefes Wasser gesetzt werden, eingeschränkt werden; bevorzugt jedoch flacheres Wasser.*

☼ ● 🏆F4 ↕10–40 cm ↔45 cm

CAMELLIA 'INSPIRATION'

Diese Kamelien-Sorte ist ein dichter, aufrechter, immergrüner Strauch oder kleiner Baum, der von der Wintermitte bis zum Spätfrühjahr zahlreiche schalenförmige, halbgefüllte, tiefrosa Blüten trägt. Die dunkelgrünen Blätter sind oval und ledrig. Eignet sich zur Pflanzung im Hintergrund von Rabatten oder als Solitärstrauch.

KULTUR: *Gedeiht am besten in feuchtem, wasserdurchlässigem, neutralem bis saurem Boden, geschützt im Halbschatten. Den Wurzelbereich mit geschredderter Borke mulchen. Junge Pflanzen nach der Blüte zurückschneiden, um buschiges, regelmäßiges Wachstum zu fördern.*

◑ ◊◊ 🏆F4 ↕4 m ↔2 m

CAMELLIA JAPONICA 'ADOLPHE AUDUSSON'

Diese Kamelien-Sorte ist ein schnellwüchsiger, offener, immergrüner Strauch oder kleiner Baum mit im Frühjahr erscheinenden, großen, schalenförmigen, halbgefüllten, satt dunkelroten Blüten mit gelben Staubblättern. Die Blätter sind oval und glänzend dunkelgrün. Eignet sich als eleganter Strauch in Gehölzgärten.

KULTUR: *In feuchtem, wasserdurchlässigem, humusreichem, neutralem bis saurem Boden geschützt in den Halbschatten pflanzen. Im Wurzelbereich einen Mulch aus geschredderter Borke oder aus Blättern aufbringen. Muß wenig beschnitten werden.*

F4 ↕5 m ↔8 m

CAMELLIA JAPONICA 'ALEXANDER HUNTER'

Ein wüchsiger, aufrechter, immergrüner Strauch oder kleiner Baum mit ovalen, dunkelgrünen Blättern. Im zeitigen und mittleren Frühjahr erscheinen abgeflachte, ungefüllte, tief karminrote Blüten mit Büscheln aus gelben Staubblättern. Hervorragend als Solitärpflanze geeignet.

KULTUR: *Benötigt feuchtigkeitsspeichernden, neutralen bis sauren Boden im Halbschatten. Vor kalten, austrocknenden Winden schützen. Im Wurzelbereich herum einen Mulch aus geschredderter Borke aufbringen. Junge Pflanzen leicht beschneiden, um einen regelmäßigen Wuchs zu erzielen.*

F4 ↕9 m ↔8 m

CAMELLIA JAPONICA 'ELEGANS'

Ein langsamwüchsiger, immergrüner Strauch oder kleiner Baum mit abgespreizten Ästen, an denen glänzend dunkelgrüne Blätter stehen. Im Frühjahr erscheinen zahlreiche große, tiefrosa Blüten. Benötigt keinen Rückschnitt, die Blüten dieser Kamelien-Sorte können aber als Schnittblumen genutzt werden.

KULTUR: *In verläßlich feuchtem, neutralem bis saurem Boden in Halbschatten mit Schutz vor Frost und kalten Winden pflanzen. Im Wurzelbereich einen Mulch aus geschredderter Borke oder aus Blättern aufbringen. Muß nur wenig beschnitten werden.*

◑ 💧💧 🏆F4 ↕9 m ↔8 m

CAMELLIA 'LEONARD MESSEL'

Dieser ausladende, immergrüne Strauch mit ovalen, ledrigen, dunkelgrünen Blättern gehört zu den frosthärtesten Sorten. Vom zeitigen bis späten Frühjahr erscheint eine Fülle großer, abgeflachter bis becherförmiger, halbgefüllter, rosafarbener Blüten. Diese Kamelien-Sorte ist für Strauchrabatten geeignet.

KULTUR: *Gedeiht am besten in feuchtem, wasserdurchlässigem, neutralem bis saurem Boden im Halbschatten mit Schutz vor kalten Winden. Den Wurzelbereich mit Mulch aus Blättern oder geschredderter Borke schützen. Muß nicht beschnitten werden.*

◑ 💧💧 🏆F4 ↕4 m ↔3 m

CAMELLIA × *WILLIAMSII*

Kultivare von *C.* × *williamsii* sind immergrüne, strauchförmige Kamelien, die wegen der glänzenden, leuchtendgrünen Blätter und der eleganten, rosenartigen Blüten geschätzt werden. Die Blütenfarbe reicht von Weiß bis zu Karminrot. Die meisten Sorten blühen von Mitte bis Ende des Frühjahrs, 'Anticipation' und 'Mary Christian' bereits im späten Winter. Viele sind frosthart und können in jedem Klima gehalten werden, die Blüten aber sind frostempfindlich. Für kühle Gewächshäuser oder Strauchrabatten geeignet. 'J.C. Williams' kann an kalten Wänden gezogen werden. Standorte mit Morgensonne sollten vermieden werden.

KULTUR: *Gedeiht am besten in feuchtem, gut drainiertem, saurem bis neutralem Boden im Halbschatten. Vor kalten Winden schützen und mit geschredderter Borke mulchen. Jungpflanzen nach der Blüte beschneiden, um buschiges Wachstum zu fördern; wandgezogene Sträucher sollten einen kräftigen Mitteltrieb entwickeln.*

◐ ◊◆ F4

1 ↕4 m ↔2 m

2 ↕3 m ↔2,5 m

3 ↕5 m ↔2,5 m

1 *C.* × *williamsii* 'Anticipation' **2** *C.* × *williamsii* 'Brigadoon' **3** *C.* × *williamsii* 'Donation'

4 ↕↔ 4 m

5 ↕ 4 m ↔ 2,5 m

6 ↕ 4 m ↔ 2,5 m

7 ↕ 4 m ↔ 2,5 m

8 ↕ 4 m ↔ 2,5 m

9 ↕↔ 3 m

4 *C.* x *williamsii* 'George Blandford' **5** *C.* x *williamsii* 'Joan Trehane' **6** *C.* x *williamsii* 'J.C. Williams' **7** *C.* x *williamsii* 'Mary Christian' **8** *C.* x *williamsii* 'Saint Ewe' **9** *C.* x *williamsii* 'Water Lily'

CAMPANULA COCHLEARIIFOLIA

Die Kleine Glockenblume ist eine niedrigwüchsige, rosettenbildende Staude, die im Hochsommer üppige Büschel mit offenen, glockenförmigen, malvenblauen oder weißen Blüten bildet. Die leuchtendgrünen Blätter sind herzförmig. Sie breiten sich mit kriechenden Trieben aus und können wuchern. Vor allem hübsch, wenn sie Kies oder Ritzen auf trockenen Mauern bewachsen.

KULTUR: *Bevorzugt feuchte, wasserdurchlässige Böden in Sonne oder Halbschatten. Um das Wachstum einzudämmen, überzählige Pflanzen ausreißen.*

F4 ↕8 cm ↔50 cm oder mehr

CAMPANULA GLOMERATA 'SUPERBA'

Diese schnellwüchsige, gruppenbildende, ausdauernde Sorte der Geknäuelten Glockenblume bildet im Sommer dichte Köpfchen aus großen, glockenförmigen, purpurvioletten Blüten. Die lanzettlichen bis ovalen Blätter stehen in Rosetten am Grund der Pflanze und an den Trieben. Hervorragend für Staudenrabatten oder Landhausgärten geeignet.

KULTUR: *Bevorzugt feuchte, aber gut wasserdurchlässige, neutrale bis alkalische Böden in der Sonne oder im Halbschatten. Nach der Blüte zurückschneiden, um eine zweite Blüte anzuregen.*

F4 ↕75 cm ↔1 m oder mehr

CAMPANULA LACTIFLORA 'LODDON ANNA'

Eine aufrechte, verzweigte Staude, die im Hochsommer Büschel aus großen, nickenden, glockenförmigen, zart fliederrosa Blüten bildet. Die ovalen Blätter stehen in Rosetten an der Basis der Pflanze und zerstreut an den Trieben. Hervorragend für Rabatten geeignet, an exponierten Standorten ist evtl. eine Stütze nötig.

KULTUR: *Gedeiht am besten in feuchtem, aber gut wasserdurchlässigem, fruchtbarem Boden in der Sonne oder im Halbschatten. Nach der Blüte beschneiden, um eine zweite, allerdings weniger üppige Blüte anzuregen.*

☼◐ ◊♦ F4 ↕1,2–1,5 m ↔60 cm

CAMPANULA PORTENSCHLAGIANA

Diese Glockenblumen-Art ist eine robuste, polsterbildende, immergrüne Staude, die vom Hoch- bis zum Spätsommer lange, glockenförmige, tief purpurfarbene Blüten bildet. Die Blätter sind gezähnt und mittelgrün. Gut für Steingärten oder sonnige Böschungen geeignet. Kann wuchern.

KULTUR: *Gedeiht am besten in feuchtem, aber gut wasserdurchlässigem Boden in der Sonne oder im Halbschatten. Da sie sehr wüchsig ist, sollte sie von kleineren, weniger robusten Arten entfernt gepflanzt werden.*

☼◐ ◊ F4 ↕15 cm ↔50 cm oder mehr

CAMPSIS × *TAGLIABUANA* 'MADAME GALEN'

Eine Kletterpflanze mit verholzten Trieben, die sich mit Luftwurzeln befestigt und gut an Mauern, Zäunen, Säulen oder Bäumen gezogen werden kann. Von Spätsommer bis Herbst erscheinen an dieser Trompetenblume Büschel aus trompetenförmigen, orangeroten Blüten zwischen den ovalen, gezähnten Blättern.

KULTUR: *Am besten in feuchtem, drainiertem Boden sonnig und geschützt pflanzen. Neuzuwachs anbinden, bis das Astwerk dicht geworden ist. Im Winter kräftig zurückschneiden, um buschigen Wuchs zu fördern.*

☼ ◊◆ ♀F4 ↕10 m oder mehr

CARDIOCRINUM GIGANTEUM

Riesenlilien sind beeindruckende, im Sommer blühende Zwiebelpflanzen, die trompetenförmige, weiße Blüten mit einem gepunkteten Schlund ausbilden. Die Triebe sind kräftig, die Blätter oval und glänzend grün. Auch an guten Standorten können sieben Jahre vergehen, bis sie blühen. In Gehölzgärten oder in geschützten Rabatten in den Schatten pflanzen.

KULTUR: *Am besten in tiefem, feuchtem, gut wasserdurchlässigem, kühlem, humusreichem Boden in den Halbschatten pflanzen. Verträgt keine heißen, trockenen Bedingungen. Schneckenfraß kann auftreten.*

☀ ◆ ♀F4 ↕1,5–4 m ↔45 cm

CAREX ELATA 'AUREA'

Diese Sorte der Steifen Segge ist eine farbenfrohe, horstbildende Staude, die jährlich ihre leuchtenden, schmalen, goldgelben Blätter abwirft. Sie eignet sich für feuchte Rabatten, Sumpfgärten oder Gewässerränder. Im Frühjahr und Frühsommer erscheinen kleine Blütenstände aus relativ unscheinbaren, dunkelbraunen Blüten über den Blättern. Wird häufig als *C.* 'Bowles' Golden' angeboten.

KULTUR: *In feuchtem oder nassem, ausreichend fruchtbarem Boden in der vollen Sonne oder im Halbschatten pflanzen.*

☼◑ 💧💧 🏆F4 ↕bis 70 cm ↔45 cm

CAREX HACHIJOENSIS 'EVERGOLD'

Eine sehr beliebte, immergrüne, panaschierte Segge mit leuchtenden, dicht büschelig stehenden, schmalen, dunkelgrünen Blättern mit gelben Streifen. Im mittleren und späten Frühjahr erscheinen Blütenstände aus winzigen, dunkelbraunen Blüten. Verträgt stärker drainierte Böden als die meisten Seggen und eignet sich für Mischrabatten.

KULTUR: *Benötigt feuchte, gut drainierte, fruchtbare Böden in der Sonne oder im Halbschatten. Abgestorbene Blätter im Sommer entfernen.*

☼◑ 💧 🏆F4 ↕30 cm ↔35 cm

CARPENTERIA CALIFORNICA

Ein im Sommer blühender, immergrüner Strauch mit großen, duftenden, weißen Blüten und attraktiven, gelben Staubblättern. Die glänzenden, schmal ovalen Blätter sind dunkelgrün. Kann an Mauern hochgezogen werden, wodurch dem kriechenden Wuchs entgegengewirkt werden kann. In kalten Gegenden an einer warmen, geschützten Mauer ziehen.

KULTUR: *In gut wasserdurchlässigem Boden in voller Sonne mit Schutz vor kalten Winden kultivieren. Im Frühjahr abgeblühte Äste bis zur Basis zurückschneiden.*

☼ ◊ 🏆F3 ↕2 m oder mehr ↔2 m

CARYOPTERIS × *CLANDONENSIS* 'HEAVENLY BLUE'

Diese Sorte der Bartblume ist ein kompakter, laubwerfender Strauch, der wegen der im Spätsommer erscheinenden Büschel aus intensiv dunkelblau gefärbten Blüten kultiviert wird. Die unregelmäßig gesägten Blätter sind graugrün. In kalten Gebieten an warmen Mauern pflanzen.

KULTUR: *In wasserdurchlässigem, leichtem Boden in volle Sonne pflanzen. Triebe im Frühjahr bis zu den unteren Knospen zurückschneiden. Es entwickelt sich ein verholztes Astwerk, in das nicht hineingeschnitten werden sollte.*

☼ ◊ 🏆F3 ↕↔1 m

CASSIOPE 'EDINBURGH'

Ein heideähnlicher, aufrechter, immergrüner Strauch mit nickenden, glockigen, im Frühjahr erscheinenden, weißen Blüten mit kleinen, grünlichbraunen äußeren Blütenblättern. Die schuppenartigen, dunkelgrünen Blätter stehen dicht überlappend am Trieb. Für Steingärten geeignet (nicht zwischen Kalksteine) oder in Torfbeete pflanzen.

KULTUR: *In verläßlich feuchtem, humusreichem, saurem Boden in den Halbschatten pflanzen. Nach der Blüte beschneiden.*

☀ 💧 🏆F4 ↕↔ bis 25 cm

CEANOTHUS ARBOREUS 'TREWITHEN BLUE'

Ein wüchsiger, ausladender, immergrüner Strauch, der wegen der im Frühjahr und Frühsommer erscheinenden Fülle duftender, mittelblauer Blüten geschätzt wird. Die Blätter dieser Säckelblumen-Sorte sind dunkelgrün und rundlich. In kalten Gegenden an warmen Mauern pflanzen; ansonsten eignet sie sich für große, geschützte Rabatten.

KULTUR: *In wasserdurchlässigem, fruchtbarem Boden windgeschützt in die volle Sonne pflanzen. Bei Jungpflanzen im Frühjahr Spitzen beschneiden. Etablierte Pflanzen nach der Blüte lediglich in Form schneiden.*

☼ 💧 🏆F3 ↕6 m ↔8 m

CEANOTHUS 'AUTUMNAL BLUE'

Ein wüchsiger, immergrüner Strauch, der von Spätsommer bis Herbst zahlreiche winzige, aber lebhaft gefärbte, satt himmelblaue Blüten ausbildet. Die Blätter sind breit oval und glänzend dunkelgrün. Eine der frosthärtesten Säckelblumen-Sorten; für offene Rabatten oder zum Hochziehen an Mauern geeignet; in kalten Gegenden an einer warmen Mauer pflanzen.

KULTUR: *In wasserdurchlässigem, fruchtbarem Boden geschützt in die volle Sonne pflanzen. Verträgt Kalkböden. Jungpflanzen im Frühjahr leicht trimmen und ausgewachsene Pflanzen nach der Blüte beschneiden.*

☼ ◊ 🏆F3 ↕↔ 3 m

CEANOTHUS 'BLUE MOUND'

Diese polsterbildende, im späten Frühjahr blühende Säckelblumen-Sorte ist ein immergrüner Strauch, der eine Fülle satt dunkelblauer Blüten ausbildet. Die Blätter sind fein gezähnt und glänzend dunkelgrün. Hervorragend als Bodendecker, zum Überwachsen von Böschungen oder niedrigen Mauern oder für große, sonnige Steingärten geeignet. In kalten Wintern kann er absterben.

KULTUR: *In wasserdurchlässigem, fruchtbarem Boden in Sonne pflanzen. Im Frühjahr Spitzen der jungen Pflanzen beschneiden, etablierte Pflanzen nach der Blüte trimmen.*

☼ ◊ 🏆F3 ↕1,5 m ↔2 m

CEANOTHUS × *DELILEANUS* 'GLOIRE DE VERSAILLES'

Diese laubwerfende Säckelblumen-Sorte ist ein schnellwüchsiger Strauch, der von Hochsommer bis Frühherbst blüht. Große Blütenstände winziger, blaßblauer Blüten stehen zwischen breit ovalen, fein gesägten Blättern. Gut für Mischrabatten geeignet; sollte jährlich stärker als andere Sorten beschnitten werden.

KULTUR: *In wasserdurchlässigem, leichtem Boden in volle Sonne pflanzen. Verträgt Kalkböden. Im Frühjahr die Triebe des Vorjahres zur Hälfte einkürzen oder ganz bis zu einem niedrigen Astwerk zurückschneiden.*

☼ 💧 🏆F4 ↕↔ 1,5 m

CEANOTHUS THYRSIFLORUS VAR. *REPENS*

Diese polsterbildende, niedrigwüchsige Säckelblume ist ein immergrüner Strauch, der im Frühsommer rundliche Büschel aus winzigen blauen Blüten trägt. Die Blätter sind dunkelgrün und glänzend. Eignet sich für Lücken an sonnigen oder leicht schattigen Böschungen, muß aber in kalten Gegenden an warmen, sonnigen Standorten gepflanzt werden.

KULTUR: *Am besten in wasserdurchlässigem, leichtem, fruchtbarem Boden in Sonne oder Halbschatten setzen. Nach der Blüte trimmen, um kompakten Wuchs zu bewahren.*

☼ ◑ 💧 🏆F3 ↕1 m ↔2,5 m

CERATOSTIGMA PLUMBAGINOIDES

Die Chinesische Bleiwurz ist eine ausladende, basal verholzte, halbstrauchige Staude, die im Spätsommer Büschel aus leuchtendblauen Blüten ausbildet. Ovale, hellgrüne Blätter stehen an aufrechten, schlanken, roten Trieben und sind im Herbst rot überlaufen. Gut als Steingartenpflanze und als Bodendecker geeignet.

KULTUR: *In leichtem, feuchtem, aber gut wasserdurchlässigem, mäßig fruchtbarem Boden pflanzen. An einen geschützten, vollsonnigen Standort pflanzen. Triebe im mittleren Frühjahr auf etwa 2,5-5 cm über dem Boden einkürzen.*

☼ ◊ ♆F3–4 ↕ 45 cm ↔ 30 cm oder mehr

CERATOSTIGMA WILLMOTTIANUM

Ein offener, ausladender, laubwerfender Strauch, der von Spätsommer bis Herbst blaß- bis mittelblaue Blüten trägt. Die fast rhombenförmigen, mittelgrünen Blätter werden im Herbst rot. Stirbt in kalten Wintern meist oberirdisch ab, regeneriert sich jedoch oft im Frühjahr. Für geschützte, gemischte Rabatten geeignet.

KULTUR: *In jeglichem fruchtbarem Boden – auch in trockenem – vollsonnig pflanzen. Im Frühjahr totes Holz herausschneiden und die verbleibenden Triebe auf ein niedriges, verholztes Astwerk zurückschneiden.*

☼ ◊ ♆F3–4 ↕1 m ↔1,5 m

CERCIS SILIQUASTRUM

Der Judasbaum ist ein attraktiver, ausladender, laubwerfender Baum, der nach und nach eine runde Krone ausbildet. Büschel aus wickenartigen, leuchtendrosa Blüten entstehen am Vorjahresholz vor oder mit dem Austrieb der herzförmigen Blätter im mittleren Frühjahr. Das Laub ist im jungen Zustand bronzefarben, später dunkel blaugrau und im Herbst gelb gefärbt. Blüht am besten nach langen, heißen Sommern.

KULTUR: *In tiefem, wasserdurchlässigem Boden in voller Sonne oder lichtem Schatten pflanzen. Junge Bäume im Frühsommer in Form schneiden und frostgeschädigte Triebe entfernen.*

☼ ◑ ◊ F4 ↕↔ 10 m

CHAENOMELES SPECIOSA 'MOERLOOSEI'

Ein schnellwüchsiger, ausladender, laubwerfender Strauch, der im Frühjahr große, weiße, dunkelrosa überhauchte Blüten ausbildet. Die verschlungenen, stacheligen Äste tragen ovale, glänzend dunkelgrüne Blätter. Die Blüten dieser Zierquitte reifen im Herbst zu apfelförmigen, aromatischen, gelbgrünen Früchten heran.

KULTUR: *In wasserdurchlässigem, fruchtbarem Boden, für schöne Blüte in volle Sonne, sonst in Halbschatten pflanzen. An Mauern sollten Seitentriebe im Frühjahr bis auf drei Blätter gekürzt werden. Freistehende Sträucher müssen nur wenig beschnitten werden.*

☼ ◑ ◊ F4 ↕2,5 m ↔5 m

CHAENOMELES x *SUPERBA* 'CRIMSON AND GOLD'

Diese ausladende, laubwerfende, strauchige Zierquitte trägt von Frühling bis Sommer eine Fülle dunkelroter Blüten mit auffälligen, goldgelben Staubbeuteln. Die dunkelgrünen Blätter erscheinen kurz nach der ersten Blütezeit an den bestachelten Ästen. Gut als Bodendecker oder niedrige Hecke geeignet, überlebt in kalten Gegenden nicht verläßlich.

KULTUR: *In wasserdurchlässigem, fruchtbarem Boden in volle Sonne pflanzen. Nach der Blüte trimmen; an Mauern Seitentriebe bis auf zwei oder drei Blätter zurückschneiden.*

☼ ◇ F3 ↕1 m ↔2 m

CHAENOMELES x *SUPERBA* 'PINK LADY'

Ein rundlicher, laubwerfender Strauch mit stacheligen, ausladenden Ästen, die vom zeitigen Frühjahr an becherförmige, dunkelrosa Blüten tragen. Die glänzenden, dunkelgrünen Blätter entstehen nach der ersten Blühphase; aromatische, gelbgrüne Früchte entwickeln sich im Herbst. In kalten Gebieten an einer warmen Mauer ziehen.

KULTUR: *In jeglichem außer staunassem Boden in volle Sonne oder Halbschatten pflanzen. Nach der Blüte trimmen. Wenn an einer Mauer gezogen, im Sommer Seitentriebe bis auf zwei bis drei Blätter einkürzen.*

☼ ◇◆ F3 ↕1,5 m ↔2 m

CHAMAECYPARIS LAWSONIANA

Die Kultivare von *C. lawsoniana* sind beliebte, immergrüne Scheinzypressen und in vielen Formen, Größen und Laubfärbungen erhältlich. Sie besitzen eine rotbraune Rinde und dichte Kronen aus Ästen, die an den Spitzen überhängen. Wegen der abgeflachten Büschel aus dichtem, aromatischem Laub, die manchmal kleine, rundliche Zapfen ausbilden, eignen sie sich sehr gut als dichte Heckenpflanzen; attraktiv sind die blaugraue 'Pembury Blue' oder die goldgelbe 'Lane'. Gedrungene Kultivare in kleineren Gärten pflanzen; zwergige Kultivare wie die langsamwüchsige 'Ellwood's Gold' eignen sich als attraktive, aufrechte Gehölze für Steingärten oder Rabatten.

KULTUR: *In feuchtem, gut wasserdurchlässigem Boden sonnig pflanzen. Vertragen kalkhaltige Böden. Regelmäßig bis zum Herbst trimmen; nicht in altes Holz schneiden. Für Hecken mit Formschnitt muß bereits bei jungen Pflanzen mit dem Beschneiden begonnen werden.*

☼ ◊ 🏆F4

1 ↕ 1,5 m oder mehr ↔ 60 cm

2 ↕ bis 40 m ↔ bis 5 m

3 ↕ bis 15 m ↔ 2–5 m

1 *C. lawsoniana* 'Ellwood's Gold' **2** *C. lawsoniana* 'Lane' **3** *C. lawsoniana* 'Pembury Blue'

CHAMAECYPARIS NOOTKATENSIS 'PENDULA'

Diese große, immergrüne Scheinzypresse mit herabhängenden Ästen bildet im ausgewachsenen Zustand eine offene Krone aus. Von den überhängenden Ästen hängen Büschel aus dunkelgrünem Laub herab, die im Frühjahr kleine, rundliche Zapfen ausbilden. In großen Gärten bildet der ungewöhnliche Wuchs einen interessanten Blickfang.

KULTUR: *Gedeiht am besten in voller Sonne in feuchtem, aber gut drainiertem, neutralem bis leicht saurem Boden; verträgt auch kalkhaltige, trockene Böden. Regelmäßiger Beschnitt ist nicht nötig.*

☼ 👁 F4 ↕bis 30 m ↔bis 8 m

CHAMAECYPARIS OBTUSA 'NANA GRACILIS'

Diese zwergige Form ist ein immergrüner Nadelbaum mit dichtem, pyramidenförmigem Wuchs. Das aromatische, sattgrüne Laub steht in gerundeten, abgeflachten Büscheln, die kleine, im reifen Zustand gelbbraune Zapfen bilden. Gut für große Steingärten geeignet, vor allem, wenn sie in orientalischem Stil gehalten sind.

KULTUR: *In feuchtem, aber gut drainiertem, neutralem bis leicht saurem Boden in voller Sonne halten. Verträgt auch kalkhaltige, trockene Böden. Regelmäßiger Beschnitt ist nicht nötig.*

☼ ◇ F4 ↕3 m ↔2 m

CHAMAECYPARIS OBTUSA 'TETRAGONA AUREA'

Diese Kulturform der Scheinzypresse ist ein konischer, immergrüner Nadelbaum mit goldenem bis bronzegelbem Laub. Die aromatischen Blätter stehen in abgeflachten Büscheln an nach oben geschwungenen Ästen und sind im Schatten grüner gefärbt. Zwischen ihnen bilden sich grüne, im reifen Zustand braune Zapfen aus. Als Solitärbaum pflanzen.

KULTUR: *Gedeiht am besten in feuchtem, gut drainiertem, neutralem bis leicht saurem Boden. Verträgt kalkhaltige Böden. Für beste Laubfärbung einen sonnigen Standort wählen. Regelmäßiger Beschnitt ist nicht nötig.*

☼ ◊ 🏆F4 ↕bis 10 m ↔bis 3 m

CHAMAECYPARIS PISIFERA 'BOULEVARD'

Eine breite, immergrüne Konifere, die sich zu einem konischen Baum mit offener Krone entwickelt. Das weiche, blaugrüne Laub steht in abgeflachten Büscheln zusammen mit eckigen, grünen Zapfen, die bei Reife braun werden. Mit sehr regelmäßigem, kompaktem Wuchs; ausgezeichnet als Solitärbaum für schlecht wasserdurchlässige, feuchte Standorte geeignet.

KULTUR: *In verläßlich feuchtem, am besten neutralem bis saurem Boden in der vollen Sonne pflanzen. Regelmäßiger Beschnitt ist nicht nötig.*

☼ ♦♦ 🏆F4 ↕10 m ↔bis 5 m

CHIMONANTHUS PRAECOX 'GRANDIFLORUS'

Ein wüchsiger, aufrechter, laubwerfender Strauch, der wegen seiner duftenden Winterblüten geschätzt wird; die Blüten sind groß, becherförmig und tiefgelb mit kastanienbraunen Streifen an der Innenseite. Die Blätter sind mittelgrün. Diese Winterblüten-Sorte in Strauchrabatten oder an einer warmen Mauer ziehen.

KULTUR: *In wasserdurchlässigem, fruchtbarem Boden sonnig und geschützt pflanzen. Junge Pflanzen nicht beschneiden, damit sich reifes, blühendes Astwerk entwickeln kann. Im Frühjahr blühende Triebe wandgezogener Pflanzen zurückschneiden.*

☼ ◊ ♈F4 ↕4 m ↔3 m

CHIONODOXA LUCILIAE

Eine kleine Zwiebelpflanze, die im zeitigen Frühjahr sternförmige, reinblaue Blüten mit weißem Saftmal ausbildet. Die glänzenden, grünen Blätter sind meist zurückgebogen. In sonnige Steingärten pflanzen oder unter Bäumen auswildern. Manchmal wird sie im Gartenhandel als *C. gigantea* geführt.

KULTUR: *In jeglichem gut drainierten Boden an einem sonnigen Standort setzen. Zwiebeln im Herbst 8 cm tief pflanzen.*

☼ ◊ ♈F4 ↕15 cm ↔3 cm

CHOISYA TERNATA

Die Orangenblume ist ein schnellwüchsiger, rundlicher, immergrüner Strauch, der wegen des attraktiven Laubes und der duftenden Blüten geschätzt wird. Die dunkelgrünen Blätter sind in 3 Blättchen unterteilt, Büschel aus sternförmigen, weißen Blüten erscheinen im Frühjahr. Ein hervorragender Strauch für Stadtgärten, kann jedoch an exponierten Standorten Frostschäden erleiden.

KULTUR: *In gut drainiertem, fruchtbarem Boden an einem sonnigen Standort setzen. Bildet meist ohne Beschnitt formschöne Büsche aus. Der Rückschnitt der abgeblühten Triebe fördert eine zweite Blüte.*

☼ ◊ F4 ↕↔ 2,5 m

CHOISYA TERNATA 'SUNDANCE'

Diese langsamwüchsigere, strauchförmige, immergrüne Sorte der Orangenblume besitzt leuchtendgelbes Laub. Die in drei Blättchen unterteilten Blätter sind stumpf gelbgrün gefärbt, wenn die Pflanzen im Schatten stehen. Blüten entstehen selten. An warmen Mauern ziehen. Der korrekte botanische Name lautet *C. ternata* SUNDANCE 'Lich'.

KULTUR: *Gedeiht am besten in drainiertem, fruchtbarem Boden, für optimale Blattfärbung in voller Sonne. Vor Wind schützen. Unregelmäßige Triebe im Sommer, frostgeschädigte Äste im Frühjahr entfernen.*

☼ ◊ F3 ↕↔ 2,5 m

CHRYSANTHEMUM (GARTEN-CHRYSANTHEMEN)

Die Garten-Chrysanthemen genannten, aufrechten und buschigen Stauden werden vor allem wegen der leuchtend gefärbten, attraktiven Blütenköpfchen in vielen Formen und Farben kultiviert; sie werden traditionell als Ausstellungs- oder Schnittblumen genutzt. Die gelappten oder fedrigen Blätter sind aromatisch und dunkelgrün. Die Blüten entstehen je nach Sorte im frühen, mittleren oder späten Herbst. 'Pennine Flute' erblüht bereits im Spätsommer. Die Form der Köpfchen ist sehr variabel: Bei 'Pennine Alfie' sind sie margeritenähnlich, bei 'George Griffiths' sind die äußeren Blütchen zurückgebogen. Im Herbst herausnehmen und frostfrei überwintern.

KULTUR: *In feuchtem, aber gut wasserdurchlässigem, neutralem bis leicht saurem, mit gut verrottetem Mist angereichertem Boden pflanzen. Die Blütentriebe benötigen evtl. eine Stütze. Im Wachstum bis zum Erscheinen der Knospen einen ausgewogenen Volldünger verabreichen.*

☼ ◊ F3

1 ↕1,3–1,5 m ↔ 75 cm

2 ↕30–60 cm ↔ 60 cm

1 *C.* 'George Griffiths' **2** *C.* 'Bronze Fairy'

3 ↕1,2 m ↔ 75 cm

4 ↕1,2 m ↔ 75 cm

5 ↕1,2 m ↔ 75 cm

6 ↕1,2 m ↔ 60–75 cm

7 ↕1,2 m ↔ 75 cm

8 ↕1,2 m ↔ 60–75 cm

9 ↕1,2 m ↔ 60–75 cm

10 ↕1,2 m ↔ 60–75 cm

3 *C.* 'Madeleine' **4** *C.* 'Pennine Alfie' **5** *C.* 'Pennine Flute' **6** *C.* 'Pennine Oriel' **7** *C.* 'Purple Pennine Wine' **8** *C.* 'Wendy' **9** *C.* 'Salmon Margaret' **10** *C.* 'Yvonne Arnaud'

CIMICIFUGA RACEMOSA

Eine gruppenbildende Staude mit langen, zuweilen gebogenen Blütenständen aus unangenehm duftenden, winzigen, weißen, im Sommer erscheinenden Blüten. Die dunkelgrünen Blätter der Silberkerze sind breit oval bis lanzettlich. Für Sumpfgärten und feuchte Rabatten geeignet, oder in lichten Gehölzgärten von Wegen und Sitzgelegenheiten entfernt pflanzen.

KULTUR: *In verläßlich feuchtem, fruchtbarem, am besten humusreichem Boden im Halbschatten pflanzen. Pflanzengruppen mit Ringstützen versehen.*

☀ 💧 ♈F4 ↕1,2–2,2 m ↔60 cm

CISTUS × *AGUILARII* 'MACULATUS'

Diese schnellwüchsige, immergrüne, strauchförmige Zistrosen-Sorte trägt große, einzelne, weiße Sommerblüten mit goldgelben Staubblättern, die von fünf karminroten Flecken umgeben sind. Die lanzettlichen Blätter sind aromatisch und leuchtendgrün. Hervorragend für sonnige Böschungen oder Töpfe geeignet. Kann in kalten Gegenden eingehen.

KULTUR: *In wasserdurchlässigem, armem bis fruchtbarem Boden sonnig und geschützt pflanzen. Verträgt kalkhaltige Böden. Im Frühjahr oder nach der Blüte leicht trimmen, jedoch nicht stark beschneiden.*

☼ 💧 ♈F3 ↕↔ 1,2 m

CISTUS × *HYBRIDUS*

Ein dichter, ausladender Strauch mit weißen Blüten, die in der Mitte gelbe Flecken tragen. Sie erscheinen einzeln oder in Büscheln aus zwei oder drei Blüten im späten Frühjahr und Frühsommer. Die Blätter sind oval und dunkelgrün. Für Strauchrabatten oder Steingärten geeignet; in kalten, feuchten Regionen kann der Schutz einer warmen Mauer nötig sein. Auch als *C.* × *corbariensis* bekannt.

KULTUR: *In wasserdurchlässigem, armem bis fruchtbarem Boden geschützt und sonnig pflanzen. Verträgt kalkhaltige Böden. Wenn nötig, nach der Blüte leicht trimmen, jedoch nicht stark beschneiden.*

☼ 💧 🏆F4 ↕1 m ↔1,5 m

CISTUS × *PURPUREUS*

Dieser sommerblühende, rundliche, immergrüne Strauch trägt Büschel mit dunkelrosa Blüten, die am Grund jedes Kronblattes einen kastanienbraunen Fleck tragen. Die dunkelgrünen Blätter stehen an aufrechten, rot überlaufenen Trieben. Diese Zistrosen-Hybride eignet sich für Steingärten, sonnige Böschungen oder als Topfpflanze. Übersteht kalte Winter manchmal nicht.

KULTUR: *In gut wasserdurchlässigem, armem bis fruchtbarem Boden geschützt und sonnig pflanzen. Verträgt kalkhaltige Böden. Wenn nötig, nach der Blüte leicht trimmen, jedoch nicht stark beschneiden.*

☼ 💧 🏆F3 ↕↔1 m

CLEMATIS (FRÜHBLÜHENDE WALDREBEN)

Frühblühende Waldreben werden wegen ihrer Attraktivität im Frühjahr und Frühsommer geschätzt. Es handelt sich meist um laubwerfende Kletterpflanzen mit mittel- bis dunkelgrünen Blättern. Die Blüten der am frühesten blühenden Arten haben meist glockige Blüten; die Blüten der später blühenden *C. montana* und Sorten sind flach oder schalenförmig. Die Blüten reifen oft zu hübschen Fruchtständen. Viele Waldreben, vor allem aus der *C. montana*-Gruppe, sind ideal zur Begrünung unattraktiver Mauern geeignet. Wenn sie durch laubwerfende Sträucher gezogen werden, blühen sie oft vor dem Blattaustrieb des Trägerstrauches.

KULTUR: *In gut drainiertem, fruchtbarem, humosem Boden in Sonne oder Halbschatten setzen. Wurzeln und Basis sollten im Schatten sein. Jungen Zuwachs vorsichtig anbinden und Äste, die den vorgesehenen Platz überwachsen, direkt nach der Blüte entfernen.*

☼ ◑ ◊ F4

1 ↕2–3 m ↔ 1.5 m

2 ↕10 m ↔ 2–3 m

3 ↕10 m ↔ 4 m

4 ↕5 m ↔ 2–3 m

1 *C. macropetala* 'Markham's Pink' **2** *C. montana* var. *rubens* **3** *C. montana* f. *grandiflora* **4** *C. montana* 'Tetrarose'

CLEMATIS (MITTE DER SAISON BLÜHENDE WALDREBEN)

Die meisten dieser Waldreben-Hybriden sind windende, laubwerfende Kletterpflanzen, die während des Sommers eine Fülle attraktiver Blüten bilden. Die Blüten sind groß, schalenförmig, nach außen weisend und in zahlreichen Formen und Farben erhältlich. Gegen Ende des Sommers werden die Blüten oft dunkler. Die blaß- bis mittelgrünen Blätter sind in kleine Blättchen unterteilt. Sie eignen sich zum Klettern an anderen Sträuchern, vor allem wenn sie vor oder nach ihnen zur Blüte kommen. Die obersten Pflanzenteile können in strengen Wintern Schaden nehmen, erholen sich aber meist rasch.

KULTUR: *In wasserdurchlässigem, fruchtbarem, humosem Boden mit der Basis im Schatten, den oberen Teilen in der Sonne pflanzen (pastellfarbene Blüten im Halbschatten). Im späten Winter den Wurzelbereich mulchen. Zuwachs anbinden und im Winter ältere Triebe auf kräftige Knospen zurückschneiden.*

☼ ◑ ◊ 🏆F4

1 ↕2,5 m ↔ 1 m

2 ↕3 m ↔ 1 m

3 ↕2,5 m ↔ 1 m

4 ↕2–3 m ↔ 1 m

5 ↕2–3 m ↔ 1 m

6 ↕2–3 m ↔ 1 m

1 *C.* 'Doctor Ruppel' **2** *C.* 'Henryi' **3** *C.* 'Lasurstern' **4** *C.* 'Nelly Moser' **5** *C.* 'The President' **6** *C.* 'Vyvyan Pennel'

CLEMATIS (SPÄTBLÜHENDE WALDREBEN)

Viele großblütige Waldreben-Hybriden blühen von Hoch- bis Spätsommer. Die Blüten der *C. viticella*-Gruppe sind meist kleiner, aber üppiger. Die spätblühenden *Clematis* sind laubwerfend oder immergrün und haben eine unendliche Fülle verschiedener Blattformen wie auch Blütenformen und -farben. Viele, wie 'Perle d'Azur', sind sehr wüchsig und können große Flächen einer Wand oder unansehnlicher Gebäude bedecken. Viele bilden dekorative, silbergraue Fruchtstände aus, die bis lange in den Winter halten. Alle außer 'Bill Mackenzie' können in kleinen Bäumen hochgezogen werden.

KULTUR: *In humusreichem, fruchtbarem, gut drainiertem Boden mit dem Grund im Schatten und den oberen Teilen im Halbschatten oder in der Sonne pflanzen. Im späten Winter nur den Wurzelbereich mulchen. Jedes Jahr vor Beginn des Wachstums im zeitigen Frühjahr kräftig zurückschneiden.*

☼ ◑ ○ F4

1 ↕4 m ↔ 1,5 m

2 ↕7 m ↔ 2–3 m

3 ↕2,5 m ↔ 1,5 m

1 *C.* 'Alba Luxurians' **2** *C.* 'Bill Mackenzie' **3** *C.* 'Duchess of Albany'

4 ↕2–3 m ↔ 1 m

6 ↕3 m ↔ 1 m

7 ↕3 m ↔ 1,5 m

5 ↕3–5 m ↔ 1,5 m

8 ↕3 m ↔ 1 m

9 ↕3 m ↔ 1 m

10 ↕3 m ↔ 1 m

11 ↕3 m ↔ 1 m

12 ↕6–7 m ↔ 2–3 m

4 *C.* 'Comtesse de Bouchaud' **5** *C.* 'Etoile Violette' **6** *C.* 'Jackmanii' **7** *C.* 'Madame Julia Correvon' **8** *C.* 'Minuet' **9** *C.* 'Perle d'Azur' **10** *C.* 'Venosa Violacea' **11** *C. viticella* 'Purpurea Plena Elegans' **12** *C. rehderiana*

CLIANTHUS PUNICEUS

Ein immergrüner, kletternder Strauch mit verholztem Trieb und kriechenden Ästen. Die hängenden Büschel leuchtendroter Blüten dieser Prachtwicken-Art erscheinen im Frühjahr und Frühsommer. Die mittelgrünen Blätter sind in viele, schmal längliche Blättchen unterteilt. Zum Hochziehen an Mauern geeignet; in frostgefährdeten Gebieten im kühlen Wintergarten halten.

KULTUR: *In wasserdurchlässigem, fruchtbarem Boden sonnig und geschützt pflanzen. Spitzen junger Pflanzen auskneifen, um einen buschigen Wuchs zu fördern; später so wenig wie möglich beschneiden.*

☼ ◊ F2 ↕4 m ↔3 m

CODONOPSIS CONVOLVULACEA

Eine schlanke, krautige, im Sommer blühende Kletterpflanze mit windenden Ästen und zierlichen, glocken- bis schalenförmigen, zart blauvioletten Blüten. Die Blätter der Glockenwinde sind lanzettlich bis oval und leuchtendgrün gefärbt. In Staudenrabatten oder Gehölzgärten pflanzen, wo sie an anderen Pflanzen hochklettern können.

KULTUR: *In feuchtem, wasserdurchlässigem, fruchtbarem Boden in durchbrochenen Schatten setzen. Pflanzen stützen oder durch benachbarte Sträucher ziehen. Im Frühjahr bis zum Grund zurückschneiden.*

◑ ◊◆ F4 ↕bis 2 m

COLCHICUM SPECIOSUM 'ALBUM'

Diese Herbstzeitlosen-Sorte ist eine mit Knollen überdauernde Staude, die dicke, wetterbeständige, kelchförmige, reinweiße Blüten ausbildet. Die schmal ovalen, mittelgrünen Blätter erscheinen im Winter oder Frühjahr nach dem Abwelken der Blüten. An der Vorderseite von Rabatten, am Fuß von Böschungen oder in Steingärten pflanzen. Alle Pflanzenteile sind hochgiftig!

KULTUR: *In feuchtem, wasserdurchlässigem Boden in voller Sonne pflanzen. Knollen im Frühherbst 10 cm unterhalb der Oberfläche eines tiefen, fruchtbaren Bodens setzen.*

☼ ◊ 🏆F4 ↕18 cm ↔10 cm

CONVALLARIA MAJALIS

Maiglöckchen sind Stauden, die sich mit Rhizomen ausbreiten und kleine, sehr stark duftende, weiße Blüten ausbilden, die im Spätfrühjahr oder Frühsommer von gebogenen Trieben hängen. Die schmal ovalen Blätter sind mittel- bis dunkelgrün. Eine hervorragende, bodendeckende Pflanze für Gehölzgärten und andere schattige Standorte; breitet sich unter günstigen Bedingungen rasch aus.

KULTUR: *In verläßlich feuchtem, fruchtbarem, humosem, laubreichem Boden in tiefen Schatten oder Halbschatten pflanzen. Im Herbst mit Blattmulch bedecken.*

◑ ● ♦ 🏆F4 ↕23 cm ↔30 cm

CONVOLVULUS CNEORUM

Dieser kompakte, rundliche, immergrüne Strauch trägt von Frühjahr bis Sommer eine Fülle trichterförmiger, weißer Blüten mit gelbem Zentrum. Die schmal lanzettlichen Blätter sind silbriggrau. Eine relativ große Pflanze für Steingärten oder eine sonnige Böschung. In Gebieten mit kalten, nassen Wintern sollte diese Winden-Art in Töpfe gepflanzt und im Winter in ein kühles Gewächshaus gestellt werden.

KULTUR: *In grushaltigem, wasserdurchlässigem, armem bis fruchtbarem Boden an einen sonnigen, geschützten Standort setzen. Wenn nötig, nach der Blüte zurückschneiden.*

☼ ◊ F3 ↕60 cm ↔90 cm

CONVOLVULUS SABATIUS

Eine kleine, kriechende, ausdauernde Winde mit trichterförmigen, lebhaft blaupurpurnen Blüten, die von Sommer bis Frühherbst erscheinen. Die schlanken Triebe sind von kleinen, ovalen, mittelgrünen Blättern bedeckt. Sieht in Felsspalten apart aus; in kalten Gebieten am besten in Töpfe pflanzen und unter Glas überwintern. Wird manchmal als *C. mauritanicus* angeboten.

KULTUR: *In gut wasserdurchlässigem, grushaltigem, armem bis mäßig fruchtbarem Boden pflanzen. Einen geschützten Standort in voller Sonne wählen.*

☼ ◊ F3 ↕15 cm ↔50 cm

CORDYLINE AUSTRALIS 'ALBERTII'

Ein palmenähnlicher, immergrüner Baum mit lanzettlichen, mattgrünen Blättern mit roten Mittelrippen, cremefarbenen Streifen und rosa Rändern. Im Sommer entstehen an ausgewachsenen Pflanzen Büschel mit cremeweißen Blüten, die zu weißen oder blau getönten Beeren heranreifen. Sollte in Kübeln gehalten und nur in warmen Monaten herausgestellt werden.

KULTUR: *In wasserdurchlässigem, fruchtbarem Boden oder Topferde in Sonne oder Halbschatten setzen. Abgestorbene Blätter und abgeblühte Blütenstände entfernen.*

☼ ◑ ◊ F3 ↕bis 10 m ↔bis 4 m

CORNUS ALBA 'SIBIRICA'

Ein laubwerfender Strauch, der meist wegen seiner attraktiven, roten, jungen Wintertriebe angepflanzt wird. Kleine Büschel aus cremeweißen Blüten erscheinen bei dieser Sorte des Weißen Hartriegels im Spätfrühjahr zwischen ovalen, dunkelgrünen, im Herbst rot gefärbten Blättern. Besonders an Gewässern effektvoll oder in Bereichen, wo die Triebe im Winter gut zu sehen sind.

KULTUR: *In mäßig fruchtbarem Boden sonnig kultivieren. Für beste Triebfärbung sollten ausgewachsene Pflanzen im Frühjahr zurückgeschnitten und gedüngt werden, obwohl dies auf Kosten der Blüten geht.*

☼ ◊◆ F4 ↕↔ 3 m

CORNUS ALBA 'SPAETHII'

Ein wüchsiger, laubwerfender Strauch mit leuchtendgrünen, elliptischen Blättern mit gelbem Rand. Diese Sorte des Weißen Hartriegels wird meist wegen der im Winter attraktiven, roten Jungtriebe kultiviert. Im Spätfrühjahr erscheinen kleine Büschel aus cremeweißen Blüten zwischen dem Laub. Sehr effektvoll an Stellen, die im Winter gut zu sehen sind.

KULTUR: *In mäßig fruchtbarem Boden sonnig kultivieren. Für beste Triebfärbung sollten ausgewachsene Pflanzen im Frühjahr zurückgeschnitten und gedüngt werden, obwohl dies auf Kosten der Blüten geht.*

☼ ♢♦ F4 ↕↔ 3 m

CORNUS CANADENSIS

Dieser kriechende Hartriegel ist ein hervorragender, ausdauernder Bodendecker und eignet sich als Unterpflanzung in Strauchrabatten und Gehölzgärten. Die Blütenstände mit auffälligen, weißen Brakteen erscheinen im Spätfrühjahr und Frühsommer oberhalb der ovalen, leuchtendgrünen Blätter. Die Blüten reifen zu runden, leuchtendroten Beeren heran.

KULTUR: *Gedeiht am besten in feuchtem, saurem, laubreichem Boden im Halbschatten. Pflanzen im Frühjahr oder Herbst teilen, um das Ausbreiten zu verhindern oder die Pflanzen zu vermehren.*

◐ ♦ F4 ↕bis 15 cm ↔unbegrenzt

CORNUS KOUSA VAR. *CHINENSIS*

Dieser breit konische, laubwerfende Baum mit einer flockig abschilfernden Rinde wird wegen der dunkelgrünen, ovalen Blätter geschätzt, die sich im Herbst tief karminpurpurn färben. Im Frühsommer erscheinen Blüten, die von langen, weißen Brakteen umgeben sind und sich rosarot umfärben. Dieser Hartriegel ist ein effektvoller Solitärbaum, besonders in Gehölzgärten.

KULTUR: *Gedeiht am besten in drainiertem, fruchtbarem, neutralem bis saurem, humusreichem Boden in voller Sonne oder Halbschatten. So wenig wie möglich beschneiden.*

☼ ◑ ♢ 🏆F4 ↕7 m ↔5 m

CORNUS MAS

Die Kornelkirsche ist ein wüchsiger und ausladender, laubwerfender Strauch oder kleiner Baum. Büschel aus kleinen, gelben Blüten erscheinen im späten Winter an den unbelaubten Trieben. Die ovalen, dunkelgrünen Blätter werden im Herbst rotpurpurn, und gleichzeitig entstehen die schön rot gefärbten Früchte. Besonders attraktiv als Solitärbaum in Gehölzgärten.

KULTUR: *Verträgt jeden wasserdurchlässigen Boden in der Sonne oder im Halbschatten. So wenig wie möglich beschneiden.*

☼ ◑ ♢ 🏆F4 ↕↔5 m

CORNUS STOLONIFERA 'FLAVIRAMEA'

Dieser wüchsige, laubwerfende Strauch sieht im Winter durch seine kahlen, gelbgrünen Triebe hübsch aus. Im Frühjahr entstehen ovale, dunkelgrüne Blätter, im Spätfrühjahr und Frühsommer erscheinen Büschel weißer Blüten. Im Herbst färbt sich das Laub dieser Hartriegel-Sorte rot. Hervorragend für Sumpfgärten oder die Nähe von Gewässern geeignet.

KULTUR: *In feuchtem Boden in voller Sonne kultivieren. Jährlich je einen von vier Trieben ausschneiden. Für optimale Färbung der Wintertriebe im zeitigen Frühjahr alle Triebe stark zurückschneiden und düngen.*

☼ 🌢 🏆F4 ↕2 m ↔4 m

CORREA BACKHOUSEANA

Dieser dichte, ausladende, immergrüne Strauch bildet vom späten Herbst bis zum Spätfrühjahr kleine Büschel mit röhrenförmigen, blaß rotgrünen oder cremefarbenen Blüten. Die behaarten, rostroten Triebe sind von den ovalen, dunkelgrünen Blättern bedeckt. In kalten Gegenden an einer warmen Mauer pflanzen oder frostfrei überwintern.

KULTUR: *In gut wasserdurchlässigem, fruchtbarem, saurem bis neutralem Boden in voller Sonne pflanzen. Wenn nötig, nach der Blüte zurückschneiden.*

☼ ◊ 🏆F2 ↕1–2 m ↔1,5–2,5 m

CORTADERIA SELLOANA 'AUREOLINEATA'

Diese Kulturform des Pampasgras' hat sattgelb berandete, später goldgelbe, gebogene Blätter. Die immergrüne, gruppenbildende Staude wird auch als 'Gold Band' gehandelt. Fedrige Blütenstände aus silbrigen Blüten erscheinen im Spätsommer an langen Trieben. Nicht verläßlich frosthart. Die Blütenstände sind als Trockenblumen geeignet.

KULTUR: *In gut wasserdurchlässigem Boden in der vollen Sonne pflanzen. Im späten Winter totes Laub und Verblühtes entfernen: mit Handschuhen arbeiten, um die Hände vor dem Laub zu schützen.*

☼ ◊ 🏆F3 ↕bis 2,2 m ↔1,5 m oder mehr

CORTADERIA SELLOANA 'SUNNINGDALE SILVER'

Dieses Pampasgras ist eine gruppenbildende, immergrüne, wetterunempfindliche Staude. Im Spätsommer erscheinen silbrige, fedrige Blütenstände mit silbrig cremefarbenen Blüten an kräftigen, aufrechten Trieben über den schmalen, überhängenden, scharfkantigen Blättern. Bei Kälte die oberen Teile der Pflanze mit trockenem Wintermulch schützen.

KULTUR: *In gut wasserdurchlässigem, nicht zu schwerem Boden sonnig pflanzen. Im späten Winter totes Laub und Verblühtes entfernen: mit Handschuhen arbeiten, um die Hände vor dem Laub zu schützen.*

☼ ◊ 🏆F3 ↕3 m oder mehr ↔bis 2,5 m

CORYDALIS SOLIDA 'GEORGE BAKER'

Eine niedrigwüchsige, gruppenbildende, krautige Staude mit aufrechten Blütenständen und intensiv lachsrosa Blüten. Diese erscheinen im Frühjahr über dem aparten, tief eingeschnittenen, graugrünen Laub. Der Gefingerte Lerchensporn ist sehr gut für Steingärten oder Alpinhäuser geeignet.

KULTUR: *In stark drainiertem, mäßig fruchtbarem Boden oder Topferde kultivieren. In die volle Sonne setzen, verträgt aber auch lichten Schatten.*

☼ ◑ ◇ ♈F4 ↕bis 25 cm ↔bis 20 cm

CORYLOPSIS PAUCIFLORA

Dieser laubwerfende Strauch trägt im zeitigen und mittleren Frühjahr hängende, kätzchenartige Blütenstände mit kleinen, duftenden, blaßgelben Blüten an nackten Trieben. Die ovalen, leuchtendgrünen Blätter sind bei der Entfaltung bronzefarben. Da Scheinhaseln häufig ohne Beschnitt wohlgeformt sind, eignen sie sich als Solitärsträucher. Die Blüten können durch Fröste geschädigt werden.

KULTUR: *In feuchtem, wasserdurchlässigem, humusreichem, saurem Boden im Halbschatten vor Winden geschützt pflanzen. Sträucher mit ausreichendem Platz pflanzen und, um die natürliche Wuchsform nicht zu stören, nur totes Holz entfernen.*

◑ ◇◆ ♈F4 ↕1,5 m ↔2,5 m

CORYLUS AVELLANA 'CONTORTA'

Diese Korkenzieherhasel ist ein laubwerfender Strauch, dessen gedrehte Triebe im Winter reizvoll aussehen; sie können auch in Blumengestecken genutzt werden. Im Winter erscheinen die ebenfalls attraktiven, blaßgelben Kätzchen. Die mittelgrünen Blätter sind fast rund und gesägt.

KULTUR: *In jeglichem wasserdurchlässigen, fruchtbaren Boden in Sonne oder Halbschatten pflanzen. Bei ausgewachsenen Pflanzen neigen die Äste dazu, zu dicht zu stehen und zu brechen; daher im späten Winter ausdünnen.*

☼ ◐ ◊ 🏆F4 ↕↔ 15 m

CORYLUS MAXIMA 'PURPUREA'

Diese Kulturform der Lambertsnuß ist ein wüchsiger, offener, laubwerfender Strauch, der unbeschnitten ein kleiner Baum werden kann. Im Winter erscheinen purpurne Kätzchen, bevor sich die rundlichen, purpurnen Blätter entfalten. Die eßbaren Nüsse reifen im Herbst. Hervorragend als Solitärstrauch, in Strauchrabatten oder für Gehölzgärten geeignet.

KULTUR: *In wasserdurchlässigem, fruchtbarem Boden in Sonne oder Halbschatten setzen. Um die beste Laubfärbung zu erzielen, sollten die Sträucher im zeitigen Frühjahr kräftig zurückgeschnitten werden.*

☼ ◐ ◊ 🏆F4 ↕bis 6 m ↔5 m

COSMOS BIPINNATUS 'SONATA WHITE'

Eine verzweigte, kompakte, einjährige Kosmeen-Sorte mit ungefüllten, schalenförmigen Blütenköpfchen mit gelbem Zentrum, die von Sommer bis Herbst an den Spitzen aufrechter Triebe erscheinen. Die Blätter sind leuchtendgrün und federartig zerteilt. Hervorragend für exponierte Gärten geeignet. Gute Schnittblume.

KULTUR: *In feuchtem, wasserdurchlässigem, fruchtbarem Boden in der vollen Sonne pflanzen. Abgeblühte Köpfchen auskneifen, um die Blüte zu verlängern.*

☼ 💧 ♈F4 ↕↔ 30 cm

COTINUS COGGYGRIA 'ROYAL PURPLE'

Dieser laubwerfende Perückenstrauch wird wegen der rundlichen, purpurroten Blätter, die sich im Herbst scharlachrot färben, kultiviert. Lockere Blütenstände winziger, rosapurpurner Blüten entstehen nur in Gebieten mit langen, heißen Sommern am älteren Holz. Gut für Strauchrabatten oder als Solitärbaum geeignet. Braucht in Gruppen viel Platz.

KULTUR: *In feuchtem, wasserdurchlässigem Boden in Sonne oder Halbschatten pflanzen. Für die beste Laubfärbung sollte jedes Frühjahr vor Einsetzen des Wachstums auf bleibendes Astwerk zurückgeschnitten werden.*

☼ ◐ 💧 ♈F4 ↕↔ 5 m

COTINUS 'GRACE'

Ein schnellwüchsiger, laubwerfender Strauch mit ovalen, purpurnen Blättern, die im späten Herbst durchscheinend rot werden. Die lockeren, fedrigen Blütenstände aus winzigen, rosapurpurnen Blüten erscheinen in reicher Zahl in heißen Sommern. Diese Perückenstrauch-Sorte ist wegen der attraktiven Herbstfärbung gut für Strauchrabatten oder als Solitärstrauch geeignet.

KULTUR: *In feuchtem, wasserdurchlässigem, fruchtbarem Boden in Sonne oder Halbschatten pflanzen. Für beste Laubfärbung in jedem Frühjahr vor Einsetzen des Wachstums stark zurückschneiden.*

☼◑ ◊◆ F4 ↕6 m ↔5 m

COTONEASTER ATROPURPUREUS 'VARIEGATUS'

Diese kompakte, niedrigwüchsige, strauchige Zwergmispel-Sorte, auch unter dem Namen *C. horizontalis* 'Variegatus' bekannt, bildet im Sommer unscheinbare rote Blüten, die im Herbst zu orangeroten Früchten heranreifen. Die kleinen, ovalen, weiß berandeten, grünen Blätter werden im Herbst rosarot. Schön als Bodendecker oder in Steingärten.

KULTUR: *In wasserdurchlässigem, fruchtbarem Boden in voller Sonne kultivieren. Verträgt auch trockene Böden und Halbschatten. So wenig wie möglich beschneiden.*

☼◑ ◊ F4 ↕45 cm ↔90 cm

COTONEASTER CONSPICUUS 'DECORUS'

Ein dichter, büscheliger Strauch, der wegen der glänzenden, roten Beeren kultiviert wird. Die Früchte reifen im Herbst und bleiben häufig bis zum späten Winter an der Pflanze. Kleine, weiße Blüten stehen im Sommer zwischen den dunkelgrünen Blättern. Diese Zwergmispel-Zierform ist gut für Strauchrabatten oder als Unterpflanzung laubwerfender Bäume geeignet.

KULTUR: *In gut wasserdurchlässigem, mäßig fruchtbarem Boden vollsonnig setzen, verträgt aber auch Schatten. Wenn nötig, nach der Blüte leicht schneiden.*

☼◑ ◊ F4 ↕1,5 m ↔2–2,5 m

COTONEASTER HORIZONTALIS

Ein laubwerfender Strauch mit ausladenden Ästen im Fischgrätenmuster. Die winzigen, weißrosa Blüten erscheinen im Sommer. Leuchtendrote Beeren reifen im Herbst heran und die glänzenden, grünen Blätter werden im Herbst rot, bevor sie abfallen. Guter Bodendecker, sieht aber flach an einer Mauer hochgezogen am eindrucksvollsten aus.

KULTUR: *Gedeiht in jedem, außer staunassem Boden. Für die beste Beerenfärbung in die Sonne, sonst in den Halbschatten setzen. Wenig beschneiden; an der Wand im späten Winter nach außen weisende Äste kürzen.*

☼◑ ◊◊ F4 ↕1 m ↔1,5 m

COTONEASTER LACTEUS

Diese dichte, immergrüne, strauchige Zwergmispel besitzt überhängende Äste, an denen von Früh- bis Hochsommer Büschel kleiner, becherförmiger, milchweißer Blüten stehen. Diese reifen im Herbst zu roten Beeren. Die ovalen Blätter sind dunkelgrün, ledrig, mit grauwolligen Unterseiten. Ideal für naturnahe Gärten, da sie eine Nahrungsquelle für Bienen und Vögel bietet; auch gut als Windschutz oder Hecke geeignet.

KULTUR: *In wasserdurchlässigem, fruchtbarem Boden in Sonne oder Halbschatten pflanzen. Wenn nötig, Hecken im Sommer leicht trimmen; wenig beschneiden.*

☼◐ ◊ F4 ↕↔ 4 m

COTONEASTER SIMONSII

Ein aufrechter, laubwerfender oder halbimmergrüner Strauch mit kleinen, becherförmigen, weißen Blüten, die im Sommer erscheinen. Die orangeroten Beeren reifen im Herbst heran und stehen häufig weit in den Winter hinein an der Pflanze. Die glänzend dunkelgrünen Blätter färben sich im Herbst rot. Gut als Hecke geeignet, kann relativ stark in Form geschnitten werden.

KULTUR: *In jedem wasserdurchlässigen Boden in Sonne oder Halbschatten pflanzen. Hecken im späten Winter oder Frühjahr schneiden oder ungestört wachsen lassen.*

☼◐ ◊ F4 ↕3 m ↔2 m

COTONEASTER STERNIANUS

Dieser elegante, immergrüne oder halbimmergrüne Strauch besitzt überhängende Äste, an denen bei dieser Zwergmispel-Art im Sommer Büschel aus rosa getönten, weißen Blüten stehen. Diese reifen im Herbst zu großen, orangeroten Beeren heran. Die graugrünen Blätter besitzen weiße Unterseiten. Sehr gut als Hecke geeignet.

KULTUR: *In jedem wasserdurchlässigen Boden in Sonne oder Halbschatten pflanzen. Hecken nach der Blüte wenig trimmen; am besten so wenig wie möglich beschneiden.*

☼◑ ◊ F4 ↕↔ 3 m

COTONEASTER × *WATERERI* 'JOHN WATERER'

Ein schnellwüchsiger, immergrüner oder halbimmergrüner Strauch, der wegen der Fülle roter Herbstbeeren geschätzt wird. Im Sommer erscheinen Büschel weißer Blüten zwischen den lanzettlichen, dunkelgrünen Blättern. Gut als Solitärbaum oder im Hintergrund von Strauchrabatten.

KULTUR: *In jedem, außer staunassem Boden in Sonne oder Halbschatten pflanzen. Im jungen Zustand sollten alle störenden Äste herausgeschnitten werden, damit sich ein regelmäßiges Astwerk entwickelt. Danach so wenig wie möglich beschneiden.*

☼◑ ◊◊ F4 ↕↔ 5 m

CRAMBE CORDIFOLIA

Eine hohe, gruppenbildende, wüchsige Staude, die wegen ihrer duftenden, luftigen, überhängenden Blütenstände aus kleinen, weißen Blüten kultiviert wird. Diese ziehen Bienen an und stehen im Sommer an kräftigen Trieben oberhalb der eleganten, großen, dunkelgrünen Blätter. Diese Meerkohl-Sorte ist sehr gut für Staudenrabatten geeignet; sie benötigt allerdings ausreichend Platz.

KULTUR: *In jeglichem gut drainierten, am besten tiefen Boden in voller Sonne oder im Halbschatten pflanzen. Vor starken Winden schützen.*

☼ ◑ ◊ 🏆F4 ↕bis 2,5 m ↔1,5 m

CRATAEGUS LAEVIGATA 'PAUL'S SCARLET'

Dieser rundliche, bedornte, laubwerfende, baumförmige Weißdorn wird wegen seiner lange andauernden Attraktivität geschätzt. Von Spätfrühjahr bis Sommer erscheinen viele Büschel gefüllter, dunkelrosa Blüten, die im Herbst zu kleinen roten Früchten reifen. Die Blätter sind in drei oder fünf Lappen unterteilt und glänzend mittelgrün. Schöner Solitärbaum in Stadt- oder Küstengärten sowie für exponierte Gärten.

KULTUR: *In jedem, außer staunassem Boden in Sonne oder Halbschatten pflanzen. So wenig wie möglich beschneiden.*

☼ ◑ ◊◊ 🏆F4 ↕↔8 m

CRATAEGUS × *LAVALLEI* 'CARRIEREI'

Dieser wüchsige Weißdorn ist ein ausladender, halbimmergrüner Baum mit dornigen Trieben und ledrigen, grünen (im Herbst und Winter roten) Blättern. Flache Sommer-Blütenstände weißer Blüten reifen im Herbst zu roten, runden Früchten heran, die bis in den Winter an der Pflanze bleiben. Ist gegenüber Luftverschmutzung tolerant und eignet sich daher gut für Stadtgärten. Wird häufig nur als *C.* × *lavallei* geführt.

KULTUR: *In jedem, außer staunassem Boden in volle Sonne oder Halbschatten pflanzen. Wenig beschneiden.*

☼ ◐ ◊ ◑ F4 ↕7 m ↔10 m

CRINODENDRON HOOKERIANUM

Dieser aufrechte, immergrüne Strauch besitzt große, scharlach- bis karminrote Blüten, die im Spätfrühjahr und Frühsommer von den aufrechten Trieben hängen. Die Blätter sind schmal und glänzend dunkelgrün. Verträgt keine alkalischen Böden und ist in kalten Wintern nicht verläßlich frosthart.

KULTUR: *In feuchtem, wasserdurchlässigem, fruchtbarem, humusreichem, saurem Boden im Halbschatten geschützt pflanzen. Verträgt sonnige Standorte, wenn die Wurzeln kühl und schattig gehalten werden. Wenn nötig, nach der Blüte leicht trimmen.*

◐ ◊ F3 ↕6 m ↔5 m

CRINUM × *POWELLII* 'ALBUM'

Eine kräftige Zwiebelpflanze mit Büscheln aus bis zu zehn großen, duftenden, weit abspreizenden, reinweißen Blüten, die im Spätsommer und Herbst an aufrechten Trieben erscheinen. Die grundständigen, riemenförmigen Blätter dieser Hakelilien-Sorte sind überhängend, bis 1,5 m lang. In kalten Gegenden geschützt setzen und ruhende Zwiebeln im Winter mit Mulch schützen.

KULTUR: *In tiefem, feuchtem, wasserdurchlässigem, fruchtbarem, humusreichem Boden in der vollen Sonne mit Schutz vor kalten, austrocknenden Winden pflanzen.*

☼ ◊ 🏆F3 ↕1,5 m ↔30 cm

CROCOSMIA × *CROCOSMIIFLORA* 'SOLFATERRE'

Diese gruppenbildende, ausdauernde Montbretien-Sorte bildet im Hochsommer Blütenstände mit trichterförmigen, aprikotgelben Blüten an gebogenen Trieben. Die bronzegrünen Blätter sind riemenförmig und entspringen Knollen. In Rabatten wirkt sie sehr attraktiv; gute Schnittblume. Sie ist nicht verläßlich frosthart.

KULTUR: *In feuchtem, wasserdurchlässigem, fruchtbarem, humusreichem Boden in der vollen Sonne pflanzen. Im Winter mit trockenem Mulch schützen.*

☼ ◊ 🏆F3 ↕60–70 cm ↔8 cm

CROCOSMIA 'LUCIFER'

Eine robuste, gruppenbildende Montbretie mit Knollen am Grund der Triebe. Aus ihnen entspringen gefältelte, leuchtendgrüne Blätter und im Sommer gebogene Blütentriebe mit nach oben weisenden, roten Blüten. Ausgesprochen attraktiv am Rand von Strauchrabatten oder an einem Teich.

KULTUR: *In feuchtem, wasserdurchlässigem, mäßig fruchtbarem, humusreichem Boden in der vollen Sonne oder im lichten Schatten kultivieren.*

☼ ◑ 💧💧 🏆F4 ↕1–1,2 m ↔8 cm

CROCOSMIA MASONIORUM

Eine robuste, im Spätsommer blühende Staude mit zinnoberroten, nach oben weisenden Blüten, die an überhängenden Ästen über dem dunkelgrünen Laub stehen. Die Blüten und Blätter entspringen den zwiebelartigen Knollen. Gedeiht gut in Küstengärten. In Gebieten mit Frost an einer warmen Mauer pflanzen.

KULTUR: *In feuchtem, wasserdurchlässigem, fruchtbarem, humusreichem Boden in Sonne oder Halbschatten pflanzen. Mit einem trockenen Wintermulch schützen.*

☼ ◑ 💧 🏆F3 ↕1,2 m ↔8 cm

CROCUS (FRÜHJAHRSBLÜHENDE KROKUSSE)

Frühjahrsblühende Krokusse bringen als zwergige Stauden in dieser Jahreszeit hübsche Farbtupfer in den Garten. Einige Kultivare von *C. sieberi,* wie 'Tricolor' oder 'Hubert Edelstein', blühen im späten Winter. Die kelchförmigen Blüten entspringen den unterirdischen Knollen gleichzeitig mit oder kurz vor den schmalen, fast aufrechten Blättern. Die Blätter sind mittelgrün mit silbergrauen Mittelstreifen und wachsen beträchtlich, wenn die Blüten abwelken. Sehr attraktiv in Reihen an der Vorderseite gemischter oder krautiger Rabatten. Auffällig wirken sie, in reicher Zahl gepflanzt, in Steingärten oder Hochbeeten.

KULTUR: *In grushaltigem, drainiertem, armem bis fruchtbarem Boden sonnig pflanzen. In der Wachstumsperiode reichlich gießen und monatlich einen stickstoffarmen Dünger verabreichen.* C. corsicus *muß im Sommer völlig trocken gehalten werden. Unter naturnahen Bedingungen können sie ausgewildert werden.*

☼ 💧 🏆F4

1 ↕8–10 cm ↔ 4 cm

2 ↕7 cm ↔ 5 cm

5 ↕5–8 cm ↔ 2,5 cm

3 ↕5–8 cm ↔ 2,5 cm

4 ↕5–8 cm ↔ 2,5 cm

1 *C. corsicus* **2** *C. chrysanthus* 'E.A. Bowles' **3** *C. sieberi* 'Albus' **4** *C. sieberi* 'Tricolor' **5** *C. sieberi* 'Hubert Edelstein'

CROCUS (HERBSTBLÜHENDE KROKUSSE)

Diese Krokusse werden wegen ihrer spät erscheinenden, kelchförmigen Blüten geschätzt. Es sind zwergige Stauden mit unterirdischen Knollen, aus denen die Blätter und Blüten im Herbst entspringen. Die Blätter sind schmal, mittelgrün, mit silbernen Mittelstreifen und erscheinen mit oder kurz nach den Blüten. Alle Arten sind unter geeigneten Bedingungen gut zu kultivieren und sehen in Gruppen in Steingärten attraktiv aus. Sich schnell ausbreitende Krokusse wie *C. ochroleucus* eignen sich zum Auswildern in Rasenflächen oder unter laubwerfenden Sträuchern. *C. banaticus* sieht im Vordergrund von Rabatten effektvoll aus, darf aber nicht von größeren Pflanzen überwachsen werden.

KULTUR: *In grusbaltigem, gut drainiertem, armem bis fruchtbarem Boden sonnig pflanzen. Bei allen Krokussen, außer* C. banaticus, *das Gießen im Sommer einschränken.* C. banaticus *bevorzugt feuchtere Böden und verträgt Halbschatten.*

☼ ◊ 🏆F4

1 ↕10 cm ↔ 5 cm

2 ↕10 cm ↔ 5 cm

3 ↕6–8 cm ↔ 5 cm

4 ↕8 cm ↔ 2,5 cm

5 ↕5 cm ↔ 2,5 cm

6 ↕10–12 cm ↔ 4 cm

1 *C. banaticus* **2** *C. goulimyi* **3** *C. kotschyanus* **4** *C. medius* **5** *C. ochroleucus* **6** *C. pulchellus*

CRYPTOMERIA JAPONICA 'ELEGANS COMPACTA'

Diese kleine, langsamwüchsige Sicheltannen-Sorte sieht in Heidebeeten oder Steingärten mit anderen Zwerg-Koniferen auffällig aus. Sie besitzt fedrige Büschel aus schlanken, zartgrünen Blättern, die sich im Winter bronzepurpurn verfärben. Die ausgewachsenen Bäume haben meist eine regelmäßige, konische Form.

KULTUR: *In jedem drainierten Boden in Sonne oder Halbschatten kultivieren. Müssen nicht in Form geschnitten werden, für einen Erneuerungsschnitt bei unregelmäßigem Wuchs sollten sie im Frühjahr jedoch bis auf 70 cm zurückgeschnitten werden.*

☼ ◐ ◇ ♈F4 ↕2–4 m ↔2 m

CUPHEA IGNEA

Das Zigarettenblümchen ist ein ausladender, immergrüner Strauch oder Halbstrauch, der in Regionen mit Frost als Einjährige gezogen wird. Von Frühling bis Herbst erscheinen kleine, dunkel orangerote Blüten zwischen den lanzettlichen, dunkelgrünen Blättern. In Gebieten ohne Frost in Strauchrabatten pflanzen, ansonsten als Beetpflanze oder im kühlen Wintergarten halten.

KULTUR: *In drainiertem, fruchtbarem Boden oder Topferde in voller Sonne oder Halbschatten halten. Spitzen der jungen Pflanzen auskneifen, um einen buschigen Wuchs zu fördern. Mindesttemperatur: 2 °C.*

☼ ◐ ◇ ♈F1 ↕30–75 cm ↔30–90 cm

CYCLAMEN COUM PEWTER-GRUPPE

Dieses von Winter bis Frühjahr blühende Alpenveilchen eignet sich zum Auswildern unter Bäumen und Sträuchern. Die gedrungenen Blüten besitzen nach oben geschwungene Kronblätter und variieren farblich von Weiß bis zu Karminrottönen. Die Blüten entspringen den unterirdischen Knollen zur selben Zeit wie die silbergrünen Blätter. Im Winter tief und trocken mulchen.

KULTUR: *In grusigem, wasserdurchlässigem Boden, der im Sommer austrocknet, in der Sonne oder im lichten Schatten pflanzen. Jährlich mit Abwelken der Blätter mulchen.*

☼◑ ◊ F2–4 ↕5–8 cm ↔10 cm

CYCLAMEN HEDERIFOLIUM

Ein herbstblühendes Alpenveilchen mit federballartigen Blüten, die von Blaß- bis Dunkelrosa variieren und an der Öffnung kastanienbraun überlaufen sind. Die efeuartigen Blätter sind silbern und grün gesprenkelt und entspringen nach der Blüte der unterirdischen Knolle. Sät sich selbst aus und bildet unter Bäumen und Sträuchern große Kolonien, wenn es vor Sommerregen geschützt ist.

KULTUR: *In gut drainiertem, fruchtbarem Boden in Sonne oder Halbschatten kultivieren. Nach dem Abwelken der Blätter mulchen.*

☼◑ ◊ F4 ↕10–13 cm ↔15 cm

CYNARA CARDUNCULUS

Eine gruppenbildende, aufrechte, im späten Sommer blühende Staude, die in Rabatten ungewöhnliche Akzente setzt. Die großen, purpurnen Blütenköpfe, die gerne von Bienen besucht werden, stehen über tief eingeschnittenen, silbrigen Blättern an kräftigen, wolliggrau behaarten Trieben. Die Blüten können gut als Trockenblumen verwendet werden; die Blattstiele der Gemüseartischocke können blanchiert gegessen werden.

KULTUR: *In jedem drainierten, fruchtbaren Boden sonnig und geschützt pflanzen. Für optimales Laub sollten die Blütenstände beim Austrieb entfernt werden.*

☼ ◊ 🏆F4 ↕1,5 m ↔1,2 m

CYTISUS BATTANDIERI

Dieser halbimmergrüne Strauch entwickelt einen lockeren, offen verzweigten Wuchs und bildet von Früh- bis Spätsommer dichte Büschel aus nach Ananas duftenden, gelben Blüten. Die silbergrauen Blätter sind in drei Blättchen unterteilt. Geißklee bildet einen schönen Hintergrund in krautigen oder gemischten Rabatten. In kalten Gegenden am besten an einer sonnigen Mauer pflanzen.

KULTUR: *In jedem drainierten, nicht zu reichen Boden sonnig pflanzen. Wenig beschneiden; nach der Blüte kann altes Holz ausgeschnitten werden, dadurch wird ein kräftiger Neuaustrieb gefördert. Pflanzen nicht versetzen.*

☼ ◊ 🏆F4 ↕↔5 m

CYTISUS × *BEANII*

Diese langsamwüchsige und halbkriechende, strauchige, laubwerfende, im Frühjahr blühende Geißklee-Sorte bildet eine Fülle wickenartiger, sattgelber Blüten an überhängenden Trieben. Die Blätter sind klein und dunkelgrün. Dieser farbenprächtige Busch eignet sich für Steingärten oder Hochbeete und sieht attraktiv aus, wenn er über eine Mauer wächst und überhängt.

KULTUR: *In gut wasserdurchlässigem, armem bis fruchtbarem Boden in der vollen Sonne pflanzen. Nach der Blüte leicht trimmen, jedoch nicht in altes Holz schneiden.*

☼ ◊ ♆F4 ↕bis 60 cm ↔bis 1 m

CYTISUS × *PRAECOX* 'ALLGOLD'

Dieser kompakte, laubwerfende Strauch ist vom mittleren bis späten Frühjahr von einer Fülle wickenartiger, dunkelgelber Blüten übersät. Die winzigen, graugrünen Blätter stehen an überhängenden Trieben. Für Strauchrabatten oder große Steingärten geeignet.

KULTUR: *In wasserdurchlässigem, saurem bis neutralem Boden sonnig kultivieren. Triebspitzen auskneifen, um buschigen Wuchs zu fördern. Nach der Blüte den Neuaustrieb um bis zu zwei Drittel kürzen; nicht in altes Holz schneiden. Alte Pflanzen ersetzen.*

☼ ◊ ♆F4 ↕1,2 m ↔1,5 m

DABOECIA CANTABRICA 'BICOLOR'

Diese wuchernde, strauchige Sorte der Irischen Heide trägt von Frühjahr bis Herbst schlanke Blütenstände aus urnenförmigen Blüten. Diese sind weiß, rosarot, manchmal zweifarbig gestreift. Die Blätter sind klein und dunkelgrün. Gut geeignet, um Lücken in Heidebeeten aufzufüllen, oder zur Pflanzung zwischen anderen Arten, die sauren Boden lieben.

KULTUR: *In sandigem, wasserdurchlässigem, saurem Boden sonnig pflanzen, verträgt neutrale Böden und lichten Schatten. Im Frühjahr wenig trimmen und abgewelkte Blüten entfernen, nicht in altes Holz schneiden.*

☼ ◑ ◊ F4 ↕45 cm ↔60 cm

DABOECIA CANTABRICA 'WILLIAM BUCHANAN'

Ein wüchsiger, kompakter Strauch mit schlanken Blütenständen und glockigen, purpur-karminroten Blüten, die von Spätfrühjahr bis Mitte Herbst erscheinen. Die schmalen Blätter sind oberseits dunkelgrün und unterseits silbergrau. Kann mit anderen säureliebenden Pflanzen gesetzt werden oder zwischen Koniferen in einem Steingarten stehen.

KULTUR: *In gut wasserdurchlässigem, saurem bis neutralem Boden sonnig pflanzen, verträgt auch lichten Schatten. Im Frühjahr leicht trimmen und alte Blüten entfernen, nicht jedoch in altes Holz schneiden.*

☼ ◑ ◊ F4 ↕45 cm ↔60 cm

DAHLIA (DAHLIEN)

Dahlien sind attraktive, laubwerfende Stauden, die in Deutschland meist als Einjährige gezogen werden. Ihre unterirdischen Knollen sollten in kalten Regionen frostfrei überwintert werden. Sie werden wegen der Fülle leuchtender Blütenköpfchen geschätzt, die von Hochsommer bis Herbst blühen, wenn die meisten Pflanzen ihren Höhepunkt überschritten haben. Die Blätter sind mittel- bis dunkelgrün und zerteilt. Sie sehen in großen Gruppen effektvoll aus; in kleinen Gärten sollten zwergige Sorten für Lücken in Rabatten oder Topfbepflanzungen gewählt werden. Hervorragende Schnittblumen.

KULTUR: *Gedeihen am besten in gut drainiertem Boden in der Sonne. In frostgefährdeten Gebieten Knollen im Winter in kühlem Torf lagern. Wenn die Frostgefahr vorüber ist, auspflanzen. Im Frühsommer wöchentlich stickstoffreich düngen. Höhere Sorten abstützen, verblühte Köpfchen entfernen, um die Blütezeit zu verlängern.*

☼ ◊ 🏆F3

1 ↕1,1 m ↔ 45 cm

2 ↕1,1 m ↔ 60 cm

3 ↕60 cm ↔ 45 cm

4 ↕1,2 m ↔ 60 cm

5 ↕1,1 m ↔ 60 cm

1 *D.* 'Bishop of Llandaff' **2** *D.* 'Clair de Lune' **3** *D.* 'Fascination' (zwergig) **4** *D.* 'Hamari Accord' **5** *D.* 'Conway'

6 ↕1,2 m ↔ 60 cm

7 ↕1,1 m ↔ 60 cm

8 ↕1,2 m ↔ 60 cm

9 ↕1 m ↔ 45 cm

10 ↕↔ 45–50 cm

11 ↕1,1 m ↔ 60 cm

12 ↕1,1 m ↔ 60 cm

13 ↕60 cm ↔ 45 cm

14 ↕1,2 m ↔ 60 cm

15 ↕1,2 m ↔ 60 cm

6 *D.* 'Hamari Gold' **7** *D.* 'Hillcrest Royal' **8** *D.* 'Kathryn's Cupid' **9** *D.* 'Rokesley Mini' **10** *D.* 'Sunny Yellow' (zwergig) **11** *D.* 'So Dainty' **12** *D.* 'Wootton Cupid' **13** *D.* 'Yellow Hammer' (zwergig) **14** *D.* 'Zorro' **15** *D.* 'Wootton Impact'

DAPHNE BHOLUA 'GURKHA'

Ein aufrechter, laubwerfender Strauch mit Büscheln duftender, weißer und purpurrosa Röhrenblüten, die im Winter an nackten Ästen erscheinen. Sie reifen zu kugeligen, schwarzpurpurnen Früchten heran. Die lanzettlichen Blätter sind dunkelgrün und ledrig. Gut für Winterbeete, in kalten Gebieten müssen Steinröschen jedoch geschützt werden. Alle Pflanzenteile sind bei Verzehr hochgiftig!

KULTUR: *In wasserdurchlässigem, feuchtem Boden in Sonne oder Halbschatten setzen. Pflanzen mulchen, um die Wurzeln kühl zu halten. Am besten nicht beschneiden.*

☼ ◐ ◊ ♀F3 ↕2–4 m ↔1,5 m

DAPHNE PETRAEA 'GRANDIFLORA'

Ein kompakter, langsamwüchsiger, strauchiger Seidelbast, der im Spätfrühjahr Büschel aus duftenden, tiefrosafarbenen Blüten ausbildet. Die spatelförmigen Blätter sind ledrig und glänzend dunkelgrün. Ideal für geschützte Steingärten; in kalten Gegenden nicht verläßlich frosthart. Alle Pflanzenteile sind bei Verzehr hochgiftig!

KULTUR: *In feuchtem, aber gut drainiertem, relativ fruchtbarem, humusreichem Boden in Sonne oder Halbschatten pflanzen. Muß nicht regelmäßig beschnitten werden.*

☼ ◐ ◊ ♀F2–4 ↕10 cm ↔25 cm

DAPHNE TANGUTICA RETUSA-GRUPPE

Diese zwergigen, immergrünen, strauchigen Seidelbast-Sorten, manchmal als *D. retusa* bezeichnet, werden wegen der Büschel stark duftender, weißer bis rosa Blüten im Spätfrühjahr und Frühsommer geschätzt. Die lanzettlichen Blätter sind glänzend dunkelgrün. Sie können z.B. in Steingärten, Strauchrabatten oder Mischpflanzungen genutzt werden. Alle Pflanzenteile sind giftig!

KULTUR: *In gut drainiertem, fruchtbarem, humusreichem Boden, der nicht austrocknet, in die Sonne oder in lichten Schatten pflanzen. Muß nicht beschnitten werden.*

☼◐ ◊ 🏆F4 ↕↔ 75 cm

DARMERA PELTATA

Eine hübsche, sich ausbreitende Staude, die manchmal zur Gattung *Peltiphyllum* gestellt wird und eindrucksvolle, schirmartige Büschel aus großen, mittelgrünen, im Herbst roten Blättern, bis 60 cm im Durchmesser, bildet. Das Laub treibt nach den im Frühjahr erscheinenden dichten Büscheln aus sternförmigen, weißen bis leuchtendrosa Blüten aus. Das Schildblatt ist gut für Sumpfgärten oder den Rand von Gewässern geeignet.

KULTUR: *In verläßlich feuchtem Boden in Sonne oder Halbschatten pflanzen; verträgt auch trockenere Standorte im Schatten.*

☼◐ 💧 🏆F4 ↕bis 2 m ↔1 m

DELPHINIUM (RITTERSPORNE)

Rittersporn-Arten und -Kultivare sind gruppenbildende Stauden, die wegen der hohen Trauben aus attraktiven, flach becherförmigen, gespornten, ungefüllten oder gefüllten Blüten kultiviert werden. Sie entstehen von Früh- bis Hochsommer und sind in einer breiten Farbpalette erhältlich: von Cremeweiß über Fliederrosa und Himmelblau bis zu tief Indigoblau. Die gezähnten und gelappten, mittelgrünen Blätter stehen an der Basis der Triebe. Hoch wachsende Rittersporne in gemischten Rabatten oder Einzelbeeten mit Schutz pflanzen, damit sie nicht von starken Winden heruntergedrückt werden.

KULTUR: *In wasserdurchlässigem, fruchtbarem Boden sonnig kultivieren. Im Frühjahr wöchentlich Volldünger verabreichen, die Jungtriebe, wenn sie 7 cm erreichen, ausdünnen. Die meisten Kulturformen müssen gestützt werden. Abgeblühte Triebe entfernen, und im Herbst Pflanzen vollständig zurückschneiden.*

☼ ◊ 🏆F4

1 ↕1,7 m ↕60–90 cm

2 ↕2 m ↔ 60–90 cm

3 ↕2 m ↔ 75 cm

1 *D.* 'Emily Hawkins' **2** *D.* 'Gillian Dallas' **3** *D.* 'Mighty Atom'

4 ↕ 2 m ↔ 60–90 cm

5 ↕ bis 1,5 m ↔ 75 cm

6 ↕ 1,5 m ↔ 60–90 cm

4 *D.* 'Bruce' **5** *D.* 'Sandpiper' **6** *D.* 'Sungleam'

DEUTZIA × *ELEGANTISSIMA* 'ROSEALIND'

Dieser kompakte, rundliche, laubwerfende Strauch bildet üppige Büschel aus kleinen, tief karminrosa Blüten. Sie stehen vom Spätfrühjahr bis zum Frühsommer zwischen den ovalen, mattgrünen Blättern. Diese Deutzien-Sorte ist gut für gemischte Rabatten geeignet.

KULTUR: *In jedem wasserdurchlässigen, fruchtbaren, nicht austrocknenden Boden in Sonne oder Halbschatten pflanzen. Junge Spitzen beschneiden, um buschigen Wuchs zu fördern; nach der Blüte Pflanzen durch Schneiden älterer Triebe ausdünnen.*

☼◑ ◊ ♆F4 ↕1,2 m ↔1,5 m

DEUTZIA × *HYBRIDA* 'MONT ROSE'

Ein dichter, aufrechter, laubwerfender Strauch, der an *D.* × *elegantissima* 'Rosealind' erinnert, aber kleinere Blütenbüschel ausbildet. Die Blüten sind klein, sternförmig, rosa oder rosapurpurn und entstehen im Frühsommer zwischen schmalen, dunkelgrünen Blättern. Hervorragend als Solitärstrauch geeignet oder in gemischten Rabatten pflanzen.

KULTUR: *In jedem fruchtbaren, drainierten, nicht zu trockenen Boden sonnig pflanzen, verträgt jedoch etwas Schatten. Beim Setzen Spitzen beschneiden; regelmäßig Jungtriebe unterhalb der Blütentriebe beschneiden.*

☼◑ ◊ ♆F4 ↕↔ 1,2 m

DIANTHUS (SOMMERBLÜHENDE NELKEN)

Sommerblühende Nelken werden häufig wegen der hübschen, nach Gewürznelken duftenden Blüten und schmalen, blaugrauen Blätter kultiviert. Sie blühen über lange Zeiträume hinweg; als Schnittblumen sind die Blüten an steifen Stengeln sehr langlebig. Tausende von Kultivaren sind in Rosa-, Weiß-, Karminrot-, Lachs- oder Malventönen, gefüllt oder ungefüllt erhältlich. Sie können einfarbig, mit einer kontrastierenden Farbe berandet oder gefleckt sein. Die meisten sind hervorragende Rabattenpflanzen; winzige alpine Nelken, wie 'La Bourboule' und 'Joan's Blood' sind in Steingärten oder Hochbeeten attraktiv.

KULTUR: *In drainiertem, alkalischem bis neutralem Boden offen und sonnig setzen. Alpine Nelken benötigen starke Drainage. Im Frühjahr einen Volldünger geben. Die abgeblühten Blüten auskneifen, um die Blütezeit zu verlängern und einen kompakten Wuchs zu bewirken.*

☼ ◊ F4

1 ↕8 cm ↔ bis 10 cm

2 ↕25–45 cm ↔ 40 cm

3 ↕25–45 cm ↔ 40 cm

4 ↕25–45 cm ↔ 40 cm

5 ↕8–10 cm ↔ 20 cm

6 ↕25–45 cm ↔ 40 cm

1 *D. alpinus* 'Joan's Blood' **2** *D.* 'Doris' **3** *D.* 'Gran's Favourite' **4** *D.* 'Haytor White' **5** *D.* 'La Bourboule' **6** *D.* 'Monica Wyatt'

DIASCIA BARBERAE 'BLACKTHORN APRICOT'

Eine mattenbildende, ausdauernde Doppelhörnchen-Sorte mit lockeren Trauben aus aprikotfarbenen Blüten. Diese werden über einen längeren Zeitraum von Sommer bis Herbst über den schmal herzförmigen, mittelgrünen Blättern gebildet. Gut für Steingärten, den Vordergrund von Rabatten oder eine sonnige Böschung geeignet.

KULTUR: *In feuchtem, wasserdurchlässigem, fruchtbarem Boden in voller Sonne pflanzen. In kalten Gegenden vor starken Frösten schützen und junge Pflanzen unter Glas überwintern.*

☼ ◊ ♀F3–4 ↕25 cm ↔bis 50 cm

DIASCIA RIGESCENS

Diese kriechende Staude wird wegen der langen Trauben aus lachsrosa Blüten kultiviert. Die Blütenstände erscheinen während des Sommers über den herzförmigen, mittelgrünen Blättern. Hervorragend für Steingärten oder Hochbeete sowie für den Vordergrund von Rabatten geeignet. In kalten Gegenden am Grund einer warmen, sonnigen Mauer pflanzen.

KULTUR: *In feuchtem, wasserdurchlässigem, fruchtbarem, humusreichem Boden in die volle Sonne setzen. Junge Pflanzen unter Glas überwintern.*

☼ ◊ ♀F3 ↕30 cm ↔bis 50 cm

DICENTRA SPECTABILIS

Das Tränende Herz ist eine elegante, horstbildende Staude, die von Spätfrühjahr bis Frühherbst einseitswendige, überhängende Trauben mit hängenden, rosarot-weißen, herzförmigen Blüten bildet. Die Blätter sind tief eingeschnitten und mittelgrün. Eine wunderschöne Pflanze für schattige Rabatten oder Gehölzgärten.

KULTUR: *In verläßlich feuchtem, fruchtbarem, humusreichem, neutralem oder leicht alkalischem Boden am besten im Halbschatten pflanzen. Verträgt aber auch volle Sonne.*

☼ ◐ 💧 F4 ↕bis 1,2 m ↔45 cm

DICENTRA SPECTABILIS 'ALBA'

Diese weißblütige Form des Tränenden Herz' ist ansonsten der oben beschriebenen Art sehr ähnlich. Um Verwechslungen zu vermeiden, sollten sie im blühenden Zustand gekauft werden. Die Blätter sind tief eingeschnitten und hellgrün, und die herzförmigen Blüten stehen von Spätfrühjahr bis Frühsommer an gebogenen Trieben.

KULTUR: *In feuchtem, aber gut drainiertem, mit gut verrottetem, organischem Material angereicherten Boden pflanzen. Bevorzugt Halbschatten, verträgt aber volle Sonne.*

☼ ◐ 💧 F4 ↕bis 1,2 m ↔45 cm

DICENTRA 'STUART BOOTHMAN'

Eine sich ausbreitende Staude, die im Spätfrühjahr und Sommer herzförmige, rosa Blüten an den Spitzen überhängender Triebe trägt. Das fein eingeschnittene Laub dieser Form des Tränenden Herz' ist farnartig und graugrün. Sehr attraktiv in schattigen Rabatten oder Gehölzgärten.

KULTUR: *In feuchtem, drainiertem, humusreichem, neutralem bis leicht alkalischem Boden im Halbschatten kultivieren. Im zeitigen Frühjahr oder nach Absterben der Blätter teilen und wieder einpflanzen.*

◐ 💧💧 🏆F4 ↕30 cm ↔40 cm

DICTAMNUS ALBUS

Eine hochgewachsene, basal verholzte Staude, die sich für krautige und gemischte Rabatten eignet. Die dichten Trauben mit sternförmigen, duftenden, weißen Blüten entstehen im Frühsommer über den nach Zitrone duftenden, hellgrünen Blättern. Bei heißem Wetter können sich die ätherischen Öle der Blüten und reifenden Früchte des Diptam entzünden.

KULTUR: *In gut drainiertem, fruchtbarem Boden in Sonne oder Halbschatten setzen. Sollte nicht verpflanzt werden, da Diptam Störungen der Wurzeln nicht verträgt.*

◐☼ 💧 🏆F4 ↕40–90 cm ↔60 cm

DICTAMNUS ALBUS VAR. *PURPUREUS*

Dieser purpurblütige, ausdauernde Diptam ist in allen anderen Merkmalen mit der Art (siehe S. 148 unten) identisch. Die aufrechten Blütentrauben entstehen im Frühsommer über den stark aromatischen, hellgrünen Blättern. Sieht in gemischten oder krautigen Rabatten auffällig aus.

KULTUR: *In jeglichem trockenen, mäßig fruchtbaren Boden in der vollen Sonne oder im Halbschatten kultivieren.*

☼◑ ◇ ♈F4 ↕40–90 cm ↔60 cm

DIGITALIS GRANDIFLORA

Der Großblütige Fingerhut ist eine kurzlebige, immergrüne Staude, die von Früh- bis Hochsommer aufrechte Trauben röhrenförmiger, blaßgelber Blüten bildet. Die Blätter sind oval und mittelgrün. Blüht dezenter und bleibt kleiner als die meisten anderen Kultivare von Fingerhut und sieht daher in Gehölzgärten oder naturnahen Pflanzungen attraktiv aus.

KULTUR: *In feuchtem, drainiertem Boden, die nicht austrocknen darf, in den Halbschatten setzen. Da Fingerhut sich selbst reichlich aussät, sollten die Blüten nach dem Abwelken entfernt werden, um ungewollte Samen zu vermeiden.*

◑ ◇◆ ♈F4 ↕bis 1 m ↔45 cm

DIGITALIS × *MERTONENSIS*

Eine immergrüne, gruppenbildende, kurzlebige Staude, die wegen der von Spätfrühjahr bis Frühsommer erscheinenden Blütenstände aus weit geöffneten, erdbeerrosa Blüten kultiviert wird. Die Blätter sind dunkelgrün und lanzettlich. Diese Fingerhut-Hybride eignet sich für Misch- oder Staudenrabatten sowie für Gehölzgärten.

KULTUR: *Gedeiht am besten in feuchtem, aber gut wasserdurchlässigem Boden im Halbschatten, verträgt aber auch volle Sonne und trockene Böden.*

☼◐ 💧 F4 ↕bis 90 cm ↔30 cm

DIGITALIS PURPUREA F. *ALBIFLORA*

Diese weiße Form des Roten Fingerhutes ist eine hochwachsende Zweijährige, die im Sommer robuste, einseitswendige Trauben aus röhrenförmigen, reinweißen Blüten bildet. Die rauhbehaarten, lanzettlichen Blätter sind leuchtendgrün. Sehr aparte Bereicherung für Gehölzgärten oder Mischrabatten. Wird auch als *D. purpurea* 'Alba' angeboten.

KULTUR: *In feuchtem, aber gut drainiertem Boden in den Halbschatten setzen. Verträgt auch trockene Standorte in der vollen Sonne.*

☼◐ 💧 F4 ↕1–2 m ↔bis 60 cm

DODECATHEON MEADIA F. *ALBUM*

Die Götterblume ist eine krautige Staude und wird wegen der offenen Büschel cremeweißer Blüten mit zurückgeschlagenen Petalen geschätzt. Die Blüten stehen an gebogenen Stengeln und erscheinen vom mittleren bis zum späten Frühjahr oberhalb der Rosetten aus ovalen, blaßgrünen, gezähnten Blättern. Für Gehölzgärten oder schattige Steingärten geeignet; nach der Blüte folgt eine Ruhephase.

KULTUR: *In feuchtem, humusreichem Boden in den Halbschatten setzen. Im Frühjahr kann Schneckenfraß auftreten.*

☀ 💧 F4 ↕40 cm ↔25 cm

DRYOPTERIS FILIX-MAS

Der Gemeine Wurmfarn ist eine laubwerfende Staude, die große Büschel aus lanzettlichen, mittelgrünen Wedeln ausbildet. Diese entspringen im Frühjahr aus kräftigen, beschuppten Rhizomen. Ideal für schattige Rabatten oder Ecken, Ränder von Fließ- oder Stehgewässern und Gehölzgärten geeignet.

KULTUR: *In verläßlich feuchtem, humusreichem Boden in den Halbschatten setzen. Vor kalten, austrocknenden Winden schützen.*

☀ 💧 F4 ↕↔1 m

DRYOPTERIS WALLICHIANA

Eine laubwerfende, ausdauernde Wurmfarn-Art mit stark aufrechten, federballähnlichen Büscheln aus im Frühjahr gelbgrünen Wedeln, im Sommer färben sie sich dunkelgrün. Eine architektonisch interessante Solitärpflanze für feuchte, schattige Standorte.

KULTUR: *In feuchtem, humusreichem Boden pflanzen. Einen geschützten Standort im Halbschatten auswählen.*

◐ ♦ ♈F4 ↕1–2 m ↔75 cm

ECCREMOCARPUS SCABER

Die Schönranke ist eine schnellwüchsige Kletterpflanze mit Büscheln aus leuchtend orangeroten Röhrenblüten, die im Sommer erscheinen. Die Blätter sind geteilt und mittelgrün. Als kurzlebige Staude zur Begrünung von Bögen oder Pergolen verwenden oder durch große Sträucher ziehen. In frostgefährdeten Gebieten als rankende Einjährige kultivieren.

KULTUR: *In gut drainiertem, fruchtbarem Boden an einen geschützten, sonnigen Standort pflanzen. Im Frühjahr bis auf 30-60 cm zurückschneiden.*

☼ ◊ ♈F3 ↕15 cm ↔20 cm

ECHEVERIA AGAVOIDES

Eine dekorative, sternförmige, sukkulente Staude mit Rosetten aus kräftigen, kurz zugespitzten, blaßgrünen Blättern. Büschel aus roten Blüten mit gelben Spitzen erscheinen im Frühjahr und Frühsommer über dem Laub. Wird in kalten Gegenden meist im Wintergarten oder als Zimmerpflanze gehalten; in verläßlich warmen Gebieten bilden sie in Sukkulentenrabatten dichte Gruppen.

KULTUR: *In gut drainiertem, fruchtbarem Boden oder in Kakteenerde in die Sonne pflanzen. Im Winter kaum feucht halten, im Frühjahr mehr gießen. Mindesttemperatur: 2 °C.*

☼ ♢ 🏆F1 ↕15 cm ↔30 cm oder mehr

ECHINOPS RITRO

Diese Kugeldistel-Art ist eine kompakte Staude, die Gruppen aus auffälligen, kugeligen Blütenköpfchen bildet. Die Köpfchen sind zunächst metallischblau und mit Öffnen der Blüten leuchtender blau gefärbt. Die ledrigen, grünen Blätter sind unterseits weißflaumig behaart. Für Wildblumengärten geeignet. Sehr attraktive Schnittblumen, wenn sie vor dem vollen Aufblühen der Blütchen geerntet werden.

KULTUR: *In drainiertem, armem bis fruchtbarem Boden sonnig setzen, verträgt auch Halbschatten. Köpfchen nach der Blüte entfernen, um Selbstaussaat zu verhindern.*

☼ ◑ ♢ 🏆F4 ↕60 cm ↔45 cm

ELAEAGNUS X *EBBINGEI* 'GILT EDGE'

Eine große, dichte, immergrüne, strauchige Ölweiden-Sorte, die wegen der ovalen, dunkelgrünen, satt goldgelb berandeten Blätter kultiviert wird. Die unscheinbaren, jedoch stark duftenden Blüten werden im Herbst gebildet. Ein hervorragender, schnellwüchsiger, schön geformter Solitärstrauch; kann auch als lockere Hecke gepflanzt werden.

KULTUR: *In gut drainiertem, fruchtbarem Boden sonnig pflanzen. Verträgt keine sehr kalkreichen Böden. Im Spätfrühjahr in Form schneiden. Alle Triebe entfernen, die einfarbig grüne Blätter ausbilden.*

☼ ◊ ♈F4 ↕↔ 4 m

ELAEAGNUS PUNGENS 'MACULATA'

Dieser große, immergrüne Strauch besitzt ovale, dunkelgrüne Blätter, die in der Mitte üppig gelb gefärbt sind. Die kleinen, sehr stark duftenden Blüten dieser Ölweiden-Sorte erscheinen vom mittleren Herbst an und reifen zu roten Früchten heran. Verträgt Küstenbedingungen.

KULTUR: *Gedeiht am besten in wasserdurchlässigem, fruchtbarem Boden. Verträgt sehr kalkhaltige Böden nicht. Im Frühjahr, wenn nötig, leicht trimmen. Alle Triebe entfernen, die einfarbig grüne Blätter ausbilden.*

☼ ◊ ♈F4 ↕4 m ↔5 m

ELAEAGNUS 'QUICKSILVER'

Eine schnellwüchsige, strauchige Ölweiden-Sorte mit einem offenen Wuchs. Im Sommer erscheinen kleine, gelbe Blüten, die zu gelben Früchten heranreifen. Die silbernen, sommergrünen Blätter sind lanzettlich und stehen an silbernen Trieben. Hervorragender Solitärstrauch, eignet sich auch zur Kombination mit anderen silberblättrigen Pflanzen. Wird zuweilen als *E. angustifolia* var. *caspica* angeboten.

KULTUR: *In jedem, außer kalkhaltigem, fruchtbaren, gut drainierten Boden in volle Sonne setzen. Verträgt trockene Böden und Küstenwinde. Wenig beschneiden.*

☼ ◊ F4 ↕↔ 4 m

ENKIANTHUS CAMPANULATUS

Ein ausladender, laubwerfender Strauch, der wegen seiner dichten, hängenden Büschel aus glockigen, cremegelben, im Spätfrühjahr erscheinenden Blüten kultiviert wird. Die matten, grünen Blätter färben sich im Herbst orangerot um. Für offene Standorte in Gehölzgärten geeignet; kann mit dem Alter baumförmig werden.

KULTUR: *In feuchtem, gut wasserdurchlässigem, torfhaltigem oder humusreichem, saurem Boden pflanzen. Gedeiht am besten in der Sonne, verträgt aber Schatten. Wenig beschneiden.*

☼ ◑ ◊◊ F4 ↕↔ 4–5 m

EPIMEDIUM X *PERRALCHICUM*

Eine robuste, gruppenbildende, immergrüne, ausdauernde Sockenblume, die von Mitte bis Ende des Frühlings Trauben aus aparten, leuchtendgelben Blüten über glänzend dunkelgrünem Laub bildet. Die Blätter sind im jungen Zustand bronzefarben getönt. Sehr gut als Bodendecker unter Bäumen oder Sträuchern geeignet. Wird auch Elfenblume genannt.

KULTUR: *In feuchtem, aber gut drainiertem, fruchtbarem, mit Humus angereichertem Boden in den Halbschatten pflanzen. Vor kalten, austrocknenden Winden schützen.*

F4 ↕40 cm ↔60 cm

EPIMEDIUM X *RUBRUM*

Eine kompakte Staude, die im Frühjahr lockere Büschel aus hübschen, karminroten Blüten mit gelben Spornen ausbildet. Die geteilten Blätter dieser Sockenblumen-Hybride sind im jungen Zustand bronzerot getönt, werden später mittelgrün und färben sich im Herbst rötlich um. In feuchten, schattigen Rabatten oder Gehölzgärten in Gruppen pflanzen.

KULTUR: *In feuchtem, wasserdurchlässigem, fruchtbarem, humusreichem Boden in den Halbschatten setzen. Im späten Winter altes Laub zurückschneiden, damit die Blüten im Frühjahr zur Geltung kommen.*

F4 ↕↔ 30 cm

EPIMEDIUM × *YOUNGIANUM* 'NIVEUM'

Eine gruppenbildende, ausdauernde Sockenblumen-Sorte, die im Spätfrühjahr hübsche Büschel kleiner, weißer Blüten ausbildet. Das leuchtendgrüne Laub ist im jungen Zustand bronzefarben überlaufen und verbleibt bis in den Winter hinein an der Pflanze. Guter Bodendecker in schattigen Rabatten oder Gehölzgärten.

KULTUR: *In feuchtem, wasserdurchlässigem, fruchtbarem, humusreichem Boden in den Halbschatten setzen. Im späten Winter altes Laub zurückschneiden, damit die Blüten im Frühjahr zur Geltung kommen.*

F4 ↕20–30 cm ↔30 cm

ERANTHIS HYEMALIS

Der Winterling ist eine der zeitigsten frühjahrsblühenden Zwiebelpflanzen und bildet butterblumenähnliche, leuchtendgelbe Blüten aus. Sie sitzen oberhalb einer Krause aus hellgrünen Blättern, die vom späten Winter bis zum zeitigen Frühjahr den Boden bedecken. Hervorragend geeignet für das Auswildern unter laubwerfenden Bäumen und großen Sträuchern.

KULTUR: *In feuchtem, wasserdurchlässigem, fruchtbarem Boden, der nicht austrocknet, pflanzen. Gedeiht am besten in lichtem Schatten.*

F4 ↕5–8 cm ↔5 cm

ERICA ARBOREA VAR. *ALPINA*

Diese Baumheide ist ein aufrechter Strauch, größer als alle anderen Heiden, und vom späten Winter bis Frühjahr dicht mit kleinen, nach Honig duftenden Blüten besetzt. Die immergrünen Blätter sind nadelartig und dunkelgrün. Ein schöner Blickfang für einen Heidegarten.

KULTUR: *In gut drainiertem, sandigem Boden offen und sonnig pflanzen. Verträgt alkalische Bedingungen. Junge Pflanzen im Frühjahr um zwei Drittel zurückschneiden, um buschigen Wuchs zu fördern; später muß nicht mehr beschnitten werden. Verträgt kräftige Erneuerungsschnitte.*

☼ ◊ ♀F4 ↕2 m ↔85 cm

ERICA × VEITCHII 'EXETER'

Ein aufrechter, offener, immergrüner Strauch, der von Winter bis Frühjahr eine Fülle stark duftender, röhren- bis glockenförmiger, weißer Blüten ausbildet. Die nadelartigen Blätter dieser Heide-Sorte sind leuchtendgrün. Gut für große Steingärten mit Koniferen oder zwischen niedrigen Heiden geeignet; nicht verläßlich frosthart.

KULTUR: *In sandigem, gut drainiertem Boden sonnig pflanzen. Am besten sauren, auch leicht alkalischen Boden wählen. In jungem Zustand im Frühjahr um zwei Drittel zurückschneiden, um schönen Wuchs zu fördern; ältere Pflanzen weniger beschneiden.*

☼ ◊ ♀F3 ↕2 m ↔65 cm

ERICA (FRÜHBLÜHENDE HEIDEN)

Die niedrigwüchsigen, frühblühenden Heiden sind immergrüne Sträucher und werden wegen der im Winter und Frühjahr erscheinenden, urnenförmigen Blüten geschätzt. Die weißen oder rosa Blüten bilden eine farbige Bereicherung der Wintermonate. Auch die Blätter können auffällig gefärbt sein; *E. erigena* 'Golden Lady' hat goldgelbe Blätter, und *E. carnea* 'Foxhollow' trägt gelbe Blätter mit bronzefarbenen Spitzen, die bei kaltem Wetter orange werden. Hervorragend als Bodendecker, entweder in Gruppen gepflanzt oder mit anderen Heiden und zwergigen Koniferen zusammen, geeignet.

KULTUR: *In offenem, drainiertem, saurem Boden pflanzen, vertragen aber auch alkalische Bedingungen. Vollsonnige Standorte wählen. Blütentriebe zurückschneiden und so altes Holz entfernen; Kultivare von* E. erigena *können durch Fröste geschädigt werden; beschädigte Triebe im Frühjahr entfernen.*

☼ ◊ F4

1 ↕15 cm ↔ 25 cm

2 ↕15 cm ↔ 40 cm

3 ↕15 cm ↔ 45 cm

4 ↕15 cm ↔ 35 cm

5 ↕30 cm ↔ 60 cm

6 ↕30 cm ↔ 40 cm

1 *E. carnea* 'Ann Sparkes' **2** *E. carnea* 'Foxhollow' **3** *E. carnea* 'Springwood White' **4** *E. carnea* 'Vivellii' **5** *E.* x *darleyensis* 'Jenny Porter' **6** *E. erigena* 'Golden Lady'

ERICA (SPÄTBLÜHENDE HEIDEN)

Die meist niedrigen, ausladenden, sommerblühenden Heiden bilden frostharte, immergrüne Sträucher. Sie sehen als Solitärpflanzen oder mit anderen Heiden und zwergigen Koniferen attraktiv aus. Die Blüten entstehen über längere Zeiträume; *E.* x *stuartii* 'Irish Lemon' beginnt im späten Frühjahr, und Kultivare von *E. ciliaris* und *E. vagans* blühen weit in den Herbst hinein. Ihre Saison kann durch die Auswahl farbig belaubter Sorten verlängert werden; die Jungtriebe von *E. williamsii* 'P. D. Williams' haben im Frühjahr gelbe Spitzen, und das goldene Laub von *E. cinerea* 'Windlesbrooke' wird im Winter tiefrot.

KULTUR: *In gut drainiertem, saurem Boden pflanzen, obwohl* E. vagans *und* E. williamsii *alkalische Bedingungen vertragen. Einen offenen, sonnigen Standort wählen. Im zeitigen Frühjahr leicht trimmen und kräftige Triebe bis unter die Blütenstände zurückschneiden oder mit der Heckenschere trimmen.*

☼ ♁ ♀F4

1 ↕22 cm ↔ 35 cm

2 ↕bis 40 cm ↔ 45 cm

3 ↕20 cm ↔ 50 cm

4 ↕25 cm ↔ 50 cm

5 ↕15 cm ↔ 45 cm

1 *E. ciliaris* 'Corfe Castle' **2** *E. ciliaris* 'David McClintock' **3** *E. cinerea* 'Eden Valley' **4** *E. cinerea* 'C.D. Eason' **5** *E. cinerea* 'Windlebrooke'

6 ↕25 cm ↔ 45 cm

7 ↕25 cm ↔ 50 cm

8 ↕20 cm ↔ 30 cm

9 ↕30 cm ↔ 50 cm

10 ↕25 cm ↔ 50 cm

11 ↕30 cm ↔ 45 cm

12 ↕15 cm ↔ 30 cm

13 ↕20 cm ↔ bis 85 cm

14 ↕30 cm ↔ 45 cm

6 *E. cinerea* 'Fiddler's Gold' **7** *E.* x *stuartii* 'Irish Lemon' **8** *E. tetralix* 'Alba Mollis' **9** *E. vagans* 'Birch Glow' **10** *E. vagans* 'Lyonesse' **11** *E. vagans* 'Mrs. D.F. Maxwell' **12** *E. vagans* 'Valerie Proudley' **13** *E. watsonii* 'Dawn' **14** *E.* x *williamsii* 'P.D. Williams'

ERIGERON KARVINSKIANUS

Diese teppichbildende, immergrüne, ausdauernde Berufkraut-Art mit graugrünem Laub entwickelt im Sommer zahlreiche margeritenähnliche Blütenköpfchen mit gelbem Zentrum. Die äußeren Blütchen sind zunächst weiß, später rosa und purpurn. Hervorragend für Mauer- oder Pflasterritzen geeignet; überlebt in frostgefährdeten Gegenden nicht immer. Wird auch Feinstrahl genannt und manchmal als *E. mucronatus* angeboten.

KULTUR: *In wasserdurchlässigem, fruchtbarem Boden in die volle Sonne setzen, am besten mit etwas Schatten zur Mittagszeit.*

☼ ◊ ♈F3 ↕15–30 cm ↔1 m oder mehr

ERINUS ALPINUS

Der Alpenbalsam ist eine kleine, kurzlebige, immergrüne Staude, die im späten Frühjahr und Sommer kurze Ähren aus rosa-, purpurfarbenen oder weißen Blüten bildet. Die lanzettlichen bis keilförmigen Blätter sind weich, klebrig und mittelgrün. Hervorragend für Steingärten oder Ritzen in alten Mauern geeignet.

KULTUR: *In leichtem, mäßig fruchtbarem, gut wasserdurchlässigem Boden pflanzen. Verträgt Halbschatten, gedeiht aber am besten in voller Sonne.*

☼ ◐ ◊ ♈F4 ↕8 cm ↔10 cm

ERYNGIUM ALPINUM

Diese stachelige, aufrechte, ausdauernde Alpendistel bildet im Sommer zapfenförmige, purpurblaue Blütenköpfchen aus; diese werden von auffälligen, fedrigen Brakteen umgeben. Die tief gesägten, mittelgrünen Blätter stehen am Grund der Triebe. Eine formschöne Pflanze für sonnige Gärten. Die Blütentriebe eignen sich als Schnitt- und Trockenblumen.

KULTUR: *In sehr gut drainiertem, nicht zu trockenem, armem bis mäßig fruchtbarem Boden in die volle Sonne pflanzen. Einen im Winter nicht zu nassen Standort wählen.*

☼ ◊ 🏆F4 ↕70 cm ↔45 cm

ERYNGIUM × *OLIVERIANUM*

Eine aufrechte, krautige Staude mit zapfenförmigen, silberblauen Blütenköpfchen, die von einem flachen Kranz aus silbrigen, schwertartigen Brakteen umgeben sind. Die Köpfchen dieser Edeldistel-Hybride entstehen von Hochsommer bis Frühherbst über den stachelig gezähnten, dunkelgrünen Blättern. Eine architektonisch interessante Ergänzung für trockene, sonnige Rabatten mit silber- oder graublättrigen Pflanzen.

KULTUR: *In gut drainiertem, fruchtbarem Boden sonnig pflanzen. Im Winter nicht zu starker Nässe aussetzen.*

☼ ◊ 🏆F4 ↕90 cm ↔45 cm

ERYNGIUM x *TRIPARTITUM*

Diese zarte, aber stachelige, aufrechte Staude bildet im Spätsommer und Herbst zapfenartige Köpfchen aus winzigen, metallischblauen Blüten. Die Köpfchen dieser Edeldistel-Sorte werden von einem Kranz aus zugespitzten Brakteen umgeben und stehen an den Spitzen der drahtigen, blau getönten Triebe.

KULTUR: *In sehr gut drainiertem, mäßig fruchtbarem Boden in der vollen Sonne pflanzen. Im Winter vor Nässe schützen. Nach der Blüte leicht beschneiden, um einen sparrigen Wuchs zu verhindern.*

☼ ◊ ♈F4 ↕60–90 cm ↔ 50 cm

ERYSIMUM 'BOWLES' MAUVE'

Der wüchsige, strauchige Schöterich zählt zu den am längsten blühenden Staudenarten. Er bildet rundliche, immergrüne Büsche mit schmalen, graugrünen Blättern und dichten Blütenständen mit kleinen, vierzähligen, malvenfarbenen Blüten, die im Frühjahr und Sommer erscheinen. Sollte in frostgefährdeten Gebieten an warmen Mauern gepflanzt werden.

KULTUR: *In gut drainiertem, am besten alkalischem Boden sonnig pflanzen. Nach der Blüte leicht trimmen, um kompakten Wuchs zu fördern. Oft kurzlebig, kann aber im Sommer durch Stecklinge vermehrt werden.*

☼ ◊ ♈F3 ↕bis 75 cm ↔60 cm

ERYSIMUM CHEIRI 'HARPUR CREWE'

Eine kurzlebige, aufrechte, buschige, immergrüne Staude, die im Frühjahr lange Zeit Farbe in den Vordergrund von Rabatten oder Hochbeeten bringt. Von Spätwinter bis Frühsommer erscheinen Trauben duftender, gelber Blüten über schmalen, graugrünen Blättern. Dieser Goldlack wird auch *Cheiranthus* 'Harpur Crewe' genannt.

KULTUR: *In wasserdurchlässigem, armem bis fruchtbarem, am besten alkalischem Boden sonnig pflanzen. Nach der Blüte trimmen, um sparrigem Wuchs vorzubeugen. Stirbt meist nach wenigen Jahren ab, kann im Sommer durch Stecklinge vermehrt werden.*

☼ ◊ F3 ↕30 cm ↔60 cm

ERYSIMUM 'WENLOCK BEAUTY'

Eine buschige, immergrüne Staude, die vom zeitigen bis späten Frühjahr Büschel aus bläulich- und lachsrosa, bronzefarben getönten Blüten ausbildet. Die lanzettlichen Blätter sind weich behaart und mittelgrün. Diese Schöterich-Sorte bringt früh im Jahr Farbe in sonnige Steingärten oder an eine trockene Mauer; bei kalten Wintern warmen Standort auswählen.

KULTUR: *In armem oder mäßig fruchtbarem, am besten alkalischem, gut drainiertem Boden sonnig pflanzen. Nach der Blüte leicht trimmen, um einen kompakten Wuchs beizubehalten.*

☼ ◊ F3 ↕↔ 45 cm

ERYTHRONIUM 'PAGODA'

Diese Hundszahn-Sorte ist eine sehr wüchsige, gruppenbildende Zwiebelpflanze und sieht in Gruppen unter laubwerfenden Bäumen und Sträuchern attraktiv aus. Büschel aus blaß schwefelgelben Blüten hängen im Frühjahr an schlanken Trieben über großen, ovalen, bronzefarben gesprenkelten, glänzend dunkelgrünen Blättern.

KULTUR: *In feuchtem, aber gut drainiertem, humusreichem Boden in den Halbschatten pflanzen.*

◑ ◊◐ ♆F4 ↕15–35 cm ↔10 cm

ESCALLONIA 'APPLE BLOSSOM'

Ein kompakter, immergrüner Strauch mit dichtem, glänzend dunkelgrünem Laub. Von Früh- bis Hochsommer erscheinen bei dieser Escallonie viele kleine, rosa getönte, weiße Blüten. Für Strauchrabatten geeignet, kann aber auch als Hecke, Begrenzung oder Windschutz gepflanzt werden. Gedeiht gut unter Küstenbedingungen, wenn der Wind nicht zu kalt ist.

KULTUR: *In jeglichem, gut drainiertem, fruchtbarem Boden in die volle Sonne setzen. In sehr kalten Gegenden vor Winden schützen. Nach der Blüte altes oder beschädigtes Holz herausschneiden.*

☼ ◊ ♆F4 ↕↔2,5 m

ESCALLONIA 'IVEYI'

Ein wüchsiger, aufrechter, immergrüner Strauch, der im Sommer große Büschel duftender, reinweißer Blüten bildet. Die rundlichen Blätter glänzen dunkelgrün. In Strauchrabatten oder – bei milden Wintern – als Hecke pflanzen; das Laub bekommt bei kaltem Wetter häufig einen bronzefarbenen Überzug, die Pflanzen sollten in frostgefährdeten Gebieten geschützt gesetzt werden.

KULTUR: *In jedem fruchtbaren, wasserdurchlässigen Boden in die volle Sonne setzen und vor kalten, austrocknenden Winden schützen. Beschädigte Teile im Herbst oder bei später Blütezeit im Frühjahr entfernen.*

☼ ◊ F3 ↕↔ 3 m

ESCALLONIA 'LANGLEYENSIS'

Dieser elegante, halbimmergrüne Strauch bildet zahlreiche Büschel aus kleinen, rosa Blüten. Sie entstehen vom frühen bis mittleren Sommer über ovalen, glänzenden, grünen Blättern. Gedeiht in milden Küstengebieten als lockere Hecke oder in Strauchrabatten.

KULTUR: *Gedeiht am besten in drainiertem, fruchtbarem Boden in der Sonne. In frostgefährdeten Gebieten vor kalten Winden schützen. Nach der Blüte toten oder beschädigten Wuchs entfernen; alte Pflanzen im Frühjahr durch Erneuerungsschnitt zum Wachstum anregen.*

☼ ◊ F4 ↕2 m ↔3 m

ESCHSCHOLZIA CAESPITOSA

Eine büschelige, einjährige Goldmohn-Art, die im Sommer zahlreiche, duftende, leuchtendgelbe Blüten ausbildet. Die blaugrünen Blätter sind fein zerteilt und nahezu fadenartig. Für sonnige Rabatten, Steingärten oder Kiesgärten geeignet. Die Blüten schließen sich bei bedecktem Wetter.

KULTUR: *In gut wasserdurchlässigem, armem Boden an einem vollsonnigen Standort pflanzen. Für eine frühe Blüte im Folgejahr Samen direkt im Herbst draußen aussäen.*

☼ ◊ ♈F4 ↕↔ bis 15 cm

ESCHSCHOLZIA CALIFORNICA

Das Schlafmützchen ist eine mattenbildende Einjährige, die während des Sommers becherförmige Blüten an schlanken Trieben bildet. Sie erscheinen in einer Vielzahl von Farben, z.B. Weiß, Rot oder Gelb, meist sind sie jedoch orange. Die Blätter sind fein zerteilt und graugrün. In sonnigen Rabatten oder Steingärten pflanzen; die Blüten halten sich als Schnittblumen lange.

KULTUR: *Gedeiht am besten sonnig in leichtem, armem Boden mit guter Drainage. Für eine frühe Blüte im Folgejahr Samen direkt im Herbst draußen aussäen.*

☼ ◊ ♈F4 ↕bis 3 cm ↔bis 15 cm

EUCALYPTUS GUNNII

Ein immergrüner Baum, der in milden Regionen als schnellwüchsige Zierde für neu angelegte Gärten geeignet ist. Die junge gelb- oder gräulichgrüne Rinde zeigt sich im Spätsommer unter der alten, abschilfernden, weißgrünen Schicht. Junge Pflanzen besitzen rundliche, graublaue Blätter; bei ausgewachsenen Bäumen sind die Blätter lanzettlich. In kalten Gegenden junge Pflanzen mit dickem Wintermulch schützen.

KULTUR: *In drainiertem, fruchtbarem Boden sonnig pflanzen. Im Frühjahr stark zurückschneiden, um kompakten Wuchs und die Bildung schöner Jugendblätter zu fördern.*

☼ 💧 🏆F3 ↕10–25 m ↔6–15 m

EUCALYPTUS PAUCIFLORA SSP. *NIPHOPHILA*

Dieser silbrige, immergrüne, baumförmige Eukalyptus besitzt offene, ausladende Äste und eine sich attraktiv abschälende, weiße und graue Rinde. Die Blätter der Jungpflanzen sind oval und matt blaugrün; an ausgewachsenen Trieben erscheinen lanzettliche, tief blaugrüne Blätter. Die Blüten sind weniger auffällig.

KULTUR: *In gut drainiertem, fruchtbarem Boden in der Sonne pflanzen. Jedes Jahr im Frühling kräftig zurückschneiden, um das Ausbilden schöner Jugendblätter zu fördern.*

☼ 💧 🏆F4 ↕↔ bis 6 m

EUCRYPHIA × *NYMANSENSIS* 'NYMANSAY'

Ein säulenförmiger, immergrüner Baum, der von Spätsommer bis Frühherbst zwischen ovalen, dunkelgrünen Blättern Büschel aus großen, duftenden, glitzernd weißen Blüten bildet. Wunderschöner, attraktiv blühender Solitärbaum; gedeiht am besten in milden, feuchten, frostfreien Regionen.

KULTUR: *In gut drainiertem, feuchtem Boden am besten sonnig und mit den Wurzeln im Schatten pflanzen, verträgt aber auch Halbschatten. Vor kalten Winden schützen. Im Frühjahr beschädigte Teile entfernen.*

☼ 💧◑ 🏆F3 ↕15 m ↔5 m

EUONYMUS ALATUS

Diese Spindelstrauch-Art ist ein dichter, laubwerfender Strauch mit geflügelten Trieben, der wegen der spektakulären Herbstfärbung kultiviert wird. Die kleinen roten Früchte platzen auf und entlassen orangefarbene Samen, während sich die ovalen, tiefgrünen Blätter scharlachrot färben. Die Blüten sind weniger auffällig. Hervorragend für Strauchrabatten und lichte Gehölzgärten geeignet. Die Früchte sind giftig!

KULTUR: *In jedem drainierten, fruchtbaren Boden pflanzen. Verträgt lichten Schatten, aber die beste Färbung entwickelt sich in der Sonne. So wenig wie möglich beschneiden.*

☼ ◐ 💧 🏆F4 ↕2 m ↔3 m

EUONYMUS EUROPAEUS 'RED CASCADE'

Diese Zierform des Pfaffenhütchens ist ein baumähnlicher, laubwerfender Strauch mit attraktiver Herbstfärbung. Die unscheinbaren Blüten erscheinen im Frühsommer und reifen zu rosaroten Früchten heran, die aufspringen und orangefarbene Samen freigeben. Die Blätter färben im Herbst scharlachrot. Die Früchte sind giftig!

KULTUR: *In jedem fruchtbaren, drainierten, am besten kalkhaltigen Boden pflanzen. Verträgt lichten Schatten, aber in der Sonne bildet sich die beste Herbstfärbung aus. Zwei oder mehr Pflanzen sind für den Fruchtansatz nötig. Wenig beschneiden.*

☼ ◐ ◇ 🏆F4 ↕3 m ↔2,5 m

EUONYMUS FORTUNEI 'EMERALD 'N' GOLD'

Ein kleiner und kletternder, immergrüner Strauch, der an einer Stütze hochklettern kann. Die grünen, ovalen Blätter dieser Spindelstrauch-Sorte haben breite, goldgelbe Ränder und färben sich bei kalter Witterung rosa. Die Frühjahrsblüte ist unscheinbar. An einer Wand hochziehen oder in Strauchrabatten verwenden.

KULTUR: *In jeglichem, außer staunassem Boden pflanzen. Die Blattfarbe entwickelt sich am besten in voller Sonne, verträgt jedoch auch lichten Schatten. An einer Wand gezogen, kann eine Höhe von bis zu 5 m erreicht werden.*

☼ ◐ ◇◆ 🏆F4 ↕60 cm oder mehr ↔90 cm

EUONYMUS FORTUNEI 'SILVER QUEEN'

Diese Spindelstrauch-Sorte ist ein kompakter, aufrechter oder kriechender, immergrüner Strauch, der am besten als Kletterpflanze, an einer Mauer oder durch einen Baum gezogen, wirkt. Die dunkelgrünen Blätter besitzen breite, weiße Ränder, die sich bei längeren Frösten rosa färben. Im Frühjahr erscheinen unscheinbare, grünlichweiße Blüten.

KULTUR: *In jedem, außer staunassem Boden sonnig oder im lichten Schatten pflanzen. In der Sonne entwickelt sich das prächtigste Laub. Sträucher im Frühjahr trimmen. Kletterpflanzen können 6 m erreichen.*

☼◑ ◊◊ F4 ↕2,5 m ↔1,5 m

EUPHORBIA AMYGDALOIDES VAR. *ROBBIAE*

Diese Varietät der Mandelblättrigen Wolfsmilch, auch als *E. robbiae* geführt, ist eine ausladende, immergrüne Staude, die im Frühjahr offene, gelblichgrüne Blütenstände bildet. Die dunkelgrünen Blätter stehen in Rosetten am Grund der Triebe. Besonders an schattigen Standorten nutzbar. Kann wuchern.

KULTUR: *In wasserdurchlässigem, feuchtem Boden in Sonne oder Halbschatten setzen. Verträgt trockene, arme Böden. Wuchernde Wurzeln ausgraben. Der Milchsaft kann zu Hautreizungen führen.*

☼◑ ◊◊ F4 ↕75–80 cm ↔30 cm

EUPHORBIA CHARACIAS

Diese Wolfsmilch-Art ist eine strauchige, immergrüne Staude mit Büscheln schmaler, dunkel blaugrüner Blätter. In Frühjahr und Sommer erscheinen große, kugelige Blütenstände blaß gelblichgrüner Blüten mit dunkler Mitte an den Spitzen aufrechter Triebe. Eine formschöne Pflanze, die einen großen Garten mit mediterranem Flair bereichern kann. Nimmt durch starke Fröste Schaden.

KULTUR: *In gut wasserdurchlässigem, leichtem Boden sonnig und geschützt pflanzen. Blütentriebe im Herbst bis zum Grund zurückschneiden; mit Handschuhen arbeiten, da der Milchsaft die Haut reizen kann.*

☼ ○ 🏆F3 ↕↔ 1,2 m

EUPHORBIA CHARACIAS SSP. *WULFENII* 'JOHN TOMLINSON'

Diese strauchige Wolfsmilch-Sorte bildet größere Blütenstände als die oben beschriebene Art. Die Blüten stehen in kugeligen, leuchtend gelbgrünen Blütenständen oberhalb der schmalen, graugrünen Blätter. In frostgefährdeten Gegenden am besten am Grund einer warmen, sonnigen Mauer pflanzen.

KULTUR: *In leichtem, gut drainiertem Boden sonnig pflanzen. Vor kalten Winden schützen. Blütentriebe im Herbst weit zurückschneiden; mit Handschuhen arbeiten, da der Milchsaft die Haut reizen kann.*

☼ ○ 🏆F3 ↕↔ 1,2 m

EUPHORBIA × MARTINII

Dieser aufrechte, gruppenbildende, immergrüne Halbstrauch bildet Trauben gelbgrüner Blüten, die sehr auffällige, dunkelrote Nektardrüsen besitzen. Sie stehen von Frühjahr bis Sommer an roten Trieben oberhalb der lanzettlichen, grünen, jung oft purpurn überlaufenen Blätter. Diese Wolfsmilch-Sorte ist für heiße, trockene Standorte geeignet. Kann in kalten Wintern Schaden nehmen.

KULTUR: *In leichtem, gut drainiertem Boden sonnig pflanzen. Vor kalten Winden schützen. Nach der Blüte die Blütenstände abschneiden; mit Handschuhen arbeiten, da der Milchsaft die Haut reizen kann.*

☼ ◊ F3 ↕↔ 1 m

EUPHORBIA MYRSINITES

Diese Wolfsmilch-Art ist eine kleine, immergrüne Staude mit liegenden Trieben, die dicht mit spiralig angeordneten, fleischigen, elliptischen, blaugrünen Blättern bedeckt sind. Büschel aus gelbgrünen Blüten stehen im Frühjahr an den Stengelspitzen. Hervorragend für sonnige, trockene Steingärten geeignet oder über die Kante eines Hochbeetes hängen lassen.

KULTUR: *In leichtem, gut drainiertem Boden in die volle Sonne pflanzen. Nach der Blüte die Blütenstände entfernen, da sie sich stark aussät. Mit Handschuhen arbeiten, da der Milchsaft die Haut reizen kann.*

☼ ◊ F3–4 ↕10 cm ↔bis 30 cm

EUPHORBIA POLYCHROMA

Diese immergrüne Wolfsmilch-Art bildet regelmäßige, gerundete Büschel aus weich behaartem, mittelgrünem Laub. Im Frühjahr erscheinen über lange Zeit hinweg Büschel grünlichgelber Blüten. Sieht mit Frühjahrszwiebeln in Rabatten oder in lichten Gehölzgärten attraktiv aus. Verträgt viele Bodentypen. Auch als *E. epithymoides* angeboten.

KULTUR: *In leichtem, gut drainiertem Boden sonnig oder in humusreichem Boden in lichten Schatten pflanzen. Nach der Blüte die Blütenstände abschneiden. Der Milchsaft kann zu Hautreizungen führen.*

☼ ◑ ◊ ◆ F4 ↕40 cm ↔60 cm

EUPHORBIA SCHILLINGII

Diese wüchsige, gruppenbildende, ausdauernde Wolfsmilch-Art stirbt – sonst untypisch für die Gattung – im Winter ab. Von Hochsommer bis Mitte Herbst erscheinen Büschel aus langlebigen, gelblichgrünen Blüten. Die lanzettlichen Blätter sind dunkelgrün und haben blaßgrüne oder weiße Mittelnerven. Gut als aufhellendes Element für Gehölzgärten oder schattige Wildblumengärten geeignet.

KULTUR: *In verläßlich feuchtem, humosem Boden in den lichten Schatten pflanzen. Nach der Blüte die Blütenstände entfernen. Der Milchsaft kann die Haut reizen.*

◑ ◆ F4 ↕1 m ↔30 cm

EXOCHORDA × *MACRANTHA* 'THE BRIDE'

Ein dichter, ausladender, laubwerfender Strauch, der wegen seines leicht überhängenden Wuchses und der Fülle aus duftenden, reinweißen Blüten geschätzt wird. Die Blüten entstehen im Spätfrühjahr und Frühsommer zwischen den ovalen, frischgrünen Blättern. Ein eleganter Hintergrund für andere Pflanzen in gemischten Rabatten.

KULTUR: *In jedem, gut drainierten Boden in volle Sonne oder lichten Schatten setzen. Verträgt keine flachgründigen Kalkböden. Muß nur sehr wenig beschnitten werden.*

☼ ◐ ◊ ♕F4 ↕2 m ↔3 m

FALLOPIA BALDSCHUANICA

Diese äußerst wüchsige, basal verholzte, laubwerfende Kletterpflanze wird zuweilen noch der Gattung *Polygonum* zugeordnet. Im Sommer und Herbst erscheinen Büschel winziger, rosa getönter, weißer Blüten. Die Blätter sind oval und mittelgrün. Gut geeignet zur Begrünung unschöner Gebäude oder für weitläufige Wildgärten. An anderen Standorten neigt sie zum Wuchern.

KULTUR: *In drainiertem, armem bis fruchtbarem Boden in Sonne oder Halbschatten pflanzen. Die schönste Blüte entwickelt sich in Sonne. Im zeitigen Frühjahr schneiden.*

☼ ◐ ◊ ♕F4 ↕12 m

FARGESIA NITIDA

Dieser Bambus ist eine langsamwüchsige Staude, die dichte Gruppen aus aufrechten, dunkel purpurgrünen Bambusrohren bildet. Im zweiten Jahr nach dem Pflanzen bilden sich an den Spitzen der Rohre zahlreiche schmale, dunkelgrüne Blätter. Eine attraktive Pflanze für Wildblumengärten; in Kübeln pflanzen, um das Wachstum einzuschränken. Wird auch als *Sinarundinaria nitida* angeboten.

KULTUR: *In verläßlich feuchtem Boden in lichten Schatten setzen. Vor kalten, austrocknenden Winden schützen.*

☀ 💧 🏆F4 ↕bis 5 m ↔1,5 m oder mehr

X *FATSHEDERA LIZEI*

Die Efeuaralie ist ein immergrüner Strauch, der wegen der großen, attraktiven, glänzend dunkelgrünen Blätter gehalten wird. Im Herbst erscheinen kleine, weiße Blüten. Für schattige Standorte geeignet; in kalten Gegenden an einen sonnigen, geschützten Platz pflanzen. Mit Stützen kann sie an Mauern hochgezogen werden; auch gut für Zimmer oder Wintergarten geeignet.

KULTUR: *Gedeiht am besten in feuchtem, gut drainiertem, fruchtbarem Boden in Sonne oder Halbschatten. Ein regelmäßiger Rückschnitt ist nicht nötig. Pflanze an ihrer Stütze anbinden.*

☀☀ 💧💧 🏆F3 ↕1,2–2 m oder mehr ↔3 m

FATSIA JAPONICA

Die Zimmeraralie ist ein ausladender, immergrüner Strauch, der wegen der großen, glänzenden, grünen Blätter kultiviert wird. Breite, aufrechte Dolden kugeliger, cremeweißer Blütenköpfchen erscheinen im Herbst. Eine interessante Pflanze für schattige Bereiche. Verträgt Luftverschmutzung und gedeiht in milden Regionen an geschützten Stellen im Freiland.

KULTUR: *In jedem gut drainierten Boden in Sonne oder Schatten kultivieren. Vor allem im jungen Zustand vor kalten Winden und starken Frösten schützen. Im Frühjahr unschöne oder beschädigte Triebe herausschneiden; ansonsten wenig beschneiden.*

☼ ● ◊ F4 ↕↔ 1,5–4 m

FELICIA AMELLOIDES 'SANTA ANITA'

Diese rundliche, immergrüne, halbstrauchige Sorte der Kapaster besitzt weiß geflecktes, leuchtendgrünes Laub. Die großen, margeritenähnlichen, blauen Blütenköpfchen haben ein gelbes Zentrum und erscheinen lange Zeit vom Spätfrühjahr bis zum Herbst. Für sonnige Steingärten, als Ampel- oder Topfpflanze geeignet. In Frostgebieten als Einjährige ziehen.

KULTUR: *In wasserdurchlässigem, fruchtbarem, nicht sehr feuchtem Boden sonnig pflanzen. Spitzen schneiden, um buschigen Wuchs zu fördern; für längere Blütezeit die Köpfchen nach der Blüte auskneifen.*

☼ ◊ F2–3 ↕↔ 30–60 cm

FESTUCA GLAUCA 'BLAUFUCHS'

Diese Zierform des Schwingels ist eine dichte, immergrüne, ausdauernde Grassorte. Sie ist gut für Rabatten oder Steingärten als Hintergrund für andere Pflanzen geeignet. Rispen aus unscheinbaren, violett getönten, blaugrünen Blüten erscheinen im Frühsommer über den Blättern. Sie wird vor allem wegen ihrer schmalen, blauen Blätter kultiviert.

KULTUR: *In trockenem, drainiertem, armem bis fruchtbarem Boden sonnig pflanzen. Um die beste Laubfärbung zu erreichen, sollten die Pflanzen alle zwei bis drei Jahre geteilt und wieder eingepflanzt werden.*

☼ ◊ F4 ↕bis 30 cm ↔25 cm

FILIPENDULA PURPUREA

Eine aufrechte, horstbildende, ausdauernde Mädesüß-Art, die in Gruppen einen Teppich eleganter, dunkelgrüner Blätter bildet. Fedrige Rispen aus rotpurpurnen Blüten entstehen im Sommer an purpurn getönten Trieben oberhalb des Laubes. Geeignet für Gewässerränder oder Sumpfgärten; kann auch in feuchten Gehölzgärten ausgewildert werden.

KULTUR: *In verläßlich feuchtem, fruchtbarem, humusreichem Boden im Halbschatten pflanzen. Kann in volle Sonne gesetzt werden, wenn der Boden nicht austrocknet.*

☼ ◑ ◊◊ F4 ↕1,2 m ↔60 cm

FILIPENDULA RUBRA 'VENUSTA'

Die wüchsige, ausdauernde, aufrechte Mädesüß-Sorte bildet im Hochsommer fedrige Rispen winziger, zartrosa Blüten an großen, verzweigten Trieben. Die großen, dunkelgrünen Blätter sind am Rand in gezackte Zipfel unterteilt. Hervorragend für Sumpfgärten, feuchte Standorte an Gewässern oder feuchte Wildblumengärten geeignet.

KULTUR: *In verläßlich feuchtem, mäßig fruchtbarem, humusreichem Boden im Halbschatten pflanzen. Gedeiht in nassen oder sumpfigen Böden und verträgt dort auch volle Sonne.*

F4 ↕2–2,5 m ↔1,2 m

FORSYTHIA X *INTERMEDIA* 'LYNWOOD'

Eine wüchsige, laubwerfende, strauchige Forsythien-Sorte mit aufrechten Trieben, die an den Spitzen leicht überhängen. Die goldgelben Blüten erscheinen im zeitigen Frühjahr an nackten Ästen. Die ovalen Blätter entstehen nach der Blüte. Ein verläßlicher Strauch für Mischrabatten oder lockere Hecken: mit Zwiebelpflanzen im Frühjahr sehr attraktiv.

KULTUR: *In gut drainiertem, fruchtbarem Boden in voller Sonne pflanzen. Verträgt Halbschatten, blüht dort aber weniger reich. Bei ausgewachsenen Sträuchern einige ältere Triebe nach der Blüte entfernen.*

F4 ↕↔ 3 m

FORSYTHIA SUSPENSA

Dieser aufrechte, laubwerfende Strauch ist eine weniger buschige Forsythie als *F.* x *intermedia* und besitzt stärker überhängende Äste. Sie wird wegen der nickenden, gelben Blüten geschätzt, die sich vom zeitigen bis mittleren Frühjahr an den nackten Trieben öffnen. Die Blätter sind oval und mittelgrün. Eignet sich als Solitärstrauch, als lockere Hecke oder für Strauchrabatten.

KULTUR: *Gedeiht am besten in drainiertem, fruchtbarem Boden in voller Sonne; im Schatten ist die Blüte weniger attraktiv. Bei ausgewachsenen Sträuchern im Frühjahr ältere Triebe nach der Blüte entfernen.*

☼◑ 💧 🏆F4 ↕↔ 3 m

FOTHERGILLA MAJOR

Der Federbuschstrauch ist ein langsamwüchsiger, aufrechter, laubwerfender Strauch, der im Spätfrühjahr flaschenputzerähnliche Ähren aus duftenden, weißen Blüten bildet. Die glänzend dunkelgrünen Blätter werden zum Herbst hin gelb, orange und dann rot. Eine attraktive Ergänzung für Strauchrabatten und lichte Gehölzgärten.

KULTUR: *Gedeiht am besten in feuchtem, gut drainiertem, humusreichem Boden. Für die beste Blüten- und Herbstfärbung sollte ein vollsonniger Standort gewählt werden. Nur sehr wenig beschneiden.*

☼ 💧💧 🏆F4 ↕2,5 m ↔2 m

FREMONTODENDRON 'CALIFORNIA GLORY'

Ein wüchsiger, aufrechter, halbimmergrüner Strauch mit großen, becherförmigen, goldgelben Blüten, die von Spätfrühjahr bis Mitte Herbst erscheinen. Die rundlichen Blätter sind gelappt und dunkelgrün. In frostgefährdeten Gebieten an einer sonnigen Mauer pflanzen.

KULTUR: *Gedeiht am besten in drainiertem, armem bis fruchtbarem, neutralem bis alkalischem Boden in der Sonne. Vor kalten Winden schützen. Am besten nicht beschneiden; an einer Mauer gezogene Pflanzen können im Frühjahr getrimmt werden.*

☼ ◊ ♕F3 ↕6 m ↔4 m

FRITILLARIA ACMOPETALA

Diese Zwiebelpflanze wird wegen der hängenden, glockenförmigen, blaßgrünen Blüten kultiviert, die auf der Innenseite rotbraun getönt sind. Sie entstehen einzeln, zu zweit oder zu dritt im Spätfrühjahr gemeinsam mit den schmalen, blaugrünen Blättern. Für Steingärten oder sonnige Rabatten geeignet.

KULTUR: *In fruchtbarem, gut wasserdurchlässigem Boden in der vollen Sonne kultivieren. Im Spätsommer Zwiebeln teilen und wieder einpflanzen.*

☼ ◊ ♕F4 ↕bis 40 cm ↔5–8 cm

FRITILLARIA MELEAGRIS

Die Schachbrettblume ist eine Zwiebelpflanze, die sich in Gegenden mit kühlen, feuchten Sommern gut in Rasenflächen auswildern läßt. Die hängenden, glockenförmigen Blüten sind rosa, rosapurpurn oder weiß und schachbrettartig gemustert. Sie entstehen einzeln oder paarig im Frühjahr. Die schmalen Blätter sind graugrün.

KULTUR: *In jeglichem feuchten, aber gut drainierten, humusreichen Boden in der vollen Sonne oder im lichten Schatten pflanzen. Im Spätsommer Zwiebeln teilen und wieder einpflanzen.*

☼☀ 💧💧 🏆F4 ↕bis 30 cm ↔5–8 cm

FRITILLARIA PALLIDIFLORA

Im Spätfrühjahr bildet diese robuste Zwiebelpflanze glockenförmige, faulig riechende Blüten oberhalb der graugrünen, lanzettlichen Blätter. Sie sind cremegelb mit grüner Basis und innen rotbraun gescheckt. Für Steingärten oder Rabatten in Gebieten mit kühlen, feuchten Sommern geeignet. Kann gut in feuchten Wiesen ausgewildert werden.

KULTUR: *In feuchtem, aber gut drainiertem, mäßig fruchtbarem Boden in Sonne oder Halbschatten setzen. Im Spätsommer Zwiebeln teilen und wieder einpflanzen.*

☼☀ 💧💧 🏆F4 ↕bis 40 cm ↔5–8 cm

FUCHSIA (FROSTHARTE FUCHSIEN)

Frostharte Fuchsien sind ausgesprochen vielseitige Sträucher: Sie eignen sich für Mischrabatten, als blühende Hecken, können als Spalierpflanzen an warmen Mauern gezogen oder als freistehende Hochstämmchen oder Säulen gesetzt werden. Die hängenden, gefüllten bis ungefüllten Blüten erscheinen von Sommer bis Herbst. Auch frostharte Fuchsien können nach schweren Frösten in Teilen zurückfrieren. Sie erholen sich aber schnell; die meisten behalten ihr Laub, wenn sie im kühlen Gewächshaus überwintert werden oder die Temperatur nicht unter 4 °C fällt. Die frosthärteste Sorte ist 'Genii' (F4).

KULTUR: *In drainiertem, feuchtem, fruchtbarem Boden pflanzen. Einen sonnigen oder halbschattigen, geschützten Standort wählen. Im Winter dick mulchen. Spitzen der Jungpflanzen auskneifen, um buschigen Wuchs zu fördern. Im Frühjahr geschädigte Triebe entfernen, gesunde Äste auf niedrigste Knospen zurückschneiden.*

☼◑ ◊♦ F3, F4

1 ↕↔ 75–90 cm

2 ↕ 15–30 cm ↔ 45 cm

3 ↕↔ 1–1,1 m

4 ↕ 2–3 m ↔ 1–2 m

5 ↕↔ 15–30 cm

6 ↕ bis 3 m ↔ 2–3 m

1 *F.* 'Genii' (F4) **2** *F.* 'Lady Thumb' (F3) **3** *F.* 'Mrs. Popple' (F3) **4** *F.* 'Riccartonii' (F3) **5** *F.* 'Tom Thumb' (F3) **6** *F. magellanica* 'Versicolor' (F3)

FUCHSIA (BEDINGT FROSTHART ODER FROSTEMPFINDLICH)

Diese attraktiven Sträucher müssen in kalten Gebieten im Winter geschützt werden. Dafür bieten sie im Sommer eine große Blütenvielfalt: von den zahlreichen Blütenblättern der Sorte 'Swingtime' bis zu den verlängerten Röhren von 'Thalia'. Sie können im Sommer draußen gehalten werden und sind als Solitärsträucher in Kübeln oder als in Form geschnittene, dichte Büsche sowie als Säulen oder Hochstämmchen attraktiv. In frostgefährdeten Gebieten während der Wintermonate im Gewächshaus oder kühlen Wintergarten halten; 'Thalia' (F1+3) ist die frostempfindlichste Sorte und benötigt eine Mindesttemperatur von 10 °C.

KULTUR: *In drainiertem, feuchtem, fruchtbarem Boden in Sonne oder Halbschatten pflanzen. Junge Pflanzen trimmen, um buschigen Wuchs zu fördern; nach der Blüte beschneiden und verblühte Blüten entfernen. Im zeitigen Frühjahr auf bleibendes Astwerk zurückschneiden.*

☼☀ 💧💧 🏆F3

1 ↕↔ 45–75 cm

2 ↕↔ 30–60 cm

3 ↕ 15–45 cm ↔ 45 cm

4 ↕ bis 60 cm ↔ 75 cm

5 ↕↔ 45–90 cm

1 *F.* 'Celia Smedley' (F3) **2** *F.* 'Annabel' (F3) **3** *F.* 'Nellie Nuttall' (F3)
4 *F.* 'Swingtime' (F3) **5** *F.* 'Thalia' (F1+3)

FUCHSIA (HÄNGENDE FUCHSIEN)

Fuchsien-Sorten mit hängendem oder kriechendem Wuchs sind hervorragend dafür geeignet, von einem Kübel, einem Blumenkasten oder einer Ampel herunterzuhängen, denn so kommen ihre hängenden Blüten am besten zur Geltung. Sie blühen während des gesamten Sommers bis in den Frühherbst hinein und können bis zum Ende der Saison an Ort und Stelle belassen werden. Danach sollten sie entfernt und im Folgejahr durch neue Pflanzen ersetzt werden. Sie können auch als Hochstämme mit Trauerform gezogen und in Kübeln, die im Winter vor Frost geschützt werden, gehalten werden.

KULTUR: *In fruchtbarem, feuchtem, drainiertem Boden oder Topferde in Sonne oder Halbschatten setzen. Vor kalten, trockenen Winden schützen. Wenig beschneiden, lediglich unschöne Triebe entfernen. Jungpflanzen regelmäßig trimmen, um buschigen, regelmäßigen Wuchs zu fördern.*

☼ ◐ ◊ ◆ 🏆F3

1 ↕15–30 cm ↔ 45 cm

2 ↕15–30 cm ↔ 45 cm

3 ↕45 cm ↔ 60 cm

4 ↕bis 60 cm ↔ 75 cm

1 *F.* 'La Campanella' **2** *F.* 'Golden Marinka' **3** *F.* 'Jack Shahan' **4** *F.* 'Lena'

GAILLARDIA 'DAZZLER'

Diese buschige, kurzlebige, staudige Kokardenblumen-Sorte besitzt große, margeritenähnliche Blütenköpfchen, die über einen längeren Zeitraum im Sommer blühen. Sie haben orangefarbene Zungenblüten mit gelben Spitzen und ein orangerotes Zentrum. Die Blätter sind weich, lanzettlich und mittelgrün. Sieht in sonnigen Misch- oder Staudenrabatten attraktiv aus; gut als Schnittblume geeignet. Ist in kalten Gebieten nicht verläßlich frosthart.

KULTUR: *In drainiertem, mäßig fruchtbarem Boden sonnig pflanzen. Ist oft kurzlebig, kann aber durch Teilung im Winter wieder zum Wachstum angeregt werden.*

☼ ◊ 🏆F3 ↕60–85 cm ↔ 45 cm

GALANTHUS ELWESII

Diese robuste Schneeglöckchen-Art ist eine Zwiebelpflanze, die im späten Winter schlanke, nach Honig duftende, reinweiße Blüten über dem blaugrünen Laub bildet. Die inneren Blütenblätter tragen grüne Flecken. Gut für Rabatten und Steingärten geeignet; läßt sich gut in lichten Gehölzgärten auswildern.

KULTUR: *In feuchtem, aber gut drainiertem, humusreichem Boden, der im Sommer nicht austrocknet, pflanzen. Einen Standort im Halbschatten wählen.*

☼ ◊◊ 🏆F4 ↕10–15 cm ↔ 8 cm

GALANTHUS 'MAGNET'

Diese große Schneeglöckchen-Sorte ist eine wüchsige Zwiebelpflanze, die im späten Winter und zeitigen Frühjahr hängende, birnenförmige, reinweiße Blüten trägt; die inneren Blütenblätter besitzen tiefgrüne, V-förmige Flecken an ihren Spitzen. Die riemenförmigen, graugrünen Blätter stehen am Grund der Pflanze. Eignet sich zum Auswildern in Rasenflächen oder Gehölzgärten.

KULTUR: *In feuchtem, aber gut drainiertem, fruchtbarem Boden pflanzen, der im Sommer nicht austrocknet. Einen halbschattigen Standort auswählen.*

F4 ↕20 cm ↔8 cm

GALANTHUS NIVALIS 'FLORE PLENO'

Diese robuste Zwiebelpflanze ist eine gefüllte Form des Schneeglöckchens. Vom späten Winter bis zum zeitigen Frühling erscheinen hängende, birnenförmige, reinweiße Blüten mit grünen Flecken an den Spitzen der inneren Blütenblätter. Die schmalen Blätter sind graugrün. Gut zum Auswildern unter laubwerfenden Bäumen oder Sträuchern geeignet.

KULTUR: *In feuchtem, gut drainiertem, fruchtbarem Boden in lichtem Schatten pflanzen. Alle paar Jahre teilen und wieder einpflanzen, um die Wüchsigkeit zu erhalten.*

F4 ↕↔ 10 cm

GALANTHUS 'S. ARNOTT'

Diese nach Honig duftende Schneeglöckchen-Sorte ist eine schnellwüchsige Zwiebelpflanze, die sogar größere Blüten als 'Magnet' ausbildet. Die nickenden, birnenförmigen, reinweißen Blüten erscheinen vom späten Winter bis zum zeitigen Frühjahr und tragen jeweils ein V-förmiges, grünes Zeichen auf den Spitzen der inneren Blütenblätter. Die schmalen Blätter sind graugrün. Für Steingärten oder Hochbeete geeignet.

KULTUR: *In feuchtem, gut drainiertem, fruchtbarem Boden in durchbrochenen Schatten pflanzen. Im Sommer feucht halten. Nach der Blüte teilen und wieder einpflanzen.*

◑ ◇◆ F4 ↕20 cm ↔8 cm

GARRYA ELLIPTICA 'JAMES ROOF'

Dieser aufrechte, immergrüne Strauch wird im Alter baumförmig; man schätzt ihn wegen der langen, silbergrauen Kätzchen, die im Winter und zeitigen Frühjahr von den Ästen hängen. Die Blätter sind dunkelgrün und besitzen gewellte Ränder. Hervorragend für Strauchrabatten, an einer schattigen Mauer oder als Hecke geeignet; verträgt Küstenbedingungen.

KULTUR: *In wasserdurchlässigem, fruchtbarem Boden in Sonne oder Halbschatten pflanzen. Verträgt auch arme, trockene Böden. Wenn nötig, nach der Blüte trimmen.*

☼◑ ◇ F4 ↕↔4 m

GAULTHERIA MUCRONATA 'MULBERRY WINE' (WEIBLICHE PFLANZE)

Diese immergrüne, strauchige Scheinbeeren-Sorte wird manchmal in die Gattung *Pernettya* eingeschlossen und wegen ihrer kugeligen, purpurnen Herbstbeeren geschätzt. Sie kontrastieren zum gezähnten, dunkelgrünen Laub. Im Sommer erscheinen kleine, weiße Blüten.

KULTUR: *In feuchtem, torfigem, saurem bis neutralem Boden in Halbschatten oder Sonne pflanzen. Nahe einer männlichen Pflanze setzen, um guten Fruchtansatz zu gewährleisten. Ausstrahlende Wurzeln mit Spaten abstechen, um die Größe zu beschränken.*

☼ ◑ ◊ F4 ↕↔ 1,2 m

GAULTHERIA MUCRONATA 'WINTERTIME' (WEIBLICHE PFLANZE)

Ein immergrüner, ausladender Strauch, manchmal in die Gattung *Pernettya* eingeschlossen, mit großen, auffälligen, weißen Beeren, die im Winter an der Pflanze bleiben. Ab Spätfrühjahr erscheinen kleine, weiße Blüten. Die dunkelgrünen Blätter sind elliptisch und gezähnt.

KULTUR: *In feuchtem, saurem bis neutralem, torfigem Boden im lichten Schatten pflanzen, verträgt aber auch Sonne. Nahe an männliche Pflanzen setzen, um den Fruchtansatz zu fördern. Sich ausbreitende Wurzeln entfernen, um den Wuchs zu beschränken.*

☼ ◑ ◊ F4 ↕↔ 1,2 m

GAZANIA
CHANSONETTE-SERIE

Diese wüchsigen, sich ausbreitenden, sommerblühenden Stauden werden meist als Einjährige gezogen. Die Blütenköpfchen der Gazanien, auch Mittagsgold genannt, sind lebhaft rosa, rot, gelb, bronze oder orange gefärbt und besitzen oft eine kontrastierende Zonierung. Die spatelförmigen Blätter sind dunkelgrün mit weißseidiger Unterseite. Gut für Töpfe oder Sommerbeete geeignet; sie vertragen Küstenbedingungen.

KULTUR: *In gut drainiertem, sandigem Boden in volle Sonne pflanzen. Köpfe regelmäßig auskneifen, um die Blütezeit zu verlängern.*

☼ ◊ F3 ↕bis 20 cm ↔bis 25 cm

GENISTA AETNENSIS

Diese Ginster-Art ist ein aufrechter, fast unbeblätterter, laubwerfender Strauch, der sich sehr gut an heißen, sonnigen Orten als Einzelpflanze oder als Hintergrund von Rabatten eignet. Im Hochsommer erscheinen zahlreiche, duftende, wickenartige, goldgelbe Blüten, die die überhängenden, mittelgrünen Triebe bedecken.

KULTUR: *In gut drainiertem, leichtem, armem bis mäßig fruchtbarem Boden in volle Sonne pflanzen. Wenig beschneiden; alte, sparrige Pflanzen ersetzen.*

☼ ◊ F4 ↕↔ 8 m

GENISTA LYDIA

Dieser niedrigwüchsige, laubwerfende Strauch bildet Büsche aus überhängenden, spitzstacheligen Ästen, die im Frühjahr von gelben, wickenartigen Blüten übersät sind. Die kleinen, schmalen Blätter sind blaugrün. Dieser Ginster eignet sich für heiße, trockene Standorte wie Steingärten oder Hochbeete.

KULTUR: *In gut drainiertem, leichtem, armem bis mäßig fruchtbarem Boden in der vollen Sonne pflanzen. Kaum beschneiden; alte, sparrige Pflanzen am besten ersetzen.*

☼ ◊ F4 ↕bis 60 cm ↔bis 1 m

GENTIANA ACAULIS

Der Stengellose Enzian ist eine mattenbildende, immergrüne Staude, die im Frühjahr große, trompetenförmige, lebhaft blaue Blüten bildet. Die Blätter sind oval und glänzend dunkelgrün. Gut für Steingärten, Hochbeete oder Tröge geeignet; gedeiht gut in Gegenden mit kühlen, feuchten Sommern.

KULTUR: *In feuchtem, aber gut wasserdurchlässigem, humusreichem Boden in voller Sonne oder im Halbschatten pflanzen. In Gebieten mit warmen, heißen Sommern vor heißer Sonne schützen.*

☼ ◐ ◊◆ F4 ↕8 cm ↔bis 30 cm

GENTIANA ASCLEPIADEA

Der Seidenpflanzen-Enzian ist eine überhängende, gruppenbildende Staude mit im Spätsommer und Herbst erscheinenden, trompetenförmigen, dunkelblauen Blüten. Sie sind innen oft purpurn gestreift oder gepunktet. Die Blätter sind lanzettlich und frischgrün. Für Rabatten oder große Steingärten geeignet.

KULTUR: *In feuchtem, fruchtbarem, humusreichem Boden am besten in den Schatten setzen; verträgt auch Sonne, wenn der Boden verläßlich feucht ist.*

☀ 💧 ♆F4 ↕60–90 cm ↔45 cm

GENTIANA SEPTEMFIDA

Dieser spätblühende Enzian ist eine niederliegende bis aufrechte, gruppenbildende Staude. Büschel aus schmal glockenförmigen, leuchtendblauen Blüten mit weißem Schlund stehen zwischen den ovalen, mittelgrünen Blättern. Gut für Steingärten oder Hochbeete geeignet; gedeiht gut in Gegenden mit kühlen, feuchten Sommern.

KULTUR: *In feuchtem, aber gut drainiertem, humosem Boden in der vollen Sonne oder im Halbschatten pflanzen. In Gebieten mit warmen, trockenen Sommern vor der heißen Sonne schützen.*

☼☀ 💧💧 ♆F4 ↕bis 15–20 cm ↔bis 30 cm

GERANIUM (KLEINE, FROSTHARTE STORCHSCHNÄBEL)

Die niedrigwüchsigen Vertreter der Gattung *Geranium* (oft fälschlich als Geranien bezeichnet, s. S. 319–321) sind vielseitige Pflanzen, die sich für den Vordergrund von Rabatten, Steingärten oder als Bodendecker eignen. Diese voll frostharten, immergrünen, ausdauernden Storchschnäbel sind langlebig und anspruchslos und vertragen viele Böden und Standorte. Die gelappten, gesägten Blätter sind oft panaschiert oder aromatisch. Im Sommer erscheinen schalenförmige Blüten in Farben von Weiß über Zartblau, wie die von 'Johnson's Blue', bis zu Rosa, wie bei *G. cinereum* var. *caulescens*, mit häufig kontrastierenden Adern, Saftmalen oder Zeichnungen.

KULTUR: *In kräftig drainiertem, humusreichem Boden in der vollen Sonne pflanzen. Im Wachstum monatlich einen Volldünger geben; im Winter wenig gießen. Abgeblühte Triebe und alte Blätter entfernen, um das Wachstum anzuregen.*

☼ ◊ ♀F4

1 ↕bis 45 cm ↔ 1 m oder mehr

2 ↕bis 15 cm ↔ bis 30 cm

1 *G.* 'Ann Folkard' **2** *G. cinereum* 'Ballerina'

3 ↕bis 15 cm ↔ bis 30 cm

4 ↕bis 45 cm ↔ unbegrenzt

5 ↕bis 15 cm ↔ 50 cm

6 ↕30 cm ↔ 60 cm

7 ↕bis 45 cm ↔ 75 cm

8 ↕bis 30 cm ↔ bis 1 m

9 ↕30 cm ↔ 1,2 m

3 *G. cinereum* var. *subcaulescens* **4** *G. clarkei* 'Kashmir White' **5** *G. dalmaticum*
6 *G. himalayense* 'Gravetye' **7** *G.* 'Johnson's Blue' **8** *G.* × *riversleaianum* 'Russell Prichard'
9 *G. wallichianum* 'Buxton's Variety'

GERANIUM (GROSSE, FROSTHARTE STORCHSCHNÄBEL)

Die größeren, gruppenbildenden, frostharten Storchschnäbel – sie sollten nicht mit Geranien verwechselt werden (siehe S. 319–321) – sind in Rabatten oder zwischen Sträuchern gepflanzt attraktiv und benötigen wenig Pflege. Besonders hübsch sehen sie in Landhausgärten oder zwischen Rosen aus. Die gelappten, immergrünen Blätter können gefärbt oder aromatisch sein. Im Sommer erscheinen zahlreiche schalenförmige, weiße, blau, rosa oder purpurn getönte Blüten. Zeichnungen auf den Blüten variieren von kräftig kontrastierenden Saftmalen wie bei *G. psilostemon* bis zu der zarten Aderung von *G. sanguineum* var. *striatum*.

KULTUR: *In gut drainiertem, ausreichend fruchtbarem Boden in volle Sonne oder Halbschatten pflanzen; verträgt jeglichen, außer staunassen Boden. Alte Blätter und abgeblühte Triebe entfernen, um das Wachstum anzuregen.*

☼ ◑ 💧💧 F4

1 ↕45 cm ↔60 cm

2 ↕↔60 cm

3 ↕50 cm ↔60 cm

1 *G. endressii* **2** *G.* × *magnificum* **3** *G. macrorrhizum* 'Ingwersen's Variety'

4 ↕60–90 cm ↔ 60 cm

5 ↕60–120 cm ↔ 60 cm

6 ↕↔ 30 cm

7 ↕10 cm ↔ 30 cm

8 ↕60 cm ↔ 90 cm

9 ↕60 cm ↔ 90 cm

4 *G. pratense* 'Mrs. Kendall Clark' **5** *G. psilostemon* (syn. *G. armenum*) **6** *G. renardii*
7 *G. sanguineum* var. *striatum* **8** *G. sylvaticum* 'Mayflower' **9** *G.* x *oxonianum* 'Wargrave Pink'

GEUM 'LADY STRATHEDEN'

Eine gruppenbildende, ausdauernde Nelkenwurz-Sorte mit gefüllten, leuchtendgelben Blüten, die über längere Zeit im Sommer blühen. Die mittelgrünen Blätter sind groß und gelappt. Eine anspruchslose, langlebige Pflanze, die Misch- oder Staudenrabatten bereichern kann.

KULTUR: *In feuchtem, aber gut wasserdurchlässigem Boden in der vollen Sonne pflanzen. Nicht an Stellen pflanzen, die im Winter staunaß werden können.*

☼ ○◐ ♆F4 ↕40–60 cm ↔60 cm

GEUM MONTANUM

Die kleine, gruppenbildende, ausdauernde Bergnelkenwurz wird wegen der einzelnen, becherförmigen, tief goldgelben Blüten kultiviert. Sie erscheinen im Frühjahr und Frühsommer oberhalb der großen, gelappten, dunkelgrünen Blätter. Hervorragend für Steingärten, Hochbeete oder Tröge geeignet.

KULTUR: *In gut wasserdurchlässigem, am besten grushaltigem, fruchtbarem Boden in volle Sonne pflanzen. Verträgt im Winter keine Staunässe.*

☼ ○ ♆F4 ↕15 cm ↔bis 30 cm

GILLENIA TRIFOLIATA

Eine aufrechte, elegante Staude, die Büschel aus olivgrünen, im Herbst rot verfärbten Blättern bildet. Zarte, weiße Blüten mit schlanken Blütenblättern entstehen im Sommer an drahtigen, roten Trieben. Eindrucksvoll in einer schattigen Rabatte oder in lichten Gehölzgärten; langlebige Schnittblumen.

KULTUR: *In feuchtem, aber gut drainiertem, fruchtbarem Boden kultivieren. Gedeiht am besten im Halbschatten, verträgt jedoch etwas Sonne, wenn sie während der heißesten Zeit des Tages schattiert wird.*

☀ 💧💧 🏆F4 ↕bis 1 m ↔60 cm

GLADIOLUS CALLIANTHUS

Diese aufrechte Knollenpflanze bildet stark duftende, weiße Blüten mit purpurrotem Schlund aus. Die Blüten dieser Gladiolen-Art hängen im Sommer an eleganten Trieben oberhalb der Fächer aus schmalen, mittelgrünen Blättern. Ideal für Mischrabatten; schöne Schnittblumen. Übersteht kalte Winter nicht.

KULTUR: *In fruchtbarem Boden in voller Sonne kultivieren. Auf eine Lage Sand pflanzen, um die Drainage zu verbessern. In frostgefährdeten Gebieten Knollen beim Abwelken der Blätter herausnehmen, Blätter entfernen und frostfrei lagern.*

☼ 💧 🏆F2 ↕70–100 cm ↔5 cm

GLADIOLUS COMMUNIS SSP. *BYZANTINUS*

Im Spätfrühjahr bildet die aufrechte, Knollen ausbildende Wiesen-Siegwurz eine Fülle von magentaroten Blüten mit einer purpurn gefleckten Lippe. Die Blütentrauben stehen über Fächern aus schmalen, mittelgrünen Blättern. Eine elegante Bereicherung für Misch- oder Staudenrabatten; gut als Schnittblumen geeignet.

KULTUR: *In fruchtbarem Boden sonnig kultivieren. Knollen auf Sand pflanzen, um die Drainage zu verbessern. Die Knollen müssen im Winter nicht herausgenommen werden, sollten aber in frostgefährdeten Gebieten einen Wintermulch erhalten.*

☼ ◊ ♈F4 ↕bis 1 m ↔8 cm

GLEDITSIA TRIACANTHOS 'SUNBURST'

Diese schnellwüchsige Lederhülsenbaum-Sorte ist ein breit konischer, laubwerfender Baum mit attraktivem Laub und einer lichten Krone. Die fein zerteilten Blätter sind beim Entfalten im Frühjahr goldgelb, werden später dunkelgrün und im Herbst erneut gelb. Schöner Baum für kleine Gärten, der Luftverschmutzung verträgt. Wird auch Gleditschie genannt.

KULTUR: *In jedem gut drainierten, fruchtbaren Boden in volle Sonne pflanzen. Vom Spätsommer bis Mitte Winter totes, beschädigtes oder krankes Holz entfernen; sonst nicht beschneiden.*

☼ ◊ ♈F4 ↕12 m ↔10 m

GOMPHRENA HAAGEANA 'STRAWBERRY FAYRE'

Dieser aufrechte, buschige, einjährige Kugelamarant bildet von Sommer bis Frühherbst leuchtendrote Blütenköpfchen. Sie stehen an aufrechten Trieben über den schmalen, mittelgrünen Blättern, die im jungen Zustand weiß behaart sind. Gut für Sommerbeete geeignet. Auch als Schnitt- oder Trockenblumen für Winterdekorationen nutzbar.

KULTUR: *In jeglichem mäßig fruchtbaren, gut drainierten Boden kultivieren. Einen vollsonnigen Standort auswählen.*

☼ ◊ 🏆F3 ↕75–80 cm ↔bis 30 cm

GUNNERA MANICATA

Eine voluminöse, gruppenbildende Staude, die innerhalb der frostharten Pflanzen die größten Blätter, bis zu 2 m, ausbildet. Die Blätter sind rundlich, gelappt, scharf gesägt, dunkelgrün und besitzen bestachelte Blattstiele. Große Blütenstände aus winzigen, grünlichroten Blüten erscheinen im Sommer. Eine imposante Pflanze an Gewässern oder in Sumpfgärten. Muß im Winter geschützt werden.

KULTUR: *Am besten in dauerfeuchtem, fruchtbarem Boden in Sonne oder Halbschatten pflanzen. Vor Wind schützen. Vor Frost schützen, indem die abgestorbenen Blätter über die Ruheknospe gefaltet werden.*

☼◐ ◊◊ 🏆F3 ↕2,5 m ↔3–4 m oder mehr

GYMNOCALYCIUM ANDREAE

Diese stachelige Kakteen-Art bildet Gruppen aus kugeligen, dunkel blaugrünen oder schwarzgrünen Sprossen mit warzigen Rippen und blaß gelbweißen Stacheln. Im Frühsommer erscheinen leuchtendgelbe Blüten. Gut für Kakteengärten geeignet; in kalten Gebieten im warmen Wintergarten oder beheizten Gewächshaus halten.

KULTUR: *In stark drainiertem, armem Boden oder in Kakteenerde in der Sonne pflanzen. Im Winter trocken halten. Minimaltemperatur: 2–10 °C.*

☼ ♁ ♆F1 ↕bis 6 cm ↔bis 15 cm

GYPSOPHILA PANICULATA 'BRISTOL FAIRY'

Diese krautige, ausdauernde Schleierkraut-Sorte bildet Büschel aus leicht fleischigen, lanzettlichen, blaugrünen Blättern an sehr schlanken, drahtigen Trieben. Im Sommer entstehen unzählige winzige, gefüllte, weiße Blüten und überziehen die Pflanze mit einem Schleier. Effektvoll als Hintergrund für aufrecht wachsende Pflanzen mit klaren Konturen.

KULTUR: *In gut wasserdurchlässigem, tiefem, mäßig fruchtbarem, am besten alkalischem Boden in der vollen Sonne halten. Nach dem Einpflanzen nicht mehr stören.*

☼ ♁ ♆F4 ↕↔ bis 1,2 m

GYPSOPHILA 'ROSENSCHLEIER'

Eine buschige, ausdauernde Schleierkraut-Sorte mit niederliegenden Trieben, die über eine Mauer wachsend attraktiv aussieht. Im Sommer entstehen winzige, gefüllte, weiße Blüten, die sich im Alter rosa färben, in luftigen Rispen. Die leicht fleischigen Blätter sind lanzettlich und blaugrün. Schöne Trockenblumen.

KULTUR: *In wasserdurchlässigem, tiefem, mäßig fruchtbarem, am besten alkalischem Boden in der vollen Sonne halten. Wurzeln nach dem Einpflanzen nicht stören.*

☼ ◊ ♆F4 ↕40–50 cm ↔1 m

HAKONECHLOA MACRA 'AUREOLA'

Diese farbenfrohe Gras-Sorte ist eine im Winter einziehende Staude, die einen Horst aus schmalen, überhängenden, leuchtendgelben Blättern mit cremefarbenen und grünen Streifen bildet. Im Herbst färben sie sich rot und verbleiben bis weit in den Winter hinein an der Pflanze. Rötlichbraune Blütenähren erscheinen im Spätsommer. Eine vielseitige Pflanze für Rabatten, Steingärten oder Kübel.

KULTUR: *In feuchtem, aber gut drainiertem, fruchtbarem, humusreichem Boden pflanzen. Die Blattfärbung ist im Halbschatten am besten, verträgt auch volle Sonne.*

☼ ◑ ◊◊ ♆F4 ↕35 cm ↔40 cm

x *HALIMIOCISTUS SAHUCII*

Ein kompakter Strauch, der Büsche aus linealen, dunkelgrünen, unterseits flaumig behaarten Blättern bildet. Während des Sommers entsteht eine Fülle schalenförmiger, weißer Blüten. Für Rabatten, den Grund einer warmen Mauer oder Steingärten geeignet.

KULTUR: *Gedeiht am besten in gut wasserdurchlässigem, armem bis mäßig fruchtbarem, leichtem, grushaltigem Boden an einem sonnigen Standort. Im Winter vor zu starker Nässe schützen.*

☼ ◊ ♈F4 ↕45 cm ↔90 cm

x *HALIMIOCISTUS WINTONENSIS* 'MERRIST WOOD CREAM'

Ein ausladender, immergrüner Strauch, der im Spätfrühjahr und Frühsommer cremegelbe Blüten mit roten Streifen und einem gelben Zentrum trägt. Die lanzettlichen Blätter sind graugrün. Gut für den Vordergrund von Mischrabatten, die Basis einer warmen Mauer, Hochbeete oder Steingärten geeignet. Nicht verläßlich frosthart.

KULTUR: *In gut drainiertem, armem bis mäßig fruchtbarem Boden in der vollen Sonne pflanzen. Im Winter vor zu starker Nässe schützen.*

☼ ◊ ♈F3 ↕60 cm ↔90 cm

HALIMIUM 'SUSAN'

Ein kleiner, ausladender, immergrüner Strauch, der wegen der ungefüllten oder halbgefüllten Blüten, die im Sommer erscheinen, geschätzt wird; die Blüten sind leuchtendgelb mit purpurnen Flecken. Die Blätter sind oval und graugrün. In warmen Küstenbereichen gut für Steingärten geeignet. In Gebieten mit kalten Wintern an einer warmen Mauer pflanzen. Blüht am besten in langen, heißen Sommern.

KULTUR: *In drainiertem, fruchtbarem, leichtem, sandigem Boden in der vollen Sonne kultivieren. Vor kalten Winden schützen. Wenn nötig, im Frühjahr leicht trimmen.*

☼ ◊ F3 ↕45 cm ↔60 cm

HAMAMELIS X *INTERMEDIA* 'ARNOLD PROMISE'

Diese Zaubernuß-Sorte ist ein großer, ausladender, laubwerfender Strauch, der wegen der großen Büschel aus gelben Blüten kultiviert wird, die im Winter an nackten Ästen erscheinen. Die Blüten duften stark und besitzen zerknitterte Blütenblätter. Die breit ovalen, mittelgrünen Blätter färben sich im Herbst gelb. Ein schönes Solitärgehölz für kleine Gärten.

KULTUR: *In wasserdurchlässigem, fruchtbarem, torfigem Boden in Sonne oder Halbschatten pflanzen. Im Winter vor kalten Winden schützen. Wenig beschneiden.*

☼ ◑ ◊ F4 ↕↔ 4 m

HAMAMELIS × *INTERMEDIA* 'PALLIDA'

Ein offener Strauch mit ausladenden Ästen und sommergrünem, dunkelgrünem Laub. Diese Zaubernuß-Sorte wird wegen der spinnenartigen, betörend duftenden, schwefelgelben Blüten kultiviert, die von Mitte bis Ende des Winters erscheinen. Die Blätter färben sich im Herbst gelb. Schön als Solitärstrauch oder in größeren Gärten in Gruppen gepflanzt.

KULTUR: *In gut wasserdurchlässigem, fruchtbarem, torfigem Boden in Sonne oder Halbschatten pflanzen. Im Winter vor kalten Winden schützen. Wenig beschneiden.*

☼ ◑ ◊ ♈F4 ↕↔ 4 m

HEBE CUPRESSOIDES 'BOUGHTON DOME'

Ein zwergiger, immergrüner Strauch, wird wegen des regelmäßigen, kuppelförmigen Wuchses kultiviert. Diese Strauchveronika-Sorte blüht selten. Die gedrungenen, schlanken, gräulichgrünen Äste tragen schuppenartige, blaßgrüne Blätter. Hervorragend für Steingärten geeignet; wächst ohne Beschnitt formschön. Gedeiht in Küstengärten.

KULTUR: *In feuchtem, gut wasserdurchlässigem, armem bis fruchtbarem Boden in Sonne oder Halbschatten pflanzen. Ein regelmäßiger Rückschnitt ist nicht nötig.*

☼ ◑ ◊◆ ♈F3–4 ↕30 cm ↔60 cm

HEBE X *FRANCISCANA* 'VARIEGATA'

Ein dichter, rundlicher, immergrüner Strauch mit mittelgrünen, ovalen, cremeweiß gesäumten Blättern. Die zum Laub schön kontrastierenden, purpurfarbenen Blüten erscheinen im Sommer und Herbst in dichten Trauben. Diese Strauchveronika eignet sich gut für Mischrabatten oder Steingärten und verträgt Luftverschmutzung. In kalten Gegenden am Fuß einer warmen Mauer pflanzen.

KULTUR: *In feuchtem, drainiertem, armem bis fruchtbarem Boden in Sonne oder lichten Schatten pflanzen. Vor kalten Winden schützen. Muß nicht beschnitten werden.*

F2 ↕↔ 60–120 cm

HEBE 'GREAT ORME'

Ein offener, rundlicher, immergrüner Strauch mit schlanken Trauben aus kleinen, tiefrosa Blüten, die weiß verblassen. Die Blüten erscheinen vom Hochsommer bis Mitte Herbst zwischen den lanzettlichen, glänzend dunkelgrünen Blättern. Diese Strauchveronika-Sorte eignet sich gut für gemischte oder strauchige Rabatten; in kalten Gebieten am Grund einer warmen Mauer setzen.

KULTUR: *In feuchtem, drainiertem, armem bis fruchtbarem Boden in Sonne oder lichten Schatten pflanzen. Vor Winden schützen. Rückschnitt ist nicht nötig, sparrige Pflanzen im Frühjahr zurückschneiden.*

F3 ↕↔ 1,2 m

HEBE PINGUIFOLIA 'PAGEI'

Ein niedrigwüchsiger, immergrüner Strauch mit purpurnen Trieben und in vier Zeilen stehenden, ledrigen, ovalen, blaugrünen Blättern. Im Spätfrühjahr und Frühsommer erscheinen an den Spitzen der Triebe zahlreiche Büschel aus weißen Blüten. In Gruppen als Bodendecker oder in Steingärten pflanzen.

KULTUR: *In feuchtem, aber gut drainiertem, armem bis mäßig fruchtbarem Boden in der Sonne oder im Halbschatten pflanzen. Wenn nötig, im zeitigen Frühjahr in Form schneiden.*

☼ ◑ ◊◊ 🏆F4 ↕30 cm ↔90 cm

HEBE RAKAIENSIS

Ein rundlicher, immergrüner Strauch, der im Früh- und Hochsommer Trauben aus weißen Blüten trägt. Die Blätter sind elliptisch, glänzend und leuchtendgrün. Die Strauchveronika-Art ist hervorragend als kleiner, ausladender Einzelstrauch oder als Blickfang in einem großen Steingarten geeignet.

KULTUR: *In feuchtem, gut drainiertem, armem bis mäßig fruchtbarem Boden in der Sonne oder im Halbschatten pflanzen. Vor kalten, trockenen Winden schützen. Wenn nötig, im zeitigen Frühjahr in Form schneiden.*

☼ ◑ ◊◊ 🏆F4 ↕1 m ↔1,2 m

HEDERA COLCHICA
'DENTATA'

Diese Efeu-Sorte ist eine immergrüne, sich selbst anheftende Kletterpflanze mit großen, herzförmigen, herabhängenden, glänzenden, grünen Blättern. Die Triebe und Blattstiele sind purpurn überlaufen. Eine hübsche Pflanze, um eine unschöne Wand im Schatten zu begrünen; auch als Bodendecker geeignet.

KULTUR: *In feuchtem, wasserdurchlässigem, fruchtbarem, am besten alkalischem Boden in Halbschatten oder tiefen Schatten pflanzen. Zu beliebiger Zeit beschneiden, um die Größe zu beschränken.*

◑● 💧💧 🏆F4 ↕10 m

HEDERA COLCHICA
'SULPHUR HEART'

Eine sehr wüchsige, sich selbst anheftende, kletternde Efeu-Sorte, die auch als Bodendecker geeignet ist. Die großen, herzförmigen Blätter sind dunkelgrün und cremegelb überlaufen; im Alter wird die Färbung gleichmäßiger. Begrünt schnell eine Mauer im Schatten.

KULTUR: *In feuchtem, drainiertem, fruchtbarem, am besten alkalischem Boden pflanzen. Verträgt Halbschatten, die Blattfärbung wird jedoch in der Sonne intensiver. Zu beliebiger Zeit im Jahr zurückschneiden, um die Größe zu beschränken.*

☼◑ 💧💧 🏆F4 ↕5 m

HEDERA (EFEU)

Hedera helix, der Gemeine Efeu, ist eine immergrüne, basal verholzte, sich selbst anheftende Kletterpflanze und die Elternpflanze unzähliger Kulturformen. Die Blätter variieren von herzförmig bis tief gelappt und in der Färbung von golden ('Buttercup') bis tiefpurpur ('Atropurpurea'). Sie eignen sich als Bodendecker, vertragen trockenen Schatten und begrünen unschöne Mauern; sie schädigen jedoch Wandfarbe oder Dachrinnen, wenn sie nicht kontrolliert werden. Panaschierte Formen eignen sich für dunkle Ecken. Kleine Efeus können gut als Zimmerpflanzen gehalten und an Drahtgestellen hochgezogen werden.

KULTUR: *Gedeiht am besten in feuchtem, gut drainiertem, humosem, alkalischem Boden in Sonne oder Schatten; panaschierte Formen können im Schatten ihre Färbung verlieren. Zurückschneiden, um den Wuchs zu beschränken.* 'Goldchild' *und* 'Little Diamond' *können in Gebieten mit starken Frösten Schaden nehmen.*

☼ ● ◊ ♦ ♀F4, manche F3–4

1 ↕8 m

2 ↕2 m

3 ↕2 m

4 ↕1 m

5 ↕1 m

6 ↕30 cm

1 *H. helix* 'Atropurpurea' (F4) **2** *H. helix* 'Buttercup' (F4) **3** *H. helix* 'Glacier' (F4)
4 *H. helix* 'Goldchild' (F3–4) **5** *H. helix* 'Ivalace' (F4) **6** *H. helix* 'Little Diamond' (F3–4)

HEDERA HIBERNICA

Diese Efeu-Art ist eine wüchsige, immergrüne, sich selbst anheftende Kletterpflanze, die wegen der ovalen, dunkelgrünen, graugrün geaderten Blätter mit fünf dreieckigen Lappen kultiviert wird. Zur Begrünung von Mauern, zum Hochziehen an einem robusten Baum oder als schnellwüchsiger Bodendecker unter Bäumen und Sträuchern geeignet.

KULTUR: *Gedeiht in feuchtem, gut wasserdurchlässigem, fruchtbarem, am besten alkalischem Boden im Halb- bis Vollschatten. Um das Wachstum einzuschränken, zu beliebiger Zeit zurückschneiden.*

◑ ● 💧💧 F4 ↕bis 10 m

HELIANTHEMUM 'FIRE DRAGON'

Diese Sonnenröschen-Sorte, auch als 'Mrs Clay' bekannt, ist ein kleiner, ausladender, immergrüner Strauch mit zahlreichen schalenförmigen, orangeroten Blüten. Diese öffnen sich von Spätfrühjahr bis Sommer zwischen länglichen, graugrünen Blättern. Ideal für Steingärten oder Hochbeete sowie in Gruppen als Bodendecker für eine sonnige Böschung geeignet.

KULTUR: *In drainiertem, leicht alkalischem Boden sonnig pflanzen. Nach der Blüte trimmen, um kompakten Wuchs zu erhalten. Ist oft kurzlebig, kann aber im Spätfrühjahr durch Grünstecklinge vermehrt werden.*

☼ 💧 F4 ↕20–30 cm ↔30 cm oder mehr

HELIANTHEMUM 'HENFIELD BRILLIANT'

Dieses Sonnenröschen ist ein kleiner, immergrüner Strauch, der im Spätfrühjahr und Frühsommer schalenförmige, ziegelrote Blüten ausbildet. Die Blätter sind schmal und graugrün. Sieht in Gruppen an sonnigen Böschungen effektvoll aus; auch für Steingärten, Hochbeete oder den Vordergrund von Rabatten geeignet.

KULTUR: *In mäßig fruchtbarem, drainiertem, neutralem bis alkalischem Boden sonnig pflanzen. Nach der Blüte trimmen. Ist oft kurzlebig, kann aber im Spätfrühjahr durch Grünstecklinge vermehrt werden.*

☼ ◊ 🏆F4 ↕20–30 cm ↔30 cm oder mehr

HELIANTHEMUM 'RHODANTHE CARNEUM'

Eine lange blühende Sonnenröschen-Sorte, auch als 'Wisley Pink' bekannt. Dieser ausladende, immergrüne Strauch bildet von Spätfrühjahr bis Sommer blaßrosafarbene, schalenförmige Blüten mit gelb überhauchter Mitte zwischen schmalen, graugrünen Blättern. In Steingärten, Hochbeeten oder Mischrabatten setzen.

KULTUR: *Gedeiht in gut drainiertem, mäßig fruchtbarem, neutralem bis alkalischem Boden; in der vollen Sonne pflanzen. Nach der Blüte trimmen, um erneute Blütenbildung anzuregen.*

☼ ◊ 🏆F4 ↕bis 30 cm ↔bis 45 cm oder mehr

HELIANTHEMUM 'WISLEY PRIMROSE'

Diese Sonnenröschen-Sorte ist ein schnellwüchsiger, immergrüner Strauch. Über längere Zeit im Spätfrühjahr und Sommer erscheint eine Fülle primelgelber, schalenförmiger Blüten mit goldener Mitte. Die Blätter sind schmal, länglich und graugrün. In Steingärten, Hochbeeten oder an sonnigen Böschungen in Gruppen pflanzen.

KULTUR: *In gut drainiertem, mäßig fruchtbarem, am besten neutralem bis alkalischem Boden sonnig pflanzen. Nach der Blüte trimmen, um erneute Blütenbildung anzuregen.*

☼ 💧 🏆F4 ↕bis 30 cm ↔bis 45 cm oder mehr

HELIANTHUS 'LODDON GOLD'

Diese gefüllte Zierform der Sonnenblume ist eine große, ausladende Staude mit rauhen, ovalen, mittelgrünen Blättern, die an aufrechten Trieben stehen. Sie besitzt attraktive, große, gelbe Blütenköpfe, die sich vom Spätsommer bis zum Frühherbst öffnen. Gut geeignet, um in Stauden- oder Mischrabatten einen spätblühenden Akzent zu setzen.

KULTUR: *In feuchtem bis gut drainiertem, humusreichem, mäßig fruchtbarem Boden an einen geschützten Ort in die Sonne pflanzen. Blüht am besten in langen, heißen Sommern. Blütentriebe stützen.*

☼ 💧💧 🏆F4 ↕bis 1,5 m ↔90 cm

HELIANTHUS 'MONARCH'

Diese halbgefüllte Sonnenblumen-Sorte ist eine große, ausladende Staude mit kräftigen, aufrechten Trieben, an denen ovale, gezähnte, mittelgrüne Blätter stehen. Von Spätsommer bis Herbst erscheinen große, sternförmige, leuchtend goldgelbe Blütenköpfchen mit gelbbraunem Zentrum. Eine schön gewachsene, spätblühende Bereicherung für Stauden- oder Mischrabatten.

KULTUR: *In jedem drainierten, mäßig fruchtbaren Boden geschützt und in der Sonne pflanzen. Triebe sollten gestützt werden.*

☼ ◇ ♈F4 ↕bis 2 m ↔1,2 m

HELICHRYSUM PETIOLARE

Diese Strohblumen-Art ist ein silbriger, polsterbildender, immergrüner Strauch mit niederliegenden Trieben. Die kleinen Blätter sind filzig behaart und silbergrau. Die unauffälligen, im Sommer erscheinenden Blütenköpfchen werden häufig ausgekniffen, da sie den Effekt der Blätter stören. In frostgefährdeten Gebieten als Einjährige in Töpfen halten; in warmen Gegenden als Bodendecker geeignet.

KULTUR: *In jeglichem, gut drainierten Boden in der vollen Sonne pflanzen. Junge Triebe beschneiden, um ein buschiges Wachstum zu fördern. Minimaltemperatur: 2 °C.*

☼ ◇ ♈F1+3 ↕bis 50 cm ↔2 m oder mehr

HELICHRYSUM PETIOLARE 'VARIEGATUM'

Diese panaschierte Strohblumen-Sorte ist ein kriechender, immergrüner Strauch, der wegen seines dicht filzig behaarten, silbergrauen und cremefarbenen Laubes kultiviert wird. Im Sommer erscheinen unscheinbare, kleine, cremegelbe Blütenköpfchen, die entfernt werden können. Sehr gut als Topfpflanze geeignet; in kalten Gegenden als Einjährige ziehen oder frostfrei überwintern.

KULTUR: *In jeglichem, gut drainierten Boden in der vollen Sonne kultivieren. Regelmäßig beschneiden und nicht erwünschte Knospen auskneifen. Minimaltemperatur: 2 °C.*

☼ ◊ 🏆F1+3 ↕bis 50 cm ↔2 m oder mehr

HELICHRYSUM SPLENDIDUM

Eine kompakte, weißwollige, immergrüne Staude mit linealen, silbergrauen Blättern. Diese Strohblumen-Art bildet von Hochsommer bis Herbst kleine, gelbe Blütenköpfchen an den Triebspitzen, die bis in den Winter halten. Für Mischrabatten oder Steingärten geeignet; die Blüten können als Trockenblumen genutzt werden. Nicht verläßlich frosthart.

KULTUR: *In gut wasserdurchlässigem, armem bis fruchtbarem, neutralem bis alkalischem Boden sonnig pflanzen. Abgestorbene Äste im Frühjahr entfernen und sparrige Triebe bis auf das alte Holz zurückschneiden.*

☼ ◊ 🏆F3 ↕↔ 1,2 m

HELIOTROPIUM 'PRINCESS MARINA'

Ein kompakter, immergrüner Strauch, der in kalten Gegenden meist als Einjährige oder Wintergartenpflanze gehalten wird. Diese Heliotrop-Sorte wird wegen der duftenden, tief violettblauen Blütenköpfchen geschätzt, die im Sommer oberhalb der länglichen, mittel- bis dunkelgrünen, oft purpurn getönten Blätter erscheinen. Gut für den Vordergrund von Rabatten, Töpfe oder Sommerbeete geeignet; übersteht den Winter oft nicht.

KULTUR: *In feuchtem, wasserdurchlässigem, fruchtbarem Boden oder Topferde sonnig pflanzen. Mindesttemperatur: 2 °C.*

☼ ◊♦ ♈F1 ↕↔ bis 30 cm

HELLEBORUS ARGUTIFOLIUS

Diese große Nieswurz-Art, auch unter dem Namen *H. corsicus* bekannt, ist eine frühblühende, gruppenbildende, immergrüne Staude, die Büschel aus nickenden, blaßgrünen Blüten ausbildet. Die Blüten erscheinen im Winter und Frühjahr oberhalb dunkelgrüner Blätter, die in drei scharf gesägte Blättchen unterteilt sind. Als frühzeitiger Blickfang in Gehölzgärten oder Mischrabatten geeignet.

KULTUR: *In feuchtem, fruchtbarem, am besten neutralem bis alkalischem Boden in der vollen Sonne oder im Halbschatten pflanzen. Ist häufig kurzlebig, sät sich aber leicht aus.*

☼ ◑ ♦ ♈F4 ↕bis 1,2 m ↔90 cm

HELLEBORUS FOETIDUS

Die Stinkende Nieswurz ist eine aufrechte, immergrüne Staude, die Büschel aus dunkelgrünen, geteilten Blättern ausbildet, die beim Zerreiben unangenehm riechen. Im Winter und zeitigen Frühjahr erscheinen Büschel aus kleinen, nickenden, becherförmigen Blüten über den Blättern; ihre grünen Blütenblätter besitzen einen roten Rand. Interessante Bereicherung für Winterrabatten.

KULTUR: *In feuchtem, fruchtbarem, neutralem bis alkalischem Boden pflanzen. Einen Standort in der Sonne oder im Halbschatten wählen.*

☼◐ 💧 🏆F4 ↕bis 80 cm ↔45 cm

HELLEBORUS NIGER

Die gruppenbildende, meist immergrüne, ausdauernde Christrose wird wegen der im Winter und zeitigen Frühjahr erscheinenden, nickenden Büschel aus becherförmigen, weißen Blüten kultiviert. Die dunkelgrünen Blätter sind in mehrere Blättchen unterteilt. Hübsch gemeinsam mit Schneeglöckchen unter im Winter blühenden Sträuchern; läßt sich jedoch nicht verläßlich auswildern.

KULTUR: *In tiefem, fruchtbarem, neutralem bis alkalischem, feuchtem Boden pflanzen. Einen vor kalten, trockenen Winden geschützten Standort im lichten Schatten wählen.*

◐ 💧 🏆F4 ↕bis 30 cm ↔45 cm

HEMEROCALLIS (TAGLILIEN)

Diese gruppenbildenden, krautigen Stauden werden Taglilien genannt, da ihre attraktiven Blüten jeweils nur etwa einen Tag lang halten; bei nachtblühenden Taglilien öffnen sich die Blüten am Spätnachmittag und sind die Nacht hindurch geöffnet. Sie bilden viele hintereinander erscheinende Blüten, die je nach Sorte vom zeitigen Frühjahr bis zum Spätsommer erblühen. Die Blüten variieren von Rund bis Spinnenförmig und von Gelb bis Orange. Die Blätter sind riemenförmig und immergrün.

Große Taglilien sind eine Bereicherung für Misch- oder Staudenrabatten; zwergige Sorten, wie 'Stella de Oro', eignen sich für kleine Gärten oder Töpfe.

KULTUR: *In gut drainiertem, feuchtem Boden sonnig pflanzen; 'Corky' und 'Green Flutter' vertragen Halbschatten. Im Frühjahr mulchen und bis zur Knospenbildung alle zwei Wochen Volldünger geben. Alle paar Jahre im Frühjahr oder Herbst teilen und wieder einpflanzen.*

☼ ◐ ◊ ♦ ♈F4

1 ↕70 cm ↔ 40 cm

2 ↕90 cm ↔ 45 cm

3 ↕50 cm ↔ 1 m

4 ↕↔ 1 m

5 ↕60 cm ↔ 1 m

6 ↕30 cm ↔ 45 cm

1 *H.* 'Corky' **2** *H.* 'Golden Chimes' **3** *H.* 'Green Flutter' **4** *H. lilioasphodelus* **5** *H.* 'Nova' **6** *H.* 'Stella de Oro'

HEPATICA NOBILIS

Das kleine, langsamwüchsige, halbimmergrüne, ausdauernde Dreilappige Leberblümchen besitzt schalenförmige, purpurfarbene, weiße oder rosa Blüten. Diese erscheinen im zeitigen Frühjahr, meist bevor sich die mittelgrünen, ledrigen, zuweilen gesprenkelten, dreilappigen Blätter entfalten. Gut für schattige Steingärten geeignet.

KULTUR: *In feuchtem, aber gut drainiertem, fruchtbarem, neutralem bis alkalischem Boden im Halbschatten pflanzen. Im Herbst oder Frühjahr mit Blattmulch abdecken.*

◐ ◊◆ 🏆F4 ↕10 cm ↔15 cm

HEUCHERA MICRANTHA VAR. *DIVERSIFOLIA* 'PALACE PURPLE'

Eine gruppenbildende Staude, die wegen des glitzernden, dunkel purpurroten, fast metallischen Laubes, über dem im Sommer duftige Büschel weißer Blüten stehen, kultiviert wird. Die Blätter besitzen fünf zugespitzte Zipfel. In Gruppen als Bodendecker an schattigen Stellen pflanzen; breitet sich manchmal langsam aus.

KULTUR: *In feuchtem, gut drainiertem, fruchtbarem Boden in Sonne oder Halbschatten setzen. Verträgt vollen Schatten bei feuchtem Boden. Alle paar Jahre nach der Blüte Gruppen herausnehmen und teilen.*

☼◐ ◊◆ 🏆F4 ↕↔ 45–60 cm

HEUCHERA 'RED SPANGLES'

Diese gruppenbildende, immergrüne Staude wird wegen ihrer Rispen aus kleinen, glockenförmigen, karminscharlachroten Blüten geschätzt. Sie erscheinen im Frühsommer und erneut im Spätsommer an dunkelroten Trieben oberhalb gelappter, herzförmiger, purpurgrüner Blätter. In Gruppen als Bodendecker geeignet.

KULTUR: *In feuchtem, aber gut drainiertem, fruchtbarem Boden in Sonne oder Halbschatten setzen. Verträgt vollen Schatten bei verläßlich feuchtem Boden. Alle drei Jahre nach der Blüte Gruppen herausnehmen und teilen.*

F4 ↕50 cm ↔25 cm

HIBISCUS SYRIACUS 'OISEAU BLEU'

Diese Roseneibisch-Sorte, auch als 'Blue Bird' bekannt, ist ein wüchsiger, aufrechter, laubwerfender Strauch mit großen, fliederfarbenen Blüten mit rotem Zentrum. Sie erscheinen von Hoch- bis Spätsommer zwischen tiefgrünen Blättern. Für Misch- oder Strauchrabatten; in kalten Gegenden an warmen Mauern pflanzen.

KULTUR: *In feuchtem, drainiertem, fruchtbarem, neutralem bis leicht alkalischem Boden sonnig pflanzen. Jungpflanzen im Spätfrühjahr kräftig beschneiden, um basale Verzweigungen zu fördern; ausgewachsene Pflanzen wenig beschneiden.*

F4 ↕3 m ↔2 m

HIBISCUS SYRIACUS 'WOODBRIDGE'

Eine schnellwüchsige, laubwerfende, strauchförmige Roseneibisch-Sorte mit großen, tiefrosa Blüten mit kastanienbraunen Flecken um das Zentrum. Blüten entstehen von Spätsommer bis Herbst zwischen gelappten, dunkelgrünen Blättern. Wird wegen seiner späten Blüte geschätzt. In kalten Gegenden an warmen Mauern pflanzen, um die besten Blüten zu erhalten.

KULTUR: *In feuchtem, drainiertem, fruchtbarem, neutralem bis leicht alkalischem Boden sonnig pflanzen. Jungpflanzen im Spätfrühjahr kräftig beschneiden, um die Verzweigung zu fördern; später wenig beschneiden.*

☼ ◊♦ F4 ↕3 m ↔2 m

HIPPOPHAE RHAMNOIDES

Der Gemeine Sanddorn ist ein stacheliger, laubwerfender Strauch mit attraktiven Früchten und Blättern. Die kleinen, gelben Blüten im Frühjahr reifen bei weiblichen Pflanzen zu orangefarbenen Beeren heran, die bis in den Winter an der Pflanze bleiben. Die silbergrauen Blätter sind schmal. Vor allem in Küstengebieten gut als Hecke geeignet.

KULTUR: *In sandigem, feuchtem, drainiertem Boden sonnig pflanzen. Für guten Fruchtansatz männliche und weibliche Pflanzen zusammen pflanzen. Wenig beschneiden; Hecken im Spätsommer trimmen.*

☼ ◊♦ F4 ↕↔ 6 m

HOSTA (FUNKIEN)

Funkien sind immergrüne Stauden, die wegen ihrer dichten Büschel aus großen, überlappenden, lanzettlichen bis herzförmigen Blätter kultiviert werden. Sehr unterschiedliche Laubfärbungen reichen von Blaugrün bei 'Halcyon' bis zu Gelbgrün bei 'Golden Tiara'. Viele Blätter sind am Rand gelb oder weiß gezeichnet. *H. fortunei* var. *albopicta* besitzt große, cremeweiße Flecken in der Mitte. Aufrechte Trauben mit weißen über lavendelfarbenen bis zu purpurnen Trichterblüten erscheinen im Sommer an aufrechten Trieben. Funkien eignen sich für den Vordergrund von Mischrabatten, als Kübelpflanzen oder Bodendecker unter laubwerfenden Bäumen.

KULTUR: *In gut drainiertem, verläßlich feuchtem Boden in Sonne oder Halbschatten mit Schutz vor kalten Winden pflanzen. Gelbblättrige Formen am besten sonnig mit Mittagsschattierung setzen. Im Frühjahr mulchen, um im Sommer die Feuchtigkeit zu halten.*

☼ ◐ 💧 ♈F4

1 ↕50 cm ↔ 1 m

2 ↕55 cm ↔ 1 m

3 ↕55 cm ↔ 1 m

4 ↕55 cm ↔ 1 m

5 ↕60 cm ↔ 1 m

6 ↕30 cm ↔ 50 cm

1 *H. crispula* **2** *H. fortunei* var. *albopicta* **3** *H. fortunei* var. *aureomarginata* **4** *H.* 'Francee' **5** *H.* 'Frances Williams' **6** *H.* 'Golden Tiara'

7 ↕35–40 cm ↔ 70 cm

8 ↕1 m ↔ 75 cm

9 ↕60 cm ↔ 1,2 m

10 ↕45 cm ↔ 75 cm

11 ↕1 m ↔ 1,2 m

12 ↕50 cm ↔ 1 m

13 ↕5 cm ↔ 25 cm

14 ↕75 cm ↔ 1 m

7 *H.* Tarda-Gruppe 'Halcyon' **8** *H.* 'Honeybells' **9** *H.* 'Royal Standard' **10** *H.* 'Shade Fanfare' **11** *H. sieboldiana* var. *elegans* **12** *H. ventricosa* **13** *H. venusta* **14** *H.* 'Wide Brim'

HUMULUS LUPULUS 'AUREUS'

Diese Kulturform des Gemeinen Hopfens ist eine windende, ausdauernde Kletterpflanze, die wegen der gelappten, leuchtend goldgelben Blätter kultiviert wird. Hängende Büschel zapfenförmiger, gräulichgrüner Blütenstände erscheinen im Herbst. Gute Spalierpflanze; als Trockenblume geeignet.

KULTUR: *In feuchtem, drainiertem, fruchtbarem, humusreichem Boden pflanzen. Verträgt Halbschatten, die Blattfärbung ist jedoch in der vollen Sonne prächtiger. Windende Triebe stützen. Im Frühjahr abgestorbene Teile bis zum Grund zurückschneiden.*

☼◑ ◇◆ 🏆F4 ↕6 m

HYACINTHUS ORIENTALIS 'BLUE JACKET'

Diese Hyazinthen-Sorte ist eine Zwiebelpflanze, die dichte, aufrechte Trauben duftender, glockiger Blüten mit purpurnen Adern entwickelt. Die Blüten erscheinen im zeitigen Frühjahr über lanzettlichen, grünen Blättern. Ideal für Frühjahrsbeete; speziell vorbehandelte Zwiebeln können im Herbst in Töpfe gepflanzt werden, damit sie im Zimmer eine frühe Blüte hervorbringen.

KULTUR: *In jedem gut drainierten, mäßig fruchtbaren Boden oder in Topferde in Sonne oder Halbschatten pflanzen. Topfgezogene Pflanzen im Winter vor Nässe schützen.*

☼◑ ◇ 🏆F4 ↕20–30 cm ↔8 cm

HYACINTHUS ORIENTALIS 'CITY OF HAARLEM'

Diese primelgelbe Hyazinthen-Sorte ist eine frühjahrsblühende Zwiebelpflanze mit aufrechten Trauben aus duftenden Glockenblüten. Die lanzettlichen, grünen Blätter erscheinen am Grund der Pflanze. Ideal für Frühjahrsbeete oder Töpfe; speziell vorbehandelte Zwiebeln können im Herbst in Töpfe gepflanzt werden, damit sie im Zimmer eine frühe Blüte hervorbringen.

KULTUR: *In gut drainiertem, relativ fruchtbarem Boden oder Topferde in die Sonne oder den Halbschatten setzen. Topfgezogene Pflanzen im Winter vor Nässe schützen.*

☼ ◐ ◇ F4 ↕20–30 cm ↔8 cm

HYACINTHUS ORIENTALIS 'OSTARA'

Diese blauviolette Hyazinthen-Sorte ist eine Zwiebelpflanze, die in Frühjahrsbeeten wegen der dichten, aufrechten Blütentrauben aus glockigen, duftenden Blüten mit dunklen Streifen gepflanzt wird. Die grünen, lanzettlichen Blätter stehen am Grund der Pflanze. Speziell vorbehandelte Zwiebeln können im Herbst in Töpfe gepflanzt werden, damit sie im Winter im Zimmer blühen.

KULTUR: *Am besten in drainiertem, mäßig fruchtbarem Boden oder Topferde in Sonne oder Halbschatten pflanzen. Topfpflanzen im Winter vor zu viel Nässe schützen.*

☼ ◐ ◇ F4 ↕20–30 cm ↔8 cm

HYACINTHUS ORIENTALIS 'PINK PEARL'

Diese Zwiebeln ausbildende Hyazinthen-Sorte bildet im Frühjahr dichte, aufrechte Trauben aus duftenden, glockenförmigen, tiefrosa Blüten mit blasseren Rändern. Die Blätter sind schmal und leuchtendgrün. Gut für Misch- oder Staudenrabatten geeignet. Speziell vorbehandelte Zwiebeln können im Herbst in Töpfe gepflanzt werden, damit sie im Zimmer eine frühe Blüte hervorbringen.

KULTUR: *In jedem gut drainierten, mäßig fruchtbaren Boden oder in Topferde in Sonne oder Halbschatten setzen. Topfpflanzen im Winter vor Nässe schützen.*

☼ ◑ ◇ 🏆F4 ↕20–30 cm ↔8 cm

HYDRANGEA ANOMALA SSP. *PETIOLARIS*

Diese kletternde Tellerhortensie, auch als *H. petiolaris* im Handel, ist eine verholzte, laubwerfende, sich selbst anheftende Kletterpflanze, die häufig wegen der sommerblühenden Blütenstände aus cremeweißen Blüten an schattigen Mauern gezogen wird. Die mittelgrünen Blätter sind oval und grob gesägt. Wächst nicht leicht an und ist nicht verläßlich frosthart.

KULTUR: *In jedem verläßlich feuchten, fruchtbaren Boden in Sonne oder tiefen Schatten setzen. Wenig beschneiden; wenn sie die Pflanzstelle ausfüllt, überlange Triebe nach der Blüte zurückschneiden.*

☼ ● ◆ 🏆F3 ↕15 m

HYDRANGEA ARBORESCENS 'ANNABELLE'

Ein aufrechter, laubwerfender Strauch mit von Hochsommer bis Frühherbst erscheinenden großen, kugeligen Blütenständen dichter, cremeweißer Blüten. Die grünen Blätter sind breit, oval und zugespitzt. Diese Hortensien-Sorte ist als Solitärstrauch oder für Strauchrabatten geeignet; die Blütenstände eignen sich zum Trocknen.

KULTUR: *In feuchtem, aber gut drainiertem, mäßig fruchtbarem, humusreichem Boden in Sonne oder Halbschatten pflanzen. Wenig beschneiden oder jedes Frühjahr kräftig auf ein niedriges Astwerk zurückschneiden.*

☼◑ ◊♦ 🏆F4 ↕1,5 m ↔ 2,5 m

HYDRANGEA ASPERA VILLOSA GRUPPE

Eine Gruppe ausladender, strauchförmiger, später unter optimalen Bedingungen baumförmiger Tellerhortensien. Im Spätsommer erscheinen flache Blütenstände kleiner, violetter oder blauer Blüten mit weißlichen oder rosa Randblüten. Die Blätter sind lanzettlich und dunkelgrün. Für Gehölzgärten geeignet; in kalten Gegenden an einer warmen Mauer ziehen.

KULTUR: *In feuchtem, aber gut drainiertem, mäßig fruchtbarem, humusreichem Boden in der vollen Sonne oder im Halbschatten halten. Wenig beschneiden.*

☼◑ ◊♦ 🏆F3 ↕1–4 m

HYDRANGEA MACROPHYLLA

Die Kultivare dieser Hortensien-Art sind rundliche, laubwerfende Sträucher mit ovalen, dunkelgrünen Blättern. Die großen Blütenstände erscheinen von Hoch- bis Spätsommer und sind in zwei Typen erhältlich: Tellerhortensien, wie 'Veitchii', haben abgeflachte Blütenstände und Gartenhortensien, wie 'Altona', bilden kugelige Blütenköpfchen aus. Mit Ausnahme der weißen Formen kann die Blütenfarbe direkt durch den pH-Wert des Bodens beeinflußt werden: Saure Böden rufen blaue und alkalische Böden rosa Blüten hervor. Hortensien sind für zahlreiche Gartenstandorte geeignet, und die Blütenstände können getrocknet werden.

KULTUR: *In feuchtem, drainiertem, fruchtbarem Boden in Sonne oder Halbschatten mit Schutz vor kalten Winden pflanzen. Im Frühjahr stark beschneiden und Triebe auf kräftige Knospen zurückschneiden. Auf neutralen Böden kann die Blütenfarbe beeinflußt werden.*

☼◑ ◊♦ ♆F3–4

1 ↕1 m ↔ 1,5 m

2 ↕2 m ↔ 2,5 m

3 ↕↔ 1,5 m

4 ↕2 m ↔ 2,5 m

5 ↕2 m ↔ 2,5 m

1 *H. macrophylla* 'Altona' (Gartenhortensie) **2** *H. macrophylla* 'Mariesii Perfecta' (syn. *H. macrophylla* 'Blue Wave') (Tellerhortensie) **3** *H. macrophylla* 'Lanarth White' (Tellerhortensie) **4** *H. macrophylla* 'Générale Vicomtesse de Vibraye' (Gartenhortensie) **5** *H. macrophylla* 'Veitchii' (Tellerhortensie)

HYDRANGEA PANICULATA

Kultivare dieser Hortensien-Art sind schnellwüchsige, aufrechte, laubwerfende Sträucher mit ovalen, mittel- bis dunkelgrünen Blättern. Die großen Blütenstände erscheinen meist im Spätsommer und Frühherbst; einige Kultivare, wie 'Praecox', blühen früher im Sommer. Die Blüten sind meist cremeweiß und färben sich bei einigen Formen, wie bei 'Floribunda', im Alter rosa. Die vielseitigen Sträucher eignen sich einzeln oder in Gruppen sowie als Kübelpflanzen für zahlreiche Standorte im Garten; hervorragend zum Trocknen geeignet.

KULTUR: *In feuchtem, gut drainiertem, fruchtbarem Boden in Sonne oder Halbschatten mit Schutz vor kalten Winden pflanzen. Ein Rückschnitt ist nicht notwendig, die Pflanzen blühen jedoch üppiger, wenn sie jährlich im zeitigen Frühjahr auf ein bleibendes Astwerk zurückgeschnitten werden.*

☼◑ ◊♦ ♆F4

1 ↕3–7 m ↔ 2,5 m

2 ↕3–7 m ↔ 2,5 m

3 ↕3–7 m ↔ 2,5 m

1 *H. paniculata* 'Floribunda' 2 *H. paniculata* 'Grandiflora' 3 *H. paniculata* 'Praecox'

HYDRANGEA QUERCIFOLIA

Diese Hortensie ist ein buschiger, laubwerfender Strauch, der von Hochsommer bis Herbst konische Blütenköpfchen aus weißen, sich rosa verfärbenden Blüten bildet. Die tief gelappten, mittelgrünen Blätter sind im Herbst bronzepurpurn getönt. Für zahlreiche Standorte im Garten geeignet.

KULTUR: *Bevorzugt feuchte, aber gut wasserdurchlässige, mäßig fruchtbare Böden in der Sonne oder im Halbschatten. Auf flachen, kalkhaltigen Böden können die Blätter gelb werden. Im Frühjahr so wenig wie möglich beschneiden.*

☼ ◐ ♦ F3–4 ↕2 m ↔2,5 m

HYDRANGEA SERRATA 'BLUEBIRD'

Eine kompakte, aufrechte, laubwerfende, langblühende Strauchhortensie mit abgeflachten Blütenständen. Sie erscheinen von Sommer bis Herbst und bestehen aus winzigen, blauen Blüten, die von größeren, blaßblauen Randblüten umgeben sind. Die ovalen, zugespitzten, mittelgrünen Blätter färben sich im Herbst rot. Gut als Trockenblumen geeignet.

KULTUR: *In feuchtem, drainiertem, fruchtbarem, humusreichem Boden in Sonne oder Halbschatten kultivieren. Auf alkalischen Böden können die Blüten rosa werden. Im Frühjahr schwache Triebe schneiden.*

☼ ◐ ♦ F3–4 ↕↔1,2 m

HYDRANGEA SERRATA 'ROSALBA'

Eine aufrechte, kompakte, laubwerfende Hortensien-Sorte, die wegen der von Sommer bis Herbst erscheinenden, abgeflachten Blütenstände geschätzt wird. Sie bestehen aus winzigen, rosa Blüten mit größeren, weißen, im Alter rot gefleckten Randblüten. Die Blätter sind oval, grün und zugespitzt. Als Solitärstrauch oder für Strauchrabatten geeignet.

KULTUR: *In drainiertem, feuchtem, fruchtbarem, humusreichem Boden in Sonne oder Halbschatten pflanzen. Auf sauren Böden können Blüten blau werden. Wenig beschneiden.*

☼◑ 💧 🏆F3–4 ↕↔ 1,2 m

HYPERICUM 'HIDCOTE'

Dieser dichte, immergrüne oder halbimmergrüne Strauch bildet zahlreiche Büschel mit großen, becherförmigen, goldgelben Blüten, die sich vom Hochsommer bis zum Frühherbst öffnen. Die Blätter sind dunkelgrün und lanzettlich. Johanniskraut eignet sich für Strauchrabatten.

KULTUR: *In gut wasserdurchlässigem, aber feuchtem, mäßig fruchtbarem Boden an einen sonnigen oder halbschattigen Standort setzen. Abgewelkte Blüten regelmäßig auskneifen und jährlich im Frühjahr trimmen, um die Blühfähigkeit zu fördern.*

☼◑ 💧💧 🏆F4 ↕1,2 m ↔1,5 m

IBERIS SEMPERVIRENS

Die Immergrüne Schleifenblume ist ein ausladender, immergrüner Halbstrauch mit dichten, runden Blütenständen aus kleinen, unregelmäßig geformten, weißen Blüten, die häufig rosa oder fliederfarben überlaufen sind. Sie erscheinen im Spätfrühjahr und Frühsommer und bedecken die spatelförmigen, dunkelgrünen Blätter. Sieht in Steingärten oder großen Mauerlücken attraktiv aus.

KULTUR: *In drainiertem, armem bis fruchtbarem, neutralem bis alkalischem Boden sonnig setzen. Nach der Blüte leicht trimmen, um regelmäßigen Wuchs zu erhalten.*

☼ ◊ 🏆F4 ↕bis 30 cm ↔ bis 40 cm

ILEX × ALTACLERENSIS 'LAWSONIANA' (WEIBLICHE PFLANZE)

Diese dichte, buschige Stechpalme ist ein kompakter, immergrüner Baum oder Strauch mit großen, meist unbestachelten, ovalen, grünen Blättern, die in der Mitte golden und blasser grün gesprenkelt sind. Im Herbst reifen rotbraune, später rote Beeren heran.

KULTUR: *In feuchtem, gut drainiertem Boden für die beste Laubfärbung sonnig pflanzen. Männliche Pflanzen daneben setzen, um Fruchtansatz zu gewährleisten. Freistehende Jungpflanzen benötigen evtl. Formschnitt. Reingrün beblätterte Triebe entfernen.*

☼ ◊ 🏆F4 ↕bis 6 m ↔ 5 m

ILEX AQUIFOLIUM (STECHPALME)

Von der Gemeinen Stechpalme wurden zahlreiche immergrüne, baum- oder strauchförmige Kultivare gezüchtet. Sie besitzen purpurne Triebe, eine graue Rinde und dichtes, glänzendes Laub. Die meisten Kultivare haben mehrfarbige, stachelige Blätter; diejenigen von 'J.C. van Tol' sind unbestachelt und dunkelgrün. 'Ferox Argentea' hat sehr stachelige Blätter. Männliche und weibliche Blüten stehen an unterschiedlichen Pflanzen, daher sollten weibliche Sorten, wie 'Madame Briot', nahe an männlichen, wie 'Golden Milkboy', gepflanzt werden, um guten Fruchtansatz zu erhalten. Große Exemplare sind ein guter Windschutz.

KULTUR: *In feuchtem, aber gut drainiertem, fruchtbarem, humusreichem Boden pflanzen. Für eine schöne Laubfärbung in die volle Sonne setzen; verträgt Halbschatten. Im Frühjahr beschädigtes Holz entfernen und Jungpflanzen in Form schneiden; Hecken im Spätsommer trimmen. Zu starkes Beschneiden vermeiden.*

☼ ◐ ◊ 🏆F4

1 ↕bis 8 m ↔ 4 m

2 ↕6 m ↔ 4 m

3 ↕8 m ↔ 5 m

4 ↕6 m ↔ 4 m

5 ↕10 m ↔ 5 m

6 ↕10 m ↔ 4 m

1 *I. aquifolium* 'Ferox Argentea' (männl.) **2** *I. aquifolium* 'Golden Milkboy' (männl.)
3 *I. aquifolium* 'Handsworth New Silver' (weibl.) **4** *I. aquifolium* 'J.C. van Tol' (weibl.)
5 *I. aquifolium* 'Madame Briot' (weibl.) **6** *I. aquifolium* 'Silver Queen' (männl.)

ILEX CRENATA 'CONVEXA' (WEIBLICHE PFLANZE)

Diese buschige Stechpalmen-Sorte ist ein dichter, immergrüner Strauch mit purpurgrünen Trieben und stachellosen, ovalen bis elliptischen, glänzenden, mittel- bis dunkelgrünen Blättern. Im Herbst reifen zahlreiche kleine, schwarze Beeren heran. Eignet sich als Hecke oder Formbaum.

KULTUR: *In feuchtem, drainiertem, humusreichem Boden in Sonne oder Halbschatten setzen. Für einen guten Fruchtansatz männliche Sorten in die Nähe pflanzen. Im Frühjahr schlechte Triebe entfernen, im Sommer Formpflanzen trimmen.*

☼ ◑ ◊ ♀F4 ↕bis 2,5 m ↔2 m

ILEX × MESERVEAE 'BLUE PRINCESS' (WEIBLICHE PFLANZE)

Ein wüchsiger, immergrüner Strauch mit ovalen, weichstacheligen, stark glänzenden, grünblauen Blättern. Im Spätfrühjahr erscheinen weiße bis rosa Blüten, die im Herbst zu roten Beeren heranreifen. Heckenpflanzen beschneiden, damit die purpurgrünen Jungtriebe gut zur Geltung kommen. Verträgt keine Küstenbedingungen.

KULTUR: *In feuchtem, drainiertem, fruchtbarem Boden in Sonne oder Halbschatten pflanzen. Für Fruchtansatz männliche Sorten in die Nähe setzen. Im Spätsommer in Form schneiden.*

☼ ◑ ◊ ♀F4 ↕↔ 3 m

IMPATIENS SUPER-ELFIN-SERIE

Diese Sorten des Fleißigen Lieschens werden als einjährige Beetpflanzen gezogen und besitzen kriechende Triebe mit langlebigen, flach ausgebreiteten Blüten mit langem Sporn. Sie erblühen in zahlreichen Pastell-, Orange-, Rosa-, Rot- und Violett-Tönen. Die ovalen Blätter sind hellgrün. Sehr gut für Sommerbeete oder Töpfe an einer halbschattigen Stelle geeignet.

KULTUR: *In gut drainiertem, aber feuchtem, humusreichem Boden im Halbschatten mit Windschutz pflanzen. Nach der Frostgefahr auspflanzen.*

☀ 💧 F3 ↕bis 60 cm ↔ bis 25 cm

IMPATIENS TEMPO-SERIE

Diese Sorten des Fleißigen Lieschens bilden zahlreiche abgeflachte, gespornte Blüten, deren Farben von Violett und Lavendelblau bis Orange, Rosa und Rot reichen; einige haben kontrastierende Ränder oder zweifarbige Blütenblätter. Die Blätter sind hellgrün und leicht gezähnt. Als einjährige Beetpflanzen sorgen sie in Töpfen und Sommerrabatten für eine lang andauernde Farbattraktion.

KULTUR: *In feuchtem, aber gut drainiertem, humusreichem Boden an einen geschützten Standort pflanzen. Verträgt Schatten. Nach der Frostgefahr auspflanzen.*

☀ 💧 F3 ↕bis 23 cm ↔ bis 25 cm

INDIGOFERA HETERANTHA

Diese Indigostrauch-Art ist ein mittelgroßer, ausladender Strauch, der wegen der wickenartigen Blüten und der eleganten Beblätterung kultiviert wird. Die überhängenden Triebe tragen graugrüne Fiederblätter mit zahlreichen ovalen bis länglichen Fiedern. Dichte, aufrechte Büschel aus kleinen, purpurrosa Blüten erscheinen von Frühsommer bis Herbst.

KULTUR: *In gut drainiertem, aber feuchtem, mäßig fruchtbarem Boden in der vollen Sonne pflanzen. Im zeitigen Frühjahr bis kurz über den Boden zurückschneiden.*

☼ ◊ ♀F3 ↕↔ 2–3 m

IPHEION UNIFLORUM 'WISLEY BLUE'

Diese wüchsige Frühlingsstern-Sorte ist eine gruppenbildende, meist im Frühjahr blühende Zwiebelpflanze mit duftenden, sternförmigen, fliederblauen Blüten; jedes Blütenblatt hat eine blasse Basis und einen dunklen Mittelstreifen. Schmale, riemenförmige, hell blaugrüne Blätter erscheinen im Herbst. Für Steingärten oder zur Unterpflanzung von Stauden geeignet.

KULTUR: *In gut drainiertem, aber feuchtem, mäßig fruchtbarem Boden in der vollen Sonne pflanzen. In kalten Gegenden im Winter mulchen.*

☼ ◊ ♀F4 ↕15–20 cm

IPOMOEA 'HEAVENLY BLUE'

Diese sommerblühende, windende, schnellwüchsige Prunkwinden-Sorte, wird als einjährige Kletterpflanze gezogen. Die großen, blauen Trichterblüten mit weißem Schlund stehen einzeln, zu zweit oder dritt. Die herzförmigen, hell- bis mittelgrünen Blätter haben schlanke Spitzen. Für Sommerbeete geeignet, in denen sie zwischen anderen Pflanzen kriechen. Samen sind hochgiftig!

KULTUR: *In gut drainiertem, mäßig fruchtbarem Boden in der Sonne mit Schutz vor kalten, trockenen Winden pflanzen. Nach der Frostgefahr auspflanzen.*

☼ ◊ 🏆F3 ↕bis 3–4 m

IPOMOEA INDICA

Diese Prunkwinde ist eine wüchsige, immergrüne Kletterpflanze, die in frostfreien Gegenden ausdauernd ist. Von Spätfrühjahr bis Herbst erscheinen zahlreiche satt purpurblaue, oft rot verblassende Trichterblüten als Büschel in Dreier- bis Fünfergruppen. Die mittelgrünen Blätter sind herzförmig oder dreilappig. In milden Gebieten als Einjährige im warmen Wintergarten oder in Sommerrabatten pflanzen. Samen sind bei Verzehr giftig!

KULTUR: *In drainiertem, fruchtbarem Boden sonnig pflanzen. Nach Frostgefahr auspflanzen. Mindesttemperatur: 7 °C.*

☼ ◊ 🏆F1 ↕bis 6 m

IRIS (SCHWERTLILIEN FÜR FEUCHTE STANDORTE)

Schwertlilien, die auf verläßlich feuchten oder nassen Böden gedeihen, besitzen verdickte, waagerecht kriechende Triebe, die Rhizome genannt werden und direkt unter der Oberfläche liegen. Sie haben riemenförmige, manchmal gebogene Blätter, häufig in Fächern. Jedes wachsende Rhizom bildet jährlich mehrere Ableger und kann so unendlich weiterwachsen; in drei Jahren kann eine schnellwüchsige Art wie *I. pseudacorus* über 60 cm weiterwachsen. Die Triebe können verzweigt sein und bilden im Spätfrühjahr und Frühsommer Blüten in einer breiten Farbpalette. Gut für Gewässerränder und feuchte Rabatten geeignet. Einige, wie *I. laevigata,* vertragen flaches Wasser.

KULTUR: *In tiefem, feuchtem bis nassem, saurem, mit verrottetem organischem Material angereichertem Boden sonnig oder im lichten Schatten pflanzen. Gedeihen am besten in heißen Sommern. Rhizome im Frühherbst pflanzen.*

☼◑ 💧💧 F4

1 ↕75 cm ↔ bis 1,8 m

2 ↕80 cm ↔ unbegrenzt

3 ↕80 cm ↔ unbegrenzt

4 ↕20–80 cm ↔ unbegrenzt

5 ↕0,9–1,5 m ↔ unbegrenzt

1 *I.* x *robusta* 'Gerald Darby' **2** *I. laevigata* **3** *I. laevigata* 'Variegata' **4** *I. versicolor* **5** *I. pseudacorus*

IRIS BUCHARICA

Eine schnellwüchsige, im Frühjahr blühende Zwiebelpflanze mit bis zu sechs goldgelben bis weißen Blüten pro Trieb. Die glänzenden, riemenförmigen Blätter sterben nach der Blüte ab. Meist werden Sorten mit gelben und weißen Blüten angeboten.

KULTUR: *In reichem, aber gut drainiertem, neutralem bis leicht alkalischem Boden in voller Sonne halten. Während des Wachstums mäßig gießen; nach der Blüte eine trockene Ruhephase ermöglichen.*

☼ ◊ F3–4 ↕20–40 cm ↔ 12 cm

IRIS CONFUSA

Diese sich stark ausbreitende, rhizombildende Schwertlilie mit bambusähnlichem Laub trägt im Frühjahr nacheinander bis zu 30 kurzlebige Blüten pro Trieb. Sie sind weiß mit gelben Kämmen, die von purpurnen oder gelben Punkten umgeben sind. Die Blätter stehen in Fächern am Grund der Pflanze. Für geschützte Misch- oder Staudenrabatten; nicht verläßlich frosthart.

KULTUR: *In feuchtem, aber gut drainiertem, reichem Boden in der Sonne oder im Halbschatten pflanzen. Während des Wachstums mäßig gießen. Blütentriebe nach der Blüte entfernen.*

☼ ◑ ◊ F3 ↕1 m oder mehr ↔ unbegrenzt

IRIS DOUGLASIANA

Eine robuste Rhizomstaude mit im Spätfrühjahr und Frühsommer erscheinenden, verzweigten Blütentrieben mit je zwei oder drei cremefarbenen, blauen, lavendelblauen oder rotpurpurnen Blüten. Die steifen, glänzenden, dunkelgrünen Blätter sind an der Basis häufig rot. Diese Schwertlilien-Art ist gut für Hochbeete oder Tröge geeignet.

KULTUR: *In gut wasserdurchlässigem, neutralem bis leicht saurem Lehm pflanzen. Für die beste Blüte in voller Sonne, sonst in lichtem Schatten pflanzen. Läßt sich nicht gut umsetzen.*

☼◑ ◊ F4 ↕15–70 cm ↔ unbegrenzt

IRIS FORRESTII

Eine elegante, früh im Sommer blühende, rhizombildende Schwertlilien-Art mit schlanken Blütentrieben, die eine oder zwei duftende, blaßgelbe Blüten mit brauner Zeichnung tragen. Die sehr schmalen, glänzenden Blätter sind oberseits mittelgrün und unterseits graugrün. Leicht in offenen Rabatten zu kultivieren.

KULTUR: *In feuchtem, aber gut drainiertem, neutralem bis leicht alkalischem Lehm in der vollen Sonne oder im Halbschatten halten.*

☼◑ ◊◊ F4 ↕35–40 cm ↔ unbegrenzt

IRIS GRAMINEA

Die Grasblättrige Iris, auch Pflaumeniris genannt, ist eine laubwerfende Rhizomstaude mit leuchtendgrünen, riemenförmigen Blättern. Vom Spätfrühjahr an erscheinen einzelne oder paarige, sattpurpurne Blüten mit violett geaderten Hängeblättern mit weißen Spitzen; häufig werden sie vom Laub verdeckt. Die Blüten duften fruchtig.

KULTUR: *In gut wasserdurchlässigem, neutralem bis leicht alkalischem Lehm halten. Einen vollsonnigen oder halbschattigen Standort wählen. Pflanzen nicht versetzen.*

☼ ◑ ◊◊ F4 ↕20–40 cm ↔ unbegrenzt

IRIS 'KATHARINE HODGKIN'

Diese sehr wüchsige, winzige, aber robuste, im Winter einziehende Zwiebelpflanze trägt im späten Winter und zeitigen Frühjahr zart gezeichnete, blaßblaue und gelbe Blüten mit dunkler blauen und goldenen Flecken. Die blaß- bis mittelgrünen Blätter erscheinen nach dem Abwelken der Blüten. Hervorragend für Steingärten oder den Vordergrund von Rabatten geeignet; sie breiten sich langsam aus und bilden Gruppen.

KULTUR: *In feuchtem, aber gut drainiertem, neutralem bis leicht saurem Boden an eine offene Stelle in die volle Sonne pflanzen.*

☼ ◊ F4 ↕12 cm blühend ↔ 5–8 cm

IRIS LACUSTRIS

Diese zwergige, laubwerfende, rhizombildende Schwertlilien-Art bildet im Spätfrühjahr kleine Blüten. Diese sind purpurblau bis himmelblau mit einem goldenen Kamm und einem weißen Fleck auf jedem Hängeblatt; sie entstehen zwischen den fächerförmig angeordneten, schmalen Blättern. Für Steingärten oder Tröge geeignet.

KULTUR: *In verläßlich feuchtem, kalkfreiem, humusreichem Boden in die Sonne oder den Halbschatten pflanzen. Während des Wachstums mäßig gießen.*

☼◐ ♦ ♈F4 ↕10 cm ↔ unbegrenzt

IRIS PALLIDA 'VARIEGATA'

Die halbimmergrüne, rhizombildende Bleiche Schwertlilie ist vermutlich die vielseitigste und attraktivste gemusterte Iris. Die riemenförmigen, leuchtendgrünen Blätter besitzen klar abgetrennte, goldgelbe Streifen. Die großen, duftenden, zartblauen Blüten mit gelben Bärten stehen in Büscheln zu zweit bis sechst im späten Frühjahr und Frühsommer an verzweigten Trieben. In Misch- oder Staudenrabatten pflanzen.

KULTUR: *Gedeiht in gut drainiertem, fruchtbarem, leicht alkalischem Boden in der Sonne. Während des Wachstums mäßig gießen.*

☼ ◊ ♈F4 ↕bis 1,2 m ↔ unbegrenzt

IRIS SIBIRICA 'WHITE SWIRL'

Eine elegante, früh im Sommer blühende Rhizomstaude, die rundliche, abspreizende, reinweiße Blütenblätter besitzt, die an ihrer Basis gelb gefärbt sind. Die mittelgrünen Blätter sind schmal und grasartig. Diese Form der Sibirischen Schwertlilie ist für offene gemischte oder Staudenrabatten geeignet.

KULTUR: *Gedeiht am besten in feuchtem, aber gut wasserdurchlässigem, neutralem bis leicht saurem Lehm. Einen Standort in der vollen Sonne oder im Halbschatten wählen.*

☼☀ 💧💧 🏆F4 ↕1 m ↔ unbegrenzt

IRIS UNGUICULARIS

Eine schnellwüchsige, immergrüne, rhizombildende Schwertlilien-Art, auch als *I. stylosa* bekannt, mit kurzen Blütentrieben, an denen vom späten Winter bis zum zeitigen Frühjahr große, duftende Blüten stehen. Die blaß lavendelfarbenen bis tiefvioletten Blüten tragen auf den Hängeblättern kontrastierende Adern und ein gelbes Band. Die Blätter sind grasartig und mittelgrün. An einer sonnigen Mauer pflanzen.

KULTUR: *In drainiertem, neutralem bis alkalischem Boden sonnig und geschützt pflanzen. Pflanzen nicht stören. Im Spätsommer und Frühjahr abgewelkte Blätter entfernen.*

☼ 💧 🏆F4 ↕30 cm ↔ unbegrenzt

IRIS VARIEGATA

Diese schlanke, robuste, im Winter einziehende, rhizombildende Bunte Schwertlilie trägt im Hochsommer an jedem verzweigten Blütentrieb drei bis sechs Blüten. Die auffälligen Blüten sind blaßgelb und auf den Hängeblättern braun oder violett geadert. Zahlreiche andere Farbvarianten sind erhältlich. Die tiefgrünen Blätter sind stark gefältelt.

KULTUR: *In gut drainiertem, neutralem bis alkalischem Boden in der Sonne oder im lichten Schatten pflanzen. Nicht mit organischem Material mulchen, da dadurch Fäule hervorgerufen werden kann.*

☼ ◐ ◊ 🏆F4 ↕20–45 cm ↔ unbegrenzt

ITEA ILICIFOLIA

Diese Rosmarinweiden-Art ist ein immergrüner Strauch, der zunächst aufrechte, dann überhängende Triebe trägt. Die ovalen, stechpalmenähnlichen Blätter sind scharf gesägt. Winzige, grünlichweiße Blüten erscheinen von Hochsommer bis Frühherbst in kätzchenartigen Trauben. In kalten Gegenden an eine geschützte Stelle pflanzen.

KULTUR: *In gut wasserdurchlässigem, aber feuchtem, fruchtbarem Boden am besten an einer warmen Mauer in die volle Sonne pflanzen. Jungpflanzen im Winter mulchen.*

☼ ◊ 🏆F3 ↕3–5 m ↔3 m

JASMINUM MESNYI

Dieser Jasmin ist ein bedingt frostharter, klimmender, immergrüner Strauch, der im Frühjahr und Sommer große, meist halbgefüllte, gelbe Blüten trägt. Sie erscheinen einzeln oder in kleinen Büscheln zwischen glänzend dunkelgrünem Laub. Die Blätter sind aus drei länglichen bis lanzettlichen Fiedern zusammengesetzt. Kann an einer Stütze als Kletterpflanze kultiviert werden.

KULTUR: *In wasserdurchlässigem, fruchtbarem Boden in voller Sonne oder im Halbschatten pflanzen. Im Sommer abgeblühte Triebe entfernen.*

☼ ◐ 💧 🏆F2–3 ↕bis 3 m ↔1–2 m

JASMINUM NUDIFLORUM

Winterjasmin ist ein lichter, buschiger, laubwerfender Strauch mit schlanken, überhängenden Trieben. Die kleinen, röhrenförmigen, gelben Blüten öffnen sich im späten Winter einzeln an den unbelaubten, grünen Trieben. Die dunkelgrünen Blätter erscheinen nach den Blüten und besitzen drei Fiedern. Das dauerhafte Astwerk an einer Wand befestigen oder die Pflanzen ohne Stütze wachsen lassen.

KULTUR: *In wasserdurchlässigem, fruchtbarem Boden pflanzen. Winterjasmin verträgt Halbschatten, blüht aber an sonnigen Stellen besser. Rückschneiden abgeblühter Triebe fördert den Jungwuchs.*

☼ ◐ 💧 🏆F4 ↕↔ bis 3 m

JASMINUM OFFICINALE 'ARGENTEOVARIEGATUM'

Eine wüchsige, verholzende, laubwerfende oder halbimmergrüne Kletterpflanze. Die graugrünen, cremefarben gerandeten Blätter bestehen aus fünf bis neun spitzen Fiedern. Gruppen duftender, weißer Blüten erscheinen von Sommer bis Frühherbst. Wenn die Pflanzen anfangs an einer Stütze festgebunden werden, klettern sie später selbständig. Nicht verläßlich frosthart.

KULTUR: *In wasserdurchlässigem, fruchtbarem Boden pflanzen. Die Pflanzen vertragen Schatten, blühen aber in der Sonne am besten. Nach der Blüte ausdünnen.*

☼ ◐ ◊ ♈F4 ↕bis 12 m

JASMINUM POLYANTHUM

Dieser Jasmin ist eine schnellwüchsige, verholzende, windende, immergrüne Kletterpflanze, die an geschützten Stellen sehr viele Büschel kleiner, stark duftender, weißer Blüten hervorbringt. Im späten Frühling und Frühsommer öffnen sich die rosa Knospen zwischen dunkelgrünen, zusammengesetzten Blättern. An einem frostfreien Ort an Spalieren, Zäunen, Bögen oder in großen Sträuchern klettern lassen.

KULTUR: *In wasserdurchlässigem, mäßig fruchtbarem Boden an einer warmen, sonnigen Wand pflanzen. Nach der Blütezeit zu dichte Triebe ausdünnen.*

☼ ◊ ♈F1–2 ↕bis 3 m

JUNIPERUS COMMUNIS 'COMPRESSA'

Diese langsam wachsende, spindelförmige Zwergform des Wacholders besitzt immergrüne, aromatische, blaugrüne Nadeln. Sie sind schuppenförmig, spitz und stehen in dreizähligen Wirteln. Die kleinen, ovalen oder kugeligen Früchte reifen über drei Jahre hinweg von Grün über Graublau nach Schwarz. Diese Sorte eignet sich für die Bepflanzung von Kübeln und Trögen.

KULTUR: *In wasserdurchlässigem Boden, am besten in voller Sonne oder lichtem Halbschatten halten. Eine Beschneidung ist nicht notwendig.*

☼◑ 💧 🏆F4 ↕bis 80 cm ↔45 cm

JUNIPERUS X *PFITZERIANA* 'PFITZERIANA'

Ein ausladender, flacher, dichter, immergrüner Strauch mit aufsteigenden, in Lagen angeordneten Ästen, die an der Spitze überhängen. Die flachen, schuppenartigen, graugrünen Nadeln stehen zu dritt in Wirteln. Die kugeligen Früchte dieses Wacholders sind anfangs dunkelpurpurn und werden mit dem Alter heller. Wirkt als Solitärpflanze oder in großen Steingärten sehr gut.

KULTUR: *In wasserdurchlässigem Boden, in Sonne oder Halbschatten pflanzen. Falls notwendig, kann ein geringer Rückschnitt im späten Herbst vorgenommen werden.*

☼◑ 💧 🏆F4 ↕1,2 m ↔3 m

JUNIPERUS PROCUMBENS 'NANA'

Eine gedrungene, mattenbildende Konifere, die an vielen Stellen als idealer Bodendecker eingesetzt werden kann. Die aromatischen, gelbgrünen oder hellgrünen Blätter des Kriechwacholders stehen in dreizähligen Wirteln. Die beerenartigen, braunen bis schwarzen Früchte benötigen zwei bis drei Jahre, um zu reifen.

KULTUR: *In wasserdurchlässigem, auch sandigem, trockenem oder kalkhaltigem Boden pflanzen. Einen Platz in voller Sonne oder im lichten Halbschatten wählen. Rückschnitt ist nicht erforderlich.*

☼ ◑ ♢ F4 ↕15–20 cm ↔75 cm

JUNIPERUS SQUAMATA 'BLUE STAR'

Niedriger, dichter, gedrungener, rundlicher Wacholderbusch mit rostfarbener, schuppiger Rinde. Die silberblauen Nadeln sind stechend spitz und stehen in dreizähligen Wirteln. Die reifen Früchte sind oval und schwarz. Als Bodendecker oder für Steingärten geeignet.

KULTUR: *In wasserdurchlässigem Boden in voller Sonne oder in lichtem Halbschatten pflanzen. Benötigt fast keinen Rückschnitt.*

☼ ◑ ♢ F4 ↕bis 40 cm ↔bis 1 m

KALMIA LATIFOLIA

Der Berglorbeer ist ein dichter, immergrüner Strauch mit großen Blütenbüscheln, die sich vom späten Frühjahr bis zum Hochsommer öffnen. Die Blüten sind becherförmig, rosa oder weiß und öffnen sich aus auffällig zerknitterten Knospen. Die ovalen Blätter sind glänzend dunkelgrün. Guter Solitärstrauch für Gehölzgärten; die Pflanzen blühen am besten an sonnigen Standorten.

KULTUR: *In feuchtem, humusreichem, saurem Boden in Sonne oder Halbschatten pflanzen. Im Frühjahr mit Kiefernnadeln oder Laubkompost mulchen. Die Sträucher benötigen kaum Rückschnitt.*

☼◑ 💧 🏆F4 ↕↔ 3 m

KERRIA JAPONICA 'GOLDEN GUINEA'

Dieser wüchsige, schößlingebildende, laubwerfende Strauch bildet am Grund dichte Gruppen überhängender Triebe. Im Frühjahr öffnen sich an den vorjährigen Trieben große, ungefüllte, gelbe Blüten. Die hellgrünen Blätter sind oval und scharf gesägt. Dieser Ranunkelstrauch ist für lichte Gehölzgärten geeignet.

KULTUR: *In wasserdurchlässigem, fruchtbarem Boden sonnig oder halbschattig pflanzen. Abgeblühte Äste auf verschiedene Höhen zurückschneiden. Unerwünschte Triebe und Schößlinge entfernen, um das Wachstum zu begrenzen.*

☼◑ 💧 🏆F4 ↕2 m ↔2,5 m

KNIPHOFIA 'LITTLE MAID'

Gruppenbildende, laubwerfende Staude mit schlanken Blütenständen aus röhrenförmigen Blüten, die im Spätsommer und Frühherbst erscheinen. Die blaßgrünen Knospen dieser Fackellilie öffnen sich zu blaßgelben Blüten, die elfenbeinweiß verblassen. Die Blätter sind schmal und grasartig. Eine schöne, spätblühende Pflanze für Misch- und Staudenrabatten.

KULTUR: *In wasserdurchlässigem, tiefem, fruchtbarem, humosem Boden in voller Sonne pflanzen. In der Wachstumszeit feucht halten. Im ersten Jahr und in kalten Gebieten im Winter eine Mulchschicht aus Stroh oder Blättern ausbringen.*

☼ ◊ F3–4 ↕60 cm ↔45 cm

KNIPHOFIA 'ROYAL STANDARD'

Gruppenbildende, ausdauernde, krautige Fackellilie mit hohen, konischen Blütenständen, die von Hoch- bis Spätsommer erscheinen. Die roten Knospen öffnen sich an den Blütenständen von unten nach oben zu gelben Röhrenblüten. Die überhängenden, grasartigen Blätter sterben im Winter ab.

KULTUR: *In tiefem, feuchtem, aber wasserdurchlässigem, humosem Boden in voller Sonne pflanzen. In der Wachstumszeit reichlich wässern. In kalten Regionen im Winter mulchen, besonders im ersten Jahr.*

☼ ◊◆ F4 ↕1 m ↔60 cm

KNIPHOFIA TRIANGULARIS

Diese gruppenbildende, laubwerfende Staude wird wegen ihrer im Herbst erscheinenden, langen, rötlichorangefarbenen Röhrenblüten kultiviert. Die Blüten dieser Fackellilie stehen in dichten, ährenartigen Blütenständen und färben sich am Rand gelblich. Die schmalen, grasartigen Blätter hängen über. Als Solitärpflanze für Gewässerränder geeignet.

KULTUR: *Am besten in tiefem, feuchtem, wasserdurchlässigem, humosem, fruchtbarem Boden sonnig pflanzen. Im Wachstum reichlich gießen und in kalten Regionen im Winter mulchen, besonders Jungpflanzen.*

☼ 💧💧 🏆F3–4 ↕60–90 cm ↔45 cm

KOLKWITZIA AMABILIS 'PINK CLOUD'

Schnellwachsender, schößlingebildender, laubwerfender Strauch mit überhängenden Zweigen. Vom späten Frühjahr bis Frühsommer öffnen sich üppige Mengen glockenförmiger, in Gruppen stehender, rosa Büten mit gelb überlaufenem Schlund. Die breit ovalen Blätter sind dunkelgrün. Ausgezeichnet für Strauchrabatten oder als Solitärpflanze geeignet.

KULTUR: *In wasserdurchlässigem, fruchtbarem Boden in der Sonne pflanzen. Jungpflanzen sollten sich zunächst ohne Rückschnitt entwickeln; später die Pflanzen jährlich ausdünnen.*

☼ 💧 🏆F4 ↕3 m ↔4 m

LABURNUM × *WATERERI* 'VOSSII'

Dieser ausladende, laubwerfende Goldregen trägt im späten Frühjahr und Frühsommer lange, hängende Blütenstände mit goldgelben, wickenartigen Blüten. Die dunkelgrünen Blätter bestehen aus drei ovalen Fiedern. Ein schöner Solitärbaum für kleine Gärten, der auch an Bögen oder Laubengängen gezogen werden kann. Alle Pflanzenteile sind giftig!

KULTUR: *In wasserdurchlässigem, mäßig fruchtbarem Boden in der Sonne pflanzen. Im Winter oder zeitigen Frühjahr störende Zweige entfernen. Schößlinge am Grund des Stammes abschneiden.*

☼ ◊ F4 ↕↔ 8 m

LAGURUS OVATUS

Einjähriges Gras, das im Sommer flauschige, ovale Blütenstände hervorbringt. Diese sind blaßgrün, häufig purpurfarben überlaufen und verblassen zu einem hellen Cremeton. Die flachen, schmalen Blätter sind blaßgrün. Für Rabatten geeignet. Die Blütenstände des Hasenschwänzchens können in Gestecken verwendet werden. Zum Trocknen sollten noch nicht voll ausgereifte Blütenstände geerntet werden.

KULTUR: *In leichtem, wasserdurchlässigem, mäßig fruchtbarem, sandigem Boden pflanzen. Einen Ort mit vollem Sonnenlicht wählen.*

☼ ◊ F3 ↕bis 50 cm ↔30 cm

LAMIUM MACULATUM 'WHITE NANCY'

Diese farbenfrohe Taubnessel ist eine halbimmergrüne, mattenbildende Staude, die gut als Bodendecker zwischen Sträuchern eingesetzt werden kann. Im Sommer erscheinen oberhalb der dreieckigen bis herzförmigen Blätter Ähren reinweißer, zweilippiger Blüten. Die silbernen Blätter besitzen einen grünen Rand.

KULTUR: *In feuchtem, wasserdurchlässigem Boden im Schatten oder Halbschatten pflanzen. Die Pflanzen können wuchern, deshalb mit Abstand zu kleineren Pflanzen setzen und das Wachstum der Triebe begrenzen.*

F4 ↕bis 15 cm ↔bis 1 m

LAPAGERIA ROSEA

Eine langlebige, windende, immergrüne Kletterpflanze. Von Sommer bis Spätherbst erscheinen große, schmal glockenförmige, wachsartige, rote Blüten, die entweder einzeln oder in kleinen Büscheln gebildet werden. Die ovalen Blätter sind dunkelgrün gefärbt. In kalten Gegenden benötigt sie den Schutz einer warmen, halbschattigen Wand.

KULTUR: *In wasserdurchlässigem, mäßig fruchtbarem Boden, am besten im Halbschatten pflanzen. In frostgefährdeten Gebieten im Winter vor Wind schützen und mulchen. Möglichst wenig beschneiden und beschädigte Teile im Frühjahr entfernen.*

F3 ↕5 m

LATHYRUS LATIFOLIUS

Die Staudenwicke ist eine laubwerfende Staude mit geflügelten Trieben, die mit Ranken klettert. Sie kann durch Sträucher oder über Böschungen gezogen werden. Im Sommer und Frühherbst werden Büschel rosapurpurner Blüten gebildet. Die blaugrünen Blätter besitzen zwei längliche Fiedern. Die Samen sind nicht genießbar.

KULTUR: *In wasserdurchlässigem, fruchtbarem, humosem Boden in der Sonne oder im Halbschatten pflanzen. Im Frühjahr am Grund abschneiden und die Sproßspitzen auskneifen, um einen buschigen Wuchs zu erzielen. Verträgt keine Störungen.*

☼◑ ◊ F4 ↕2 m oder mehr

LATHYRUS VERNUS

Die Frühlingsplatterbse ist eine dichte, gruppenbildende Staude mit aufrechten Trieben. Trotz des wickenartigen Aussehens klettert diese Art nicht. Im Frühjahr öffnen sich Gruppen purpurblauer Blüten oberhalb der mittel- bis dunkelgrünen Blätter, die aus mehreren, spitzen Fiedern bestehen. Für Gehölz- und Steingärten geeignet.

KULTUR: *In wasserdurchlässigem Boden in voller Sonne oder im Schatten pflanzen. Verträgt arme Böden, sollte aber nicht gestört werden.*

☼◑ ◊ F4 ↕20–45 cm ↔45 cm

LATHYRUS ODORATUS (WICKEN)

Die zahlreichen Kultivare der Wicke sind einjährige Kletterpflanzen, die wegen der über lange Zeit hinweg erscheinenden, schönen und duftenden Blüten kultiviert werden. Die Blüten eignen sich sehr gut als Schnittblumen und sind in fast allen Farben, außer in Gelb erhältlich. Im Sommer und Frühherbst erscheinen die ein- oder zweifarbigen bis gemusterten Blüten in Büscheln. Die Samen sind nicht eßbar. Wicken wirken am besten, wenn sie an einer Pyramide aus Stöcken oder an Spalieren gehalten werden oder zwischen Sträuchern und Stauden klimmen. In Gemüsegärten gepflanzte Wicken locken bestäubende Insekten an.

KULTUR: *In wasserdurchlässigem, fruchtbarem Boden pflanzen. Die beste Blüte entsteht, wenn der Boden im Jahr vor der Aussaat mit altem Mist angereichert wurde. In Sonne oder Halbschatten setzen. Im Wachstum alle zwei Wochen flüssigen Volldünger geben. Regelmäßig schneiden. Klimmende Triebe abstützen.*

☼◑ ♢♦ 🏆F4

1 ↕2–2,5 m

2 ↕2–2,5 m

3 ↕2–2,5 m

1 *L. odoratus*. 'Jayne Amanda' **2** *L. odoratus* 'Noel Sutton' **3** *L. odoratus* 'White Supreme'

LAURUS NOBILIS

Lorbeer ist ein konischer, immergrüner Baum, der wegen seiner ovalen, aromatischen, dunkelgrünen Blätter kultiviert wird und als Gewürz Verwendung findet. Im Frühjahr öffnen sich kleine, grünlichgelbe Blüten, die im Herbst zu schwarzen Beeren reifen. Als Formbaum sehr effektvoll.

KULTUR: *In wasserdurchlässigem, feuchtem, fruchtbarem Boden in Sonne oder Halbschatten geschützt pflanzen. Männliche und weibliche Pflanzen müssen zusammen kultiviert werden, damit zuverlässig Beeren heranreifen. Junge Pflanzen im Frühjahr in Form schneiden, ältere Exemplare im Sommer schwach trimmen.*

F4 ↕12 m ↔10 m

LAURUS NOBILIS 'AUREA'

Diese Lorbeer-Sorte wächst konisch und besitzt goldgelbes, immergrünes, aromatisches Laub. Die Blätter sind oval und ledrig, sie können als Gewürz verwendet werden. Im Frühjahr erscheinen Büschel kleiner, grünlichgelber Blüten, die sich im Herbst an weiblichen Pflanzen zu schwarzen Beeren entwickeln. Als Formbaum und als Kübelpflanze geeignet.

KULTUR: *In wasserdurchlässigem, feuchtem, fruchtbarem Boden sonnig bis halbschattig und geschützt setzen. Formschnitt bei jungen Pflanzen im Frühjahr vornehmen; etablierte Pflanzen im Sommer leicht beschneiden, um buschigen Wuchs zu fördern.*

F4 ↕12 m ↔10 m

LAVANDULA ANGUSTIFOLIA 'HIDCOTE'

Ein gedrungener Lavendel mit silbergrauen, dünnen Blättern und purpurnen Blüten. Dieser immergrüne Strauch eignet sich als Randbepflanzung. Die dichten Ähren duftender Röhrenblüten erscheinen im Sommer an langen, unverzweigten Trieben. Die Blüten zum Trocknen ernten, bevor sie sich ganz geöffnet haben.

KULTUR: *In wasserdurchlässigem, fruchtbarem Boden sonnig pflanzen. Im Herbst abgeblühte Triebe zurückschneiden und das Laub schwach stutzen. In frostgefährdeten Regionen im Frühjahr beschneiden. Nicht auf altes Holz zurückschneiden.*

☼ ◇ 🏆F4 ↕60 cm ↔75 cm

LAVANDULA ANGUSTIFOLIA 'TWICKEL PURPLE'

Dieser immergrüne Strauch ist nahe mit 'Hidcote' verwandt, besitzt aber einen ausladenderen Wuchs, blassere Blüten und grünere Blätter. Dichte Ähren duftender, purpurner Blüten erscheinen im Hochsommer über schmal länglichen, graugrünen Blättern. Für Strauchrabatten geeignet. Die Blüten locken viele Bienen an.

KULTUR: *In wasserdurchlässigem, relativ fruchtbarem Boden in voller Sonne pflanzen. Im Herbst trimmen; in frostgefährdeten Gebieten erst im Frühjahr beschneiden. Nicht auf altes Holz zurückschneiden.*

☼ ◇ 🏆F4 ↕60 cm ↔1 m

LAVANDULA STOECHAS SSP. *PEDUNCULATA*

Schopflavendel ist ein gedrungener, immergrüner Strauch, der im späten Frühjahr und Sommer blüht. Dichte, lang gestielte Ähren winziger, duftender, dunkelpurpurner Blüten tragen an der Spitze purpurrosa Brakteen. Die Blätter sind schmal, behaart und silbergrau. Wirkungsvoll in Strauchrabatten und Steingärten. Kann in kalten Regionen Schaden erleiden.

KULTUR: *In wasserdurchlässigem, fruchtbarem Boden sonnig pflanzen. Im Frühjahr zurückschneiden; in frostfreien Klimaten nach der Blüte trimmen. Nicht in altes Holz zurückschneiden.*

☼ ◊ ♀F3 ↕↔ 60 cm

LAVATERA 'BARNSLEY'

Eine wüchsige, aufrechte, sommerblühende, halbimmergrüne Strauchpappel, die viele Büschel weißer Blüten bildet. Die Blüten sind offen, im Zentrum rot und haben gekerbte Kronblätter; sie welken rosa. Die graugrünen Blätter haben drei oder fünf Zipfel. Ideal für Strauchrabatten. Sie blüht am neuen Holz und sollte deshalb in jedem Jahr kräftig zurückgeschnitten werden.

KULTUR: *In wasserdurchlässigem, mäßig fruchtbarem Boden an einer geschützten, sonnigen Stelle pflanzen. Im Frühjahr, sobald die jungen Triebe kräftig wachsen, bis zur Basis zurückschneiden.*

☼ ◊ ♀F3–4 ↕↔ 2 m

LAVATERA 'ROSEA'

Dieser schnell wachsende, halbimmergrüne, aufrechte Halbstrauch bildet üppige Mengen großer, weit trichterförmiger, dunkelrosa Blüten. Sie erscheinen im Sommer in Büscheln am diesjährigen Zuwachs. Die blaßgrünen, filzig behaarten Blätter besitzen drei bis fünf Lappen. Verträgt in warmen Regionen Küstenklima.

KULTUR: *In wasserdurchlässigem, mäßig fruchtbarem Boden sonnig und geschützt pflanzen. Im Frühjahr schwache oder beschädigte Zweige abschneiden und alle Triebe auf maximal 30 cm zurückschneiden.*

☼ ◊ F3–4 ↕↔ 2 m

LEPTOSPERMUM RUPESTRE

Niedriger, immergrüner Strauch mit dichtem Laub und sternförmigen, weißen Blüten, die von Frühjahr bis Sommer gebildet werden. Die kleinen, aromatischen Blätter dieser Teebaum-Art sind elliptisch und glänzen dunkelgrün. Die Art stammt aus den Küstenregionen Tasmaniens und kann in milden Klimaten in küstennahen Gärten kultiviert werden.

KULTUR: *In wasserdurchlässigem, fruchtbarem Boden in Sonne oder Halbschatten pflanzen. Im Frühjahr Jungwuchs zurückschneiden, um buschigen Wuchs zu erzielen, aber nicht in altes Holz einschneiden.*

☼ ◐ ◊ F3 ↕0,3–1,5 m ↔1–1,5 m

LEPTOSPERMUM SCOPARIUM 'KIWI'

Ein gedrungener Strauch mit überhängenden Zweigen und vielen kleinen, flachen, karminroten Blüten, die im späten Frühjahr und Frühsommer erscheinen. Die kleinen, aromatischen Blätter sind anfangs purpurn überlaufen und werden später dunkelgrün. Für große Steingärten und Alpinhäuser geeignet. Die Pflanzen vertragen keine kalten Winter.

KULTUR: *In wasserdurchlässigem, mäßig fruchtbarem Boden in Sonne oder Halbschatten pflanzen. Für buschigen Wuchs den Jungwuchs im Frühjahr trimmen, aber nicht in altes Holz schneiden.*

☼ ◐ 💧 🏆F3 ↕↔ 1 m

LEUCANTHEMUM × *SUPERBUM* 'WIRRAL SUPREME'

Diese Margerite ist eine kräftige, gruppenbildende Staude, die manchmal als *Chrysanthemum* verkauft wird. Sie bildet von Frühsommer bis Frühherbst dicht gefüllte, weiße Blütenköpfchen, die einzeln am Ende langer Blütentriebe stehen. Die gesägten, lanzettlichen Blätter sind dunkelgrün. Gute Schnittblume.

KULTUR: *In feuchtem, aber wasserdurchlässigem Boden in voller Sonne oder im Halbschatten pflanzen. Muß manchmal gestützt werden.*

☼ ◐ 💧💧 🏆F4 ↕ 90 cm ↔ 75 cm

LEUCOJUM AESTIVUM 'GRAVETYE GIANT'

Eine robuste Sorte der Knotenblume, die im Frühjahr blüht. Die Zwiebelpflanze besitzt aufrechte, riemenförmige, bis 40 cm lange, dunkelgrüne Blätter. Die schwach nach Schokolade duftenden, hängenden, weißen Glockenblüten mit grünen Spitzen stehen in Büscheln. Die Pflanzen gedeihen in der Nähe von Gewässern und können gut in Grasflächen ausgewildert werden.

KULTUR: *In zuverlässig feuchtem, humosem Boden am besten in der Nähe von Gewässern pflanzen. Einen halbschattigen Ort wählen.*

F4 ↕1 m ↔ 8 cm

LEUCOJUM AUTUMNALE

Schlanke, im Spätsommer blühende Zwiebelpflanze mit Trieben, die zwei bis vier hängende, glockenförmige, weiße Blüten tragen. Die Kronblätter sind am Grund rot überlaufen. Die schmalen, grasartigen Blätter erscheinen zusammen mit oder kurz nach den Blüten. Für Steingärten geeignet.

KULTUR: *In feuchtem, aber wasserdurchlässigem Boden in voller Sonne pflanzen. Nach dem Abwelken der Blätter die Zwiebeln teilen und wieder einpflanzen.*

F4 ↕10–15 cm ↔ 5 cm

LEWISIA COTYLEDON

Diese immergrüne Staude bildet dichte Gruppen weit trichterförmiger, gewöhnlich rosapurpurner, weißer, cremefarbener, gelber oder aprikotfarbener Blüten. Sie erscheinen von Frühjahr bis Sommer an langen Trieben. Die dunkelgrünen, fleischigen, lanzettlichen Blätter sind in grundständigen Rosetten angeordnet. Diese Bitterwurz-Art kann in Mauerritzen kultiviert werden.

KULTUR: *In sehr gut wasserdurchlässigem, relativ fruchtbarem, humosem, neutralem bis saurem Boden pflanzen. Einen Platz mit lichtem Schatten wählen, an dem die Pflanzen im Winter vor Nässe geschützt sind.*

☀ ◇ ♀F4 ↕15–30 cm ↔20–40 cm

LEWISIA TWEEDYI

Immergrüne Staude mit aufrechten bis überhängenden Trieben, die im Frühling und Frühsommer ein bis vier weit trichterförmige, weiße bis pfirsichrosa Blüten tragen. Die lanzettlichen, fleischigen, dunkelgrünen Blätter sind purpurn überhaucht und stehen in Rosetten am Grund der Pflanze. Für Steingärten geeignet; in frostgefährdeten Klimaten im Alpinhaus halten.

KULTUR: *In sehr gut wasserdurchlässigem, humosem, relativ fruchtbarem, neutralem bis saurem Boden in lichtem Schatten pflanzen. Im Winter vor übermäßiger Nässe schützen.*

☀ ◇ ♀F2 ↕20 cm ↔30 cm

LIGULARIA 'GREGYNOG GOLD'

Große, kräftige, gruppenbildende Staude mit pyramidenförmigen Ähren margeritenartiger, im Zentrum brauner, orangegoldener Blütenköpfchen. Sie erblühen im Spätsommer und Frühherbst an langen, aufrechten Trieben, die die rundlichen, gesägten, mittelgrünen Blätter überragen. Eine ausgezeichnete Pflanze für Uferbegrünungen, die sich auf feuchten Böden leicht auswildern läßt.

KULTUR: *In zuverlässig feuchtem, tiefem, mäßig fruchtbarem Boden pflanzen. Vor starken Winden geschützt an einer sonnigen Stelle mit etwas Mittagsschatten setzen.*

☼◑ 💧 F4 ↕bis 2 m ↔1 m

LIGUSTRUM LUCIDUM

Dieser Liguster ist ein wüchsiger, konischer, immergrüner Strauch mit glänzenden, dunkelgrünen, ovalen Blättern. Im Spätsommer und Frühherbst tragen lockere Rispen kleine, weiße Blüten, die zu ovalen, blauschwarzen Früchten reifen. Eine gute Heckenpflanze, die aber auch in Strauchrabatten elegant wirkt.

KULTUR: *Am besten in wasserdurchlässigem Boden in voller Sonne oder im Halbschatten pflanzen. Im Winter unerwünschte Zweige entfernen.*

☼◑ ◊ F4 ↕↔ 10 m

LIGUSTRUM LUCIDUM 'EXCELSUM SUPERBUM'

Eine panaschierte Form der vorangegangenen Art, die gelb gerandete, hellgrüne Blätter besitzt. Der schnellwüchsige, konische Strauch trägt im Spätsommer und Frühherbst lockere Rispen kleiner, cremeweißer Blüten, die zu ovalen, blauschwarzen Früchten reifen.

KULTUR: *In wasserdurchlässigem Boden in voller Sonne pflanzen, damit sich die Blätter optimal färben. Im Winter unerwünschte Zweige herausschneiden. Triebe mit einfarbigen Blättern sofort entfernen.*

☼ ◊ ♆F4 ↕↔ 10 m

LILIUM CANDIDUM

Die Madonnenlilie ist eine aufrechte Zwiebelpflanze mit bis zu 20 stark duftenden, trompetenförmigen Blüten pro Trieb. Diese besitzen weiße, am Grund gelb überlaufene Blütenblätter und gelbe Staubblätter. Die lanzettlichen, glänzenden, hellgrünen Blätter werden nach der Blütezeit gebildet und überdauern meist den Winter.

KULTUR: *In wasserdurchlässigem, neutralem bis alkalischem Boden pflanzen, der viel gut verrottetes, organisches Material enthält. Verträgt trockenere Böden als andere Lilien und sollte in voller Sonne, aber mit der Basis im Schatten gepflanzt werden.*

☼ ◊ ♆F4 ↕1–2 m

LILIUM FORMOSANUM VAR. *PRICEI*

Elegante, gruppenbildende Staude mit duftenden, schlanken, trompetenförmigen Blüten, die im Sommer einzeln oder in Gruppen bis zu drei erscheinen. Die weißen Blütenblätter sind an der Spitze zurückgebogen und außen purpurn überlaufen. Die meisten der länglichen, dunkelgrünen Blätter stehen am Grund des Triebes. Hübsche Pflanze für unbeheizte Gewächshäuser und Wintergärten.

KULTUR: *In feuchtem, neutralem bis saurem, humusreichem Boden sonnig, aber mit der Basis im Schatten pflanzen. Vor zu heißer Sonneneinstrahlung schützen.*

☼ ♦ ♈F4 ↕0,6–1,5 m

LILIUM HENRYI

Schnellwüchsige, gruppenbildende Staude, die im Spätsommer zahlreiche, schwach duftende, turbanförmige (mit weit zurückgeschlagenen Blütenblättern) Blüten trägt. Diese sind dunkelorange, braun gefleckt, besitzen rote Staubblätter und stehen an purpurn gemusterten, grünen Trieben oberhalb der lanzettlichen Blätter. Hervorragend für Wildblumengärten und Gehölzgärten geeignet.

KULTUR: *In wasserdurchlässigem, neutralem bis alkalischem Boden mit Laubkompost oder stark zersetztem, organischem Material pflanzen. Im Halbschatten setzen.*

☼ ◊ ♈F4 ↕1–3 m

LILIUM LONGIFLORUM

Schnellwüchsige Staude mit gedrungenen Gruppen aus ein bis sechs reinweißen, stark duftenden, trompetenförmigen Blüten mit gelben Staubblättern. Diese Lilien blühen im Hochsommer oberhalb der zerstreut angeordneten, lanzettlichen, dunkelgrünen Blätter. Eine relativ kleine, nicht winterharte Lilie, die in Töpfen und unter Glas gut wächst.

KULTUR: *Am besten in wasserdurchlässigem Boden oder Topferde mit zusätzlichem organischem Material im Halbschatten pflanzen. Verträgt kalkhaltigen Boden.*

◑ ◇ ♀F2–3 ↕40–100 cm

LILIUM MARTAGON VAR. *ALBUM*

Die weiße Form der Türkenbundlilie ist eine gruppenbildende, wüchsige Staude, die Gruppen kleiner, nickender, weißer Blüten trägt. Die Blütenblätter der turbanförmigen Blüten sind stark zurückgebogen. Die elliptischen bis lanzettlichen Blätter stehen meist in dichten Wirteln. Im Gegensatz zu den meisten Lilien riechen diese Pflanzen eher unangenehm und sollten deshalb in Rabatten oder Wildblumengärten gepflanzt werden.

KULTUR: *Am besten in wasserdurchlässigem Boden in voller Sonne oder Halbschatten pflanzen. In der Wachstumszeit oft gießen.*

☼◑ ◇ ♀F4 ↕1–2 m

LILIUM MONADELPHUM

Kräftige, gruppenbildende Staude, auch als *L. szovitsianum* bekannt, mit bis zu 30 großen, trompetenförmigen Blüten. Die blaßgelben, außen braun überhauchten, innen kastanienpurpurn gefleckten Blüten erscheinen im Frühsommer an steifen Trieben. Die zerstreut stehenden, hellgrünen Blätter sind schmal oval. Sehr gut als Topfpflanze geeignet, da sie trockene Bedingungen besser als andere Lilien verträgt.

KULTUR: *In wasserdurchlässigem Boden in voller Sonne pflanzen. Die Pflanzen gedeihen auch auf kalkhaltigen oder relativ schweren Böden.*

☼ ◊ F4 ↕1–1,5 m

LILIUM PINK-PERFECTION-GRUPPE

Diese kurzstämmigen Lilien tragen im Hochsommer Gruppen großer, duftender, trompetenförmiger Blüten mit zurückgeschlagenen Blütenblättern. Die Blütenfarbe variiert von dunkel Purpurrot bis Purpurrosa; die Staubblätter sind leuchtendorange gefärbt. Die mittelgrünen Blätter sind riemenförmig. Eine ausgezeichnete Schnittblume.

KULTUR: *In wasserdurchlässigem, mit Laubkompost oder gut verrottetem organischen Material angereichertem Boden pflanzen. Einen sonnigen Platz wählen, an dem die Basis der Pflanze im Schatten liegt.*

☼ ◊ F4 ↕1,5–2 m

LILIUM PYRENAICUM

Eine niedrige, zwiebelbildende Lilie, deren Triebe im Früh- und Hochsommer bis zu 12 nickende, grüngelbe oder gelbe, purpurn gefleckte Blüten tragen. Die Blütenblätter sind stark zurückgeschlagen. Die grünen, manchmal purpurn gefleckten Triebe tragen lanzettliche, hellgrüne, am Rand manchmal silbrige Blätter. Diese Lilie ist für Innenhöfe nicht geeignet, weil sie unangenehm riecht.

KULTUR: *In wasserdurchlässigem, neutralem oder alkalischem Boden mit zusätzlichem Laubkompost oder gut zersetztem organischen Material in voller Sonne oder im Halbschatten pflanzen.*

☼ ◑ ◊ ♕F4 ↕30–100 cm

LILIUM REGALE

Die Königslilie ist eine kräftige Zwiebelpflanze mit stark duftenden, trompetenförmigen Blüten, die sich im Hochsommer öffnen. Bis zu 25 Blüten bilden eine Gruppe; sie sind weiß und außen purpurn oder purpurbraun überlaufen. Die zahlreichen, schmalen Blätter sind dunkelgrün. Königslilien sind auffällige Pflanzen für Mischrabatten, können aber auch in Töpfen kultiviert werden.

KULTUR: *In wasserdurchlässigem, mit organischem Material angereichertem Boden pflanzen. Verträgt keine stark alkalischen Böden. Sonnig oder halbschattig setzen.*

☼ ◑ ◊ ♕F4 ↕0,6 m–2 m

LIMNANTHES DOUGLASII

Die Sumpfblume ist eine aufrechte bis ausladende Einjährige, die im Sommer und Herbst üppige Mengen weiß gerandeter, gelber Blüten bildet. Die tief gezähnten, glänzenden, gelbgrünen Blätter stehen an schlanken Trieben. Die Pflanzen eignen sich zur Aufhellung von Steingärten und Wegrändern. Sie locken Schwebfliegen an, die Blattläuse reduzieren.

KULTUR: *In feuchtem, aber wasserdurchlässigem, fruchtbarem Boden in voller Sonne pflanzen. Im Frühjahr oder Herbst im Freiland säen. Sumpfblumen säen sich selbst reichlich aus.*

☼ ◊ F4 ↕↔ bis 15 cm oder mehr

LIMONIUM SINUATUM 'FOREVER GOLD'

Aufrechte Staude mit dichten Gruppen gelber Blüten, die im Sommer und Frühherbst erscheinen. Die steifen Triebe sind etwas geflügelt. Die dunkelgrünen Blätter stehen meist in einer grundständigen Rosette. Dieser Strandflieder eignet sich für sonnige Rabatten und Kiesgärten; die Blüten können getrocknet werden. Wie andere Meerlavendel-Arten wird diese Sorte meist als Einjährige kultiviert, weil sie kalte Winter nicht übersteht.

KULTUR: *In wasserdurchlässigem, am besten sandigem Boden in voller Sonne pflanzen. Verträgt trockene, steinige Böden.*

☼ ◊ F3 ↕ bis 60 cm ↔ 30 cm

LINUM 'GEMMELL'S HYBRID'

Kissenförmige, halbimmergrüne Staude mit zahlreichen Gruppen gelber, breit trichterförmiger Blüten, die sich im Sommer über mehrere Wochen hinweg öffnen. Die blaugrünen Blätter sind oval. Dieser Lein eignet sich für Steingärten.

KULTUR: *In leichtem, mäßig fruchtbarem, humosem Boden pflanzen. Vollsonnig setzen und im Winter vor Nässe schützen.*

☼ ◊ 🏆F4 ↕15 cm ↔bis 20 cm

LIRIODENDRON TULIPIFERA

Der stattliche, laubwerfende Tulpenbaum hat einen breit säulenförmigen Wuchs und wird im Alter ausladend. Die kantigen, gelappten, dunkelgrünen Blätter färben sich im Herbst gelb. Im Sommer erscheinen tulpenförmige, blaßgrüne, am Grund orange Blüten, die zu zapfenartigen Früchten reifen. Ausgezeichneter Solitärbaum für große Gärten.

KULTUR: *In feuchtem, aber wasserdurchlässigem, am besten schwach saurem Boden in voller Sonne oder im Halbschatten pflanzen. Etablierte Pflanzen möglichst wenig beschneiden.*

☼ ◑ ◊◊ 🏆F4 ↕30 m ↔15 m

LIRIOPE MUSCARI

Diese kräftige, immergrüne Staude bildet dichte Gruppen dunkelgrüner, riemenförmiger Blätter. Im Herbst öffnen sich an Ähren zwischen dem Laub kleine, purpurviolette Blüten, die zu schwarzen Beeren reifen können. Die Lilientraube ist für Gehölzrabatten und als Bodendecker für trockene, schattige Stellen geeignet.

KULTUR: *In leichtem, feuchtem, aber wasserdurchlässigem, relativ fruchtbarem Boden pflanzen. Bevorzugt saure Böden. Im Schatten oder Halbschatten setzen und vor kalten, austrocknenden Winden schützen. Kann Trockenperioden gut überstehen.*

F4 ↕30 cm ↔45 cm

LITHODORA DIFFUSA 'HEAVENLY BLUE'

Kriechender, immergrüner Strauch, wird auch als *Lithospermum* 'Heavenly Blue' verkauft. Die trichterförmigen, azurblauen Blüten werden vom späten Frühjahr bis zum Sommer in üppigen Mengen gebildet. Die elliptischen Blätter sind dunkelgrün und behaart. Dieser Steinsame ist besonders für offene Stellen in Steingärten oder Hochbeeten geeignet.

KULTUR: *In wasserdurchlässigem, humosem, saurem Boden in voller Sonne pflanzen. Nach dem Ende der Blütezeit schwach beschneiden.*

F4 ↕15 cm ↔60 cm oder mehr

LOBELIA 'CRYSTAL PALACE'

Eine gedrungene, buschige Staude, die meist als Einjährige kultiviert wird und von Sommer bis Herbst üppige Blütenbüschel hervorbringt. Die Blüten dieser Lobelie sind zweilippig und leuchtend dunkelblau gefärbt. Die winzigen, dunkelgrünen Blätter sind bronzefarben überlaufen. Als Randbepflanzung und Topfpflanze attraktiv.

KULTUR: *In tiefem, fruchtbarem, dauerhaft feuchtem Boden oder Topferde in voller Sonne oder im Halbschatten pflanzen. Im Frühjahr nach Ende der Frostgefahr setzen.*

☼ ◑ 💧 🏆F3 ↕bis 10 cm ↔10–15 cm

LOBELIA 'QUEEN VICTORIA'

Kurzlebige, gruppenbildende Staude mit Ähren leuchtendroter, zweilippiger Blüten, die von Spätsommer bis Mitte Herbst erscheinen. Die Blätter und Triebe dieser Lobelie sind dunkel purpurrot gefärbt. Eine beeindruckende Pflanze für Mischrabatten und Gewässerränder. Überlebt in kalten Klimaten nicht immer.

KULTUR: *In tiefem, zuverlässig feuchtem, fruchtbarem Boden in voller Sonne pflanzen. Die Pflanzen sind kurzlebig, können aber leicht durch Teilung im zeitigen Frühjahr vermehrt werden.*

☼ 💧 🏆F3 ↕1 m ↔30 cm

LONICERA X *ITALICA*

Ein wüchsiges, laubwerfendes, verholzendes Geißblatt, das windet oder klimmt und üppig blüht. Im Sommer und Frühherbst öffnen sich dichte Wirtel röhrenförmiger, duftender, fleischfarbener Blüten, die purpurrot überhaucht und innen gelb sind. Im Herbst reifen die Blüten zu roten Beeren. Die Blätter sind oval und dunkelgrün. An einer Wand oder in einem kleinen Baum wachsen lassen.

KULTUR: *In feuchtem, wasserdurchlässigem, fruchtbarem, humosem Boden in Sonne oder Halbschatten pflanzen. An etablierten Pflanzen sollten die abgeblühten Zweige um bis zu ein Drittel gekürzt werden.*

☼ ◑ 💧💧 🏆F4 ↕7 m

LONICERA NITIDA 'BAGGESEN'S GOLD'

Dichter, immergrüner Strauch mit winzigen, ovalen, hellgelben Blättern an überhängenden Zweigen. Die unauffälligen, gelbgrünen Blüten erscheinen im Frühjahr und reifen evtl. zu kleinen, blauen Beeren heran. Gute Heckenpflanze für Gärten in Innenstädten; dieses Geißblatt verträgt Luftverschmutzung.

KULTUR: *In wasserdurchlässigem Boden in voller Sonne oder im Halbschatten pflanzen. Hecken von Frühjahr bis Herbst mindestens dreimal trimmen. Pflanzen, die an der Basis kahl werden, treiben nach einem starken Rückschnitt wieder neu aus.*

☼ ◑ 💧 🏆F4 ↕↔ 1,5 m

LONICERA PERICLYMENUM 'GRAHAM THOMAS'

Verholzende, laubwerfende, windende Kletterpflanze, die lange und üppig blüht und stark duftende, weiße Röhrenblüten trägt. Die Blüten dieses Waldgeißblattes erscheinen im Sommer und werden mit der Zeit gelb. Die mittelgrünen Blätter sind oval.

KULTUR: *In feuchtem, aber wasserdurchlässigem, fruchtbarem, humosem Boden pflanzen. Die Sorte gedeiht in voller Sonne; am besten, wenn die Basis im Schatten steht. An älteren Pflanzen die Zweige um bis zu max. ein Drittel zurückschneiden.*

F4 ↕7 m

LONICERA PERICLYMENUM 'SEROTINA'

Schnell wachsende, laubwerfende, windende Kletterpflanze mit duftenden, purpurroten Blüten, die im Sommer gebildet werden. Gelegentlich reifen die Blüten des Waldgeißblattes zu roten Beeren. Die Blätter sind oval und mittelgrün. Bei ausreichendem Platzangebot ist kaum Rückschnitt erforderlich.

KULTUR: *In wasserdurchlässigem, feuchtem, humosem, fruchtbarem Boden sonnig, mit Schatten an der Basis, pflanzen. Zweige an der Wand gezogener Exemplare nach der Blüte um ein Drittel kürzen.*

F4 ↕7 m

LONICERA × *PURPUSII* 'WINTER BEAUTY'

Dichter, halbimmergrüner Strauch, der für wunderschöne, im Winter blühende Hecken mit attraktivem Duft eingesetzt werden kann. Die Büschel stark duftender, cremeweißer Blüten erscheinen im späten Winter und zeitigen Frühjahr; gelegentlich werden rote Beeren gebildet. Die Blätter sind dunkelgrün.

KULTUR: *In wasserdurchlässigem Boden im Halbschatten oder, für bessere Blütenbildung, in voller Sonne pflanzen. Nach der Blütezeit beschneiden, um totes Holz zu entfernen und die Größe zu begrenzen.*

F4 ↕2 m ↔2,5 m

LONICERA × *TELLMANNIANA*

Windende, laubwerfende, verholzende Kletterpflanze, die vom späten Frühjahr bis zum Hochsommer Gruppen röhrenförmiger, kupferorangefarbener Blüten trägt. Die dunkelgrünen, elliptischen Blätter sind unterseits bläulichweiß gefärbt. An Wänden, Zäunen oder in großen Sträuchern ziehen.

KULTUR: *In feuchtem, wasserdurchlässigem, fruchtbarem, humosem Boden pflanzen. Sie verträgt volle Sonne, blüht aber an schattigeren Stellen besser. Nach der Blütezeit die Zweige um ein Drittel kürzen.*

F4 ↕5 m

LOTUS BERTHELOTII

Kriechender, immergrüner Halbstrauch mit langen Trieben, die fein zerteilte, silbrige Blätter tragen. Die hakenförmigen, auffällig orangeroten bis scharlachroten Blüten öffnen sich in großen Mengen von Frühjahr bis Frühsommer. Dieser Hornklee ist nicht frosthart und sollte im Sommer ausgepflanzt, aber unter Glas überwintert werden.

KULTUR: *In wasserdurchlässigem, mäßig fruchtbarem Boden oder Topferde in voller Sonne pflanzen. Nach der Blüte durch Entfernen einiger alter Triebe den Jungwuchs anregen. Mindesttemperatur: 2 °C.*

☼ ◊ ♉F1+3 ↕20 cm ↔unbegrenzt

LUPINUS ARBOREUS

Ein schnell wachsender, aufsteigender, halbimmergrüner Strauch, der wegen seiner im Sommer erscheinenden Ähren duftender, gelber Blüten kultiviert wird. Die zusammengesetzten Blätter sind hell graugrün. Die Baumlupine stammt aus Gebüschen im küstennahen Kalifornien und kann Küstenbedingungen vertragen, übersteht aber keine kalten Winter.

KULTUR: *In leichtem oder sandigem, wasserdurchlässigem, fruchtbarem, schwach saurem Boden in der Sonne pflanzen. Verblühtes entfernen, um Selbstaussaat zu verhindern. Durch Schnitt nach der Blüte bleiben die Pflanzen kompakt.*

☼ ◊ ♉F4 ↕↔ 2 m

LYCHNIS CHALCEDONICA

Die Brennende Liebe ist eine gruppenbildende Staude mit leicht gewölbten, leuchtendroten Blütenständen, die im Früh- und Hochsommer erscheinen. Die Blütenstände stehen oberhalb der ovalen, mittelgrünen Grundblätter. Die Einzelblüten sind klein und kreuzförmig. Für sonnige Rabatten und Wildblumengärten geeignet, muß aber etwas gestützt werden.

KULTUR: *In feuchtem, aber wasserdurchlässigem, fruchtbarem, humosem Boden in voller Sonne oder lichtem Halbschatten pflanzen.*

☼ ◐ ◊◆ 🏆F4 ↕1–1,2 m ↔30 cm

LYSICHITON AMERICANUS

Die Gelbe Scheinkalla ist eine auffällige, farbenfrohe Staude, die im zeiti gen Frühling blüht und sich für Uferbepflanzungen eignet. Die Kolben tragen dichte, winzige, grünlichgelbe Blüten, sind von einer leuchtendgelben Spatha umgeben und verströmen einen unangenehmen, moschusartigen Geruch. Große, 50–120 cm lange, dunkelgrüne Blätter stehen an der Basis der Pflanze.

KULTUR: *In feuchtem, fruchtbarem, humosem Boden in der Sonne oder im Halbschatten pflanzen. Genügend Platz für die Blätter bieten.*

☼ ◐ ◆ 🏆F4 ↕1 m ↔1,2 m

LYSICHITON CAMTSCHATCENSIS

Die Weiße Scheinkalla ist eine kräftige Staude für Gewässerränder. Im zeitigen Frühjahr erscheinen schwach nach Moschus duftende Kolben mit winzigen, grünen Blüten. Jeder Kolben ist von einer weißen Spatha umhüllt. Die großen, bis zu 1 m langen, dunkelgrünen Blätter stehen am Grund der Pflanze. Eine ideale Pflanze für die Ränder von Bächen oder Teichen.

KULTUR: *In feuchtem, fruchtbarem, humosem Boden an Gewässerrändern pflanzen. An einem ausreichend großen Platz in voller Sonne oder im Halbschatten pflanzen.*

F4 ↕↔ bis 1 m

LYSIMACHIA CLETHROIDES

Eine ausladende, gruppenbildende Staude, die wegen ihrer schlanken Ähren winziger, sternförmiger, weißer Blüten kultiviert wird. Die Blütenstände hängen anfangs und richten sich im Hoch- und Spätsommer beim Erblühen auf. Die schmalen Blätter sind zuerst gelbgrün, später mittelgrün und unterseits blasser. Der Schneefelberich kann in Wildblumen- und Sumpfgärten ausgewildert werden.

KULTUR: *In zuverlässig feuchtem, humusreichem Boden in Sonne oder Halbschatten pflanzen. Muß manchmal gestützt werden.*

F4 ↕1 m ↔60 cm

LYSIMACHIA NUMMULARIA 'AUREA'

Eine üppig wachsende, kriechende, immergrüne Staude, die ein ausgezeichneter Bodendecker ist. Die leuchtend goldgelben Blätter dieses Pfennigkrautes sind breit oval und am Grund herzförmig. Die gelben, becherförmigen Blüten erscheinen im Sommer und verstärken die Farbwirkung der Pflanze.

KULTUR: *In zuverlässig feuchtem, mit gut verrottetem organischen Material angereichertem Boden kultivieren. Einen Ort mit voller Sonne oder Halbschatten auswählen.*

☼ ◑ 💧 🏆F4 ↕bis 5 cm ↔unbegrenzt

LYTHRUM SALICARIA 'FEUERKERZE'

Diese Sorte des Blutweiderichs ist eine gruppenbildende, aufrechte Staude und hat kräftiger rosarot gefärbte Blüten als die Art. Von Hochsommer bis Frühherbst öffnen sich die Blüten an schlanken Ähren. Die lanzettlichen Blätter sind mittelgrün. Für feuchte Rabatten und Gewässerränder geeignet.

KULTUR: *In feuchtem, am besten fruchtbarem Boden in voller Sonne pflanzen. Abgeblühte Blütenstände entfernen, um Selbstaussaat zu verhindern.*

☼ 💧 🏆F4 ↕1 m ↔ 45 cm

MACLEAYA × *KEWENSIS* 'KELWAY'S CORAL PLUME'

Dieser Federmohn ist eine gruppenbildende Staude, die wegen des Laubes und der fedrigen Rispen rosa bis gelber Blüten kultiviert wird. Im Frühsommer öffnen sich rosa Knospen oberhalb der olivgrünen Blätter. Zwischen Sträuchern pflanzen oder als Gruppen setzen, die als durchsichtige Abtrennung dienen können.

KULTUR: *Am besten in feuchtem, wasserdurchlässigem, mäßig fruchtbarem Boden in der Sonne oder in lichtem Schatten pflanzen. Vor kalten Winden schützen. Kann wuchern, deshalb sollten die Wurzeln am Rand der Pflanzen gekürzt werden.*

☼☀ 💧 ♆F4 ↕2,2 m ↔ 1 m oder mehr

MAGNOLIA GRANDIFLORA 'EXMOUTH'

Diese relativ winterharte Sorte ist ein dichter, immergrüner Baum mit glänzenden, dunkelgrünen Blättern, die unterseits rostbraun behaart sind. *M. grandiflora* unterscheidet sich deutlich von anderen Magnolien, indem sie sporadisch von Spätsommer bis Herbst blüht. Die Blüten sind groß, becherförmig, cremeweiß und duften stark.

KULTUR: *Am besten in wasserdurchlässigem, feuchtem, humosem, saurem Boden in voller Sonne oder lichtem Schatten pflanzen. Im Frühjahr mit Laubkompost mulchen. Möglichst wenig beschneiden.*

☼☀ 💧 ♆F3–4 ↕6–18 m ↔ bis 15 m

MAGNOLIA GRANDIFLORA 'GOLIATH'

Diese Sorte ist weniger frosthart als die vorhergehende Sorte 'Exmouth', bildet aber deutlich größere, bis 30 cm breite Blüten. Ein dichter, konischer Baum mit leicht gewellten, dunkelgrünen Blättern. Die becherförmigen, stark duftenden, cremeweißen Blüten erscheinen von Spätsommer bis Herbst.

KULTUR: *Am besten in wasserdurchlässigem, feuchtem, humosem, saurem Boden in voller Sonne oder im lichten Schatten pflanzen. Verträgt auch trockene, alkalische Böden. Im Frühjahr mit Laubkompost mulchen. Möglichst wenig beschneiden.*

☼◑ ◊♦ F3–4 ↕6–18 m ↔bis 15 m

MAGNOLIA LILIIFLORA 'NIGRA'

Dichter, sommerblühender Strauch mit kelchförmigen, purpurroten Blüten. Die elliptischen, dunkelgrünen Blätter werden im Herbst abgeworfen. Als Solitärstrauch oder mit weiteren Gehölzen setzen. Im Gegensatz zu anderen Magnolien blüht diese Sorte bereits in jungen Jahren.

KULTUR: *In feuchtem, wasserdurchlässigem, nährstoffreichem, saurem Boden in der Sonne oder im Halbschatten pflanzen. Im zeitigen Frühjahr mulchen. Junge Pflanzen im Hochsommer beschneiden, um eine ausgewogene Form zu erreichen; an älteren Pflanzen ist fast kein Schnitt notwendig.*

☼◑ ◊♦ F4 ↕3 m ↔2,5 m

MAGNOLIA (FRÜHJAHRSBLÜHENDE MAGNOLIEN)

Im Frühjahr blühende Magnolien sind hübsche, laubwerfende Sträucher oder Bäume, die wegen ihres eleganten Wuchses und der schönen, häufig duftenden Blüten geschätzt werden, die sich oft vor dem Laubaustrieb öffnen. Die Blütenformen reichen von den kräftigen, aber zart wirkenden, sternförmigen Blüten von *M. stellata* bis zu den exotischen, kelchförmigen Blüten von Hybriden wie 'Ricki'. Im Herbst reifen die roten Samen heran. Besonders bei freistehenden Exemplaren ist im Winter das unbelaubte Astwerk attraktiv. *M.* x *soulangeana* 'Rustica Rubra' kann auch an einer Wand kultiviert werden.

KULTUR: *Am besten in tiefem, feuchtem, wasserdurchlässigem, neutralem bis saurem Boden sonnig oder halbschattig pflanzen.* M. wilsonii *verträgt alkalische Böden. Nach dem Erziehungsschnitt an Jungpflanzen sollten nur noch kranke oder tote Zweige nach der Blüte entfernt werden.*

☼◑ ◊♦ ♈F3–4, F4

1 ↕10 m ↔ 8 m

2 ↕15 m ↔ 10 m

3 ↕↔ 10 m

4 ↕10 m ↔ 6 m

1 *M.* x *loebneri* 'Merrill' (F4) **2** *M. campbellii* 'Charles Raffill' (F3–4) **3** *M. denudata* (F3–4) **4** *M.* 'Elizabeth' (F4)

5 ↕↔ 4 m

6 ↕8 m ↔ 6 m

7 ↕10 m ↔ 5 m

8 ↕↔ 6 m

9 ↕9 m ↔ 6 m

10 ↕8 m ↔ 6 m

11 ↕3 m ↔ 4 m

5 *M.* 'Ricki' (F4) **6** *M.* x *loebneri* 'Leonard Messel' (F4) **7** *M. salicifolia* (F3–4) **8** *M.* x *soulangeana* 'Rustica Rubra' (F3–4) **9** *M.* x *kewensis* 'Wada's Memory' (F4) **10** *M. wilsonii* (F4) **11** *M. stellata* (F4)

MAHONIA AQUIFOLIUM 'APOLLO'

Eine niedrige, immergrüne, strauchförmige Mahonie mit dunkelgrünen, in mehrere stachelige Fiedern geteilten Blättern, die sich im Winter purpurbraun färben. Im Frühjahr erscheinen dichte Gruppen dunkel goldgelber Blüten, die zu kleinen, blauschwarzen Beeren reifen. Kann als Bodendecker eingesetzt werden.

KULTUR: *In feuchtem, wasserdurchlässigem, fruchtbarem Boden im Halbschatten pflanzen. Die Pflanzen vertragen auf feuchten Böden auch volle Sonne. Bodendeckende Pflanzen sollten alle 2 Jahre nach der Blüte knapp über dem Boden gekappt werden.*

☼ ◐ 💧💧 🏆F4 ↕60 cm ↔1,2 m

MAHONIA JAPONICA

Dichter, aufrechter, immergrüner Strauch mit großen, glänzenden, dunkelgrünen Blättern, die aus vielen stacheligen Fiedern bestehen. Im späten Winter und zeitigen Frühjahr öffnen sich an langen, schlanken Ähren duftende, blaßgelbe Blüten, die zu purpurblauen Früchten reifen. Diese Mahonie eignet sich für schattige Rabatten und Gehölzgärten.

KULTUR: *In wasserdurchlässigem, feuchtem, mäßig fruchtbarem, humosem Boden pflanzen. Die Art bevorzugt Schatten, verträgt aber auf feuchten Böden auch Sonne. Die Beschneidung auf das Entfernen von totem Holz nach der Blütezeit beschränken.*

☼ ◐ 💧💧 🏆F4 ↕2 m ↔3 m

MAHONIA × *MEDIA* 'BUCKLAND'

Wüchsiger, aufrechter, immergrüner Strauch mit dichtem Laub. Die dunkelgrünen Blätter bestehen aus sehr stacheligen Fiedern. Die kleinen, duftenden, hellgelben Blüten erscheinen von Spätsommer bis Frühherbst an überhängenden Ähren. Ein robuster Strauch für Begrenzungen und Vorgärten.

KULTUR: *In feuchtem, wasserdurchlässigem, fruchtbarem, humosem Boden pflanzen. Gedeiht am besten im Halbschatten, vergeilt aber im Schatten. Beschneidung ist kaum erforderlich; zu lange Triebe können nach der Blüte niedrig gestutzt werden.*

☀ 💧💧 🏆F4 ↕5 m ↔4 m

MAHONIA × *MEDIA* 'CHARITY'

Schnell wachsender, immergrüner Strauch, der 'Buckland' ähnelt, aber aufrechtere, dichtere Ähren bildet. Die dunkelgrünen Blätter sind sehr stachelig, die Pflanzen eignen sich daher als Begrenzung oder für vandalismusbedrohte Pflanzungen. Die duftenden, gelben Blüten öffnen sich von Spätherbst bis Frühling.

KULTUR: *In feuchtem, wasserdurchlässigem, mäßig fruchtbarem Boden im Halbschatten pflanzen. Wird im Schatten unschön. Zu große Triebe können nach der Blüte kräftig zurückgeschnitten werden, um niedrigeren Jungwuchs zu fördern.*

☀ 💧💧 🏆F4 ↕5 m ↔4 m

MALUS FLORIBUNDA

Ein dichter, laubwerfender Apfelbaum, der über lange Zeit hinweg attraktiv wirkt. Die eleganten, überhängenden Zweige tragen dunkelgrünes Laub, und von Mitte bis Ende Frühjahr öffnen sich üppige Mengen blaßrosa Knospen. Die Blüten reifen zu kleinen, gelben Holzäpfeln, die im Winter eine wertvolle Nahrungsquelle für Tiere sind.

KULTUR: *In feuchtem, aber wasserdurchlässigem, mäßig fruchtbarem Boden in der Sonne oder im lichten Schatten pflanzen. Jungpflanzen in den Wintermonaten in Form schneiden; ältere Bäume brauchen kaum Rückschnitt.*

☼◑ ◊♦ ♈F4 ↕↔ 10 m

MALUS 'JOHN DOWNIE'

Wüchsiger, laubwerfender Zierapfel, der anfangs aufrecht wächst, später konisch wird. Die blaßrosa Knospen öffnen sich im Frühjahr zu großen, becherförmigen, weißen Blüten, die zu eiförmigen, orangen oder roten Holzäpfeln reifen. Die ovalen Blätter sind anfangs hellgrün und werden später dunkelgrün. Ein idealer Baum für kleine Gärten.

KULTUR: *In wasserdurchlässigem, feuchtem, fruchtbarem Boden pflanzen. In voller Sonne entwickeln sich Blüten und Früchte am besten; verträgt auch etwas Schatten. Beschädigte Äste entfernen, damit sich eine wohlgeformte Krone entwickelt. Starken Rückschnitt älterer Äste vermeiden.*

☼◑ ◊♦ ♈F4 ↕10 m ↔6 m

MALUS TSCHONOSKII

Der Wollapfel ist ein aufrechter, laubwerfender Baum mit nach oben weisenden Ästen und rosa überhauchten, weißen Blüten im späten Frühjahr. Im Herbst reifen die rot überlaufenen, gelben Holzäpfel heran. Die Blätter verfärben sich im Herbst von Grün über leuchtendes Goldgelb nach Purpurrot. Die Pflanze wird größer als die meisten Zieräpfel, kann aber auch in kleinen Gärten gepflanzt werden.

KULTUR: *In wasserdurchlässigem, mäßig fruchtbarem Boden am besten in der Sonne pflanzen; verträgt auch etwas Schatten. Bildet ohne Formschnitt eine schöne Krone, verträgt keinen kräftigen Rückschnitt.*

☼◑ ◊ 🏆F4 ↕12 m ↔7 m

MALUS × ZUMI 'GOLDEN HORNET'

Pyramidenförmiger, laubwerfender Baum mit dunkelrosa Knospen im Frühjahr und becherförmigen, rosa überhauchten, weißen Blüten. Später reifen die kleinen, gelben Holzäpfel, die bis in den Winter halten. Deren Wirkung wird im Herbst durch die Umfärbung des Laubes von Dunkelgrün nach Goldgelb unterstrichen.

KULTUR: *Auf allen nicht staunassen Böden in voller Sonne pflanzen, um optimale Blüh- und Fruchtergebnisse zu erreichen. Jungpflanzen in der Ruhezeit in Form schneiden und tote oder beschädigte Äste entfernen. Ältere Pflanzen nicht mehr beschneiden.*

☼◑ ◊◊ 🏆F4 ↕10 m ↔8 m

MALVA MOSCHATA F. *ALBA*

Die Moschusmalve ist eine buschige, aufrechte Staude mit weißen bis hellrosa Blüten, die sich für Wildblumengärten oder Rabatten eignet. Die äußerst attraktiven Blüten erscheinen von Früh- bis Spätsommer in Büscheln zwischen dem schwach nach Moschus riechenden, mittelgrünen Laub.

KULTUR: *In feuchtem, aber wasserdurchlässigem, mäßig fruchtbarem Boden in voller Sonne pflanzen. Hohe Pflanzen müssen gestützt werden. Moschusmalven sind oft kurzlebig, säen sich aber reichlich selbst aus.*

☼ ◊ F4 ↕1 m ↔60 cm

MATTEUCCIA STRUTHIOPTERIS

Der Straußenfarn bildet dichte Gruppen aufrechter oder schwach überhängender, blaßgrüner Wedel, die im Winter absterben. Im Sommer erscheinen im Zentrum der Rosetten kleinere, dunkelbraune Wedel, die bis weit in den Winter stehenbleiben. Eine ausgezeichnete, ausdauernde Grünpflanze für feuchte, schattige Rabatten, Gehölzgärten und Uferbepflanzungen.

KULTUR: *In feuchtem, wasserdurchlässigem, humosem, neutralem bis saurem Boden in lichtem Halbschatten pflanzen.*

◑ ◊◊ F4 ↕1–1,5 m ↔45–75 cm

MATTHIOLA CINDERELLA-SERIE

Diese am Grund verholzende Levkoje ist eine kurzlebige Staude, die als Einjährige kultiviert und wegen ihrer dichten Ähren süß duftender, gefüllter Blüten geschätzt wird. Die Blüten öffnen sich von Frühjahr bis Sommer oberhalb graugrüner Blätter in Weiß über Rosa bis Purpurblau. Eine Bereicherung für sonnige Rabatten; die Blüten eignen sich als Schnittblumen.

KULTUR: *In wasserdurchlässigem, feuchtem, fruchtbarem, neutralem bis saurem Boden geschützt und sonnig pflanzen. Nach Ende der Frostgefahr ins Freiland setzen.*

☼ ◊ F3 ↕20–25 cm ↔bis 25 cm

MECONOPSIS BETONICIFOLIA

Dieser Scheinmohn ist eine gruppenbildende Staude mit aufrechten Trieben, die blaue oder häufig purpurblaue oder weiße Blüten tragen. Die Blüten öffnen sich im Frühsommer oberhalb der ovalen, bläulichgrünen Blätter. Die Art kann gut in Gehölzgärten ausgewildert werden.

KULTUR: *Am besten in feuchtem, wasserdurchlässigem, fruchtbarem, saurem Boden setzen. Im Halbschatten geschützt pflanzen. Besonders in warmen oder trockenen Gebieten können die Pflanzen kurzlebig sein. Gruppen nach der Blütezeit teilen, um sie wüchsig zu halten.*

☀ ◊◊ F4 ↕1,2 m ↔45 cm

MECONOPSIS GRANDIS

Aufrechte, gruppenbildende Staude, die *M. betonicifolia* ähnelt, aber größere, in kleineren Gruppen stehende, sattblaue bis purpurblaue Blüten trägt. Diese erscheinen im Frühsommer oberhalb der mittel- bis dunkelgrünen Blätter. Dieser Scheinmohn wirkt in großen Gruppen in Gehölzgärten besonders attraktiv.

KULTUR: *In feuchtem, laubreichem, saurem Boden im Halbschatten mit Schutz vor kalten, austrocknenden Winden pflanzen. Großzügig mulchen und in Trockenperioden wässern. Auf zu trockenen Böden werden manchmal keine Blüten gebildet.*

◐ ◑ 🏆F4 ↕1–1,2 m ↔60 cm

MELIANTHUS MAJOR

Der Honigstrauch ist ein aufrechter bis ausladender Strauch mit attraktivem Laub. Vom späten Frühjahr bis zum Hochsommer erscheinen Ähren blutroter Blüten oberhalb der grau- bis blaugrünen, geteilten Blätter. In kalten Regionen als Staude behandeln, in wärmeren Gebieten ein guter Baum für küstennahe Gärten.

KULTUR: *In feuchtem, wasserdurchlässigem, fruchtbarem Boden pflanzen. Einen sonnigen Platz wählen, der vor kalten Winden, im Winter vor Nässe geschützt ist. In kalten Regionen den vorjährigen Wuchs im Frühjahr zurückschneiden; in warmen Gegenden abgeblühte Zweige im Herbst kürzen.*

☼ ◊ 🏆F3 ↕2–3 m ↔1–3 m

MIMULUS AURANTIACUS

Kissenbildender oder kriechender, immergrüner Strauch mit trompetenförmigen, gelben, orangen oder dunkelroten Blüten, die von Spätsommer bis Herbst erscheinen. Die sattgrünen Blätter sind lanzettlich und gesägt. An einer warmen, sonnigen Mauer halten; in Gebieten mit kalten Wintern diese Gauklerblume besser im kühlen Wintergarten kultivieren.

KULTUR: *Am besten in wasserdurchlässigem, humosem Boden oder Topferde in voller Sonne pflanzen. Die häufig kurzlebigen Pflanzen können im Hochsommer leicht durch Stecklinge vermehrt werden.*

☼ ◊ 🏆F2–3 ↕↔ 1 m

MIMULUS CARDINALIS

Kriechende Staude mit röhrenförmigen, scharlachroten, manchmal gelb gemusterten Blüten, die während des Sommers gebildet werden. Diese Gauklerblume trägt an behaarten Trieben ovale, hellgrüne Blätter. Sie eignet sich als farbige Bereicherung für warme Rabatten. In kalten Klimaten ist sie nicht immer frosthart.

KULTUR: *In wasserdurchlässigem, fruchtbarem, humosem Boden pflanzen; verträgt relativ trockene Bedingungen. An einem sonnigen oder leicht beschatteten Ort setzen. Die manchmal kurzlebigen Pflanzen lassen sich im Frühjahr durch Teilung vermehren.*

☼ ◐ ◊ 🏆F3 ↕1 m ↔60 cm

MOLINIA CAERULEA 'VARIEGATA'

Das Pfeifengras ist eine büschelige Staude, die Horste schmaler, cremefarben gestreifter, dunkelgrüner Blätter bildet. Die dichten, purpurnen Blütenstände erscheinen über lange Zeit vom Frühjahr bis zum Herbst und stehen an hohen, ockerfarben überlaufenen Trieben. Eine formschöne Pflanze, die sich für Rabatten und Gehölzgärten eignet.

KULTUR: *In feuchtem, aber wasserdurchlässigem, am besten saurem bis neutralem Boden in voller Sonne oder im Halbschatten pflanzen.*

F4 ↕bis 60 cm ↔40 cm

MONARDA 'CAMBRIDGE SCARLET'

Eine gruppenbildende Staude mit fransigen Blütenköpfen. Die satt scharlachroten Röhrenblüten öffnen sich von Hochsommer bis Frühherbst in üppigen Mengen oberhalb der aromatischen Blätter. Diese Indianernessel lockt sehr viele Bienen an und ist eine farbenfrohe Bereicherung für Misch- und Staudenrabatten.

KULTUR: *Bevorzugt feuchte, aber wasserdurchlässige, mäßig fruchtbare, humose Böden in voller Sonne oder im lichten Halbschatten. Im Sommer feucht halten, aber im Winter vor übermäßiger Nässe schützen.*

F4 ↕1 m ↔45 cm

MONARDA 'CROFTWAY PINK'

Gruppenbildende, krautige Staude, die 'Cambridge Scarlet' ähnelt, aber rosa Blüten und kleinere, hellgrüne Blätter besitzt. Von Hochsommer bis Frühherbst stehen die fransigen Blütenköpfe oberhalb der aromatischen Blätter. Diese Indianernessel eignet sich für Misch- und Staudenrabatten und lockt Bienen an.

KULTUR: *In wasserdurchlässigem, relativ fruchtbarem, humosem Boden pflanzen, der im Sommer feucht bleibt. An einer sonnigen oder leicht beschatteten Stelle pflanzen, die im Winter vor übermäßiger Nässe geschützt ist.*

☼ ◑ 💧 🏆F4 ↕1 m ↔45 cm

MUSCARI ARMENIACUM

Diese Traubenhyazinthe ist eine wüchsige Zwiebelpflanze, die im zeitigen Frühjahr dichte Ähren sattblauer Röhrenblüten trägt. Die mittelgrünen, riemenförmigen Blätter erscheinen ab dem Herbst. In großen Gruppen in Rabatten pflanzen oder in Rasenflächen auswildern; allerdings können sich die Pflanzen stark ausbreiten.

KULTUR: *In feuchtem, aber wasserdurchlässigem, relativ fruchtbarem Boden in voller Sonne pflanzen. Im Sommer zu dichte Gruppen von Zwiebeln teilen.*

☼ 💧 🏆F4 ↕20 cm ↔5 cm

MUSCARI AUCHERI

Diese Zwiebelpflanze wuchert weniger als die auf der vorherigen Seite behandelte *M. armeniacum*. Sie trägt im Frühjahr dichte, manchmal von blaßblauen Blüten gekrönte Ähren kleiner, leuchtendblauer Blüten, die oberhalb der grundständigen Büschel mittelgrüner, riemenförmiger Blätter stehen. Eine für Steingärten geeignete Traubenhyazinthe. Die Art wird manchmal als *M. tubergianum* bezeichnet.

KULTUR: *In feuchtem, aber wasserdurchlässigem, mäßig fruchtbarem Boden in voller Sonne pflanzen.*

☼ ◊ ♈F4 ↕10–15 cm ↔5 cm

MYRTUS COMMUNIS

Die Brautmyrte ist ein rundlicher Strauch mit immergrünem Laub. Von Hochsommer bis Frühherbst erscheinen zwischen den kleinen, dunkelgrünen Blättern zahlreiche duftende, weiße Blüten, die auffällige Staubblattbüschel besitzen. Später reifen purpurschwarze Beeren heran. Brautmyrte kann als lockere Hecke oder als Solitärstrauch gehalten werden. In Gebieten mit kalten Wintern an einer warmen, sonnigen Wand kultivieren.

KULTUR: *Am besten in wasserdurchlässigem, feuchtem, fruchtbarem Boden sonnig und geschützt pflanzen. Im Frühjahr trimmen; die Pflanzen vertragen kräftigen Schnitt.*

☼ ◊ ♈F3 ↕↔3 m

MYRTUS COMMUNIS SSP. *TARENTINA*

Diese Brautmyrte ist ein dichter, immergrüner Strauch. Die Blätter sind klein, die cremeweißen Blüten rosafarben überlaufen. Die Blüten öffnen sich von Mitte Frühjahr bis zum Frühherbst und reifen zu weißen Beeren. In Rabatten oder als lockere Hecke pflanzen. In kalten Klimaten oft nicht winterhart.

KULTUR: *In feuchtem, wasserdurchlässigem, mäßig fruchtbarem Boden pflanzen. Einen sonnigen Platz wählen, der vor kalten Winden geschützt ist. Im Frühjahr zurückschneiden; verträgt eine kräftige Trimmung.*

☼ ◊ F3 ↕↔ 1,5 m

NANDINA DOMESTICA

Aufrechter, immergrüner oder halbimmergrüner Strauch mit hübscher Frühjahrs- und Herbstfärbung. Die zusammengesetzten Blätter sind beim Austrieb rot, später grün und färben sich im späten Herbst wieder rot. Die konischen Büschel kleiner, weißer, im Zentrum gelber Blüten erscheinen im Hochsommer und reifen in warmen Klimaten zu langlebigen roten Früchten. Übersteht keine kalten Winter.

KULTUR: *In feuchtem, wasserdurchlässigem Boden sonnig pflanzen. Beim Setzen zurückschneiden, danach im Frühjahr schneiden. Welke Blütenstände auskneifen.*

☼ ♦ F3 ↕2 m ↔1,5 m

NARCISSUS (KLEINE NARZISSEN)

Zwergige Narzissen sind frühjahrsblühende Zwiebelpflanzen, die ebenso im Freiland wie im Zimmer gehalten werden. Sie werden wegen ihrer eleganten, gelben oder weißen Blüten kultiviert, deren Form variabel ist. Die Blüten stehen einzeln oder in Büscheln an aufrechten, unbelaubten Trieben oberhalb der grundständigen, riemenförmigen Blätter. Alle kleinen Narzissen eignen sich für Steingärten und wirken in Gruppen attraktiv. Wegen ihrer geringen Größe können sie auch als Zimmerpflanzen genutzt werden. Einige Arten, wie *N. bulbocodium*, lassen sich in kurzem Gras auswildern.

KULTUR: *Am besten in wasserdurchlässigem, fruchtbarem, während des Wachstums feuchtem Boden sonnig pflanzen. Nach Ende der Blüte einen Volldünger geben, damit im nächsten Jahr Blüten gebildet werden. Abgewelkte Blüten entfernen und die Blätter natürlich absterben lassen; nicht in Bündel zusammenbinden.*

☼ ◊ ♀F3, F3–4, F4

1 ↕35 cm ↔ 8 cm

2 ↕10–15 cm ↔ 5–8 cm

3 ↕30 cm ↔ 8 cm

4 ↕15–20 cm ↔ 5–8 cm

5 ↕30 cm ↔ 8 cm

6 ↕30 cm ↔ 8 cm

1 *N.* 'Avalanche' (F3) **2** *N. bulbocodium* (F3–4) **3** *N.* 'Charity May' (F4)
4 *N. cyclamineus* (F4) **5** *N.* 'Dove Wings' (F4) **6** *N.* 'February Gold' (F4)

7 ↕17 cm ↔ 5–8 cm

8 ↕20 cm ↔ 8 cm

9 ↕20 cm ↔ 8 cm

10 ↕17 cm ↔ 5–8 cm

11 ↕10–15 cm ↔ 5–8 cm

12 ↕15 cm ↔ 5–8 cm

13 ↕10–25 cm ↔ 5–8 cm

7 *N.* 'Hawera' (F4) **8** *N.* 'Jack Snipe' (F4) **9** *N.* 'Jetfire' (F4) **10** *N.* 'Jumblie' (F4) **11** *N. minor* (F4) **12** *N.* 'Tête-à-tête' (F4) **13** *N. triandrus* (F3)

NARCISSUS (GROSSE NARZISSEN)

Große Narzissen sind hohe, leicht zu kultivierende Zwiebelpflanzen, die wegen ihrer hübschen, weißen oder gelben Blüten gehalten werden. Die Blüten stehen einzeln oder in Gruppen an aufrechten, unbelaubten Trieben, die die langen, grundständigen, riemenförmigen Blätter überragen. Viele Blütenformen sind erhältlich; die hier abgebildeten Sorten sind gute Schnittblumen. Die Blüten von 'Sweetness' halten sich in der Vase besonders lange. Viele Narzissen sehen in Gruppen zwischen Sträuchern oder in Rabatten gut aus. Einige lassen sich auf Rasen oder unter Bäumen im Gehölzgarten auswildern.

KULTUR: *Am besten in wasserdurchlässigem, fruchtbarem Boden in voller Sonne pflanzen. Während der Wachstumszeit den Boden dauerhaft feucht halten und einen Volldünger geben, damit die Pflanzen auch im folgenden Jahr reich blühen. Welke Blüten ausputzen und die Blätter von selbst welken lassen.*

☼ ◊ F4

1 ↕45 cm ↔ 15 cm

2 ↕40 cm ↔ 12 cm

3 ↕40 cm ↔ 12 cm

4 ↕40 cm ↔ 15 cm

1 *N.* 'Actaea' **2** *N.* 'Empress of Ireland' **3** *N.* 'Ceylon' **4** *N.* 'Cheerfulness'

5 ↕40 cm ↔ 15 cm

6 ↕45 cm ↔ 15 cm

7 ↕35 cm ↔ 15 cm

8 ↕45 cm ↔ 15 cm

9 ↕40 cm ↔ 15 cm

10 ↕40 cm ↔ 8 cm

11 ↕45 cm ↔ 15 cm

12 ↕45 cm ↔ 15 cm

13 ↕40 cm ↔ 8 cm

14 ↕45 cm ↔ 15 cm

5 *N.* 'Ice Follies' **6** *N.* 'Kingscourt' **7** *N.* 'Merlin' **8** *N.* 'Mount Hood' **9** *N.* 'Passionale' **10** *N.* 'Suzy' **11** *N.* 'Saint Keverne' **12** *N.* 'Tahiti' **13** *N.* 'Sweetness' **14** *N.* 'Yellow Cheerfulness'

NERINE BOWDENII

Diese kräftige Staude ist eine der besten spätblühenden Zwiebelpflanzen. Im Herbst trägt sie Büschel mit trompetenförmigen, schwach duftenden, hellrosa Blüten mit gewellten, zurückgebogenen Blütenblättern. Die riemenförmigen, frischgrünen Blätter erscheinen nach den Blüten an der Basis der Pflanze. Trotz ihres exotischen Aussehens kann sie geschützt am Grund einer warmen Mauer den Winter im Freiland überstehen. Eine gute Schnittblume.

KULTUR: *In wasserdurchlässigem Boden an einer sonnigen, geschützten Stelle pflanzen. Im Winter eine dicke, trockene Mulchschicht ausbringen.*

☼ ◊ ♈F3–4 ↕45 cm ↔12–15 cm

NICOTIANA 'LIME GREEN'

Eine auffällige, einjährige Tabakpflanze, die aufrecht wächst, sehr reich blüht und sich für Sommerpflanzungen eignet. Von Hoch- bis Spätsommer erscheinen lockere Gruppen nachts duftender, gelbgrüner Blüten mit langer Röhre und flach ausgebreiteten Kronzipfeln. Die länglichen Blätter sind mittelgrün. Auch für Innenhöfe geeignet, in denen der abendliche Duft der Blüten besonders gut zur Geltung kommt.

KULTUR: *In feuchtem, wasserdurchlässigem, fruchtbarem Boden pflanzen. Einen sonnigen oder halbschattigen Standort wählen.*

☼ ◐ ◊ ♈F3 ↕60 cm ↔25 cm

NICOTIANA SYLVESTRIS

Wüchsige, aufrechte Tabakstaude, die in kalten Regionen als Einjährige kultiviert wird. Im Sommer öffnen sich oberhalb dunkelgrüner, klebriger Blätter lockere Gruppen langröhriger, süß duftender, weißer Blüten mit ausgebreiteten Kronzipfeln. Die relativ großen Pflanzen, die manchmal gestützt werden müssen, sollten so gesetzt werden, daß ihr Duft wahrgenommen werden kann.

KULTUR: *In wasserdurchlässigem, fruchtbarem Boden in Sonne oder Halbschatten pflanzen. In voller Sonne schließen sich die Blüten. Werden die Pflanzen im Winter dick gemulcht, können sie Fröste überdauern und treiben im Frühjahr neu aus.*

☼◑ ♢ 🏆F3 ↕bis 1,5 m ↔bis 60 cm

NIGELLA 'MISS JEKYLL'

Schlanke, hohe Einjährige mit hübschen, himmelblauen Blüten, die im Sommer erscheinen und von fein zerschlitzten, hellgrünen Blättern umgeben sind. Die Blüten reifen später zu attraktiven, aufgeblasenen Kapseln. Die Jungfer im Grünen liefert langlebige Schnittblumen, und die getrockneten Kapseln eignen sich für Gestecke.

KULTUR: *In wasserdurchlässigem Boden in voller Sonne setzen. Wie alle Schwarzkümmel-Arten sät sich die Pflanze reichlich selbst aus, der Nachwuchs kann aber etwas anders aussehen als die reine Sorte.*

☼ ♢ 🏆F4 ↕bis 45 cm ↔bis 23 cm

OENOTHERA FRUTICOSA 'FYRVERKERI'

Aufrechte, gruppenbildende Staude mit hübschem Laub und Büscheln kurzlebiger, becherförmiger, gelber Blüten, die sich nacheinander vom späten Frühjahr bis zum Spätsommer öffnen. Die lanzettlichen Blätter dieser Nachtkerze sind anfangs purpurrot überhaucht und kontrastieren hervorragend mit den roten Trieben. Wirkt besonders mit anderen bronze- oder kupferfarbenen Pflanzen sehr schön. Auch als 'Fireworks' bekannt.

KULTUR: *In sandigem, wasserdurchlässigem, gut gedüngtem Boden an einer sonnigen Stelle pflanzen.*

☼ 💧 🏆F4 ↕30–100 cm ↔30 cm

OENOTHERA MACROCARPA

Wüchsige Staude mit ähnlichen Blüten wie *O. fruticosa* 'Fyrverkeri', aber kriechendem Wuchs. Deshalb eignet sich diese Nachtkerze als Begrenzung von Rabatten. Die goldgelben Blüten öffnen sich von Frühjahr bis zum Frühherbst zwischen lanzettlichen, mittelgrünen Blättern. Kann auch in Geröllbeeten und Steingärten gesetzt werden. Die Art wird häufig *O. missouriensis* genannt.

KULTUR: *In wasserdurchlässigem, armem bis mäßig fruchtbarem Boden in voller Sonne pflanzen. Eine Stelle wählen, die im Winter nicht übermäßig feucht ist.*

☼ 💧 🏆F4 ↕15 cm ↔bis 50 cm

OLEARIA MACRODONTA

Im Sommer blühender, immergrüner Strauch oder kleiner Baum mit aufrechtem, breit säulenförmigem Wuchs. Die großen Gruppen duftender, margeritenartiger, weißer, im Zentrum gelber Blütenköpfchen stehen zwischen den scharf gesägten, glänzenden, dunkelgrünen Blättern. In milden Regionen eine gute Hecken- oder Windschutzpflanze für küstennahe Gärten.

KULTUR: *In wasserdurchlässigem, fruchtbarem Boden in voller Sonne pflanzen. Vor kalten, austrocknenden Winden schützen. Im späten Frühjahr beschädigte oder störende Triebe entfernen.*

☼ ◊ 🏆F3 ↕6 m ↔5 m

OMPHALODES CAPPADOCICA

Gruppenbildende, schattenliebende, immergrüne Staude mit Büscheln kleiner, azurblauer, im Zentrum weißer Blüten, die an Vergißmeinnicht erinnern. Die Blüten öffnen sich im zeitigen Frühjahr oberhalb der spitzen, mittelgrünen Blätter. Als Gruppen in Gehölzgärten gepflanzt besonders attraktiv.

KULTUR: *In feuchtem, humosem, mäßig fruchtbarem Boden im Halbschatten pflanzen.*

◑ ♦ 🏆F4 ↕bis 25 cm ↔bis 40 cm

OMPHALODES CAPPADOCICA 'CHERRY INGRAM'

Gruppenbildende, immergrüne Staude, die der Art (vorherige Seite) sehr ähnelt, aber größere, dunkler blaue Blüten mit weißem Zentrum trägt. Die Blüten erscheinen im zeitigen Frühjahr oberhalb der spitzen, fein behaarten, mittelgrünen Blätter. Für Gehölzgärten geeignet.

KULTUR: *Am besten in dauerhaft feuchtem, mäßig fruchtbarem, humosem Boden im Halbschatten pflanzen.*

☀ 💧 ΩF4 ↕bis 25 cm ↔bis 40 cm

ONOCLEA SENSIBILIS

Der Perlfarn bildet eine wunderbar strukturierte Menge überhängender, fein zerteilter, breit lanzettlicher, sommergrüner Wedel. Das Laub ist im Frühjahr beim Austrieb bronzerosa gefärbt und reift blaßgrün heran. Perlfarn gedeiht an Gewässerrändern oder in feuchten, schattigen Rabatten.

KULTUR: *In feuchtem, humosem, am besten saurem Boden im Halbschatten pflanzen, weil direkte Sonne die Wedel verbrennt.*

☀ 💧💧 ΩF4 ↕60 cm ↔unbegrenzt

OPHIOPOGON PLANISCAPUS 'NIGRESCENS'

Immergrüne, ausladende Staude, die Büschel grasartiger, gebogener, fast schwarzer Blätter besitzt. Auf kiesbedecktem Boden wirkt dieser Schlangenbart ungewöhnlich. Ähren kleiner, röhrenförmiger, weißer bis fliederfarbener Blüten erscheinen im Sommer und reifen im Herbst zu kugeligen, blauschwarzen Früchten.

KULTUR: *In feuchtem, wasserdurchlässigem, humosem, fruchtbarem, schwach saurem Boden in voller Sonne oder im Halbschatten pflanzen. Wenn möglich, im Herbst mit Laubkompost düngen.*

☼ ◑ ◊◊ F4 ↕20 cm ↔30 cm

ORIGANUM LAEVIGATUM

Am Grund verholzende, buschige Staude, die von Frühjahr bis Herbst lockere Gruppen kleiner, purpurrosa Röhrenblüten bildet. Die ovalen, dunkelgrünen Blätter duften aromatisch, besonders, wenn sie zerrieben werden. Dieser Dost eignet sich für Steingärten und Geröllbeete und lockt Bienen an. In kalten Regionen ist er oft nicht frosthart.

KULTUR: *In drainiertem, mäßig fruchtbarem, besser alkalischem Boden an eine sonnige Stelle setzen. Abgeblühte Zweige im Frühjahr zurückschneiden.*

☼ ◊ F3 ↕bis 60 cm ↔45 cm

ORIGANUM LAEVIGATUM 'HERRENHAUSEN'

Niedrige Staude, die frosthärter als die Dost-Art (vorherige Seite) ist, purpurn überlaufene junge Blätter trägt und im Sommer dichtere Wirtel rosafarbener Blüten bildet. Ausgereifte Blätter sind dunkelgrün und aromatisch. Kann in mediterranen Pflanzungen oder Steingärten eingesetzt werden.

KULTUR: *In sehr gut wasserdurchlässigem, armem bis mäßig fruchtbarem, am besten alkalischem Boden in voller Sonne pflanzen. Im zeitigen Frühjahr abgeblühte Zweige zurückschneiden.*

☼ ◊ ♆F4 ↕↔ 45 cm

ORIGANUM VULGARE 'AUREUM'

Diese Sorte des Oreganos besitzt winzige, goldgelbe Blätter, die grünlichgelb altern. Im Sommer erscheinen gelegentlich kurze Ähren winziger, hübscher, rosa Blüten. Die äußerst aromatischen Blätter können als Küchenkraut verwendet werden. Als Bodendecker für sonnige Böschungen und Kräutergärten geeignet, breitet sich manchmal stark aus.

KULTUR: *In wasserdurchlässigem, armem bis mäßig fruchtbarem, alkalischem Boden in voller Sonne pflanzen. Nach der Blüte trimmen, um eine gedrungene Form zu erhalten.*

☼ ◊ ♆F4 ↕↔ 30 cm

OSMANTHUS × *BURKWOODII*

Dichter, rundlicher, immergrüner Strauch, der manchmal als × *Osmarea burkwoodii* verkauft wird. Die ledrigen, dunkelgrünen Blätter sind oval und schwach gesägt. Im Frühjahr erscheinen Gruppen kleiner, stark duftender, weißer Blüten mit langer Röhre und flach ausgebreiteten Kronzipfeln. Ein idealer Strauch für Hecken und Strauchrabatten.

KULTUR: *In wasserdurchlässigem, fruchtbarem Boden in Sonne oder Halbschatten pflanzen. Einen geschützten Standort wählen. Nach der Blütezeit in Form schneiden und Hecken im Sommer nochmals trimmen.*

☼ ◑ ◊ F4 ↕↔ 3 m

OSMANTHUS DELAVAYI

Rundlicher, duftender, immergrüner Strauch mit überhangenden Ästen, die kleine, glänzende, dunkelgrüne Blätter tragen. Üppige Gruppen reinweißer Blüten erscheinen von Mitte bis Ende Frühling. Für Strauchrabatten oder Gehölzgärten und als Heckenpflanze geeignet. Diese Duftblüten-Art kann auch an einer Wand gezogen werden.

KULTUR: *In wasserdurchlässigem, fruchtbarem Boden in Sonne oder Halbschatten pflanzen. Vor kalten, austrocknenden Winden schützen. Verträgt alkalische Böden. Nach der Blütezeit in Form schneiden; Hecken im Sommer trimmen.*

☼ ◑ ◊ F4 ↕2–6 m ↔4 m oder mehr

OSMUNDA REGALIS

Der Königsfarn ist ein stattlicher, gruppenbildender, ausdauernder Farn mit hellgrünen, fein zerteilten Wedeln. Die auffälligen, rostbraunen, fertilen Wedel werden im Sommer im Zentrum der Büschel gebildet. Ausgezeichnet für feuchte Rabatten und Ufer von Bächen oder Teichen geeignet.

KULTUR: *In sehr feuchtem, fruchtbarem, humosem Boden im Halbschatten pflanzen. Auf dauerhaft feuchten Böden verträgt der Königsfarn auch volle Sonne.*

☼ ◑ 💧💧 ♀F4 ↕2 m ↔4 m

OSTEOSPERMUM 'BUTTERMILK'

Aufrechter, immergrüner Halbstrauch, der in frostgefährdeten Klimaten als Einjährige kultiviert wird. Die großen Blütenköpfchen dieses Steinsamens sind im Zentrum malvenblau, die Randblüten sind weiß-gelblich. Die Blütenstände werden vom Frühjahr bis zum Herbst gebildet. Eine schöne Pflanze für Rabatten und Innenhöfe.

KULTUR: *In wasserdurchlässigem, fruchtbarem Boden sonnig und geschützt pflanzen. Die Blütezeit durch Auskneifen welker Blüten verlängern. In kalten Gebieten im späten Frühjahr nach Ende der Frostgefahr pflanzen. Nicht unter 2 °C kultivieren.*

☼ 💧 ♀F1+3 ↕↔ 60 cm

OSTEOSPERMUM JUCUNDUM

Hübsche, gruppenbildende, am Grund verholzende Staude mit großen, margeritenartigen, malvenrosa Blütenköpfchen, die außen bronzepurpurn überhaucht sind. Die Köpfchen öffnen sich nacheinander vom späten Frühjahr bis zum Herbst. Eine ideale Pflanze für Mauerritzen und den Vordergrund von Rabatten. Auch als *O. barberiae* bekannt.

KULTUR: *In leichtem, wasserdurchlässigem, relativ fruchtbarem Boden pflanzen. Eine sonnige Stelle wählen. Die Blütezeit durch Auskneifen welker Blüten verlängern.*

☼ ◊ F3–4 ↕10–50 cm ↔50–100 cm

OSTEOSPERMUM 'WHIRLIGIG'

Ausladender, immergrüner, am Grund verholzender Halbstrauch, der in kalten Gebieten als Einjährige kultiviert wird. Vom späten Frühjahr bis zum Herbst bringt dieser Steinsame margeritenartige Blütenköpfchen hervor. Die weißen Zungenblüten umgeben dunkelblaue Röhrenblüten. Das graugrüne Laub duftet aromatisch. Die Blüten eignen sich als Schnittblumen.

KULTUR: *In wasserdurchlässigem, fruchtbarem Boden sonnig und geschützt setzen. Welke Blüten entfernen. In kalten Gebieten erst nach Ende der Fröste bei einer Mindesttemperatur von 2 °C pflanzen.*

☼ ◊ F1+3 ↕↔ 60 cm

Oxalis adenophylla

Knollenpflanze mit Gruppen hübscher, graugrüner Blätter, die in viele herzförmige Fiedern unterteilt sind. Im späten Frühjahr trägt dieser Sauerklee weit trichterförmige, purpurrosa Blüten, die einen schönen Kontrast zum Laub bilden. Die Art stammt aus den Anden und eignet sich für wasserdurchlässige Steingärten, Tröge und Hochbeete.

KULTUR: *In mäßig fruchtbarem Boden mit sehr guter Drainage in voller Sonne pflanzen.*

☼ ◊ F4 ↕10 cm ↔bis 15 cm

Pachysandra terminalis

Sich stark ausbreitender, buschiger, ausdauernder, immergrüner Bodendecker für Strauchrabatten und Gehölzgärten. Die ovalen, glänzenden, dunkelgrünen Blätter stehen gedrängt an der Spitze der Triebe. Im Frühsommer erscheinen Ähren kleiner, weißer Blüten.

KULTUR: *In nicht zu trockenem, humusreichem Boden pflanzen. Einen halbschattigen oder schattigen Standort wählen.*

◐ ● ◊ F4 ↕20 cm ↔unbegrenzt

PAEONIA DELAVAYI

Diese Pfingstrose ist ein aufrechter, wenig verzweigter, laubwerfender Strauch mit nickenden, schalenförmigen, satt dunkelroten Blüten, die im Frühsommer erscheinen. Die dunkelgrünen Blätter sind tief zerschlitzt und besitzen blaugrüne Unterseiten. Eine hohe Strauchpäonie, die sich für Strauchrabatten eignet.

KULTUR: *In tiefem, feuchtem, wasserdurchlässigem, fruchtbarem Boden mit hohem Humusanteil pflanzen. Vor kalten Winden geschützt in der Sonne oder im Halbschatten setzen. Gelegentlich im Herbst einzelne alte Triebe zur Basis zurückschneiden, aber nicht regelmäßig beschneiden.*

☼ ◐ ◊◆ F4 ↕2 m ↔1,2 m

PAEONIA LACTIFLORA 'BOWL OF BEAUTY'

Eine krautige, gruppenbildende, ausdauernde Pfingstrose mit sehr großen, schalenförmigen Blüten, die im Frühsommer erscheinen. Die rot überhauchten, karminroten Blütenblätter umgeben eine dichte Gruppe cremeweißer Staubblätter. Die mittelgrünen Blätter sind in viele Fiedern zerteilt. Ideale Staude für Misch- und Staudenrabatten.

KULTUR: *In tiefem, feuchtem, aber wasserdurchlässigem, fruchtbarem, humosem Boden in der Sonne oder im Halbschatten setzen. Die Pflanzen sollten gestützt werden und vertragen keine Störungen.*

☼ ◐ ◊◆ F4 ↕↔ 80–100 cm

PAEONIA LACTIFLORA 'DUCHESSE DE NEMOURS'

Gruppenbildende, reich blühende Staude mit grün überhauchten Knospen, die sich im Frühsommer zu großen, gefüllten Blüten öffnen. Diese sind reinweiß, duften und besitzen gekräuselte, am Grund gelbe innere Kronblätter. Die Blätter sind dunkelgrün und zusammengesetzt. Eine ideale Pfingstrose für Misch- und Staudenrabatten.

KULTUR: *In feuchtem, wasserdurchlässigem, tiefem, fruchtbarem, humosem Boden in voller Sonne oder im Halbschatten pflanzen. Die Blütentriebe müssen manchmal gestützt werden. Diese Art sollte nicht gestört werden.*

☼◑ ◊◆ ♈F4 ↕↔ 70–80 cm

PAEONIA LACTIFLORA 'SARAH BERNHARDT'

Diese krautige Pfingstrose ähnelt 'Duchesse de Nemours' (siehe oben) und trägt sehr große, rosarote Blüten. Die Blüten erscheinen im Frühsommer oberhalb des dichten, mittelgrünen, tief zerschlitzten Laubes. Eine hübsche Bereicherung für sommerblühende Rabatten.

KULTUR: *In feuchtem, aber wasserdurchlässigem, tiefem, humosem, fruchtbarem Boden in voller Sonne oder im Halbschatten pflanzen. Blühende Triebe stützen. Die Pflanzen vertragen keine Störungen des Wurzelraums.*

☼◑ ◊◆ ♈F4 ↕↔ bis 1 m

PAEONIA LUTEA VAR. *LUDLOWII*

Wüchsige, laubwerfende Strauchpäonie mit aufrechtem, offenem Wuchs. Im späten Frühjahr öffnen sich zwischen dem hellgrünen Laub große, gelbe, nickende Blüten. Die Blätter sind aus mehreren Fiedern zusammengesetzt. Für Strauchrabatten und als Solitärpflanzen geeignet.

KULTUR: *In tiefem, wasserdurchlässigem, fruchtbarem, humosem Boden pflanzen. Eine sonnige oder halbschattige Stelle wählen und vor kalten Winden schützen. Keinen kräftigen Rückschnitt durchführen, aber gelegentlich alte, zu lange Triebe im Herbst bis zum Boden zurückschneiden.*

☼◑ ◊♦ 🏆F4 ↕↔ 1,5 m

PAEONIA OFFICINALIS 'RUBRA PLENA'

Diese Pfingstrose ist eine langlebige, gruppenbildende Staude, die eine schöne, im Frühsommer blühende Bereicherung für Rabatten darstellt. Die großen, gefüllten, lebhaft karminroten Blüten besitzen gekräuselte, satinartige Blütenblätter, die einen attraktiven Kontrast zu den dunkelgrünen, zusammengesetzten Blättern bilden.

KULTUR: *In wasserdurchlässigem, feuchtem, fruchtbarem, humosem Boden in voller Sonne oder im Halbschatten pflanzen. Blütentriebe abstützen.*

☼◑ ◊♦ 🏆F4 ↕↔ 70–75 cm

PAPAVER ORIENTALE 'BEAUTY OF LIVERMERE'

Ein Türkischer Mohn mit karminroten Blüten und aufrechtem, gruppenbildendem Wuchs. Die Blüten öffnen sich vom späten Frühjahr bis zum Hochsommer und reifen zu großen Samenkapseln. Jedes Blütenblatt trägt an der Basis einen großen, schwarzen Fleck. Die mittelgrünen, zusammengesetzten Blätter stehen an aufrechten, borstigen Trieben. Eine schöne Rabattenpflanze.

KULTUR: *In wasserdurchlässigem, armem bis mäßig fruchtbarem Boden pflanzen. Einen Standort in voller Sonne wählen.*

☼ ◊ F4 ↕1–1,2 m ↔90 cm

PAPAVER ORIENTALE 'BLACK AND WHITE'

Eine gruppenbildende Mohnstaude mit weißen Blüten, die am Grund karminschwarze Flecken besitzen. Die Blüten erscheinen im Frühsommer an den Spitzen borstig behaarter, aufrechter Triebe oberhalb des mittelgrünen Laubes. Die Blüten reifen zu auffälligen Samenkapseln. Eine schöne Staude für Rabatten.

KULTUR: *Am besten in tiefem, mäßig fruchtbarem Boden mit guter Drainage pflanzen. Einen sonnigen Platz wählen.*

☼ ◊ F4 ↕45–90 cm ↔60–90 cm

PAPAVER ORIENTALE 'CEDRIC MORRIS'

Mohnstaude mit sehr großen, rosafarbenen Blüten, die schwarze Flecken am Grund der Blütenblätter besitzen und sich gut gegen das grau behaarte Laub absetzen. Die Pflanze bildet aufrechte Gruppen und eignet sich besonders für Kraut- und Mischrabatten. Die Blüten reifen zu auffälligen Samenkapseln heran.

KULTUR: *In tiefem, mäßig fruchtbarem, wasserdurchlässigem Boden in voller Sonne pflanzen.*

☼ ◊ 🏆F4 ↕45–90 cm ↔60–90 cm

PAPAVER RHOEAS SHIRLEY MIXED

Sommerblühende, einjährige Mohnpflanzen mit ungefüllten, halbgefüllten oder gefüllten, schüsselförmigen Blüten in Gelb-, Orange-, Rosa- oder Rottönen. Die Blüten erscheinen oberhalb der fein zerteilten, hellgrünen Blätter an aufrechten Trieben. Diese Klatschmohn-Mischung kann auch in Wildblumenwiesen ausgewildert werden.

KULTUR: *Am besten in wasserdurchlässigem, armem bis mäßig fruchtbarem Boden in voller Sonne pflanzen. Gruppen im Frühjahr teilen und verpflanzen.*

☼ ◊ 🏆F4 ↕bis 1 m ↔bis 30 cm

PARAHEBE CATARRACTAE

Kleiner, immergrüner Halbstrauch mit lockeren Büscheln weißer, purpurn geaderter, im Zentrum roter Blüten, die im Sommer erscheinen. Die ovalen, dunkelgrünen Blätter sind anfangs purpurn überlaufen. An Mauern oder Felsen kriechend wirkt diese Art besonders attraktiv. In kalten Klimaten nicht immer winterhart.

KULTUR: *In wasserdurchlässigem, armem bis mäßig fruchtbarem Boden in voller Sonne pflanzen. In frostgefährdeten Gebieten vor kalten, austrocknenden Winden schützen.*

☼ ◊ ♀F3 ↕↔ 30 cm

PARAHEBE PERFOLIATA

Ausladende, immergrüne Staude mit kurzen Ähren blauer, schalenförmiger Blüten, die im Spätsommer erscheinen. Die blau- oder graugrünen, einander überlappenden Blätter sind oval und schwach ledrig. Für Lücken in alten Mauern oder Steingärten geeignet.

KULTUR: *In armem bis mäßig fruchtbarem, wasserdurchlässigem Boden in voller Sonne pflanzen. In frostgefährdeten Regionen vor kalten, austrocknenden Winden schützen.*

☼ ◊ ♀F3–4 ↕60–75 cm ↔45 cm

PARTHENOCISSUS HENRYANA

Diese Jungfernrebe ist eine verholzende, windende, laubwerfende Kletterpflanze, deren Laub sich im Herbst leuchtend färbt. Die unauffälligen Blüten reifen zu blauschwarzen Beeren. Die weiß geaderten Blätter bestehen aus drei bis fünf Fiedern und färben sich im Herbst hellrot. An einer Wand oder einem kräftigen Zaun klettern lassen.

KULTUR: *In drainiertem, feuchtem, fruchtbarem Boden pflanzen. Verträgt Sonne; die Blätter färben sich im Schatten besser. Jungpflanzen müssen gestützt werden. Unerwünschte Triebe im Herbst entfernen.*

☼☀ 𝟎𝟎 F4 ↕10 m

PARTHENOCISSUS TRICUSPIDATA

Wüchsige, laubwerfende Kletterpflanze mit wunderschöner Herbstfärbung. Die verschieden gelappten Blätter dieser Jungfernrebe sind im Sommer hellgrün und färben sich im Herbst erst leuchtendrot, später purpurn. Bildet auf kalten, nackten Wänden eine interessante Struktur.

KULTUR: *In feuchtem, wasserdurchlässigem, fruchtbarem Boden mit hohem Humusanteil pflanzen. Einen halbschattigen oder schattigen Standort wählen. Jungpflanzen müssen manchmal abgestützt werden. Im Herbst alle unerwünschten Triebe entfernen.*

F4 ↕20 m

PASSIFLORA CAERULEA

Diese Passionsblume ist eine schnell wachsende, immergrüne Kletterpflanze, die wegen ihrer großen, exotischen Blüten mit blau und purpurn gestreiften Nebenkronen geschätzt wird. Von Sommer bis Herbst öffnen sich zwischen den dunkelgrünen, zerteilten Blättern die Blüten. Die Pflanze kann nur in warmen Klimaten im Freiland überwintert werden.

KULTUR: *Am besten in feuchtem, aber wasserdurchlässigem, mäßig fruchtbarem Boden an einer geschützten, sonnigen Stelle pflanzen.*

☼ ◊♦ F3 ↕10 m oder mehr

PASSIFLORA CAERULEA 'CONSTANCE ELLIOTT'

Diese Form der Passionsblume ist eine schnell wachsende, immergrüne Kletterpflanze mit weißen Blüten, die von Sommer bis Herbst erscheinen. Die dunkelgrünen Blätter sind tief in drei bis neun Lappen zerteilt. Eine schöne Pergolapflanze für warme Klimate, die in kalten Regionen nicht im Freiland überwintert werden kann.

KULTUR: *In feuchtem, wasserdurchlässigem, fruchtbarem Boden geschützt in voller Sonne pflanzen. Im Frühling schwache Triebe entfernen und nach der Blütezeit abgeblühte Zweige zurückschneiden.*

☼ ◊♦ F3 ↕10 m oder mehr

PELARGONIUM (MIT ATTRAKTIVEM LAUB)

Pelargonien, oft fälschlich als Geranien bezeichnet, sind frostempfindliche, immergrüne Stauden. Viele werden wegen ihres dekorativen oder duftenden Laubes kultiviert. Die Blattformen variieren von glatten bis zu runzeligen Oberflächen; auffällig sind hängende Efeupelargonien, die sich für Ampeln eignen. Häufig ist das Laub der Pflanzen weiß, gelb oder cremefarben gemustert. Duftpelargonien haben einen süßen oder würzigen Geruch, wie die nach Zitronen duftende *P. crispum* 'Variegatum' und die nach Pfefferminze duftende *P. tomentosum*. Diese Arten als Wegeinfassung verwenden, bei Berührung setzen sie dann ihren attraktiven Duft frei.

KULTUR: *In wasserdurchlässigem, fruchtbarem, neutralem bis alkalischem Boden oder Topferde sonnig pflanzen. Welke Blüten auskneifen. Frostfrei überwintern und um ein Drittel zurückschneiden. Bei einsetzendem Wachstum umtopfen. Mindesttemperatur: 2 °C.*

☼ ◊ ♈F1+3

1 ↕35–45 cm ↔ 15 cm

2 ↕30–40 cm ↔ 20 cm

4 ↕30–35 cm ↔ 15 cm

3 ↕20–25 cm ↔ 20 cm

5 ↕75–90 cm ↔ bis 75 cm

1 *P. crispum* 'Variegatum' **2** *P.* 'Lady Plymouth' **3** *P.* 'L'Elégante' **4** *P.* 'Mabel Grey' **5** *P. tomentosum*

PELARGONIUM (MIT ATTRAKTIVEN BLÜTEN)

Diese oft »Geranien« genannten Pelargonien sind frostempfindliche, immergrüne Stauden; die meisten Kultivare sind buschig, es gibt aber auch hängende Formen. Die Blütenformen reichen von dichten, gekräuselten Blüten bei 'Apple Blossom Rosebud' bis zu zarten Blüten mit schmalen Kronblättern bei 'Bird Dancer'. Die Blütenfarben reichen von Orange über Rosa und Rot bis zu Purpur; manche Sorten haben auch gemustertes Laub. Pelargonien sind beliebte Balkon- und Beetpflanzen, die im Frühjahr und Sommer blühen; viele Sorten blühen über 7 °C ganzjährig und sind daher für Wintergärten und Wohnräume geeignet.

KULTUR: *In wasserdurchlässiger, fruchtbarer, neutraler bis alkalischer Topferde oder in Boden pflanzen. Sonnig oder halbschattig setzen und regelmäßig auskneifen. Frostfrei überwintern und um ein Drittel zurückschneiden. Im späten Winter bei einsetzendem Wachstum umtopfen. Mindesttemperatur: 2 °C.*

☼ ◐ ◊ 🏆F1+3

1 ↕25–30 cm ↔ bis 25 cm

2 ↕bis 30 cm ↔ 25 cm

3 ↕30–40 cm ↔ 20–25 cm

1 *P.* 'Alice Crousse' **2** *P.* 'Amethyst' **3** *P.* 'Apple Blossom Rosebud'

4 ↕15–20 cm ↔ 15 cm

5 ↕25–30 cm ↔ 15 cm

6 ↕40–45 cm ↔ 25 cm

7 ↕25–30 cm ↔ 12 cm

8 ↕25–30 cm ↔ 30 cm

9 ↕40–45 cm ↔ 20 cm

10 ↕bis 60 cm ↔ bis 25 cm

13 ↕20 cm ↔ 18 cm

11 ↕30–40 cm ↔ 20 cm

12 ↕bis 60 cm ↔ 25 cm

4 *P.* 'Bird Dancer' **5** *P.* 'Dolly Varden' **6** *P.* 'A Happy Thought' **7** *P.* 'Mr. Henry Cox' **8** *P.* Multibloom-Serie **9** *P.* 'Paton's Unique' **10** *P.* 'The Boar' **11** *P.* 'Tip Top Duet' **12** *P.* 'Voodoo' **13** *P.* Video-Serie

PENSTEMON (BARTFADEN)

Bartfaden-Arten sind elegante, halbimmergrüne Stauden, die wegen ihrer schlanken Blütenstände mit Röhrenblüten kultiviert werden. Diese sind weiß, rosa oder purpurn und stehen oberhalb lanzettlicher Blätter. Kleinere Arten, wie *P. newberryi,* eignen sich für Steingärten oder Einfassungen, während größere Bartfäden zuverlässige, sommer- oder herbstblühende Rabattenpflanzen sind. 'Andenken an Friedrich Hahn' und 'Schoenholzeri' gehören zu den frosthärtesten Sorten; in kalten Regionen sollten aber auch diese mit dickem Mulch vor starken Frösten geschützt werden. Bartfaden ist oft kurzlebig und sollte nach einigen Jahren ersetzt werden.

KULTUR: *Rabattenpflanzen in wasserdurchlässigem, humosem Boden setzen, zwergige Sorten in gut drainiertem, grusigem, armem bis mäßig fruchtbarem Boden pflanzen. Einen sonnigen oder halbschattigen Standort wählen. Regelmäßig welke Blüten auskneifen.*

☼ ◑ ◊ 🏆F3, F3–4, F4

1 ↕1,2 m ↔ 45 cm

2 ↕↔ 45–60 cm

3 ↕75 cm ↔ 60 cm

1 *P.* 'Alice Hindley' (F3) **2** *P.* 'Apple Blossom' (F3)
3 *P.* 'Andenken an Friedrich Hahn' (syn. *P.* 'Garnet') (F4)

4 ↕90 cm ↔ 75 cm

5 ↕45–60 cm ↔ 30 cm

6 ↕25 cm ↔ 30 cm

7 ↕90 cm ↔ 60 cm

8 ↕60 cm ↔ 45 cm

4 *P.* 'Chester Scarlet' (F3) **5** *P.* 'Evelyn' (F3–4) **6** *P. newberryi* (F4) **7** *P.* 'Schoenholzeri' (F4) (syn. *P.* 'Firebird', *P.* 'Ruby') **8** *P.* 'White Bedder' (F3) (syn. *P.* 'Snowstorm')

PERILLA FRUTESCENS VAR. *CRISPA*

Eine aufrechte, buschige, einjährige Schwarznessel, die wegen ihrer gefransten, spitzen, mittelgrünen, dunkelpurpurn gefleckten Blätter kultiviert wird. Im Sommer erscheinen Ähren mit kleinen, weißen Blüten. Das dunkelgrüne Laub bildet einen guten, kontrastierenden Hintergrund für die leuchtenden Blüten der meisten sommerblühenden Beetpflanzen.

KULTUR: *In feuchtem, wasserdurchlässigem, fruchtbarem Boden pflanzen. Sonnig oder halbschattig setzen. Im Frühjahr nach Ende der Frostgefahr auspflanzen.*

☼ ◑ 💧💧 ♈F3 ↕bis 1 m ↔bis 30 cm

PEROVSKIA 'BLUE SPIRE'

Aufrechter, laubwerfender Halbstrauch, der wegen seines Laubes und der Blüten kultiviert wird und sich für Misch- und Staudenrabatten eignet. Verzweigte, lockere Blütenstände mit blauvioletten Blüten erscheinen im Spätsommer und Frühherbst in üppigen Mengen oberhalb der silbergrauen, zusammengesetzten Blätter.

KULTUR: *In mäßig fruchtbarem, wasserdurchlässigem Boden sonnig pflanzen. Verträgt auch kalkhaltige Böden. Ein buschiger Habitus ergibt sich durch einen jährlichen, kräftigen Rückschnitt auf ein niedriges Astwerk im Frühjahr.*

☼ 💧 ♈F4 ↕1,2 m ↔1 m

PERSICARIA AFFINIS 'SUPERBA'

Wüchsiger, immergrüner Knöterich, der früher zur Gattung *Polygonum* gestellt wurde. Die Staude bildet dichte Matten lanzettlicher, dunkelgrüner Blätter, die im Herbst einen satten Braunton annehmen. Von Hochsommer bis Mitte Herbst stehen oberhalb des Laubes dichte Ähren langlebiger, blaßrosa Blüten, die sich nach Dunkelrosa verfärben. Als Bodendecker verwenden oder im Vordergrund von Rabatten pflanzen.

KULTUR: *In feuchtem Boden in voller Sonne oder im Halbschatten setzen. Im Frühjahr oder Herbst wuchernde Wurzeln ausgraben.*

☼☀ 💧 🏆F3–4 ↕bis 25 cm ↔60 cm

PERSICARIA BISTORTA 'SUPERBA'

Diese schnell wachsende, halbimmergrüne Sorte des Wiesenknöterichs ist ein attraktiver Bodendecker. Die Art wurde früher zur Gattung *Polygonum* gestellt. Von Frühsommer bis Mitte Herbst erscheinen dichte, zylindrische, blaßrosa Blütenstände oberhalb des mittelgrünen Laubes.

KULTUR: *Am besten in wasserdurchlässigem, dauerhaft feuchtem Boden in voller Sonne oder im Halbschatten pflanzen. Verträgt auch trockene Böden.*

☼☀ 💧💧 🏆F4 ↕75 cm ↔90 cm

PERSICARIA VACCINIIFOLIA

Kriechende, immergrüne Staude, die früher zur Gattung *Polygonum* gestellt wurde. Dieser Knöterich besitzt glänzende, mittelgrüne Blätter, die sich im Herbst rot färben. Im Spätsommer und Herbst erscheinen an rot überhauchten Trieben Ähren rosa gefärbter Blüten. Für Steingärten in der Nähe von Gewässern und den Vordergrund von Rabatten geeignet. Ein effektiver Bodendecker.

KULTUR: *In feuchtem Boden in Sonne oder Halbschatten pflanzen. Die Ausbreitung durch Ausgraben wuchernder Wurzeln im Frühjahr oder Herbst begrenzen.*

☼◐ ◆ F4 ↕20 cm ↔50 cm oder mehr

PETUNIA CARPET-SERIE

Diese sehr gedrungenen, kriechenden Petunien werden in der Regel als Einjährige gehalten. Sie bilden vom Frühjahr bis zum Frühherbst zahlreiche, trompetenförmige Blüten. Die Farbschattierungen reichen von Rosa über Rot und Orange bis zu Gelb. Die dunkelgrünen Blätter sind oval. Besonders auf armen Böden eine ideale, farbenfrohe Sommerbeetpflanze.

KULTUR: *In wasserdurchlässigem Boden sonnig pflanzen. Welke Blüten auskneifen. Die Pflanzen sollten erst nach Ende der Frostgefahr ins Freie gesetzt werden.*

☼ ◇ F3 ↕15 cm ↔bis 1 m

PETUNIA
MIRAGE-SERIE

Diese sehr dichte, kriechende, einjährige Petunien-Sorte ähnelt der 'Carpet-Serie', bildet aber trompetenförmige Blüten in Rot-, Rosa-, Blau- und Purpurschattierungen. Die Blüten erscheinen vom späten Frühjahr bis zum Frühherbst oberhalb der dunkelgrünen, ovalen Blätter. Als Beetpflanze besonders auf armen Böden nützlich.

KULTUR: *In leichtem, wasserdurchlässigem Boden in voller Sonne an einer geschützten Stelle pflanzen. Welke Blüten entfernen, um die Blütezeit zu verlängern. Nach Ende der Frostgefahr auspflanzen.*

☼ ◊ F3 ↕bis 30 cm ↔bis 1 m

PHALARIS ARUNDINACEA
'PICTA'

Dieses Glanzgras ist eine immergrüne, horstbildende Staude mit schmalen, weiß gestreiften Blättern. Hohe Rispen blaßgrüner Ährchen erscheinen von Früh- bis Hochsommer an aufrechten Trieben und reifen lohfarben aus. Ein guter Bodendecker, der allerdings wuchern kann.

KULTUR: *In jedem Boden in der Sonne oder im Halbschatten pflanzen. Im Frühsommer alle, außer den jüngsten Trieben abschneiden, um den Jungwuchs zu fördern. Die Ausbreitung durch regelmäßiges Aufnehmen und Neupflanzen beschränken.*

☼ ◑ ♦ F4 ↕bis 1 m ↔unbegrenzt

PHILADELPHUS 'BEAUCLERK'

Ein schwach überhängender, laubwerfender Pfeifenstrauch, der wegen der Büschel großer, duftender, weißer Blüten kultiviert wird, die im Zentrum rosa überhaucht sind. Diese erscheinen im Sommer zwischen breit ovalen, dunkelgrünen Blättern. In Strauchrabatten, als Sichtschutz oder als Solitärpflanze setzen.

KULTUR: *In wasserdurchlässigem, fruchtbarem Boden, auch auf kalkhaltigen Böden pflanzen. Verträgt Halbschatten, blüht aber an sonnigen Standorten besser. Nach der Blütezeit ein Viertel der Äste bis zur Basis zurückschneiden.*

☼ ◑ 💧 F4 ↕↔ 2,5 m

PHILADELPHUS 'BELLE ETOILE'

Überhängender, laubwerfender Strauch, der 'Beauclerk' ähnelt, aber gedrungener wächst. Im späten Frühjahr und Frühsommer öffnen sich üppige Mengen stark duftender, großer, weißer Blüten mit hellgelben Staubblättern. Die Blätter laufen spitz zu und sind dunkelgrün. Für Mischrabatten geeignet.

KULTUR: *In mäßig fruchtbarem, wasserdurchlässigem Boden pflanzen. Die Blütenbildung ist in voller Sonne am besten; verträgt aber auch Halbschatten. Nach der Blütezeit ein Viertel der Äste an der Basis kappen.*

☼ ◑ 💧 F4 ↕1,2 m ↔2,5 m

PHILADELPHUS CORONARIUS 'VARIEGATUS'

Aufrechter, laubwerfender Pfeifenstrauch mit attraktiven, mittelgrünen, weiß gerandeten Blättern. Kurze Büschel stark duftender, weißer Blüten öffnen sich im Frühsommer. Diese Sorte kann eingesetzt werden, um den Hintergrund von Strauchrabatten oder Gehölzgärten aufzuhellen, wirkt aber auch als Solitärstrauch sehr gut.

KULTUR: *In fruchtbarem, wasserdurchlässigem Boden in Sonne oder Halbschatten pflanzen. Die besten Blühergebnisse werden an sonnigen Stellen erzielt. Nach der Blüte einige Äste tief zurückschneiden.*

☼ ◐ 💧 🏆F4 ↕2,5 m ↔2 m

PHILADELPHUS 'MANTEAU D'HERMINE'

Niedriger, ausladender, laubwerfender Strauch mit langlebigen, gefüllten, stark duftenden, cremeweißen Blüten. Diese erscheinen im Früh- und Hochsommer zwischen den blaß- bis mittelgrünen, elliptischen Blättern.

KULTUR: *In wasserdurchlässigem, relativ fruchtbarem Boden in voller Sonne oder im Halbschatten pflanzen. Die Blütenbildung ist in der Sonne besser. Nach Ende der Blütezeit ein Viertel der Äste bis zum Grund zurückschneiden, um den Jungwuchs zu fördern.*

☼ ◐ 💧 🏆F4 ↕1 m ↔1,5 m

PHLOMIS FRUTICOSA

Dieses Brandkraut ist ein kissenförmiger, ausladender, immergrüner Strauch mit salbeiartigen, aromatischen, unterseits wollig behaarten, graugrünen Blättern. Kurze Ähren dunkel goldgelber Blüten erscheinen im Früh- und Hochsommer. Als dichte Gruppe in Rabatten pflanzen.

KULTUR: *Am besten in leichtem, wasserdurchlässigem, armem bis mäßig fruchtbarem Boden in der Sonne pflanzen. Im Frühjahr schwache und zu hohe Triebe entfernen.*

☼ ◊ F4 ↕1 m ↔1,5 m

PHLOMIS RUSSELIANA

Aufrechte, immergrüne Rabattenstaude, die manchmal als *P. samia* oder *P. viscosa* verkauft wird. Die spitzen, mittelgrünen Blätter dieses Brandkrautes sind behaart. Vom späten Frühjahr bis zum Herbst erscheinen an den Trieben kugelige Gruppen helmförmiger, blaßgelber Blüten. Die Blütenstände bleiben bis in den Winter hinein attraktiv.

KULTUR: *In wasserdurchlässigem, mäßig fruchtbarem Boden in voller Sonne oder im lichten Schatten pflanzen. Kann sich selbst aussäen.*

☼ ◐ ◊ F4 ↕bis 1 m ↔75 cm

PHLOX DIVARICATA 'CHATTAHOOCHEE'

Dieser Phlox ist eine kurzlebige, halbimmergrüne Rabattenstaude, die viele stieltellerförmige, lavendelblaue Blüten mit rotem Zentrum hervorbringt. Die Blüten erscheinen vom Sommer bis zum Frühherbst an purpurn überhauchten Trieben zwischen den lanzettlichen Blättern.

KULTUR: *In feuchtem, wasserdurchlässigem, humosem, fruchtbarem Boden pflanzen. Einen halbschattigen Platz wählen.*

◐ ◊◊ F4 ↕15 cm ↔30 cm

PHLOX DOUGLASII 'BOOTHMAN'S VARIETY'

Eine niedrige, kriechende, immergrüne Phlox-Staude, die Polster schmaler, dunkelgrüner Blätter bildet. Im späten Frühjahr und Frühsommer öffnen sich rosaviolette, im Zentrum dunkle, stieltellerförmige Blüten. Für Steingärten, Mauern oder als Randbepflanzung für Hochbeete geeignet.

KULTUR: *In wasserdurchlässigem, fruchtbarem Boden in voller Sonne pflanzen. In Gebieten mit geringen Niederschlägen in lichtem Halbschatten setzen.*

☼◐ ◊ F4 ↕20 cm ↔30 cm

PHLOX DOUGLASII 'RED ADMIRAL'

Niedrige, kriechende, immergrüne Staude, die sehr hübsch aussieht, wenn man sie über Felsen wachsen oder den Rand von Rabatten bedecken läßt. Im späten Frühjahr und Frühsommer sind die dichten Kissen dunkelgrünen Laubes mit dunkel karminroten, stieltellerförmigen Blüten bedeckt.

KULTUR: *In wasserdurchlässigem, fruchtbarem Boden in voller Sonne pflanzen. In Regionen mit geringen Niederschlägen im Halbschatten setzen.*

☼☀ ◊ ♈F4 ↕20 cm ↔30 cm

PHLOX 'KELLY'S EYE'

Wüchsige, immergrüne, polsterbildende Phlox-Staude. Im späten Frühjahr und Frühsommer bietet sie eine lang anhaltende Farbenpracht aus langröhrigen, blaßrosa Blüten mit ausgebreiteten Kronzipfeln und rotpurpurnem Zentrum. Die dunkelgrünen Blätter sind schmal. Für Steingärten und Mauerritzen geeignet.

KULTUR: *In fruchtbarem Boden mit guter Drainage in voller Sonne pflanzen. In trockenen Gebieten im Halbschatten setzen.*

☼☀ ◊ ♈F4 ↕15 cm ↔20 cm

PHLOX PANICULATA (HOHER SOMMERPHLOX)

Die Sorten von *P. paniculata* sind Stauden, die kuppelförmige oder konische Blütenstände über lanzettlichen, gesägten, mittelgrünen Blättern tragen. Diese Phlox-Kultivare blühen von Sommer bis Herbst. Die stieltellerförmigen Blüten duften zart, sind weiß, rosa, purpurn, rot oder blau und in der Mitte häufig kontrastierend gefärbt. Sie halten sich als Schnittblumen lange. Größere Blüten werden gebildet, wenn man im Frühjahr an den noch jungen Pflanzen die schwächeren Triebe entfernt. Alle Sorten eignen sich für Staudenrabatten; meist ist eine Stütze erforderlich. Einige Kultivare, wie 'Fujiyama', haben sehr kräftige Triebe und müssen nicht gestützt werden.

KULTUR: *In zuverlässig feuchtem, fruchtbarem Boden in Sonne oder Halbschatten pflanzen. Im Frühjahr flüssigen Volldünger geben und durch regelmäßiges Auskneifen welker Blüten die Blütezeit verlängern. Nach Ende der Blüte alle Triebe bis zum Boden zurückschneiden.*

☼ ◑ 💧 🏆F4

1 ↕1 m ↔ 45 cm

2 ↕90 cm ↔ 45 cm

3 ↕1,2 m ↔ 60 cm

4 ↕1,2 m ↔ 60 cm

1 *P. paniculata* 'Mother of Pearl' **2** *P. paniculata* 'Eventide' **3** *P. paniculata* 'Brigadier' **4** *P. paniculata* 'Fujiyama'

PHORMIUM COOKIANUM SSP. *HOOKERI* 'TRICOLOR'

Eine auffällige Staude, die Büschel überhängender, breiter, bis 1,5 m langer, hellgrüner Blätter mit roten und cremegelben Streifen an den Rändern bildet und ein schöner Blickfang für Rabatten ist. Im Sommer werden hohe Ähren grüngelber, röhrenförmiger Blüten gebildet. In kalten Gebieten im Topf kultivieren und im Gewächshaus oder Wintergarten überwintern.

KULTUR: *In feuchtem, wasserdurchlässigem Boden in voller Sonne pflanzen. In frostgefährdeten Gebieten einen dicken, trockenen Mulch für den Winter ausbringen.*

☼ ◊◆ ♈F3–4 ↕0,6–2 m ↔0,3–3 m

PHORMIUM TENAX PURPUREUM-GRUPPE

Dieser Neuseeländische Hanf ist eine immergrüne Staude, die Gruppen langer, steifer, schwertförmiger Blätter bildet. Die grundständigen Blätter sind dunkel kupferrot bis purpurrot. Im Sommer tragen große Ähren an purpurblauen Trieben dunkelrote Röhrenblüten. Eine ideale Pflanze für küstennahe Gärten, die aber in kalten Klimaten oft nicht frosthart ist. Kann als Topfpflanze gehalten werden.

KULTUR: *In tiefem, fruchtbarem, humosem, dauerhaft feuchtem Boden pflanzen. An einer sonnigen, geschützten Stelle setzen und im Winter dick und trocken mulchen.*

☼ ◆ ♈F3–4 ↕2–2,5 m ↔1 m

PHOTINIA X *FRASERI*
'RED ROBIN'

Diese Glanzmispel ist ein aufrechter, gedrungener, immergrüner Strauch, der oft als lockere Hecke gepflanzt wird, weil seine Blätter leuchtendrot austreiben. Durch leichten Beschnitt kann der Farbeffekt länger erhalten werden. Die ausgewachsenen Blätter sind ledrig, lanzettlich und dunkelgrün. Mitte Frühjahr öffnen sich Gruppen kleiner, weißer Blüten.

KULTUR: *In feuchtem, wasserdurchlässigem, fruchtbarem Boden in voller Sonne oder im Halbschatten pflanzen. Hecken zwei- bis dreimal pro Jahr beschneiden, um den Farbeffekt länger zu erhalten.*

☼◐ ◊◊ F4 ↕↔ 5 m

PHYGELIUS AEQUALIS
'YELLOW TRUMPET'

Diese Kapfuchsie ist ein aufrechter, immergrüner Strauch, der im Sommer lockere Ähren hängender, cremegelber Röhrenblüten bildet. Die ovalen Blätter sind blaßgrün. Die Sorte eignet sich für Misch- und Staudenrabatten, sollte in kalten Regionen aber an einer warmen, sonnigen Wand gehalten werden.

KULTUR: *In feuchtem, wasserdurchlässigem Boden sonnig halten. In kühlen Gebieten vor Wind schützen; im Frühjahr abgestorbene Triebe bis zur Basis ausschneiden. Die Blütezeit durch Auskneifen verlängern. Unerwünschte Triebe ausgraben.*

☼ ◊◊ F3–4 ↕↔ 1 m

PHYGELIUS × *RECTUS* 'AFRICAN QUEEN'

Aufrechter, immergrüner Rabattenstrauch, der lange Ähren hängender Röhrenblüten hervorbringt. Die Blüten dieser Kapfuchsie sind blaßrot und an der Öffnung orange bis gelb gefärbt. Sie erscheinen im Sommer oberhalb der ovalen, dunkelgrünen Blätter. In kühlen Regionen am besten an einer warmen, sonnigen Mauer halten.

KULTUR: *In feuchtem, wasserdurchlässigem, fruchtbarem Boden sonnig pflanzen. Vor kaltem Wind schützen. Im Frühjahr frostgeschädigte Triebe bis zur Basis zurückschneiden. Welke Blüten auskneifen.*

☼ ◊♦ ♀F3–4 ↕1 m ↔1,2 m

PHYLLOSTACHYS NIGRA

Ein immergrüner Bambus mit überhängenden Trieben, die Gruppen bilden. Die zarten, lanzettlichen, dunkelgrünen Blätter stehen an schlanken, grünen Rohren, die sich im zweiten oder dritten Jahr schwarz färben. Als Sichtschutz oder als große Solitärpflanze setzen.

KULTUR: *In feuchtem, wasserdurchlässigem Boden in Sonne oder Halbschatten pflanzen und vor kalten, austrocknenden Winden schützen. Im Winter eine Mulchschicht ausbringen. Im Frühjahr oder Frühsommer beschädigte oder zu dicht stehende Rohre entfernen. Die Ausbreitung durch im Boden eingesenkte Barrieren begrenzen.*

☼ ◐ ◊♦ ♀F4 ↕3–5 m ↔2–3 m

PHYLLOSTACHYS NIGRA VAR. *HENONIS*

Diese gruppenbildende, immergrüne Sorte von *P. nigra* wächst ähnlich wie diese, aber die hellgrünen Rohre färben sich im zweiten oder dritten Jahr gelbgrün statt schwarz. Anfangs sind die lanzettlichen Blätter rauh und filzig behaart.

KULTUR: *In wasserdurchlässigem, aber feuchtem Boden in voller Sonne oder im Halbschatten pflanzen. Vor kalten Winden schützen und im Winter mulchen. Im späten Frühjahr zu dicht stehende Triebe entfernen. Die Ausbreitung der Pflanze durch eine eingegrabene Barriere begrenzen.*

☼◐ 💧💧 🏆F4 ↕3–5 m ↔2–3 m

PHYSOCARPUS OPULIFOLIUS 'DART'S GOLD'

Diese Blasenspiere ist ein rundlicher, dickichtebildender Strauch, der wegen seiner dreilappigen Blätter geschätzt wird, die beim Austrieb goldgelb sind. Im Frühjahr öffnen sich dichte Gruppen kleiner, weißer oder blaßrosa gefärbter Blüten. Diese Pflanze hellt Strauchrabatten auf.

KULTUR: *In feuchtem, wasserdurchlässigem, saurem Boden pflanzen; verträgt die meisten Böden, außer flache Kalkböden. In Sonne oder Halbschatten setzen. Nach der Blütezeit alte Triebe bis zur Basis zurückschneiden. Ausläufer entfernen.*

☼◐ 💧💧 🏆F4 ↕2 m ↔2,5 m

PHYSOSTEGIA VIRGINIANA 'VIVID'

Aufrechte, dichte Gruppen bildende Rabattenstaude, die Ähren leuchtend purpurrosa gefärbter Röhrenblüten hervorbringt. Die Blütenstände erscheinen von Hochsommer bis Frühherbst über schmalen, mittelgrünen Blättern. Sie eignen sich als Schnittblumen. Die Einzelblüten können an ihren Stielen in eine andere Stellung gebogen werden und bleiben dann in der neuen Position, daher rührt ihr Name Gelenkblume.

KULTUR: *In relativ feuchtem, fruchtbarem, humosem Boden in voller Sonne oder im Halbschatten pflanzen.*

☼ ◐ ♦ 🏆F4 ↕30–60 cm ↔30 cm

PICEA GLAUCA VAR. *ALBERTIANA* 'CONICA'

Eine konische, immergrüne Form der Schimmelfichte mit dicht stehenden, blaugrünen Nadeln. Die kurzen, schlanken Nadeln stehen an lohweißen bis aschgrauen Zweigen. Im Sommer erscheinen ovale, anfangs grüne, später braune Zapfen. Ein ausgezeichneter, formschöner Solitärbaum für kleine Gärten.

KULTUR: *In tiefem, feuchtem, wasserdurchlässigem, am besten neutralem bis saurem Boden in voller Sonne pflanzen. Den Rückschnitt auf ein Minimum beschränken und, wenn nötig, im Winter durchführen.*

☼ ◊♦ 🏆F4 ↕2–6 m ↔1–2,5 m

PICEA MARIANA 'NANA'

Diese zwergige, niedrige Form der Schwarzfichte ist ein polsterbildender Strauch mit schuppiger, graubrauner Borke. Die immergrünen, blaugrünen Nadeln sind weich und schlank. Für Steingärten und Koniferenpflanzungen oder als Begrenzung geeignet.

KULTUR: *Am besten in tiefem, feuchtem, aber wasserdurchlässigem, fruchtbarem, humosem Boden im Halbschatten pflanzen. Alle wüchsigen, aufrechten Zweige sofort entfernen.*

F4 — ↕↔ 50 cm

PICEA PUNGENS 'KOSTER'

Diese konische, immergrüne Stechfichte besitzt attraktive, waagerecht stehende Äste und wird im Alter säulenförmig. Die langen, stechend spitzen Nadeln sind anfangs silberblau und werden langsam grüner. Im Sommer erscheinen zylindrische, grüne Zapfen, die blaßbraun heranreifen. In großen Gärten ein schöner Solitärbaum.

KULTUR: *In wasserdurchlässigem, fruchtbarem, neutralem oder saurem Boden in voller Sonne pflanzen. Im späten Herbst oder Winter beschneiden, falls notwendig. Möglichst wenig beschneiden.*

F4 — ↕15 m ↔5 m

PIERIS 'FOREST FLAME'

Ein aufrechter, immergrüner Weißglockenstrauch, der wegen seiner schlanken, glänzenden, lanzettlichen, roten Blätter geschätzt wird, die sich beim Ausreifen über Rosa und Cremeweiß nach Dunkelgrün verfärben. Im Frühjahr erscheinen Gruppen weißer Blüten, die einen schönen Kontrast zum farbigen Laub bilden. Ideal für Strauchrabatten oder torfigen, kalkfreien Boden; gedeiht nicht auf kalkhaltigen Böden.

KULTUR: *In feuchtem, wasserdurchlässigem, fruchtbarem, humosem, saurem Boden sonnig oder halbschattig pflanzen. In frostgefährdeten Gebieten vor kaltem Wind schützen. Nach der Blütezeit leicht trimmen.*

☼◑ ◊◊ F4 ↕4 m ↔2 m

PIERIS FORMOSA VAR. *FORRESTII* 'WAKEHURST'

Dieser aufrechte, immergrüne Strauch liebt saure Böden. Das beim Austrieb rot gefärbte Laub reift dunkelgrün aus. Die großen, etwas nickenden Gruppen kleiner, duftender, weißer Blüten, die Mitte des Frühjahrs erscheinen, sind ebenfalls attraktiv. In Gehölzgärten oder Strauchrabatten pflanzen; die Pflanzen sind in kalten Regionen nicht winterhart.

KULTUR: *In wasserdurchlässigem, feuchtem, fruchtbarem, humosem, saurem Boden sonnig oder halbschattig pflanzen. In frostgefährdeten Klimaten vor kaltem Wind schützen. Nach der Blütezeit leicht trimmen.*

☼◑ ◊◊ F3 ↕5 m ↔4 m

PIERIS JAPONICA 'BLUSH'

Diese Japanische Lavendelheide ist ein rundlicher, immergrüner Strauch mit kleinen, rosa überhauchten, weißen Blüten, die im späten Winter und zeitigen Frühjahr erscheinen. Die Blüten stehen in langen, nickenden Blütenständen zwischen dem glänzenden, dunkelgrünen Laub. Schön für Rabatten, gedeiht aber nicht auf alkalischen Böden.

KULTUR: *In wasserdurchlässigem, feuchtem, fruchtbarem, humosem, saurem Boden pflanzen. Eine Stelle in voller Sonne oder im Halbschatten wählen. Nach Ende der Blütezeit leicht trimmen und dabei abgestorbene, verletzte oder kranke Triebe entfernen.*

☼ ◐ ◊◊ F4 ↕4 m ↔3 m

PILEOSTEGIA VIBURNOIDES

Eine langsam wachsende, verholzende, immergrüne Kletterpflanze, die im Spätsommer und Frühherbst mit lockeren Büscheln kleiner, cremeweißer Blüten bedeckt ist. Die glänzenden, dunkelgrünen, ledrigen Blätter wirken an großen Baumstümpfen und schattigen Wänden besonders attraktiv.

KULTUR: *In wasserdurchlässigem, fruchtbarem Boden in voller Sonne oder im Schatten pflanzen. Wenn die Pflanze zu groß wird, können die Triebe nach der Blütezeit gekürzt werden.*

☼ ● ◊ F4 ↕6 m

PINUS MUGO 'MOPS'

Diese Zwergform der Latschenkiefer wächst fast kugelig und besitzt eine abschuppende, graue Borke. Die dicken, aufrechten Äste sind mit locker stehenden, dunkel- bis hellgrünen Nadeln bedeckt. Die dunkelbraunen, ovalen Zapfen benötigen mehrere Jahre, um zu reifen. Eine auffällige Pflanze für Steingärten oder, wenn genügend Platz vorhanden ist, für Gruppenpflanzungen.

KULTUR: *In wasserdurchlässigem Boden in voller Sonne pflanzen. Da die Pflanzen sehr langsam wachsen, ist ein Rückschnitt kaum erforderlich.*

☼ ◊ F4 ↕bis 1 m ↔bis 2 m

PITTOSPORUM TENUIFOLIUM

Säulenförmiger, immergrüner Strauch, der wegen seiner glänzenden, grünen Blätter geschätzt wird. Dieser Klebsame wächst anfangs schnell; ältere Pflanzen werden langsam breiter und entwickeln sich zu einem Baum. Die winzigen, nach Honig duftenden Blüten öffnen sich im späten Frühjahr. Eine schöne Heckenpflanze, nicht für kalte Gebiete geeignet.

KULTUR: *In wasserdurchlässigem, feuchtem, fruchtbarem Boden in voller Sonne oder im Halbschatten pflanzen. Vor kalten Winden schützen. Formschnitt im Frühjahr; nicht mehr nach dem Hochsommer beschneiden.*

☼ ◑ ◊ ♦ F3 ↕4–10 m ↔2–5 m

PITTOSPORUM TENUIFOLIUM 'TOM THUMB'

Gedrungener, rundlicher, immergrüner Strauch, der sich für ganzjährig attraktive Rabatten eignet. Die glänzenden, bronzepurpurnen Blätter sind elliptisch und am Rand gewellt. Die winzigen, duftenden, purpurnen Blüten öffnen sich im späten Frühling und Frühsommer. In kalten Regionen an einer warmen Wand halten.

KULTUR: *In wasserdurchlässigem, feuchtem, fruchtbarem Boden pflanzen. In Sonne entwickelt sich die Färbung am besten. Vor kaltem Wind schützen. Im Frühjahr trimmen; ältere Pflanzen benötigen kaum Schnitt.*

☼ ◑ ◊ ♦ F3 ↕bis 1 m ↔60 cm

PITTOSPORUM TOBIRA

Dieser Klebsame ist ein rundlicher, immergrüner Strauch oder kleiner Baum mit ledrigen, dunkelgrünen, ovalen Blättern. Büschel mit süß duftenden, cremeweißen Blüten erscheinen im späten Frühjahr und Frühsommer. Die Blüten altern gelblich und reifen zu gelbbraunen Kapseln. Eine schöne Solitärpflanze, die im Topf kultiviert und unter Glas überwintert werden kann.

KULTUR: *In feuchtem, wasserdurchlässigem, fruchtbarem Boden oder Topferde in Sonne oder Halbschatten halten. Im Winter oder zeitigen Frühjahr zurückschneiden, um das Wachstum zu begrenzen.*

☼ ◑ ◊ ♦ F3 ↕2–10 m ↔1,5–3 m

PLATYCODON GRANDIFLORUS

Die Ballonblume ist eine gruppenbildende Staude, die Büschel großer, weit glockenförmiger, purpurner bis blauvioletter Blüten bildet. Die ballonförmigen Knospen öffnen sich im Spätsommer oberhalb der blaugrünen, ovalen Blätter. Für Steingärten oder Staudenrabatten geeignet.

KULTUR: *In tiefem, wasserdurchlässigem, lehmigem, fruchtbarem Boden pflanzen, der nicht austrocknen darf. Einen sonnigen oder halbschattigen Platz wählen. Die Blütentriebe müssen manchmal abgestützt werden. Etablierte Pflanzen vertragen keine Störungen.*

F4 ↕ bis 60 cm ↔ 30 cm

PLEIOBLASTUS AURICOMUS

Dieser aufrechte Bambus ist immergrün und wird wegen seiner grüngelb gestreiften Blätter gehalten. Die am Rand borstigen, lanzettlichen Blätter stehen an grünen Trieben. Sehr effektvoll in Lichtungen von Gehölzgärten, wenn die Pflanze vor Bäumen und hohen Sträuchern steht.

KULTUR: *In feuchtem, wasserdurchlässigem, fruchtbarem, humosem Boden pflanzen. In voller Sonne entwickelt sich die beste Blattfärbung. Vor kaltem Wind schützen. Überzählige Triebe im Frühjahr oder Frühsommer entfernen; das Wachstum durch eine eingegrabene Barriere beschränken.*

F4 ↕↔ bis 1,5 m

PLEIOBLASTUS VARIEGATUS

Aufrechter, immergrüner Bambus mit kürzeren Trieben als *P. auricomus*. Die lanzettlichen, grün und cremefarben längsgestreiften Blätter stehen an den Knoten der blaßgrünen, fein weiß behaarten Triebe. Dieser Bambus eignet sich für sonnige Rabatten mit Sträuchern als Hintergrund. Die Pflanze verdrängt oft schwächere Nachbarn.

KULTUR: *In feuchtem, wasserdurchlässigem, fruchtbarem, humosem Boden sonnig und geschützt pflanzen. Gruppen im späten Frühjahr ausdünnen. Ausbreitung durch eine unterirdische Barriere beschränken.*

☼ 💧💧 🏆F4 ↕75 cm ↔1,2 m

PLUMBAGO AURICULATA

Dieser Bleiwurz ist ein klimmender, halbimmergrüner, frostempfindlicher Strauch, der oft als Kletterpflanze gehalten wird. Von Sommer bis Spätherbst erscheinen dichte Büschel langröhriger, himmelblauer Blüten zwischen den ovalen Blättern. Die Pflanzen werden unter Glas überwintert und im Sommer im Freiland gehalten. Auch als *P. capensis* bekannt.

KULTUR: *In wasserdurchlässigem, fruchtbarem Boden oder Topferde in voller Sonne oder lichtem Schatten pflanzen. Die Spitzen junger Pflanzen auskneifen, um einen buschigen Wuchs zu erzielen, klimmende Sprosse aufbinden. Im zeitigen Frühjahr auf das dauerhafte Astwerk zurückschneiden.*

☼ ◐ 💧 🏆F1–2 ↕3–6 m ↔1–3 m

POLEMONIUM 'LAMBROOK MAUVE'

Diese gruppenbildende Staude ist eine Sorte der Jakobsleiter; sie bildet rundliche Kissen hübscher, mittelgrüner, zusammengesetzter Blätter. Vom späten Frühjahr bis zum Frühsommer erscheinen große Mengen trichterförmiger, himmelblauer Blüten. Für Rabatten und Wildblumengärten geeignet.

KULTUR: *In wasserdurchlässigem, feuchtem, mäßig fruchtbarem Boden in voller Sonne oder im Halbschatten pflanzen. Welke Blüten regelmäßig auskneifen.*

☼◑ 🌢🌢 F4 ↕↔ bis 45 cm

POLYGONATUM x *HYBRIDUM*

Der Salomonssiegel ist eine Rhizomstaude für schattige Rabatten. Die leicht überhängenden Triebe tragen hängende Gruppen kleiner, weißer Röhrenblüten mit grünen Zipfeln. Die Blüten reifen zu kugeligen, blauschwarzen Beeren. Für Gehölzgärten geeignet.

KULTUR: *In feuchtem, aber wasserdurchlässigem, humosem, fruchtbarem Boden pflanzen. Einen schattigen oder halbschattigen Platz wählen.*

◑● 🌢🌢 F4 ↕bis 1,5 m ↔30 cm

POLYSTICHUM ACULEATUM

Der Stachelige Schildfarn ist eine elegante, immergrüne Staude, die eine Rosette fein zerteilter, dunkelgrüner Wedel hervorbringt. Eine ausgezeichnete Grünpflanze für schattige Bereiche in Steingärten oder gut drainierten Rabatten.

KULTUR: *In fruchtbarem, wasserdurchlässigem Boden im Schatten oder Halbschatten pflanzen. Der Standort sollte im Winter nicht übermäßig naß werden. Im Frühjahr vor dem Neuaustrieb die Wedel des Vorjahres entfernen.*

◐● ◇ 🏆F4 ↕60 cm ↔1 m

POLYSTICHUM SETIFERUM

Der Borstige Schildfarn ist eine immergrüne Staude, die höher als die oben genannte Art wird und weiche, fein zerteilte, dunkelgrüne Wedel besitzt. Das Laub steht in dichten, trichterförmigen Rosetten. Für schattige Rabatten und Steingärten geeignet.

KULTUR: *In wasserdurchlässigem, fruchtbarem Boden in Halbschatten oder Schatten pflanzen. Eine geschützte Stelle auswählen, die im Winter nicht zu naß wird. Im Frühjahr tote oder beschädigte Wedel entfernen.*

◐● ◇ 🏆F4 ↕1,2 m ↔1 m

POTENTILLA FRUTICOSA

Kultivare von *P. fruticosa* sind rundliche, laubwerfende Sträucher, die vom späten Frühjahr bis zum Hochsommer üppige Mengen von Blüten hervorbringen. Die dunkelgrünen Blätter bestehen aus mehreren länglichen Fiedern. Die schalenförmigen Blüten erinnern an Wildrosen, stehen einzeln oder in Dreiergruppen. Die meisten Sorten blühen gelb, es gibt aber auch weiße Blüten, wie bei 'Abbotswood', oder rosa überhauchte wie bei 'Daydawn'. Diese anspruchslosen Sträucher sind wertvolle Pflanzen für Strauchrabatten, können aber auch als niedrige Hecke gepflanzt werden.

KULTUR: *In wasserdurchlässigem, armem bis mäßig fruchtbarem Boden halten. Am besten in der Sonne setzen, verträgt aber auch Halbschatten. Nach der Blütezeit leicht trimmen, altes Holz bis zur Basis zurückschneiden und schwache Zweige entfernen. Alte Sträucher lassen sich zwar durch einen Verjüngungsschnitt erneuern, werden aber trotzdem besser ersetzt.*

☼ ◊ ♀F4

1 ↕75 cm ↔ 1,2 m

2 ↕1 m ↔ 1,5 m

3 ↕1 m ↔ 1,2 m

4 ↕1 m ↔ 1,5 m

1 *P. fruticosa* 'Abbotswood' **2** *P. fruticosa* 'Elizabeth' **3** *P. fruticosa* 'Daydawn'
4 *P. fruticosa* 'Primrose Beauty'

POTENTILLA 'GIBSON'S SCARLET'

Ein dichtes, gruppenbildendes, staudiges Fingerkraut, das wegen seiner leuchtend karminroten Blüten kultiviert wird, die sich nacheinander im Sommer öffnen. Die zartgrünen Blätter bestehen aus fünf Fiedern. Eine gute Steingartenpflanze, die auch Misch- und Staudenrabatten im Sommer mit ihrer kräftigen Farbe bereichert.

KULTUR: *In wasserdurchlässigem, armem bis mäßig fruchtbarem Boden in voller Sonne pflanzen.*

☼ ◊ 🏆F4 ↕bis 45 cm ↔60 cm

POTENTILLA MEGALANTHA

Gedrungene, gruppenbildende Staude mit zahlreichen aufrechten, becherförmigen, sattgelben Blüten, die im Hoch- und Spätsommer gebildet werden. Die schwach behaarten, mittelgrünen Blätter sind aus drei grob gebuchteten Fiedern zusammengesetzt. Im Vordergrund von Rabatten pflanzen.

KULTUR: *In armem bis relativ fruchtbarem Boden mit guter Drainage pflanzen. Einen Platz in voller Sonne wählen.*

☼ ◊ 🏆F4 ↕15–30 cm ↔15 cm

POTENTILLA NEPALENSIS 'MISS WILMOTT'

Ein sommerblühendes, ausdauerndes, staudiges Fingerkraut, das Gruppen mittelgrüner, gefingerter Blätter an drahtigen, rot überhauchten Trieben trägt. Die kleinen, rosa Blüten mit kirschrotem Zentrum stehen in lockeren Büscheln. Eine schöne Staude für den Vordergrund von Rabatten in Landhausgärten.

KULTUR: *In wasserdurchlässigem, armem bis mäßig fruchtbarem Boden in voller Sonne oder im Halbschatten pflanzen.*

☼ ◑ ◊ F4 ↕30–45 cm ↔60 cm

PRIMULA DENTICULATA

Die Kugelprimel ist eine kräftige, gruppenbildende Staude, die kugelige Büschel kleiner, purpurner Blüten mit gelbem Zentrum trägt. Sie erscheinen im Frühjahr und Sommer an kräftigen, aufrechten Trieben über grundständigen Rosetten länglicher bis spatelförmiger, mittelgrüner Blätter. Diese Art gedeiht auf feuchten, aber nicht staunassen Böden und ist ideal für Uferbepflanzungen.

KULTUR: *In feuchtem, humosem, neutralem bis saurem oder torfigem Boden pflanzen. Verträgt auf dauerhaft feuchten Böden volle Sonne, gedeiht aber besser im Halbschatten.*

☼ ◑ ♦ F4 ↕↔ 45 cm

PRIMULA FLORINDAE

Diese sehr große Primel ist eine sommergrüne, sommerblühende Staude, die in der Natur an Tümpeln und Bächen vorkommt. Sie bildet Gruppen von Rosetten aus ovalen, gesägten, mittelgrünen Blättern. Die nickenden bis hängenden Gruppen aus bis zu vierzig süß duftenden, trichterförmigen, gelben Blüten stehen an aufrechten Trieben oberhalb des Laubes. Für Sumpfgärten und Uferbepflanzungen geeignet.

KULTUR: *In tiefem, dauerhaft feuchtem, humosem Boden im Halbschatten pflanzen. Auf dauerhaft feuchten Böden vertragen die Pflanzen auch volle Sonne.*

☼◑ 💧 🏆F4 ↕bis 1,2 m ↔1 m

PRIMULA 'GUINEVERE'

Eine schnell wachsende, immergrüne, gruppenbildende Staude, die auch als *P.* 'Garryarde Guinevere' bekannt ist. Sie trägt Gruppen blaß purpurrosa gefärbter Blüten mit gelbem Zentrum, langer Kronröhre und flach ausgebreiteten Kronzipfeln. Die Blüten erscheinen im Frühjahr oberhalb der ovalen, dunkelbronze gefärbten Blätter. Gedeiht an feuchten, schattigen Stellen.

KULTUR: *In feuchtem, wasserdurchlässigem, neutralem bis saurem Boden im Halbschatten setzen. Verträgt volle Sonne nur, wenn der Boden immer feucht bleibt.*

☼◑ 💧 🏆F4 ↕12 cm ↔25 cm

PRIMULA (KANDELABERPRIMELN)

Kandelaberprimeln sind robuste Stauden, die ihren Namen dem etagenförmigen Aufbau der Blütenstände verdanken. Die Blüten erscheinen im Frühjahr oder Sommer über grundständigen Rosetten mit breit ovalen Blättern. Einzelne Arten sind laubwerfend, halbimmergrün oder immergrün. Die Blüten besitzen lange Röhren und flach ausgebreitete Kronzipfel; eine breite Farbpalette ist im Handel: vom strahlenden Rot der 'Inverewe' bis zum Goldgelb von *P. prolifera*. Manche Arten wechseln die Farbe; bei *P. bulleyana* verblassen die karminroten Blüten zu Orange. Kandelaberprimeln wirken am besten, wenn sie in Gruppen in Sumpfgärten oder an Ufern gepflanzt werden.

KULTUR: *In tiefem, feuchtem, neutralem bis saurem, humosem Boden im Halbschatten pflanzen. Auf dauerhaft feuchten Böden vertragen die Pflanzen auch volle Sonne. Im zeitigen Frühjahr teilen und umpflanzen.*

◑ 💧 ♈F4

1 ↕↔ 60 cm

2 ↕↔ 60 cm

3 ↕75 cm ↔ 60 cm

4 ↕bis 1 m ↔ 60 cm

5 ↕bis 1 m ↔ 60 cm

1 *P. bulleyana* **2** *P. prolifera* (syn. *P. helodoxa*) **3** *P.* 'Inverewe' **4** *P. pulverulenta*
5 *P. pulverulenta* Bartley-Hybriden

PRIMULA ROSEA

Eine sommergrüne, ausdauernde Primel, die im Frühjahr rundliche Büschel leuchtendrosa gefärbter, langröhriger Blüten an aufrechten Trieben trägt. Die Gruppen ovaler, gesägter, mittelgrüner Blätter erscheinen nach den Blüten und sind beim Austrieb bronzerot überhaucht. Für Sumpfgärten und Uferbepflanzungen geeignet.

KULTUR: *In tiefem, zuverlässig feuchtem, humosem, neutralem bis saurem oder torfigem Boden pflanzen. Die Art bevorzugt halbschattige Standorte, gedeiht aber auf dauerhaft feuchten Böden auch in voller Sonne.*

☀ 💧 🏆F4 ↕↔ 20 cm

PRIMULA VERIS

Die Wiesenschlüsselblume ist eine halbimmergrüne, frühjahrsblühende Staude mit relativ vielgestaltigem Aussehen. Kräftige Blütentriebe tragen dichte Gruppen kleiner, trichterförmiger, süß duftender, nickender, gelber Blüten oberhalb der lanzettlichen, geknitterten Blätter. Besonders hübsch, wenn die Pflanzen in feuchtem Grasland ausgewildert werden.

KULTUR: *Am besten in tiefem, feuchtem, wasserdurchlässigem, fruchtbarem, humosem, torfigem Boden pflanzen. Im Halbschatten oder auf dauerhaft feuchtem Boden in voller Sonne setzen.*

☼ ☀ 💧 🏆F4 ↕↔ bis 25 cm

PRIMULA 'WANDA'

Eine sehr wüchsige, halbimmergrüne, ausdauernde Primel, die im Frühjahr über lange Zeit hinweg Gruppen stieltellerförmiger, weinroter Blüten mit gelbem Zentrum hervorbringt. Wirkt in Uferbepflanzungen sehr attraktiv.

KULTUR: *Am besten in tiefem, feuchtem, aber wasserdurchlässigem, fruchtbarem Boden, der mit Humus angereichert wurde, pflanzen. Bevorzugt schattige Standorte, erträgt aber auf dauerhaft feuchtem Boden auch volle Sonne.*

☼◑ 💧💧 F4 ↕10–15 cm ↔30–40 cm

PRUNELLA GRANDIFLORA 'LOVELINESS'

Diese Sorte der Großblütigen Braunelle ist eine wüchsige, sich ausbreitende Staude mit dichten Ähren hellpurpurner Röhrenblüten im Sommer. Die grundständigen, lanzettlichen Blätter stehen in Büscheln. In Gruppen ein guter Bodendecker. Die Blüten locken nützliche Insekten an.

KULTUR: *In jedem Boden in Sonne oder Halbschatten pflanzen. Sollte genügend Platz zum Ausbreiten haben. Im Frühjahr oder Herbst teilen, um die Wüchsigkeit zu erhalten. Selbstaussaat durch regelmäßiges Entfernen welker Blüten verhindern.*

☼◑ 💧💧 F4 ↕15 cm ↔bis 1 m oder mehr

PRUNUS X *CISTENA*

Ein aufrechter, langsam wachsender, laubwerfender Strauch, der besonders wegen des roten, später purpurroten Laubes geschätzt wird. Die schüsselförmigen, rosaweißen Blüten dieser Zierkirsche öffnen sich Mitte bis Ende Frühjahr und reifen gelegentlich zu kleinen, kirschförmigen, purpurschwarzen Früchten. Als Windschutzhecke geeignet.

KULTUR: *In jedem nicht staunassen Boden in voller Sonne pflanzen. Zu dicht stehende Zweige nach der Blüte entfernen. Bei Heckenpflanzen die Triebspitzen der Jungpflanzen beschneiden und im Hochsommer trimmen, um die Verzweigung zu fördern.*

☼ 💧 🏆F4 ↕↔ 1,5 m

PRUNUS GLANDULOSA 'ALBA PLENA'

Diese kleine Zierkirsche ist ein hübscher, rundlicher, laubwerfender Strauch, der im späten Frühjahr dichte Gruppen reinweißer, schüsselförmiger, gefüllter Blüten bildet. Die schmal ovalen Blätter sind blaß- bis mittelgrün. Sorgt in Misch- und Strauchrabatten für einen schönen Frühjahrsaspekt.

KULTUR: *In jedem feuchten, wasserdurchlässigen, mäßig fruchtbaren Boden in voller Sonne pflanzen. Diese Sorte kann jährlich nach der Blüte auf ein niedriges Astwerk zurückgeschnitten werden.*

☼ 💧 🏆F4 ↕↔ 1,5 m

PRUNUS 'KIKU-SHIDARE-ZAKURA'

Dieser laubwerfende Zierkirschbaum wird wegen seiner hängenden Zweige und rosa Blüten kultiviert. Dichte Gruppen großer, gefüllter Blüten erscheinen im Frühjahr mit lanzettlichen, erst bronzefarben überhauchten, dann mittelgrünen Blättern. Gute Pflanze für kleine Gärten.

KULTUR: *In feuchtem, wasserdurchlässigem, mäßig fruchtbarem Boden in voller Sonne pflanzen. Verträgt kalkhaltige Böden. Nach der Blütezeit nur totes, krankes oder beschädigtes Holz entfernen. Am Stamm entspringende Triebe sofort entfernen.*

☼ 💧 F4 ↕↔ 3 m

PRUNUS LAUROCERASUS 'OTTO LUYKEN'

Dieser Kirschlorbeer ist ein gedrungener Strauch mit dichtem, glänzend dunkelgrünem Laub. Von Mitte bis Ende Frühjahr und oft nochmals im Herbst erscheinen zahlreiche Ähren weißer Blüten, die zu roten, später schwarzen Früchten reifen. Als Hecke oder in Gruppen pflanzen, um leere Stellen zu füllen.

KULTUR: *In feuchtem, aber wasserdurchlässigem, mäßig fruchtbarem Boden in voller Sonne pflanzen. Im späten Frühjahr oder Frühsommer beschneiden, um die Größe zu begrenzen.*

☼ 💧 F4 ↕ 1 m ↔ 1,5 m

PRUNUS LUSITANICA SSP. *AZORICA*

Langsam wachsender, immergrüner Strauch, der im Frühsommer schlanke Trauben duftender, weißer Blüten trägt. Die ovalen, glänzend dunkelgrünen Blätter haben rote Blattstiele. Die Blüten reifen zu purpurnen Früchten heran. In milden Klimaten eine ganzjährig attraktive Pflanze für Hecken und dichten Sichtschutz.

KULTUR: *In feuchtem, wasserdurchlässigem, relativ fruchtbarem Boden in der Sonne pflanzen. Vor kaltem Wind schützen. Im späten Frühjahr zurückschneiden, um die Größe zu beschränken oder zu dichte oder alte Zweige zu entfernen.*

☼ 💧💧 🏆F3–4 ↕↔ bis 20 m

PRUNUS SERRULA

Rundlicher, laubwerfender Zierkirschbaum, der vor allem wegen seiner glänzenden, kupferbraunen bis mahagoniroten Borke kultiviert wird, die sich im Alter abschält. Im Frühjahr öffnen sich kleine, schüsselförmige, weiße Blüten, die zu kirschartigen Früchten reifen. Die lanzettlichen, dunkelgrünen Blätter färben sich im Herbst gelb. Diese Art kommt als Solitärbaum am besten zur Geltung.

KULTUR: *In feuchtem, wasserdurchlässigem, mäßig fruchtbarem Boden in voller Sonne pflanzen. Nach der Blütezeit tote oder beschädigte Äste zurückschneiden; Triebe am Stamm sofort entfernen.*

☼ 💧💧 🏆F4 ↕↔ 10 m

PRUNUS (ZIERKIRSCHBÄUME)

Zierkirschen werden vor allem wegen ihrer weißen, rosafarbenen oder roten Blüten kultiviert, die meist im späten Winter oder zeitigen Frühjahr in Massen an unbelaubten Ästen erscheinen. Kultivare von *P.* x *subhirtella* blühen im Frühjahr. Die beliebtesten Sorten haben nicht nur attraktive gefüllte Blüten, sondern auch andere Zierwerte, die sie auch nach der Blütezeit interessant machen. *P. sargentii* besitzt eine leuchtende Herbstfärbung, andere Kultivare haben eine glänzende, farbige Borke. Alle diese Eigenschaften machen Zierkirschen zu ausgezeichneten Solitärpflanzen für kleine Gärten.

KULTUR: *In feuchtem, wasserdurchlässigem, relativ fruchtbarem Boden in voller Sonne pflanzen. Möglichst wenig beschneiden; Formschnitt nur an ganz jungen Pflanzen durchführen. Im Hochsommer tote oder kranke Zweige entfernen und den Stamm frei von Trieben halten.*

☼ ◊◊ F4

1 ↕20 m ↔ 10 m

2 ↕↔ 12 m

3 ↕10 m ↔ 8 m

4 ↕10 m ↔ 8 m

5 ↕15 m ↔ 10 m

6 ↕10 m ↔ 8 m

1 *P. avium* **2** *P. avium* 'Plena' **3** *P.* 'Kanzan' **4** *P.* 'Okame' **5** *P. padus* 'Colorata' **6** *P.* 'Pandora'

7 ↕15 m ↔ 10 m

8 ↕↔ 8 m

9 ↕bis 20 m ↔ 15 m

10 ↕8 m ↔ 10 m

11 ↕5 m ↔ 8 m

12 ↕↔ 8 m

13 ↕10 m ↔ 6 m

14 ↕8 m ↔ 10 m

15 ↕8 m ↔ 10 m

16 ↕bis 15 m ↔ 10 m

7 *P. padus* 'Watereri' **8** *P.* 'Pink Perfection' **9** *P. sargentii* **10** *P.* 'Shirofugen' **11** *P.* 'Shôgetsu' **12** *P.* x *subhirtella* 'Autumnalis Rosea' **13** *P.* 'Spire' **14** *P.* 'Taihaku' **15** *P.* 'Ukon' **16** *P.* x *yedoensis*

PSEUDOPANAX LESSONII 'GOLD SPLASH'

Immergrüner, aufrechter oder ausladender Strauch oder Baum mit gelb gefleckten, dunkelgrünen, gesägten und fingerförmig geteilten Blättern. Im Sommer erscheinen zwischen dem Laub unauffällige Blütenstände mit gelbgrünen Blüten. Später reifen die purpurschwarzen Früchte heran. In frostgefährdeten Gebieten als Grünpflanze im Wintergarten halten.

KULTUR: *In wasserdurchlässigem, fruchtbarem Boden oder Topferde in Sonne oder Halbschatten pflanzen. Rückschnitt im Frühjahr durchführen, um das Wachstum zu begrenzen. Minimaltemperatur: 2 °C.*

☼◑ ◊ F1 ↕3–6 m ↔2–4 m

PULMONARIA 'LEWIS PALMER'

Dieses Lungenkraut wird manchmal auch als *P.* 'Highdown' verkauft und ist eine sommergrüne Staude, die Büschel aufrechter Blütentriebe bildet. An der Spitze stehen lockere Gruppen von rosa Knospen, die sich im Frühjahr zu blauen, trichterförmigen Blüten öffnen. Die rauhen, weich behaarten Blätter sind dunkelgrün mit weißen Flecken. In Wildblumengärten pflanzen.

KULTUR: *In feuchtem, nicht staunassem, fruchtbarem, humosem Boden im Halbschatten oder Schatten pflanzen. Alle paar Jahre nach der Blüte teilen.*

◑● ♦ F4 ↕35 cm ↔45 cm

PULMONARIA OFFICINALIS 'SISSINGHURST WHITE'

Diese Sorte des Echten Lungenkrautes ist eine gruppenbildende, immergrüne Staude, die wegen ihrer reinweißen Blüten und der weiß gefleckten Blätter geschätzt wird. Die elliptischen, dunkelgrünen Blätter stehen an aufrechten Trieben, an deren Spitze sich im Frühjahr blaßrosa Knospen entwickeln. An schattigen Stellen als Bodendecker setzen.

KULTUR: *In feuchtem, nicht staunassem, humosem Boden pflanzen. In tiefem oder lichtem Schatten halten, verträgt aber auch Sonne. Gruppen alle drei Jahre nach der Blüte teilen und neu pflanzen.*

☼☀ 💧 🏆F4 ↕bis 30 cm ↔45 cm

PULSATILLA VULGARIS

Die Küchenschelle ist eine gedrungene Staude, die Büschel fein zerteilter, hellgrüner Blätter besitzt. Die glockenförmigen, nickenden, seidig behaarten Blüten öffnen sich im Frühjahr oberhalb der Blätter. Sie sind dunkel- bis blaßpurpurn, gelegentlich auch weiß gefärbt und tragen in der Mitte goldgelbe Staubblätter. Für Steingärten, Geröllbeete, Tröge oder Lücken im Pflaster geeignet.

KULTUR: *Am besten in fruchtbarem, sehr gut wasserdurchlässigem Boden pflanzen. An einer vor übermäßiger Nässe im Winter geschützten Stelle in voller Sonne setzen. Etablierte Pflanzen nicht stören.*

☼ 💧 🏆F4 ↕10–20 cm ↔20 cm

PULSATILLA VULGARIS
'ALBA'

Die weiße Form der Küchenschelle ist eine gruppenbildende Staude, die im Frühjahr nickende, glockenförmige, seidig behaarte, weiße Blüten mit gelben Staubblättern hervorbringt. Die Blüten stehen oberhalb der anfangs behaarten, fein zerteilten, hellgrünen Blätter. Eine sehr hübsche Pflanze für Steingärten oder Geröllbeete.

KULTUR: *Am besten in fruchtbarem Boden mit sehr guter Drainage in voller Sonne pflanzen. Im Winter vor übermäßiger Nässe schützen. Etablierte Pflanzen vertragen keine Störung.*

☼ ◊ ♆F4 ↕10–20 cm ↔20 cm

PYRACANTHA
'ORANGE GLOW'

Aufrechter bis ausladender, stacheliger, immergrüner Feuerdornstrauch mit üppigen Mengen kleiner, weißer Blüten, die im Frühjahr in Gruppen gebildet werden. Die orangeroten Beeren reifen im Herbst und bleiben bis in den Winter an der Pflanze. Die ovalen Blätter sind glänzend dunkelgrün. Gut als Hecke geeignet, die außerdem Brutvögel anlockt.

KULTUR: *In wasserdurchlässigem, fruchtbarem Boden in Sonne oder Schatten pflanzen. Vor kaltem Wind schützen. Mitte Frühjahr beschneiden, Neuaustrieb im Sommer trimmen, damit die Beeren besser wirken.*

☼☀ ◊ ♆F4 ↕↔ 3 m

PYRACANTHA 'WATERERI'

Dieser Feuerdorn ist ein wüchsiger, aufrechter, stacheliger Strauch mit dichten, immergrünen Blättern. Im Frühjahr zieren Mengen weißer Blüten die Pflanzen, im Herbst leuchten rote Beeren zwischen dem Laub. Die Blätter sind elliptisch und dunkelgrün. Sehr gut für Hecken und Strauchrabatten geeignet, kann aber auch an schattigen Wänden gezogen werden. Lockt Brutvögel an.

KULTUR: *In wasserdurchlässigem, fruchtbarem Boden sonnig oder schattig und geschützt pflanzen. Im Frühjahr ausdünnen; im Sommer den Jungzuwachs trimmen, um die Beeren freizulegen.*

☼☀ 💧 🏆F4 ↕↔ 2,5 m

PYRUS CALLERYANA 'CHANTICLEER'

Eine sehr stachelige, baumförmige Zierbirne mit schmal konischem Wuchs, die in kleinen Gärten einen schönen Solitärbaum darstellt. Mitte Frühling öffnen sich attraktive Büschel kleiner, weißer Blüten, die im Herbst zu kugeligen, braunen Früchten reifen. Die ovalen, fein gebuchteten Blätter sind glänzend dunkelgrün und färben sich vor dem Laubfall im Herbst rot. Die Sorte verträgt städtische Luftverschmutzung.

KULTUR: *In wasserdurchlässigem, fruchtbarem Boden sonnig pflanzen. Im Winter beschneiden.*

☼ 💧 🏆F4 ↕15 m ↔6 m

PYRUS SALICIFOLIA 'PENDULA'

Laubwerfender Zierbirnbaum mit silbergrauen, weidenartigen, anfangs filzig behaarten Blättern und trauerweidenartigem Wuchs. Im Frühjahr öffnen sich dichte Gruppen kleiner, cremeweißer Blüten, die im Herbst zu grünen, birnenförmigen Früchten reifen. Ein hübscher, Luftverschmutzung ertragender Baum für Innenstadtgärten.

KULTUR: *In fruchtbarem, wasserdurchlässigem Boden in voller Sonne pflanzen. Jungpflanzen im Winter beschneiden, um ein ausgeglichenes Astwerk zu erzielen.*

☼ 💧 F4 ↕8 m ↔6 m

RAMONDA MYCONI

Diese Felsenteller-Art ist eine kleine, hübsche, immergrüne Staude mit grundständiger Rosette aus dunkelgrünen, leicht runzeligen, breit ovalen Blättern. Im späten Frühjahr und Frühsommer tragen kurze Blütentriebe dunkel blauviolette Blüten, die sich oberhalb des Laubes öffnen. Es gibt auch rosa oder weiß blühende Sorten. In Steingärten oder Trockenmauern halten.

KULTUR: *In feuchtem, wasserdurchlässigem, mäßig fruchtbarem, humosem Boden im Halbschatten setzen. Schräg pflanzen, um Fäulnis zu vermeiden. Bei starker Trockenheit welken die Blätter, erholen sich aber nach dem Gießen wieder.*

◑ 💧💧 F4 ↕10 cm ↔bis 20 cm

RANUNCULUS ACONITIFOLIUS 'FLORE PLENO'

Diese Form des Eisenhutblättrigen Hahnenfußes ist eine gruppenbildende Staude mit kleinen, fast kugeligen, gefüllten, weißen Blüten, die im späten Frühling und Frühsommer für lange Zeit gebildet werden. Die tief gelappten, gesägten Blätter sind glänzend dunkelgrün. In Gehölzgärten pflanzen.

KULTUR: *In feuchtem, wasserdurchlässigem, humosem Boden pflanzen. Eine schattige oder halbschattige Stelle wählen.*

◑● ◊♦ F4 ↕60 cm ↔45 cm

RANUNCULUS CALANDRINIOIDES

Gruppenbildende Staude, die vom späten Winter bis zum zeitigen Frühjahr Büschel mit bis zu drei becherförmigen, weißen oder rosa überhauchten Blüten hervorbringt. Die lanzettlichen, blaugrünen Blätter erscheinen im Frühjahr an der Basis der Pflanze und sterben im Sommer ab. Diesen Hahnenfuß im Steingarten, Geröllbeet oder Alpinhaus halten. Kalte, feuchte Winter kann die Art nur im Alpinhaus überstehen.

KULTUR: *Am besten in grusigem, gut drainiertem, humosem Boden sonnig pflanzen. In der Ruhezeit im Sommer wenig wässern.*

☼ ◊ F2–3 ↕20 cm ↔15 cm

RANUNCULUS GRAMINEUS

Gruppenbildender, ausdauernder Hahnenfuß, der sowohl in Staudenrabatten als auch in Steingärten gedeiht. Die becherförmigen, zitronengelben Blüten öffnen sich im späten Frühjahr und Frühsommer oberhalb der grasartigen, fein behaarten Blätter.

KULTUR: *In feuchtem, wasserdurchlässigem, fruchtbarem Boden pflanzen. An einer sonnigen oder halbschattigen Stelle setzen.*

☼◑ ◇◆ ♀F4 ↕bis 30 cm ↔bis 15 cm

RHAMNUS ALATERNUS 'ARGENTEOVARIEGATA'

Dieser Kreuzdorn ist ein schnell wachsender, aufrechter bis ausladender, immergrüner Strauch mit ovalen, ledrigen, graugrünen Blättern, die cremeweiße Ränder besitzen. Im Frühjahr erscheinen Büschel winziger, gelbgrüner Blüten, die zu kugeligen, roten, später schwarzen Früchten reifen.

KULTUR: *In wasserdurchlässigem Boden in voller Sonne pflanzen. Im zeitigen Frühjahr unerwünschte Zweige entfernen. Alle Triebe mit einfarbig grünen Blättern sofort abschneiden.*

☼ ◇ ♀F4 ↕5 m ↔4 m

RHODANTHEMUM HOSMARIENSE

Ausladender Halbstrauch, der wegen seiner üppigen, margeritenartigen Blütenköpfchen geschätzt wird. Die Köpfchen besitzen weiße Zungenblüten und gelbe Röhrenblüten und werden vom zeitigen Frühjahr bis zum Herbst gebildet. Die fein zerteilten Blätter sind silbrig und weich behaart. Am Grund einer warmen Mauer oder im Steingarten halten. Im Alpinhaus blüht diese Art ganzjährig, wenn welke Blüten entfernt werden.

KULTUR: *In gut wasserdurchlässigem Boden sonnig pflanzen. Welke Blüten regelmäßig auskneifen, um die Blütezeit zu verlängern.*

☼ ◊ 🏆F4 ↕10–30 cm ↔30 cm

RHODOCHITON ATROSANGUINEUS

Der Rosenkelch ist eine immergrüne Kletterpflanze mit schlanken Trieben, auch als *R. volubilis* bekannt. Kann in kalten Klimaten als Einjährige kultiviert werden. Die hängenden, purpurnen Röhrenblüten mit glockenförmigem, rotem Kelch erscheinen im Sommer und Herbst zwischen herzförmigem Laub. Größere Pflanzen an Spalieren klettern lassen.

KULTUR: *In feuchtem, wasserdurchlässigem, fruchtbarem, humosem Boden sonnig pflanzen. Wurzeln müssen im Schatten liegen. Triebspitzen auskneifen, um buschigen Wuchs zu erzielen; nicht kräftig schneiden.*

☼ ◊♦ 🏆F1–2 ↕3 m

RHODODENDRON (LAUBWERFENDE U. IMMERGRÜNE AZALEEN)

Azaleen sind rundliche Sträucher, die wegen ihrer leuchtenden, oft duftenden Blüten geschätzt werden, die im Frühjahr zwischen dem dunkelgrünen Laub erscheinen. Es gibt verschiedene Blütengrößen, -formen und -farben. Azaleen eignen sich für viele Anwendungen: Zwergige oder gedrungene Sorten, wie 'Beethoven' und 'Homebush', sind ausgezeichnete Topfpflanzen für schattige Innenhöfe, größere Sorten, wie 'Cecile', hellen schattige Bereiche auf. 'Hino-mayo', *R. luteum*, 'Rose Bud', 'Vuyk's Rosyred' und 'Vuyk's Scarlet' gedeihen an sonnigen Standorten, wenn der Boden nicht austrocknet.

KULTUR: *In feuchtem, wasserdurchlässigem, humosem, saurem Boden pflanzen. Idealerweise sollten Azaleen einen Teil des Tages im Schatten stehen. Es ist wichtig, die Pflanzen flach einzusetzen. Ein Formschnitt ist nur in geringem Umfang notwendig; alte, zu dichte Pflanzen sollten im Frühsommer ausgelichtet werden.*

☼ ◐ ◊ ♦ ♕F4

1 ↕↔ 1,3 m

2 ↕↔ 2,2 m

3 ↕↔ 60 cm

4 ↕↔ 1,5 m

5 ↕↔ 4 m

1 *R.* 'Beethoven' (immergrün) **2** *R.* 'Cecile' (laubwerfend) **3** *R.* 'Hino-mayo' (immergrün) **4** *R.* 'Homebush' (laubwerfend) **5** *R. luteum* (laubwerfend)

7 ↕↔ 2 m

6 ↕↔ 1,2 m

8 ↕↔ 1,2 m

9 ↕↔ 60–90 cm

10 ↕↔ 1,2 m

6 *R.* 'Palestrina' (immergrün) **7** *R.* 'Persil' (laubwerfend) **8** *R.* 'Vuyk's Scarlet' (immergrün) **9** *R.* 'Rose Bud' (immergrün) **10** *R.* 'Vuyk's Rosyred' (immergrün)

RHODODENDRON (GROSSE RHODODENDREN)

Große, waldbewohnende Rhododendren können eine baumförmige Statur haben und werden vor allem wegen ihrer leuchtenden Blüten kultiviert, die meist im Frühjahr in vielen Farben und Formen erscheinen. Sie sind ideale Pflanzen, um an schattigen Stellen und in Gehölzgärten Farbtupfer zu setzen. Die Blätter sind meist oval und dunkelgrün; bei *R. bureaui* ist der Austrieb hellbraun. Einige Kultivare, wie 'Cynthia' oder 'Purple Splendour', vertragen auf feuchten Böden volle Sonne. Sie sind daher vielseitig einsetzbar und eignen sich in großen Gärten als auffällige, frühjahrsblühende Hecke oder Sichtschutz.

KULTUR: *In feuchtem, wasserdurchlässigem, humosem, saurem Boden flach pflanzen. Die meisten Arten bevorzugen halbschattige, geschützte Gehölzstandorte. Formschnitte sind kaum erforderlich, die meisten Arten können nach der Blüte auf ausgeglichenes Astwerk zurückgeschnitten werden.*

F4

1 ↕↔ 3 m

2 ↕↔ 3 m

3 ↕↔ 3,5 m

1 *R.* 'Blue Peter' 2 *R. bureaui* 3 *R.* 'Crest'

4 ↕↔ 6 m

5 ↕ bis 12 m ↔ 5 m

6 ↕↔ 4 m

7 ↕↔ 3 m

8 ↕↔ 4 m

9 ↕↔ 3 m

10 ↕↔ 3 m

11 ↕↔ 3 m

4 *R.* 'Cynthia' **5** *R. falconeri* **6** *R.* 'Fastuosum Flore Pleno' **7** *R.* 'Furnivall's Daughter' **8** *R.* 'Loderi King George' **9** *R.* 'Purple Splendour' **10** *R.* 'Sappho' **11** *R.* 'Susan'

RHODODENDRON (MITTELGROSSE RHODODENDREN)

Diese immergrünen Rhododendren erreichen 1,5 m bis 3 m Höhe und werden wegen ihrer attraktiven, oft duftenden Blüten geschätzt. Die Blüten erscheinen im Frühjahr zwischen den dunkelgrünen Blättern. 'Yellow Hammer' bildet oft im Herbst die ersten Blüten. Das Laub von 'Winsome' hat nach dem Austrieb anfangs einen kupfernen Farbton. Die Auswahl an mittelgroßen Rhododendren ist riesengroß; alle eignen sich für Strauchrabatten oder Gruppenpflanzungen. Einige Sonne vertragende, niedrige Formen wie 'May Day' können als lockere Hecke gesetzt werden.

KULTUR: *In feuchtem, wasserdurchlässigem, humosem, saurem Boden pflanzen. Die meisten bevorzugen lichten Halbschatten. Rhododendren immer flach einpflanzen. 'Fragrantissimum' benötigt in kalten Gebieten besondere Pflege: nicht in Frosttaschen pflanzen und im Winter eine dicke Mulchschicht ausbringen. Falls notwendig, nach der Blüte beschneiden.*

F2–3, F4

1 ↕↔ 2 m

2 ↕↔ 1,5 m

1 *R.* 'Fabia' (F4) **2** *R.* 'Golden Torch' (F4)

3 ↕↔ 2 m

4 ↕↔ 1,5 m

5 ↕↔ 1,5 m

6 ↕↔ 2 m

7 ↕↔ 2 m

8 ↕↔ 1,5 m

3 *R.* 'Fragrantissimum' (F2–3) **4** *R.* 'Hydon Dawn' (F4) **5** *R.* 'May Day' (F4) **6** *R.* 'Titian Beauty' (F4) **7** *R.* 'Yellow Hammer' (F4) **8** *R.* 'Winsome' (F4)

RHODODENDRON (ZWERGIGE RHODODENDREN)

Zwergige Rhododendren sind niederliegende, immergrüne Sträucher mit mittel- bis dunkelgrünen, lanzettlichen Blättern. Sie blühen in vielen Farben und Formen während des Frühjahrs. Wenn alkalischer Boden die Kultur von Rhododendren in Beeten unmöglich macht, sind diese gedrungenen Sträucher ideal für Töpfe oder Kübel in schattigen Höfen geeignet. 'Ptarmigan' eignet sich für solche Zwecke besonders, weil er einige Zeit ohne Wasser auskommt. Zwergige Rhododendren passen auch gut in Steingärten. In kalten Gebieten werden die frühesten Blüten manchmal vom Frost beschädigt.

KULTUR: *In feuchtem, wasserdurchlässigem, laubreichem, saurem Boden pflanzen, der mit verrottetem organischen Material angereichert wurde. In Sonne oder Halbschatten setzen; tiefen Schatten unter Bäumen meiden. Am besten im Frühjahr oder Herbst pflanzen. Flach einsetzen. Eine Beschneidung ist nicht notwendig.*

☼◑ ◊♦ F3–4, F4

1 ↕↔ 1,1 m

2 ↕↔ 1.2m

3 ↕↔ 60 cm

4 ↕↔ 45–90 cm

1 *R.* 'Cilpinense' (F4) **2** *R.* 'Doc' (F4) **3** *R.* 'Dora Amateis' (F4) **4** *R.* 'Ptarmigan' (F3–4)

RHUS TYPHINA 'DISSECTA'

Der Essigbaum, auch als *R. hirta* bekannt, ist ein aufrechter, laubwerfender Strauch oder kleiner Baum mit samtroten Zweigen. Diese Sorte besitzt lange, aus vielen zerschlitzten Fiedern zusammengesetzte Blätter, die sich im Herbst leuchtend orangerot färben. Im Sommer erscheinen aufrechte Blütenstände mit unauffälligen, gelbgrünen Blüten, die zu Gruppen samtiger, dunkel karminroter Früchte ausreifen.

KULTUR: *In feuchtem, wasserdurchlässigem, relativ fruchtbarem Boden in voller Sonne pflanzen, damit die Herbstfärbung sich voll ausprägt. Alle Schößlinge am Grund der Pflanze sofort entfernen.*

☼ 💧◐ 🏆F4 ↕2 m ↔3 m

RIBES SANGUINEUM 'BROCKLEBANKII'

Die langsam wachsende Blutjohannisbeere ist ein aufrechter, laubwerfender Strauch mit rundlichen, aromatischen, anfangs leuchtendgelben, später dunkler werdenden Blättern. Die blaßrosa Blüten erscheinen im Frühjahr in hängenden Gruppen und reifen zu kleinen, blauschwarzen Früchten.

KULTUR: *In wasserdurchlässigem, relativ fruchtbarem Boden pflanzen. Sonnig, mit etwas Schatten zur Mittagszeit setzen. Nach der Blütezeit ältere Zweige herausschneiden. Im Winter einen Renovierungsschnitt an überalterten Exemplaren durchführen.*

☼◐ 💧 🏆F4 ↕↔ 1,2 m

RIBES SANGUINEUM 'PULBOROUGH SCARLET'

Diese wüchsige Sorte der Blutjohannisbeere wird größer als 'Brocklebankii' und ist ein aufrechter, laubwerfender Strauch. Im Frühjahr trägt er hängende Gruppen dunkelroter Blüten mit weißem Zentrum. Die aromatischen, dunkelgrünen Blätter sind rundlich mit gezähnten Lappen. Die kleinen, blauschwarzen Beeren reifen im Sommer heran.

KULTUR: *In wasserdurchlässigem, mäßig fruchtbarem Boden sonnig pflanzen. Nach der Blüte ältere Äste herausschneiden; überalterte Exemplare können im Winter oder zeitigen Frühjahr verjüngt werden.*

☼ 🌢🌢 ♈F4 ↕2 m ↔ 2,5 m

ROBINIA HISPIDA

Die Borstige Robinie ist ein aufrechter, laubwerfender Strauch mit überhängenden, stacheligen Zweigen. Eine nützliche Pflanze für arme, trockene Böden. Die wickenartigen, dunkel rosaroten Blüten erscheinen im späten Frühjahr und Frühsommer in hängenden Trauben. Sie reifen zu braunen Hülsen heran. Die großen, dunkelgrünen Blätter bestehen aus zahlreichen, ovalen Fiedern.

KULTUR: *In jedem nicht staunassen Boden in voller Sonne pflanzen. Die brüchigen Zweige vor starkem Wind schützen. Eine Beschneidung ist nicht notwendig.*

☼ 🌢 ♈F4 ↕2,5 m ↔ 3 m

ROBINIA PSEUDOACACIA 'FRISIA'

Diese Scheinakazie ist ein schnell wachsender, säulenförmiger, laubwerfender Baum. Das zarte, anfangs goldgelbe, später gelbgrüne Laub färbt sich im Herbst orangegelb. Im Hochsommer tragen hängende Trauben kleine, duftende, weiße Blüten in geringer Zahl. Die zusammengesetzten Blätter stehen an meist bestachelten Ästen.

KULTUR: *In feuchtem, wasserdurchlässigem, fruchtbarem Boden sonnig pflanzen. An Jungpflanzen einen Haupttrieb erziehen, indem Konkurrenztriebe früh entfernt werden; ältere Pflanzen nicht beschneiden.*

☼ ◊♦ F4 ↕15 m ↔8 m

RODGERSIA PINNATA 'SUPERBA'

Diese Schaublatt-Sorte ist eine gruppenbildende Staude mit aufrechten Büscheln sternförmiger, hellrosa Blüten. Die Blütenstände erscheinen im Hoch- und Spätsommer über kräftigen, stark geaderten, dunkelgrünen Blättern. Die langen, zusammengesetzten Blätter sind anfangs bronzepurpurn gefärbt. Kann gut in der Nähe von Gewässern oder an feuchten Gehölzrändern gepflanzt werden.

KULTUR: *Am besten in feuchtem, humosem Boden in voller Sonne oder im Halbschatten pflanzen. Vor kalten, austrocknenden Winden und Trockenheit schützen.*

☼ ◐ ♦ F4 ↕bis 1,2 m ↔75 cm

ROSA (MODERNE BUSCHROSEN)

Es gibt zwei Gruppen moderner Buschrosen, die wegen der Blüten kultiviert werden, die von Sommer bis Herbst erscheinen. Teehybriden tragen Einzelblüten an langen Trieben, Floribunda-Rosen bilden bis zu 25 Blüten pro Trieb. Die dunkelgrünen Blätter stehen an aufrechten, stacheligen oder dornigen Trieben und werden im Herbst abgeworfen. Die Einzelpflanzung von Rosen ist noch populär, zusammen mit anderen Sträuchern und Kräutern wirken Rosen allerdings beruhigender. Zudem sind die anderen Pflanzen dann attraktiv, wenn die Rosen nicht blühen. Buschrosen eignen sich besser als Strauchrosen für kleine Gärten, weil sie kleiner bleiben.

KULTUR: *In feuchtem, wasserdurchlässigem, fruchtbarem Boden sonnig setzen. Abgeblühte Triebe auf ein Blatt zurückschneiden, damit sie nochmals Blüten bilden. Im zeitigen Frühjahr die Haupttriebe auf 25 cm zurückschneiden; totes oder krankes Holz nach Bedarf entfernen.*

☼ ◊◊ ♈F4

1 ↕50 cm ↔ 60 cm

2 ↕1 m ↔ 60 cm

3 ↕1,1 m ↔ 75 cm

4 ↕bis 2 m ↔ 80 cm

5 ↕1,2 m ↔ 1 m

TH = Teehybride; F = Floribunda-Rose

1 *R.* AMBER QUEEN 'Harroony' (F) **2** *R.* 'Arthur Bell' (F) **3** *R.* BLESSINGS (TH) **4** *R.* ALEXANDER 'Harlex' (TH) **5** *R.* CHINATOWN (F) **6** *R.* ICEBERG 'Korbin' (F)

6 ↕80 cm ↔ 65 cm

7 ↕75 cm ↔ 70 cm

8 ↕↔ 75 cm

9 ↕80 cm ↔ 60 cm

10 ↕1,2 m ↔ 75 cm

11 ↕1,2 m ↔ 1 m

12 ↕1 m ↔ 60 cm

13 ↕1 m ↔ 75 cm

14 ↕1,1 m ↔ 60 cm

7 *R.* JUST JOEY (TH) **8** *R.* MANY HAPPY RETURNS 'Harwanted' (F) **9** *R.* MARGARET MERRIL 'Harkuly' (F) **10** *R.* MOUNTBATTEN 'Harmantelle' (F) **11** *R.* PEACE 'Madame A. Meilland' (TH) **12** *R.* REMEMBER ME 'Cocdestin' (TH) **13** *R.* ROYAL WILLIAM 'Korzaun' (TH) **14** *R.* SILVER JUBILEE (F)

ROSA (KLETTERROSEN)

Kletterrosen sind meist wüchsige Pflanzen, die je nach Sorte unterschiedliche Höhen erreichen. Ihre steifen, überhängenden Stämme sind oft dicht mit glänzenden, aus kleinen Fiedern zusammengesetzten Blättern besetzt. Die oft duftenden Blüten werden im Sommer gebildet; bei manchen in üppigem Flor, bei anderen in geringerer Zahl, aber mehrfach. Kletterrosen können an Zäunen, alten Bäumen, als Solitärpflanzen oder mit anderen Kletterpflanzen wie *Clematis* gesetzt werden. Zur Verschönerung häßlicher Bauten und als Hintergrund für Rabatten sind sie nützlich.

KULTUR: *Am besten in feuchtem, wasserdurchlässigem, relativ fruchtbarem Boden in der Sonne pflanzen. Wenn keine Früchte gewünscht werden, welke Blüten entfernen. Ältere Pflanzen nach der Blüte auf die gewünschte Größe stutzen. Zur Verjüngung gelegentlich einen alten Stamm zur Basis zurückschneiden. In den beiden ersten Jahren niemals beschneiden.*

☼ ◊◊ ♈F4

1 ↕↔ bis 6 m

2 ↕3 m ↔ 2,5 m

3 ↕↔ 2,2 m

4 ↕bis 10 m ↔ 6 m

5 ↕bis 5 m ↔ 4 m

1 *R. banksiae* 'Lutea' 2 *R.* COMPASSION 3 *R.* DUBLIN BAY 'Macdub' 4 *R. filipes* 'Kiftsgate' 5 *R.* 'Gloire de Dijon'

6 ↕ bis 3 m ↔ 2 m

7 ↕ 3 m ↔ 2,2 m

8 ↕↔ 2,5 m

9 ↕ 5 m ↔ 3 m

10 ↕ 3 m ↔ 2,5 m

11 ↕ bis 6 m ↔ 4 m

12 ↕ bis 3 m ↔ 2 m

6 *R.* GOLDEN SHOWERS **7** *R.* HANDEL 'Macha' **8** *R.* 'Maigold' **9** *R.* 'Madame Alfred Carrière' **10** *R.* 'New Dawn' **11** *R.* 'Madame Grégoire Staechelin' **12** *R.* 'Zéphirine Drouhin'

ROSA (RAMBLER-ROSEN)

Rambler-Rosen ähneln Kletterrosen, haben aber weichere, biegsame Stämme. Sie können so leichter an komplexen Stützen wie Bögen, Pergolen, Seilen oder Ketten gezogen werden. Voraussetzung ist, daß die Stütze kräftig gebaut ist: Rambler-Rosen sind sehr wüchsig. Im Gegensatz zu Kletterrosen können sie unter Mehltau leiden, wenn sie an einer Wand kultiviert werden. Alle Sorten besitzen zusammengesetzte, glänzende, dunkelgrüne Blätter an stacheligen oder dornigen Trieben. Die Blüten erscheinen einzeln oder in Büscheln im Sommer. Manche Kultivare blühen einmal, andere zu einem späteren Zeitpunkt noch einmal, dann aber schwächer.

KULTUR: *In feuchtem, wasserdurchlässigem, fruchtbarem Boden in voller Sonne halten. Die Triebe der Jungpflanzen festbinden, damit sich ein dauerhaftes Astwerk entwickelt, auf das jährlich nach der Blüte zurückgeschnitten wird. Tote oder kranke Triebe gelegentlich entfernen.*

☼ ◊♦ ♈F4

1 ↕bis 5 m ↔ 3 m

2 ↕bis 5 m ↔ 4 m

1 *R.* 'Albéric Barbier' **2** *R.* 'Albertine'

3 ↕bis 10 m ↔ 6 m

4 ↕bis 5 m ↔ bis 4 m

5 ↕↔ 6 m

6 ↕bis 6 m ↔ 4 m

7 ↕↔ bis 4 m

8 ↕↔ 4 m

3 *R.* 'Bobbie James' **4** *R.* 'Félicité Perpétue' **5** *R.* 'Rambling Rector' **6** *R.* 'Seagull' **7** *R.* 'Sanders' White Rambler' **8** *R.* 'Veilchenblau'

ROSA (PATIOROSEN)

Diese Strauchrosen sind besonders kleine Züchtungen, die für viele Situationen einsetzbar sind. Sie besitzen sehr attraktive, duftende Blüten in den verschiedensten Farben und blühen über lange Zeit vom Sommer bis zum Herbst. Die glänzenden, dunkelgrünen Blätter werden im Herbst abgeworfen. Mit Ausnahme von 'Ballerina', die 1,5 m hoch wird, bleiben die meisten Sorten kleiner als 1 m und sind unentbehrlich für räumlich beschränkte, sonnige Stellen. In Kübeln, Töpfen oder Hochbeeten gepflanzt, sind sie eine ideale Dekoration für Innenhöfe und andere gepflasterte Bereiche.

KULTUR: *In wasserdurchlässigem, feuchtem, mäßig fruchtbarem, humosem Boden pflanzen. Einen offenen, sonnigen Standort wählen. Im späten Winter alle Triebe bis auf die kräftigsten herausschneiden und diese um ein Drittel kürzen. Totes oder krankes Holz nach Bedarf entfernen.*

☼ ◊◊ F4

1 ↕45 cm ↔ 40 cm

2 ↕bis 1,5 m ↔ 1,2 m

3 ↕50 cm ↔ 40 cm

4 ↕40 cm ↔ 60 cm

5 ↕↔ 35 cm

6 ↕↔ 60–90 cm

1 *R.* ANNA FORD 'Harpiccolo' **2** *R.* 'Ballerina' **3** *R.* GENTLE TOUCH 'Diclulu'
4 *R.* QUEEN MOTHER 'Korquemu' **5** *R.* SWEET MAGIC 'Dicmagic' **6** *R.* 'The Fairy'

ROSA (BODENDECKENDE ROSEN)

Bodendeckende Rosen sind niedrige, ausladende, laubwerfende Sträucher, die sich ideal für den Vordergrund von Rabatten eignen. Sie tragen vom Sommer bis zum Herbst über lange Zeiträume hinweg schöne, duftende Blüten. Die zusammengesetzten, glänzenden, grünen Blätter stehen an stacheligen oder dornigen, manchmal kriechenden Trieben. Nur wirklich dicht wachsende Sorten wie SWANY 'Meiburenac' bedecken den Boden vollständig; und das auch nur, wenn er von Anfang an unkrautfrei ist. Die meisten Bodendeckenden Rosen wirken am besten, wenn sie über Mauerkronen hängen oder auf steilen, sonst schwer zu bepflanzenden Böschungen stehen.

KULTUR: *In feuchtem, wasserdurchlässigem, relativ fruchtbarem, humosem Boden in voller Sonne pflanzen. Nach der Blütezeit alle Triebe kräftig auf die gewünschte Länge zurückschneiden und tote oder kranke Teile entfernen. Jährlicher Rückschnitt erhöht die Blühleistung.*

☼ ◊♦ 🏆F4

1 ↕45 cm ↔ 1,2 m

2 ↕75 cm ↔ 1,2 m

3 ↕80 cm ↔ 1,2 m

4 ↕bis 75 cm ↔ bis 1,7 m

1 *R.* 'Nozomi' **2** *R.* RED BLANKET 'Intercell' **3** *R.* SURREY 'Korlanum' **4** *R.* SWANY 'Meiburenac'

ROSA (STRAUCHROSEN)

Strauchrosen sind aufrechte, laubwerfende Pflanzen, die wegen ihrer Blüten kultiviert werden. Diese erscheinen einmal oder mehrfach von Sommer bis Herbst zwischen zusammengesetzten, glänzend dunkelgrünen Blättern an stacheligen oder dornigen Trieben. Die beste Wirkung erzielen Strauchrosen in lockeren Pflanzungen mit anderen Sträuchern, die ihnen aber genügend Licht lassen müssen. Einige Sorten eignen sich gut für traditionelle Beetbepflanzungen. Solche Rosenbeete vor einer Hecke erlauben die Kombination verschieden hoher Rosen; Strauchrosen im Hintergrund und Buschrosen im Vordergrund pflanzen. Schöne Solitärpflanzen.

KULTUR: *In wasserdurchlässigem, feuchtem, fruchtbarem, humosem Boden sonnig pflanzen. An etablierten Pflanzen im zeitigen Frühjahr alte, nachlassende Triebe entfernen und abgeblühte Triebe um ein Drittel kürzen. Unsachgemäßer Schnitt zerstört die Form der Pflanzen.*

☼ ◊◆ ♆F4

1 ↕85 cm ↔ 1,1 m

2 ↕↔ 1,2 m

3 ↕1,5 m ↔ 1,2 m

4 ↕1,5 m ↔ 1,2 m

5 ↕2,2 m ↔ 2,5 m

6 ↕2 m ↔ 1,5 m

1 *R.* BONICA 'Meidomonac' **2** *R.* 'Buff Beauty' **3** *R.* 'Blanche Double de Coubert' **4** *R.* 'Céleste' **5** *R.* 'Complicata' **6** *R.* CONSTANCE SPRY **7** *R.* 'Cornelia'

7 ↕↔ 1,5 m

8 ↕ 1,5 m ↔ 1,2 m

9 ↕ 1,5 m ↔ 2,2 m

10 ↕ 1,5 m ↔ 1 m

11 ↕ 2 m ↔ 1,5 m

12 ↕ 1,2 m ↔ 1,5 m

13 ↕↔ 2,2 m

14 ↕ 1,5 m ↔ 1,2 m

15 ↕↔ 2,2 m

16 ↕ 2,2 m ↔ 2 m

17 ↕↔ 2,2 m

18 ↕ 3 m ↔ bis 4 m

8 *R.* 'Fantin-Latour' **9** *R.* 'Felicia' **10** *R.* GERTRUDE JEKYLL 'Ausbord' **11** *R. glauca*
12 *R.* GRAHAM THOMAS 'Ausmas' **13** *R.* 'Marguerite Hilling' **14** *R.* 'Madame Hardy'
15 *R.* 'Nevada' **16** *R.* 'Roseraie de l'Haÿ' **17** *R.* 'William Lobb' **18** *R. xanthina* 'Canary Bird'

ROSMARINUS OFFICINALIS 'MISS JESSOP'S UPRIGHT'

Ein wüchsiger, aufrechter, immergrüner Rosmarinstrauch mit aromatischem Laub, der als Küchenkraut verwendet werden kann. Von Mitte Frühjahr bis Frühsommer erscheinen zwischen schmalen, dunkelgrünen, weißfilzigen Blättern Wirtel kleiner, purpurblauer bis weißer Blüten, häufig werden im Herbst nochmals Blüten gebildet. Eine schöne Beetpflanze für Küchengärten.

KULTUR: *In wasserdurchlässigem, armem bis mäßig fruchtbarem Boden an einer geschützten, sonnigen Stelle pflanzen. Nach der Blüte störende Triebe entfernen.*

☼ ◊ ♈F4 ↕↔ 2 m

ROSMARINUS OFFICINALIS PROSTRATUS-GRUPPE

Diese niedrigen Sorten des Rosmarins sind aromatische, immergrüne Sträucher – ideal für Steingärten. Im Frühjahr, oft auch im Herbst, erscheinen Wirtel kleiner, zweilippiger, purpurblauer bis weißer Blüten. Die dunkelgrünen Blätter sind unten weiß behaart und können im Frühjahr als Küchenkraut geschnitten werden. An geschützten Stellen pflanzen und in kalten Wintern abdecken.

KULTUR: *In wasserdurchlässigem, armem bis mäßig fruchtbarem Boden sonnig pflanzen. Nach der Blüte leicht zurückschneiden und störende Zweige entfernen.*

☼ ◊ ♈F3 ↕15 cm ↔1,5 m

RUBUS 'BENENDEN'

Diese Zierhimbeere ist ein hübscher, laubwerfender Strauch, der ausladende, überhängende, unbedornte Zweige mit abblätternder Borke trägt. Er wird wegen der vielen, großen, schalenförmigen, rosenähnlichen Blüten mit glänzenden, reinweißen Blütenblättern geschätzt, die im späten Frühjahr und Frühsommer erscheinen. Die gelappten Blätter sind dunkelgrün. Für Strauchrabatten geeignet.

KULTUR: *In fruchtbarem Boden in Sonne oder Halbschatten pflanzen. Nach der Blüte einige ältere Triebe bis zur Basis zurückschneiden, damit sich neue Zweige bilden und die Pflanze nicht zu dicht wächst.*

☼ ◐ ◊ 🏆F4 ↕↔ 3 m

RUBUS THIBETANUS

Diese Brombeere wird manchmal unter dem Sortennamen 'Silver Fern' verkauft und ist ein aufrechter, sommerblühender, laubwerfender Strauch. Die Triebe sind im Winter auffällig weiß bereift. Die kleinen, schalenförmigen, purpurroten Blüten erscheinen zwischen dem farnartigen, weiß behaarten, dunkelgrünen Laub und reifen zu kugeligen, ebenfalls weiß bereiften, schwarzen Früchten.

KULTUR: *In fruchtbarem Boden in der Sonne oder im Halbschatten pflanzen. Im Frühjahr alle abgeblühten Triebe zur Basis zurückschneiden und die vorjährigen, nicht abgeblühten Triebe nicht beschneiden.*

☼ ◐ ◊ 🏆F4 ↕↔ 2,5 m

RUDBECKIA FULGIDA VAR. *SULLIVANTII* 'GOLDSTURM'

Eine gruppenbildende Staude, die wegen ihres kräftigen, aufrechten Wuchses und der großen, margeritenähnlichen Blütenköpfchen mit goldgelben Zungenblüten und schwarzbraunen Röhrenblüten geschätzt wird. Die Blütenstände erscheinen im Spätsommer und Frühherbst über Büscheln lanzettlicher, mittelgrüner Blätter. Ein kräftiger Sonnenhut für Spätsommer-Rabatten. Die Blütenstände eignen sich als Schnittblumen.

KULTUR: *In feuchtem, wasserdurchlässigem, nicht austrocknendem Boden in voller Sonne oder im lichten Schatten pflanzen.*

☼◐ ◊♦ F4 ↕ bis 60 cm ↔ 45 cm

RUDBECKIA 'GOLDQUELLE'

Diese hohe, aber kompakte Staude trägt von Hochsommer bis Mitte Herbst große, hell zitronengelbe Blütenköpfchen. Die Blüten dieses Sonnenhutes öffnen sich oberhalb lockerer Büschel tief gelappter, mittelgrüner Blätter. Die Blütenstände eignen sich gut als Schnittblumen.

KULTUR: *In feuchtem, wasserdurchlässigem Boden in voller Sonne oder im lichten Halbschatten pflanzen.*

☼◐ ◊♦ F4 ↕ bis 90 cm ↔ 45 cm

SALIX BABYLONICA VAR. *PEKINENSIS* 'TORTUOSA'

Die Korkenzieherweide ist ein schnell wachsender, laubwerfender Baum mit korkenzieherartigen Zweigen, die im Winter zur Geltung kommen. Im Frühjahr erscheinen mit den gedrehten, hellgrünen, unterseits graugrünen Blättern gelbgrüne Kätzchen. Nicht in die Nähe von Abflußrohren pflanzen, da die Wurzeln Wasser suchen. Auch als *S. matsudana* 'Tortuosa' bekannt.

KULTUR: *In jedem nicht sehr trockenen oder flachen, kalkhaltigen Boden sonnig pflanzen. Gelegentlich im späten Winter ausdünnen, damit mehr Jungwuchs mit der typischen Form gebildet wird.*

☼ 💧 ♈F4 ↕15 m ↔8 m

SALIX 'BOYDII'

Kleiner, sehr langsam wachsender, aufrechter, laubwerfender Weidenstrauch, der sich für Stein- und Troggärten eignet. Die kleinen, fast runden, rauhen, auffällig geaderten Blätter sind graugrün. Kätzchen werden nur gelegentlich im zeitigen Frühjahr gebildet.

KULTUR: *In tiefem, feuchtem, wasserdurchlässigem Boden in voller Sonne pflanzen. Weiden vertragen keine flachen, kalkhaltigen Böden. Falls notwendig, im späten Winter beschneiden, um ein gesundes Astwerk zu erhalten.*

☼ 💧💧 ♈F4 ↕30 cm ↔20 cm

SALIX CAPREA 'KILMARNOCK'

Diese kleine Trauerweide ist ein idealer, laubwerfender Baum für kleine Gärten. Sie bildet eine dichte, schirmartige Krone gelbbrauner Zweige, die Mitte bis Ende Frühjahr vor dem Laubaustrieb mit silbrigen Kätzchen bedeckt sind. Die breiten, gesägten Blätter sind oberseits dunkelgrün und unterseits graugrün.

KULTUR: *In tiefem, feuchtem, wasserdurchlässigem Boden in voller Sonne pflanzen. Jährlich im späten Winter beschneiden, damit die Krone nicht zu dicht wird. Am Stamm erscheinende Triebe entfernen.*

☼ ◊◆ F4 ↕1,5–2 m ↔2 m

SALIX HASTATA 'WEHRHAHNII'

Kleine, langsam wachsende, aufrechte, strauchförmige, laubwerfende Weide mit dunkel purpurbraunen Trieben und kontrastierenden, silbergrauen Kätzchen, die im zeitigen Frühjahr erscheinen. Diese Weide eignet sich für Pflanzungen mit winterlichen Farbaspekten. Die Blätter sind oval und hellgrün.

KULTUR: *In feuchtem Boden sonnig pflanzen; verträgt keine flachen, kalkhaltigen Böden. Im Frühjahr beschneiden, damit ein ausgewogenes Verhältnis von Jungtrieben, die sich im Winter am besten färben, und älteren Trieben – mit Kätzchen – entsteht.*

☼ ◆ F4 ↕↔ 1 m

SALIX LANATA

Diese Weide ist ein rundlicher, langsam wachsender, laubwerfender Strauch mit kräftigen Zweigen, die anfangs eine wollige, weiße Behaarung tragen. Im späten Frühjahr erscheinen an älteren Trieben große, aufrechte, gold- bis graugelbe Kätzchen zwischen den dunkelgrünen, silbriggrau behaarten, ovalen Blättern.

KULTUR: *In feuchtem, wasserdurchlässigem Boden in voller Sonne pflanzen. Verträgt auch Halbschatten, aber keine flachen Kalkböden. Gelegentlich im späten Winter oder zeitigen Frühjahr beschneiden, um ein ausgewogenes Verhältnis alter und junger Triebe zu gewährleisten.*

☼ ◐ 💧 🏆F4 ↕1 m ↔1,5 m

SALPIGLOSSIS
CASINO-SERIE

Aufrechte, gedrungene, wetterfeste Einjährige, die sich ideal für Sommerbeete eignen. Sie bilden im Sommer und Herbst zahlreiche, farbenfrohe, trichterförmige Blüten. Die Farben reichen von Blau und Purpur über Rot bis zu Orange und Gelb. Die Blüten sind kräftig dunkel geadert. Die lanzettlichen, mittelgrünen Blätter sind am Rand gesägt.

KULTUR: *In feuchtem, wasserdurchlässigem, fruchtbarem Boden sonnig pflanzen. Die Triebe müssen gestützt werden. Welke Blüten regelmäßig entfernen. Die Pflanzen erst nach Ende der Frostgefahr setzen.*

☼ 💧 🏆F3 ↕bis 60 cm ↔bis 30 cm

SALVIA ARGENTEA

Der Silberblattsalbei ist eine kurzlebige Staude mit Büscheln weicher, filziger, grau behaarter, grundständiger Blätter. Im Hoch- und Spätsommer tragen kräftige, aufrechte Triebe Ähren mit helmförmigen, zweilippigen, weißen bis rosaweißen Blüten. Eignet sich für Rabatten im mediterranen Stil, ist aber nur in sehr milden Klimaten winterhart.

KULTUR: *In leichtem, sehr gut wasserdurchlässigem Boden an einer warmen, sonnigen Stelle pflanzen. Im Winter mit einer Haube oder einer Glasplatte vor übermäßiger Nässe und Kälte schützen.*

☼ ◊ F3 — ↕90 cm ↔60 cm

SALVIA FULGENS

Dieser Salbei ist ein aufrechter, immergrüner, sommerblühender Halbstrauch mit Trauben zweilippiger, roter Röhrenblüten. Die ovalen, gesägten oder gekerbten Blätter sind oberseits sattgrün und unterseits weiß behaart. Ein leuchtender Farbtupfer für Beete und Kübel. In frostgefährdeten Klimaten oft nicht winterhart.

KULTUR: *In leichtem, feuchtem, aber wasserdurchlässigem, mäßig fruchtbarem, humosem Boden in Sonne oder Halbschatten pflanzen.*

☼ ◐ ◊ F3 — ↕15 cm ↔20 cm

SALVIA OFFICINALIS 'ICTERINA'

Eine attraktive, gelb und grün panaschierte Form des Salbeis mit kissenförmigem, halbstrauchigem Wuchs. Die aromatischen, immergrünen, samtig behaarten Blätter können als Gewürz genutzt werden. Die wenig auffälligen Ähren kleiner, fliederblauer Blüten erscheinen im Frühsommer. Ideal für Kräuter- und Küchengärten.

KULTUR: *In feuchtem, wasserdurchlässigem, relativ fruchtbarem, humosem Boden in voller Sonne oder im Halbschatten pflanzen.*

☼ ◊ 🏆F4 ↕bis 80 cm ↔1 m

SALVIA PATENS 'CAMBRIDGE BLUE'

Aufrechte Staude mit hohen, lockeren Ähren blaßblauer Blüten, die eine hübsche Bereicherung für Stauden- oder Mischrabatten, Beete oder Innenhofbepflanzungen darstellt. Die Blüten erscheinen von Hochsommer bis Mitte Herbst oberhalb der behaarten, ovalen, mittelgrünen Blätter. In frostgefährdeten Klimaten am Grund einer warmen Wand an einer geschützten Stelle pflanzen.

KULTUR: *In wasserdurchlässigem Boden in voller Sonne setzen. Jungpflanzen frostfrei überwintern.*

☼ ◊ 🏆F3 ↕45–60 cm ↔45 cm

SALVIA PRATENSIS HAEMATODES-GRUPPE

Diese Form des Wiesensalbeis ist eine kurzlebige Staude, auch als *S. haematodes* bekannt, die dichte Gruppen großer, dunkelgrüner Blätter bildet. Im Früh- und Hochsommer tragen Triebe, die in der Mitte der Büschel entstehen, ausladende Ähren mit Massen blauvioletter Blüten, deren Röhren blasser gefärbt sind. Sorgt für Farbe in Beeten und kann in Rabatten, Beeten und Töpfen gehalten werden.

KULTUR: *In feuchtem, wasserdurchlässigem, mäßig fruchtbarem, humosem Boden sonnig oder im lichten Schatten pflanzen.*

☼ 💧 F4 ↕bis 90 cm ↔30 cm

SALVIA SPLENDENS 'SCARLET KING'

Gedrungene, buschige Salbei-Staude mit dichten Ähren langröhriger, scharlachroter Blüten, die gewöhnlich als Einjährige kultiviert wird. Die Blüten werden im Sommer und Herbst gebildet und stehen oberhalb der dunkelgrünen, gesägten Blätter. Die langlebigen, leuchtend gefärbten Blüten sind eine wertvolle Bereicherung für Beet- und Kübelpflanzungen.

KULTUR: *In feuchtem, wasserdurchlässigem, mäßig fruchtbarem, humosem Boden in voller Sonne pflanzen.*

☼ 💧 F3 ↕bis 25 cm ↔23–35 cm

SALVIA × SYLVESTRIS 'MAINACHT'

Hübsche, gruppenbildende, angenehm aromatische Staude mit hohen, dichten, aufrechten Ähren indigoblauer Blüten, die sich im Früh- und Hochsommer öffnen. Die schmalen, weich behaarten Blätter dieser Salbei-Art sind mittelgrün und an den Rändern gebuchtet. Bildet in Staudenrabatten einen schönen Kontrast zu silberblättrigen Pflanzen.

KULTUR: *In wasserdurchlässigem, fruchtbarem Boden in der Sonne pflanzen. Verträgt Trockenheit. Nach der ersten Blütezeit zurückschneiden, um eine weitere Blühperiode anzuregen.*

☼ ◊ 🏆F4 ↕70 cm ↔45 cm

SALVIA ULIGINOSA

Der Sumpfsalbei ist eine zierliche, aufrechte Staude, die von Spätsommer bis Mitte Herbst Ähren himmelblauer Blüten trägt. Die Ähren stehen an verzweigten Trieben über lanzettlichen, gesägten, mittelgrünen Blättern. Für feuchte Rabatten geeignet; in frostgefährdeten Gebieten muß die Art in Töpfen im kühlen Gewächshaus oder Wintergarten gehalten werden.

KULTUR: *Benötigt feuchten, wasserdurchlässigen, fruchtbaren Boden oder Topferde. Einen geschützten, sonnigen Standort wählen. Hohe Exemplare müssen gestützt werden.*

☼ ♦ 🏆F3–4 ↕bis 2 m ↔90 cm

SAMBUCUS NIGRA 'GUINCHO PURPLE'

Diese beliebte Form des Holunders ist ein aufrechter Strauch mit dunkelgrünen, später schwarzpurpurnen, geschlitzten Blättern, die sich im Herbst rot färben. Im Frühsommer öffnen sich nach Moschus duftende, rosa überhauchte, weiße Blüten, die zu kleinen, schwarzen Früchten reifen. Holunder wächst in neuen Gärten schnell an.

KULTUR: *In fruchtbarem Boden in Sonne oder Halbschatten pflanzen. Die schönsten Blätter werden gebildet, wenn im Winter ältere Triebe an der Basis gekappt und jüngere auf die Hälfte gekürzt werden.*

☼ ◑ ♦ F4 ↕↔ 6 m

SANTOLINA CHAMAECYPARISSUS

Rundlicher, immergrüner Strauch, der wegen seines Laubes kultiviert wird. Die kleinen, gelben Blütenköpfchen dieses Heiligenkrautes können im Sommer entfernt werden, damit sich das Laub entwickelt. Die schlanken, wollig behaarten Triebe sind dicht mit schmalen, grauweißen Blättern besetzt. Für Mischrabatten, Steingärten oder als niedrige Hecke.

KULTUR: *In wasserdurchlässigem, armem bis fruchtbarem Boden sonnig pflanzen. Im Herbst alte Blütenköpfchen entfernen und lange Triebe trimmen. Alte, lichte Pflanzen im Frühjahr kräftig zurückschneiden.*

☼ ◊ F4 ↕50 cm ↔1 m

SANTOLINA ROSMARINIFOLIA 'PRIMROSE GEM'

Dichtes, rundliches, immergrünes, strauchförmiges Heiligenkraut, das *S. chamaecyparissus* ähnelt, aber hellgrüne Blätter und blassere Blüten besitzt. Diese erscheinen im Hochsommer in Blütenköpfchen an der Spitze schlanker Triebe oberhalb der aromatischen Blätter. Ein hübscher Lückenfüller für Sommerrabatten.

KULTUR: *In wasserdurchlässigem, armem bis fruchtbarem Boden sonnig pflanzen. Im Herbst welke Blütenköpfchen entfernen und lange Triebe zurückschneiden. Alte, lichte Pflanzen im Frühjahr kräftig beschneiden.*

☼ ◊ 🏆F4 ↕60 cm ↔1 m

SAPONARIA OCYMOIDES

Dieses Seifenkraut ist eine kriechende, mattenbildende Staude, die im Sommer üppige Mengen kleiner, flacher, rosa Blüten trägt. Die behaarten, hellgrünen Blätter sind klein und oval. Eine ausgezeichnete Pflanze für trockene Böschungen, Geröll- und Steingärten, allerdings kann sie kleinere Nachbarn überwuchern.

KULTUR: *In grusigem, sehr gut wasserdurchlässigem Boden in voller Sonne pflanzen. Nach der Blüte kräftig zurückschneiden, um den gedrungenen Wuchs zu erhalten.*

☼ ◊ 🏆F4 ↕8 cm ↔45 cm oder mehr

SAPONARIA × OLIVANA

Kissenbildendes, sommerblühendes, ausdauerndes Seifenkraut, das zahlreiche Gruppen kleiner, blaßrosa Blüten an einem Polster kleiner, schmaler, mittelgrüner Blätter bildet. Für Steingärten, Geröllhänge und trockene Böschungen geeignet.

KULTUR: *In sehr gut drainiertem Boden an einer sonnigen Stelle setzen. Den Boden um die Pflanze herum mit Grus oder Kies abdecken.*

☼ ◊ ♈F4 ↕5 cm ↔15 cm

SARCOCOCCA CONFUSA

Diese Fleischbeeren-Art ist ein dichter, immergrüner Strauch, der im Winter unvergleichlich duftet. Die kleinen, weißen Blüten erscheinen im Winter in Gruppen und reifen zu glänzenden, schwarzen Früchten. Die kleinen, ovalen Blätter sind glänzend dunkelgrün. Gut für niedrige Hecken an Eingängen geeignet. Verträgt Luftverschmutzung, trockenen Schatten und braucht kaum Pflege.

KULTUR: *In feuchtem, wasserdurchlässigem, fruchtbarem, humosem Boden geschützt im Schatten oder Halbschatten pflanzen. Jährlich im Frühjahr abgestorbene oder beschädigte Zweige entfernen.*

◐ ● ♦ ♈F4 ↕2 m ↔1 m

SARCOCOCCA HOOKERIANA VAR. *DIGYNA*

Dieser duftende, immergrüne Strauch ähnelt *S. confusa,* hat aber einen gedrungeneren, ausladenderen Wuchs. Die kleinen, duftenden, weißen Blüten dieser Fleischbeere besitzen rosa Staubbeutel und stehen im Winter zwischen den schlanken, glänzenden Blättern. Nach der Blütezeit reifen die Blüten zu schwarzen oder blauschwarzen Früchten. Auch als Schnittblume geeignet.

KULTUR: *In feuchtem, wasserdurchlässigem, fruchtbarem, humosem Boden schattig pflanzen. Im Frühjahr Wurzelausläufer ausgraben (beschränkt die Ausbreitung).*

◐● 💧 🏆F4 ↕1,5 m ↔2 m

SARRACENIA FLAVA

Diese Schlauchpflanze ist eine fleischfressende Staude, die im Frühjahr nickende, gelbe Blüten trägt. Die Blätter sind große, aufrechte, nektarproduzierende, insektenfangende Becher. Sie sind gelbgrün mit roter Zeichnung und besitzen an der Spitze eine runde Öffnung und einen Deckel. In frostgefährdeten Gebieten im Freiland als Einjährige oder im kühlen Gewächshaus halten.

KULTUR: *In nassem, wasserdurchlässigem, saurem Boden oder Topferde in voller Sonne pfanzen. Reichlich mit kalkfreiem Wasser gießen, im Winter trockener halten. Mindesttemperatur: 2 °C.*

☼ 💧💧 🏆F1 ↕50–100 cm ↔bis 1 m

SAXIFRAGA 'JENKINSIAE'

Dieser hübsche, langsam wachsende Steinbrech ist eine immergrüne Staude, die sehr dichte Polster aus graugrünen Blattrosetten bildet. Im zeitigen Frühjahr erscheinen zahlreiche kurze, schlanke Triebe, die einzelne, becherförmige, blaßrosa Blüten mit dunklem Zentrum tragen. Für Stein- und Troggärten geeignet.

KULTUR: *Am besten in feuchtem, sehr gut wasserdurchlässigem, mäßig fruchtbarem, neutralem bis alkalischem Boden in voller Sonne pflanzen. Im Sommer vor allzu heißer Sonneneinstrahlung schützen.*

☼ ◊ F4 ↕5 cm ↔20 cm

SAXIFRAGA 'SOUTHSIDE SEEDLING'

Mattenbildende, ausdauernde, immergrüne Steinbrech-Staude, die sich für Steingärten eignet. Lockere Büschel kleiner, becherförmiger, weißer Blüten mit kräftigen, roten Flecken erscheinen im späten Frühjahr und Frühsommer. Die länglichen bis spatelförmigen, blaßgrünen Blätter bilden dichte, grundständige Rosetten.

KULTUR: *In sehr gut wasserdurchlässigem, mäßig fruchtbarem, alkalischem Boden in voller Sonne pflanzen.*

☼ ◊ F4 ↕30 cm ↔20 cm

SCABIOSA CAUCASICA 'CLIVE GREAVES'

Zarte, ausdauernde Skabiose mit einzelnen, lavendelblauen Blütenköpfchen, die sich hervorragend für Landhausgärten eignet. Die Köpfchen besitzen ein nadelkissenartiges Zentrum und stehen im Hoch- und Spätsommer oberhalb der Büschel graugrüner Blätter. Auch als Schnittblumen geeignet.

KULTUR: *In wasserdurchlässigem, mäßig fruchtbarem, neutralem bis schwach alkalischem Boden in voller Sonne pflanzen. Welke Blüten auskneifen, um die Blütezeit zu verlängern.*

☼ ◊ F4 ↕↔ 60 cm

SCABIOSA CAUCASICA 'MISS WILLMOTT'

Gruppenbildende Staude, die 'Clive Greaves' (siehe oben) ähnelt, aber weiße Blütenköpfchen bildet. Diese sind gut als Schnittblumen geeignet und erscheinen im Hoch- und Spätsommer. Die lanzettlichen Blätter sind grundständig und graugrün. In Landhausgärten pflanzen.

KULTUR: *In wasserdurchlässigem, mäßig fruchtbarem, neutralem bis schwach alkalischem Boden in voller Sonne pflanzen. Welke Köpfchen auskneifen, um die Blütezeit zu verlängern.*

☼ ◊ F4 ↕ 90 cm ↔ 60 cm

SCHIZOSTYLIS COCCINEA 'MAJOR'

Wüchsige, robuste, gruppenbildende Staude, auch als *S. coccinea* 'Grandiflora' bekannt, die Ähren mit großen, roten Blüten trägt. Die Blüten des Spaltgriffels erscheinen im Spätsommer an steifen, aufrechten Trieben über schmalen, biegsamen, mittelgrünen Blättern. An geschützten Stellen für Rabatten oder Uferbepflanzungen oberhalb der Wasserlinie geeignet.

KULTUR: *In feuchtem, wasserdurchlässigem, fruchtbarem Boden sonnig pflanzen. Die Pflanzen stehen schnell zu dicht, lassen sich aber im Frühjahr leicht aufnehmen und neu einpflanzen.*

☼ ◑ 🏆F4 ↕bis 60 cm ↔30 cm

SCHIZOSTYLIS COCCINEA 'SUNRISE'

Gruppenbildende, wüchsige Staude, die in Wuchs, Verwendung und Ansprüchen 'Major' (siehe oben) ähnelt, aber im Herbst aufrechte Ähren mit lachsrosa Blüten trägt. Die langen Blätter sind schwertförmig und gerippt. Als Schnittblume recht lange haltbar.

KULTUR: *Am besten in feuchtem, wasserdurchlässigem, fruchtbarem Boden in der Sonne pflanzen. Die Pflanzen bilden dichte Gruppen, die sich aber im Frühling leicht teilen lassen.*

☼ ◑ 🏆F4 ↕bis 60 cm ↔30 cm

SCILLA BIFOLIA

Der Zweiblättrige Blaustern ist eine kleine, im zeitigen Frühjahr blühende Zwiebelpflanze, die sich gut unter Bäumen und Sträuchern oder in Rasenflächen auswildern läßt. Die leicht einseitswendigen Trauben tragen zahlreiche sternförmige, blaue bis purpurblaue Blüten oberhalb der schmalen, grundständigen Blätter.

KULTUR: *In wasserdurchlässigem, mäßig fruchtbarem, humosem Boden in voller Sonne oder im Halbschatten pflanzen.*

☼ ◊ ♆F4 ↕8–15 cm ↔5 cm

SCILLA MISCHTSCHENKOANA 'TUBERGENIANA'

Dieser kleine Blaustern ist eine Zwiebelpflanze und blüht etwas früher als *S. bifolia*. Die silberblauen Blüten besitzen einen dunkleren Streifen auf jedem Kronblatt. Sie stehen an sich verlängernden Ähren, die zusammen mit den halbaufrechten, schmalen, mittelgrünen Blättern erscheinen. Läßt sich in offenem Rasen auswildern. Auch als *S. tubergeniana* bekannt.

KULTUR: *In wasserdurchlässigem, mäßig fruchtbarem, humosem Boden in voller Sonne pflanzen.*

☼ ◊ ♆F4 ↕10–15 cm ↔5 cm

SEDUM KAMTSCHATICUM 'VARIEGATUM'

Gruppenbildende, halbimmergrüne, ausdauernde Fetthenne mit auffälligen, fleischigen, rosa getönten Blättern, deren Ränder cremefarben sind. Während des Spätsommers kontrastieren sie hübsch mit den flachen Blütenständen aus kleinen, sternförmigen, gelben Blüten, die sich später karminrot färben. Für Steingärten und Rabatten geeignet.

KULTUR: *In wasserdurchlässigem, grushaltigem, fruchtbarem Boden pflanzen. Einen sonni-gen Platz wählen; die Pflanzen vertragen aber auch etwas Schatten.*

☼ ◊ 🏆F4 ↕10 cm ↔25 cm

SEDUM 'RUBY GLOW'

Diese niedrige Staude ist eine ausgezeichnete Pflanze, um die Vorderkanten von Mischrabatten abzugrenzen. Von Hochsommer bis Frühherbst öffnen sich Massen kleiner, sternförmiger, rubinroter Blüten oberhalb der büschelig stehenden, fleischigen, purpurgrünen Blätter. Die nektarreichen Blüten locken Bienen, Schmetterlinge und andere nützliche Insekten an.

KULTUR: *In wasserdurchlässigem, fruchtbarem, auch im Sommer feuchtem Boden pflanzen. Einen sonnigen Standort wählen.*

☼ ◊ 🏆F4 ↕25 cm ↔45 cm

SEDUM SPATHULIFOLIUM 'CAPE BLANCO'

Wüchsige, ausdauernde, immergrüne Fetthenne, die Polster silbergrauer, manchmal bronzepurpurn getönter Blätter bildet. Die inneren Blätter der Rosetten sind kräftig weiß bepudert. Im Sommer öffnen sich knapp oberhalb der Blätter kleine Gruppen sternförmiger, hellgelber Blüten. Eine sehr attraktive Bereicherung für Troggärten oder Hochbeete.

KULTUR: *In wasserdurchlässigem, mäßig fruchtbarem, grushaltigem Boden sonnig pflanzen. Verträgt auch lichten Schatten.*

☼ ◊ F4 ↕10 cm ↔60 cm

SEDUM SPATHULIFOLIUM 'PURPUREUM'

Diese wüchsige, sommerblühende Staude bildet dichte, immergrüne Matten aus Rosetten mit purpurnen Blättern. Die inneren Blätter der Rosetten tragen einen dicken, silbrigen Belag. Während des gesamten Sommers erscheinen kleine, sternförmige, hellgelbe Blüten in flachen Blütenständen. Für Steingärten oder den Vordergrund sonniger, wasserdurchlässiger Rabatten geeignet.

KULTUR: *In grusigem, mäßig fruchtbarem, gut wasserdurchlässigem Boden sonnig oder halbschattig pflanzen. Gelegentlich trimmen, um starke Ausbreitung zu verhindern.*

☼ ◐ ◊ F4 ↕10 cm ↔60 cm

SEDUM SPECTABILE 'BRILLIANT'

Gruppenbildende, im Winter einziehende Staude mit fleischigen, graugrünen Blättern und leuchtenden, rosa Blütenständen. Ausgezeichnet für den Vordergrund von Rabatten geeignet. Die kleinen, sternförmigen Blüten stehen im Spätsommer in dichten Büscheln an fleischigen Trieben. Sie locken Bienen und Schmetterlinge an und trocknen an der Pflanze oder als Schnittblume schön ein.

KULTUR: *In wasserdurchlässigem, fruchtbarem Boden mit genügend Feuchtigkeit im Sommer sonnig pflanzen.*

☼ 💧 🏆F4 ↕↔ 45 cm

SEDUM SPURIUM 'SCHORBUSER BLUT'

Wüchsige, immergrüne, ausdauernde Fetthenne, die Matten sukkulenter, mittelgrüner, später purpurn überhauchter Blätter bildet. Im Spätsommer erscheinen rundliche Gruppen sternförmiger, dunkel rosaroter Blüten. Für Steingärten geeignet.

KULTUR: *In wasserdurchlässigem, mäßig fruchtbarem, neutralem bis leicht alkalischem Boden in voller Sonne pflanzen. Verträgt auch lichten Schatten. Die Matten alle drei bis vier Jahre teilen, um die Blühleistung zu erhöhen.*

☼ ◐ 💧 🏆F4 ↕10 cm ↔60 cm

SEDUM TELEPHIUM SSP. *MAXIMUM* 'ATROPURPUREUM'

Gruppenbildende, ausdauernde Fetthenne, die wegen ihrer dunkelpurpurnen Blätter geschätzt wird, die einen schönen Kontrast zu anderen Pflanzen bilden. Im Sommer und Frühherbst erscheinen Büschel attraktiver, rosa Blüten mit orangerotem Zentrum oberhalb der ovalen, schwach gebuchteten Blätter.

KULTUR: *In wasserdurchlässigem, fruchtbarem, neutralem bis schwach alkalischem Boden in voller Sonne pflanzen. Alle drei bis vier Jahre die Gruppen teilen, um die Blütenbildung zu fördern.*

☼ ♢ F4 ↕45–60 cm ↔30 cm

SELAGINELLA KRAUSSIANA

Dieser kriechende Moosfarn ist eine mattenbildende, moosartige, immergrüne Staude. Die kriechenden Triebe tragen kleine, schuppenförmige, hellgrüne Blätter. In frostgefährdeten Klimaten kann diese ausgezeichnete Grünpflanze leicht im Wintergarten gehalten werden.

KULTUR: *In feuchtem, torfigem Boden im Halbschatten pflanzen. Im Winter nur leicht feucht halten. Unter Glas benötigen die Pflanzen eine feuchte Atmosphäre. Mindesttemperatur: 2 °C.*

◐ ♦ F1 ↕2,5 cm ↔unbegrenzt

SEMPERVIVUM ARACHNOIDEUM

Mattenbildende, immergrüne, sukkulente Staude, deren Blätter mit spinnwebenartigen, weißen Haaren bedeckt sind. Die kleinen, fleischigen, mittelgrünen bis roten Blätter der Spinnweben-Hauswurz stehen in dichten Rosetten. Im Sommer tragen belaubte Triebe flache Büschel sternförmiger, rosaroter Blüten. Für Geröllbeete, Mauerritzen oder Troggärten geeignet.

KULTUR: *In grushaltigem, sehr gut drainiertem, armem bis mäßig fruchtbarem Boden in voller Sonne pflanzen.*

☼ ◊ F4 ↕8 cm ↔30 cm

SEMPERVIVUM CILIOSUM

Mattenbildende, immergrüne, sukkulente Staude mit stark behaarten, dichten Rosetten einwärts gebogener, lanzettlicher, graugrüner Blätter. Diese Hauswurz trägt im Sommer gedrungene Büschel sternförmiger, grünlichgelber Blüten. Nach der Blüte sterben die Rosetten ab, werden aber schnell ersetzt. In Regionen mit sehr feuchten Wintern am besten im Alpinhaus halten.

KULTUR: *In grusigem, sehr gut wasserdurchlässigem, armem bis mäßig fruchtbarem Boden in der Sonne halten. Verträgt Trokkenheit, aber weder nasse Winter noch warm-feuchtes Klima.*

☼ ◊ F4 ↕8 cm ↔30 cm

SEMPERVIVUM TECTORUM

Die Echte Hauswurz ist eine wüchsige, mattenbildende, immergrüne Sukkulente mit großen, offenen Rosetten aus dicken, ovalen, an der Spitze borstig behaarten, blaugrünen Blättern, die häufig purpurrot überhaucht sind. Im Sommer erscheinen an aufrechten, behaarten Trieben dichte Gruppen sternförmiger, purpurroter Blüten. Die Pflanze wirkt auf alten Dachziegeln oder zwischen Tonscherben besonders attraktiv.

KULTUR: *In grushaltigem, sehr wasserdurchlässigem, armem bis mäßig fruchtbarem Boden in voller Sonne pflanzen.*

☼ ◊ 🏆F4 ↕15 cm ↔50 cm

SENECIO CINERARIA 'SILVER DUST'

Dieses Greiskraut ist ein kissenförmiger, immergrüner Strauch, der meist als Einjährige gehalten wird. Die beinahe weißen, tief zerschlitzten Blätter sind dicht behaart. Im zweiten Jahr tragen die Pflanzen im Hochsommer margeritenähnliche, senfgelbe Blütenköpfchen, die in lockeren Blütenständen angeordnet sind. Viele Gärtner entfernen die Blütenstände. Eine ideale Grünpflanze für Sommerbeete.

KULTUR: *In wasserdurchlässigem, fruchtbarem Boden sonnig pflanzen. Knospen auskneifen oder welke Blüten entfernen.*

☼ ◊ 🏆F3 ↕↔ 30 cm

SILENE SCHAFTA

Gruppenbildendes, ausladendes, halbimmergrünes, ausdauerndes Leimkraut mit biegsamen Trieben, die kleine, hellgrüne Blätter tragen. Von Spätsommer bis Herbst öffnen sich üppige Büschel langröhriger, magentafarbener Blüten mit gekerbten Kronblättern. Für Hochbeete oder Steingärten geeignet.

KULTUR: *In wasserdurchlässigem, neutralem bis schwach alkalischem Boden in Sonne oder lichtem Halbschatten pflanzen.*

☼◑ ◊ ♈F4 ↕25 cm ↔30 cm

SKIMMIA X *CONFUSA* 'KEW GREEN' (MÄNNLICH)

Gedrungener, kuppelförmiger, immergrüner Strauch mit aromatischen, spitzen, mittelgrünen Blättern. Im Frühling öffnen sich an konischen Rispen duftende, cremeweiße Blüten. Die Pflanzen bilden keine Früchte, bestäuben aber in der Nähe gepflanzte, weibliche Individuen. In Rabatten oder Gehölzgärten pflanzen.

KULTUR: *In feuchtem, aber wasserdurchlässigem, mäßig fruchtbarem, humosem Boden in voller Sonne oder tiefem Schatten pflanzen. Verträgt Luftverschmutzung und benötigt wenig Pflege oder Rückschnitt.*

☼● ♦ ♈F4 ↕0,5–3 m ↔1,5 m

SKIMMIA JAPONICA 'RUBELLA' (MÄNNLICH)

Ein widerstandsfähiger, kuppelförmiger, immergrüner Strauch mit dichtem Laub, der in Herbst und Winter rundliche Rispen dunkelroter Knospen trägt. Diese öffnen sich im Frühjahr zu kleinen, weißen Blüten. Die ovalen Blätter sind dunkelgrün mit rotem Rand. Bildet keine Früchte, kann aber weibliche Individuen bestäuben. Verträgt städtische Luftverschmutzung und Küstenbedingungen.

KULTUR: *In feuchtem, fruchtbarem, neutralem bis schwach saurem Boden im Halbschatten oder Schatten pflanzen. Nur wenig Rückschnitt; störende Zweige entfernen.*

◐● 💧 🏆F4 ↕↔ bis 6 m

SMILACINA RACEMOSA

Gruppenbildende Staude mit dichten, federartigen Rispen cremeweißer, häufig grün überhauchter Blüten, die Mitte bis Ende Frühjahr erscheinen. Gelegentlich reifen die Blüten der Schattenblume zu roten Beeren. Die lanzettlichen, blaßgrünen, üppigen Blätter färben sich im Herbst gelb. Eine wundervolle Solitärpflanze für Gehölzgärten oder schattige Rabatten.

KULTUR: *In feuchtem, neutralem bis saurem, fruchtbarem, humosem Boden in lichtem oder tiefem Schatten pflanzen.*

◐● 💧 🏆F4 ↕bis 90 cm ↔60 cm

SOLANUM CRISPUM 'GLASNEVIN'

Dieser Nachtschatten ist eine lang blühende, wüchsige, klimmende, verholzende, immergrüne Kletterpflanze. Die duftenden, dunkelblauen Blüten erscheinen im Sommer und Herbst an den Spitzen der Triebe und reifen zu gelbweißen Früchten. Die ovalen Blätter sind dunkelgrün. Frostempfindlich, sollte deshalb an einer warmen Wand gesetzt werden.

KULTUR: *In jedem feuchten, wasserdurchlässigen, fruchtbaren Boden in Sonne oder Halbschatten pflanzen. Im Frühjahr schwache Triebe zurückschneiden. Mit dem Wachstum aufbinden.*

☼◑ ٥٥ ♈F3 ↕6 m

SOLANUM JASMINOIDES 'ALBUM'

Ein weißblühender, halbimmergrüner, verholzender Nachtschatten, der klimmt. Vom Sommer bis in den Herbst öffnen sich Büschel duftender, sternförmiger, milchweißer Blüten mit auffälligen, zitronengelben Staubblättern. Die Blüten reifen zu schwarzen Früchten. Die dunkelgrünen Blätter sind oval. Nicht verläßlich winterhart.

KULTUR: *In jedem feuchten, wasserdurchlässigen, fruchtbaren Boden in Sonne oder Halbschatten pflanzen. Im Frühjahr ausdünnen. Die klimmenden Triebe müssen gestützt werden.*

☼◑ ٥٥ ♈F3 ↕6 m

SOLIDAGO 'GOLDENMOSA'

Diese gedrungene, wüchsige Goldrute ist eine buschige Staude, die im Spätsommer und Frühherbst an den Spitzen der Triebe goldgelbe Blütenköpfchen trägt. Die runzeligen Blätter sind mittelgrün. Eine wertvolle Pflanze für Wildblumengärten und im Spätsommer blühende Pflanzungen. Die Blütenstände sind als Schnittblumen geeignet. Goldrute kann wuchern.

KULTUR: *In wasserdurchlässigem, armem bis mäßig fruchtbarem, am besten sandigem Boden sonnig pflanzen. Abgeblühte Triebe entfernen, um eine Selbstaussaat zu verhindern.*

☼ ◊ F4 ↕bis 75 cm ↔45 cm

SOLLYA HETEROPHYLLA

Eine windende, immergrüne Kletterpflanze, die im kühlen Gewächshaus oder Wintergarten gehalten werden muß. Büschel nickender, glockenförmiger, blauer Blüten werden über lange Zeit hinweg von Frühsommer bis Herbst gebildet. Die Blüten reifen zu blauen Früchten. Die lanzettlichen Blätter sind dunkelgrün. An Bögen oder Pergolen klettern oder in Sträuchern winden lassen.

KULTUR: *In feuchtem, wasserdurchlässigem, mäßig fruchtbarem, humosem Boden oder Topferde an einer sonnigen, geschützten Stelle pflanzen. Im Winter wenig wässern. Mindesttemperatur: 2 °C.*

☼ ◊◆ F1 ↕1,5–2 m

SORBUS ARIA 'LUTESCENS'

Diese Sorte der Mehlbeere ist ein breit säulenförmiger, laubwerfender Baum mit ovalen, gesägten, silbergrauen Blättern, die sich im Herbst rostrot und golden färben. Im späten Frühjahr erscheinen Büschel weißer Blüten, die zu braun gefleckten, dunkelroten Beeren reifen. Ein wunderbarer Solitärbaum, der unter vielen Standortbedingungen gedeiht.

KULTUR: *In feuchtem, wasserdurchlässigem, fruchtbarem Boden in der Sonne pflanzen. Verträgt schwere Lehmböden, Halbschatten, Luftverschmutzung und exponierte Standorte. Im Sommer tote Zweige entfernen.*

☼☀ 🜄🜄 F4 ↕10 m ↔8 m

SORBUS HUPEHENSIS VAR. *OBTUSA*

Offener, ausladender Baum mit attraktiver Herbstfärbung. Im späten Frühjahr erscheinen breite Büschel weißer Blüten, die zu runden, weißen, später dunkelrosa Beeren reifen. Die blaugrünen Blätter sind aus vielen Fiedern zusammengesetzt und färben sich scharlachrot, bevor sie abfallen.

KULTUR: *In jedem feuchten, wasserdurchlässigen Boden, am besten in voller Sonne pflanzen; verträgt auch lichten Schatten. Im Sommer tote oder kranke Zweige entfernen.*

☼☀ 🜄🜄 F4 ↕↔ bis 8 m

SORBUS 'JOSEPH ROCK'

Breit säulenförmiger, aufrechter, laubwerfender Baum mit hellgrünen Blättern, die aus vielen scharf gesägten Fiedern zusammengesetzt sind. Im Herbst färben sich die Blätter orange, rot oder purpurn. Im späten Frühjahr erscheinen weiße Blüten in breiten Schirmrispen, die zu runden, anfangs blaßgelben, später orangegelben Beeren reifen.

KULTUR: *In feuchtem, wasserdurchlässigem, fruchtbarem Boden sonnig pflanzen. Anfällig für Feuerbrand, der an schwarzen Blättern zu erkennen ist. Befallene Bereiche müssen im Sommer 60 cm unterhalb der erkrankten Stellen gekappt werden.*

☼ 󠁯◊◆ F4 ↕10 m ↔7 m

SORBUS REDUCTA

Laubwerfender Strauch, der Dickichte aufrechter Zweige bildet. Diese Art wird vor allem wegen der dekorativen, dunkelgrünen Blätter geschätzt, die sich im Herbst rot färben. Im späten Frühjahr öffnen sich in kleinen, lockeren Gruppen stehende, weiße Blüten, die zu weißen, karminrot überhauchten Beeren heranreifen. Verträgt Luftverschmutzung.

KULTUR: *In wasserdurchlässigem, mäßig fruchtbarem Boden an einer offenen, sonnigen Stelle pflanzen. Zum Ausdünnen der Pflanzen werden grundständige Triebe entfernt, die noch jung und biegsam sind.*

☼ ◊ F4 ↕1–1,5 m ↔2 m

SORBUS VILMORINII

Ausladender Strauch oder kleiner Baum mit eleganten, überhängenden Ästen, die aus vielen Fiedern zusammengesetzte, dunkelgrüne Blätter tragen. Das Laub färbt sich im Herbst vor dem Abwurf orange bis bronzerot. Im späten Frühjahr erscheinen Gruppen weißer Blüten, die später zu dunkelroten, dann rosa und weißen Beeren reifen.

KULTUR: *In wasserdurchlässigem, mäßig fruchtbarem, humosem Boden in voller Sonne oder in lichtem Schatten pflanzen. Totes oder krankes Holz im Sommer entfernen.*

☼ ◑ ◊ F4 ↕↔ 5 m

SPARTIUM JUNCEUM

Der Binsenginster ist ein aufrechter Strauch mit schlanken, dunkelgrünen Trieben, die fast keine Blätter tragen. Von Frühsommer bis Frühherbst erscheinen üppige Mengen duftender, wickenartiger, satt goldgelber Blüten, die zu flachen, dunkelbraunen Hülsen reifen. Besonders auf armen Böden sehr nützlich.

KULTUR: *In jedem nicht staunassen Boden an einer warmen, sonnigen Stelle pflanzen. Die Haupttriebe von Jungpflanzen jedes Frühjahr um die Hälfte kürzen, damit die Pflanze buschig wird. Etablierte Pflanzen alle paar Jahre etwas trimmen, aber nicht ins alte Holz schneiden.*

☼ ◊◆ F4 ↕15 cm ↔20 cm

SPIRAEA JAPONICA 'ANTHONY WATERER'

Gedrungener, laubwerfender Spierstrauch, der sich für lockere, blühende Hecken eignet. Die lanzettlichen, dunkelgrünen Blätter sind meist cremeweiß gerandet und beim Laubaustrieb rot gefärbt. Im Hoch- und Spätsommer erscheinen dichte Gruppen winziger rosa Blüten.

KULTUR: *In jedem wasserdurchlässigen, relativ fruchtbaren, nicht austrocknenden Boden in voller Sonne pflanzen. Beim Setzen die Stämme auf ein 15 cm hohes Astwerk zurückschneiden. Danach jährlich im Frühjahr bis fast zu diesem Astwerk stutzen. Alte Blüten entfernen.*

☼ 💧 🏆F4 ↕↔ bis 1,5 m

SPIRAEA JAPONICA 'GOLDFLAME'

Gedrungener, laubwerfender Spierstrauch mit hübschen, hellgelben Blättern, die beim Austrieb bronzerot gefärbt sind. Im Sommer erscheinen an den Spitzen der leicht überhängenden Triebe dichte, flache Blütenstände mit kleinen, dunkelrosa Blüten. Ideale Steingartenpflanze.

KULTUR: *In wasserdurchlässigem, nicht austrocknendem Boden in voller Sonne setzen. Nach dem Pflanzen die Stämme auf ein 15 cm hohes Astwerk kürzen und in jedem Frühjahr bis in die Nähe dieses Astwerks zurückschneiden. Nach der Blütezeit welke Blütentriebe entfernen.*

☼ 💧 🏆F4 ↕↔ 75 cm

SPIRAEA NIPPONICA 'SNOWMOUND'

Schnell wachsender, ausladender, laubwerfender Spierstrauch mit überhängenden, rötlichgrünen Zweigen. Die dichten Büschel kleiner, weißer Blüten erscheinen im Frühsommer und sind ein unentbehrlicher Bestandteil jeder Strauchrabatte. Die rundlichen Blätter sind anfangs hellgrün und dunkeln mit dem Alter nach.

KULTUR: *In jedem wasserdurchlässigen, nicht austrocknenden Boden in voller Sonne halten. Im Herbst abgeblühte Triebe zurückschneiden und schwache Zweige entfernen.*

☼ 💧 🏆F4 ↕↔ 1,2–2,5 m

SPIRAEA × *VANHOUTTEI*

Schnell wachsender, laubwerfender Strauch, der einen gedrungeneren Wuchs als *S. nipponica* 'Snowmound' besitzt, aber im Frühsommer ähnliche Mengen weißer Blüten trägt. Die rhombischen Blätter sind oberseits dunkelgrün und unterseits blaugrün. Als lockere Hecke oder in Mischrabatten halten.

KULTUR: *In jedem wasserdurchlässigen, nicht austrocknenden, fruchtbaren Boden in der Sonne pflanzen. Im Herbst abgeblühte Triebe zurückschneiden und schwache oder beschädigte Zweige entfernen.*

☼ 💧 🏆F4 ↕2 m ↔1,5 m

STACHYURUS PRAECOX

Die Schweifähre ist ein ausladender, laubwerfender Strauch mit ovalen, mittelgrünen Blättern an überhängenden, purpurroten Trieben. Die hängenden Ähren winziger, glockenförmiger, blaß gelbgrüner Blüten erscheinen im späten Winter und zeitigen Frühjahr an kahlen Zweigen. In Strauchrabatten pflanzen oder als hübsches Glanzlicht in einem Gehölzgarten setzen.

KULTUR: *In feuchtem, wasserdurchlässigem, humosem, fruchtbarem, neutralem bis saurem Boden pflanzen. Die Art bevorzugt Halbschatten, kann aber auf zuverlässig feuchten Böden auch volle Sonne vertragen.*

☼☀ ◊♦ F4 ↕1–4 m ↔3 m

STIPA GIGANTEA

Dieses Federgras ist ein lockeres, immergrünes, ausdauerndes Gras, das dichte Büschel schmaler, mittelgrüner Blätter bildet. Im Sommer stehen oberhalb der Blätter silberne bis purpurgrüne Rispen, die goldgelb ausreifen und sich bis in den Winter halten. Ein imposanter Blickfang für den Hintergrund von Rabatten.

KULTUR: *In wasserdurchlässigem, fruchtbarem Boden sonnig pflanzen. Im zeitigen Frühjahr alte Blätter und Blütentriebe entfernen.*

☼ ◊ F4 ↕bis 2,5 m ↔1,2 m

STYRAX JAPONICUS

Ein eleganter, ausladender, laubwerfender Storaxbaum, der hängende Gruppen duftender, glockenförmiger, weißer Blüten trägt, die manchmal rosa überhaucht sind. Die Blüten erscheinen im Früh- und Hochsommer zwischen ovalen, sattgrünen Blättern, die sich im Herbst gelb oder rot färben. In Gehölzgärten pflanzen.

KULTUR: *In feuchtem, wasserdurchlässigem, neutralem bis saurem Boden in voller Sonne pflanzen. Vor kaltem Wind schützen. Verträgt lichten Schatten. Die Pflanzen sollten sich ohne Beschneidung entwickeln können.*

☼ ◑ ♢♦ ♀F4 ↕10 m ↔8 m

STYRAX OBASSIA

Breit säulenförmiger, laubwerfender Baum mit sehr schönen, rundlichen, dunkelgrünen Blättern, die sich im Herbst gelb färben. Im Früh- und Hochsommer öffnen sich an langen, abstehenden Büscheln duftende, glockenförmige, weiße Blüten.

KULTUR: *In feuchtem, wasserdurchlässigem, fruchtbarem, humosem, neutralem bis saurem Boden in voller Sonne oder im Halbschatten pflanzen. Vor kaltem Wind schützen. Diese Art verträgt keinen Rückschnitt und sollte sich deshalb ungestört entwickeln dürfen.*

☼ ◑ ♢♦ ♀F4 ↕12 m ↔7 m

SYMPHYTUM X *UPLANDICUM* 'VARIEGATUM'

Dieser Beinwell ist eine aufrechte, gruppenbildende, borstige Staude mit großen, lanzettlichen, mittelgrünen, cremefarben gerandeten Blättern. Im Frühjahr und Frühsommer öffnen sich hängende Büschel rosablauer Knospen zu blauen Blüten. Für Wildblumengärten und schattige Rabatten geeignet. Wuchert nur wenig.

KULTUR: *In feuchtem Boden in Sonne oder Halbschatten pflanzen. Die Blätter sehen am besten aus, wenn Blütentriebe frühzeitig entfernt werden. Auf armen Böden werden oft einfarbig grüne Blätter gebildet.*

☼◑ ♁ F4 ↕90 cm ↔60 cm

SYRINGA MEYERI 'PALIBIN'

Dieser gedrungene, langsam wachsende, laubwerfende Fliederstrauch wird wegen seiner zahlreichen Rispen duftender, lavendelrosa Blüten geschätzt. Diese öffnen sich im Frühjahr und Frühsommer. Die ovalen Blätter sind dunkelgrün. Eine farbenfrohe Bereicherung für Strauchrabatten. Auch als *S. palibiniana* bekannt.

KULTUR: *In tiefem, feuchtem, wasserdurchlässigem, fruchtbarem, am besten alkalischem Boden sonnig pflanzen. In den ersten Jahren welke Blütenstände entfernen. Im Winter schwache Triebe herausschneiden.*

☼ ◊♁ F4 ↕1,5–2 m ↔1,5 m

SYRINGA PUBESCENS SSP. *MICROPHYLLA* 'SUPERBA'

Aufrechter bis ausladender, konischer, laubwerfender Strauch mit Rispen stark duftender, rosaroter Blüten. Die Rispen erscheinen in unregelmäßigen Abständen vom Frühjahr bis zum Herbst an den Zweigspitzen. Die ovalen, mittelgrünen Blätter sind anfangs rotgrün gefärbt. Ein schöner Sichtschutz oder als lockere Hecke.

KULTUR: *In feuchtem, wasserdurchlässigem, fruchtbarem, humosem, neutralem bis alkalischem Boden sonnig pflanzen. Im Winter schwache oder beschädigte Zweige entfernen.*

☼ ◊♦ F4 ↕bis 6 m ↔6 m

SYRINGA VULGARIS 'CHARLES JOLY'

Dieser dunkelpurpurn blühende Flieder ist ein ausladender Strauch oder kleiner Baum. Die stark duftenden, gefüllten Blüten erscheinen im späten Frühjahr und Frühsommer in dichten, konischen Blütenständen. Die ovalen, dunkelgrünen Blätter werden im Winter abgeworfen. Als Hintergrund für Strauch- und Mischrabatten verwenden.

KULTUR: *In feuchtem, wasserdurchlässigem, fruchtbarem, humosem, neutralem bis alkalischem Boden sonnig pflanzen. Jungpflanzen müssen wenig beschnitten werden; alte Triebe im Winter kräftig stutzen.*

☼ ◊♦ F4 ↕↔ 7 m

SYRINGA VULGARIS 'KATHERINE HAVEMEYER'

Ausladender, großer Strauch oder kleiner Baum, der große Rispen stark duftender, gefüllter, lavendelblauer Blüten bildet. Diese öffnen sich im späten Frühjahr oder Frühsommer aus purpurnen Knospen. Die mittelgrünen, herzförmigen Blätter werden im Winter abgeworfen.

KULTUR: *In feuchtem, wasserdurchlässigem, fruchtbarem, humusreichem, neutralem bis alkalischem Boden in der Sonne pflanzen. Regelmäßig Mulch ausbringen. Beschneidung ist kaum erforderlich; verträgt aber einen kräftigen Verjüngungsschnitt.*

☼ 💧💧 🏆F4 ↕↔ 7 m

SYRINGA VULGARIS 'MADAME LEMOINE'

Dieser Flieder wächst ähnlich wie 'Katherine Havemeyer', bildet aber weniger dichte Rispen mit großen, stark duftenden, gefüllten, weißen Blüten. Die Blütenstände erscheinen im späten Frühjahr und Frühsommer zwischen den herzförmigen bis ovalen, mittelgrünen Blättern, die im Winter abgeworfen werden.

KULTUR: *In tiefem, feuchtem, wasserdurchlässigem, fruchtbarem, neutralem bis alkalischem Boden sonnig pflanzen. Jungpflanzen nicht beschneiden; alte Sträucher vertragen einen kräftigen Verjüngungsschnitt im Winter.*

☼ 💧💧 🏆F4 ↕↔ 7 m

TAMARIX TETRANDRA

Diese Tamariske ist ein großer, überhängender Strauch mit purpurbraunen Trieben, die von Mitte bis Ende Frühling hellrosa Blüten tragen. Die Blätter sind zu kleinen, nadelartigen Schuppen reduziert. Besonders nützlich für Strauchrabatten auf leichten, sandigen Böden. In warmen, exponierten Lagen, insbesondere in küstennahen Gärten, als Windschutz oder Hecke geeignet.

KULTUR: *In wasserdurchlässigem Boden sonnig pflanzen. Jungpflanzen nach dem Einsetzen auf fast die Hälfte zurückschneiden. Jährlich nach der Blüte kräftig beschneiden, damit der Strauch stabil bleibt.*

☼ 💧 🏆F4 ↕↔ 3 m

TANACETUM COCCINEUM 'BRENDA'

Buschige Staude, die wegen ihrer margeritenähnlichen, hell magentarosa gefärbten Blütenköpfchen mit gelbem Zentrum kultiviert wird. Die Blütenköpfchen erscheinen im Frühsommer an aufrechten Trieben über aromatischen, fein zerteilten, graugrünen Blättern. Die Blütenstände ergeben langlebige Schnittblumen.

KULTUR: *In wasserdurchlässigem, fruchtbarem, neutralem bis schwach saurem Boden offen und sonnig pflanzen. Nach der ersten Blühphase zurückschneiden.*

☼ 💧 🏆F4 ↕70–80 cm ↔45 cm

TAXUS BACCATA

Die Eibe ist ein langsam wachsender, breit konischer, immergrüner Nadelbaum. Dunkelgrüne Nadeln stehen in zwei Zeilen an den Zweigen. Männliche Pflanzen tragen im Frühjahr gelbe Zapfen, auf weiblichen Pflanzen reifen im Herbst fleischige, hellrote Früchte. Gut als dichte Hecke oder Hintergrund für farbenfrohe Pflanzen. Eiben sind sehr giftig!

KULTUR: *In wasserdurchlässigem, fruchtbarem Boden in Sonne oder Schatten pflanzen. Verträgt auch kalkhaltige oder saure Böden. Beeren werden nur gebildet, wenn beide Geschlechter zusammenwachsen. Im Sommer oder Frühherbst schneiden.*

☼☀ ◇ 🏆F4 ↕bis 20 m ↔10 m

TAXUS BACCATA 'DOVASTONII AUREA' (WEIBL.)

Diese langsam wachsende, immergrüne Eibe besitzt ausladende, in waagerechten Lagen angeordnete Äste mit hängenden Spitzen. Diese Sorte bleibt kleiner als normale Eiben und bildet gelb gerandete bis goldgelbe Nadeln. Im Herbst reifen die fleischigen, hellroten Früchte. Die Pflanze ist sehr giftig!

KULTUR: *In wasserdurchlässigem, fruchtbarem Boden in Sonne oder Halbschatten pflanzen. Verträgt kalkhaltigen oder sauren Boden. Männliche und weibliche Pflanzen zusammen setzen, damit sich Früchte bilden. Beschnitt im Sommer oder Frühherbst.*

☼☀ ◇ 🏆F4 ↕3–5 m ↔2 m

TAXUS BACCATA 'FASTIGIATA' (WEIBLICH)

Diese Sorte der Eibe ist ein dichter, steif aufrechter, immergrüner Nadelbaum, der mit dem Alter säulenförmig wird. Die dunkelgrünen Nadeln stehen im Gegensatz zu anderen Sorten rund um die Triebe. Die Pflanzen sind weiblich und tragen im Spätsommer fleischige, hellrote Früchte. Auch diese Eibe ist giftig!

KULTUR: *In feuchtem Boden sonnig bis schattig pflanzen. Verträgt auch andere Bedingungen, einschließlich trockener, kalkhaltiger Böden. Beeren werden nur in der Nähe männlicher Pflanzen gebildet. Im Sommer oder Frühherbst trimmen.*

☼☀● 💧💧 🏆F4 ↕bis 10 m ↔4 m

THALICTRUM DELAVAYI 'HEWITT'S DOUBLE'

Aufrechte, gruppenbildende Staude mit aufrechten Blütenständen aus langlebigen, pomponartigen, satt malvenfarbenen Blüten, die sich von Hochsommer bis Frühherbst öffnen. Die großen, fein zerteilten, mittelgrünen Blätter stehen an schlanken, dunkelpurpurn getönten Trieben. Diese Wiesenraute ist eine ausgezeichnete Ergänzung für Staudenrabatten mit kräftigeren Pflanzen.

KULTUR: *In feuchtem, wasserdurchlässigem, humosem Boden in Sonne oder lichtem Schatten pflanzen. Alle paar Jahre teilen, um die Wüchsigkeit zu fördern.*

☼◐ 💧💧 🏆F4 ↕1,2 m oder mehr ↔60 cm

THALICTRUM FLAVUM SSP. *GLAUCUM*

Diese Gelbe Wiesenraute ist eine sommerblühende, gruppenbildende Staude, die große, aufrechte Rispen duftender, schwefelgelber Blüten bildet. Sie erscheinen oberhalb der mittelgrünen, zusammengesetzten Blätter. Für Gehölzränder geeignet.

KULTUR: *Am besten in feuchtem, humosem Boden im Halbschatten pflanzen. Verträgt auch volle Sonne und trockene Böden. Die Blütentriebe müssen manchmal gestützt werden.*

☼☀ ◊◊ ♆F4 ↕bis 1 m ↔60 cm

THUJA OCCIDENTALIS 'HOLMSTRUP'

Diese konische Konifere ist eine strauchförmige Sorte des Lebensbaums. Die dicht stehenden, mittelgrünen Nadeln sind in vertikalen Büscheln angeordnet und duften nach Äpfeln. Zwischen den Nadeln werden kleine, ovale Zapfen gebildet. Als Solitärstrauch oder als Hecke pflanzen.

KULTUR: *In tiefem, feuchtem, wasserdurchlässigem Boden in voller Sonne setzen. Vor kalten, austrocknenden Winden schützen. Falls notwendig, im Frühjahr oder Spätsommer trimmen.*

☼ ◊◊ ♆F4 ↕bis 4 m ↔3–5 m

THUJA OCCIDENTALIS 'RHEINGOLD'

Buschige, ausladende, langsam wachsende Konifere, die wegen ihrer goldgelben Nadeln geschätzt wird. Diese sind beim Austrieb rosa überhaucht und färben sich im Winter bronzefarben. Zwischen den überhängenden Büscheln duftender Nadeln erscheinen kleine, ovale Zapfen. Dieser Abendländische Lebensbaum ist eine schöne Solitärpflanze.

KULTUR: *In tiefem, feuchtem, wasserdurchlässigem Boden an einer geschützten, sonnigen Stelle pflanzen. Im Frühjahr oder Spätsommer trimmen, dabei aber vorsichtig vorgehen, um die Form nicht zu verderben.*

☼ 💧💧 🏆F4 ↕1–2 m ↔3–5 m

THUJA ORIENTALIS 'AUREA NANA'

Dieser zwergige Orientalische Lebensbaum ist eine ovale Konifere mit faseriger, rotbrauner Borke. Die gelbgrünen, im Winter bronzefarbenen Nadeln stehen in flachen, vertikalen Büscheln. Zwischen den Nadeln werden flaschenförmige Zapfen gebildet. Für Steingärten geeignet.

KULTUR: *In tiefem, feuchtem, wasserdurchlässigem Boden sonnig pflanzen. Eine vor kalten, austrocknenden Winden geschützte Stelle wählen. Im Frühjahr und, falls notwendig, nochmals im Spätsommer trimmen.*

☼ 💧💧 🏆F4 ↕↔ bis 60 cm

THUJA PLICATA 'STONEHAM GOLD'

Diese langsam wachsende, zwergige Sorte des Lebensbaums ist eine konische Konifere mit rissiger, rotbrauner Borke und abgeflachten, unregelmäßig angeordneten Büscheln goldener, aromatischer Nadeln. Diese sind schuppenartig und im Inneren des Busches dunkelgrün gefärbt. Die Zapfen sind klein und elliptisch. Ideal für Steingärten geeignet.

KULTUR: *In tiefem, feuchtem, wasserdurchlässigem Boden in voller Sonne pflanzen. Vor kalten, austrocknenden Winden schützen. Im Frühjahr und nochmals im Spätsommer trimmen.*

☼ ◊◆ ♆F4 ↕↔ bis 2 m

THUNBERGIA GRANDIFLORA

Wüchsige, verholzende, immergrüne Kletterpflanze, die in kalten Klimaten als Einjährige kultiviert werden kann. Im Sommer erscheinen hängende Gruppen lavendel- bis violettblauer, manchmal weißer Blüten mit gelbem Schlund. Die ovalen bis herzförmigen, dunkelgrünen Blätter sind weich behaart.

KULTUR: *In feuchtem, wasserdurchlässigem Boden oder Topferde in der Sonne pflanzen. Zur heißesten Tageszeit schattieren. Die klimmenden Triebe benötigen eine Stütze. Mindesttemperatur: 2 °C.*

☼ ◊◆ ♆F1 ↕5–10 m

THUNBERGIA MYSORENSIS

Schnell wachsende, verholzende Kletterpflanze, die im Frühjahr hängende Trauben großer, gelber Blüten mit rötlichbrauner bis purpurner Röhre tragen. Die schmalen, immergrünen Blätter sind dunkelgrün und haben auffällige Adern. Im warmen Gewächshaus oder Wintergarten halten.

KULTUR: *In feuchter, wasserdurchlässiger, humoser, fruchtbarer Topferde oder Boden mit Schutz vor der Mittagssonne halten. Eine Kletterhilfe anbieten. Minimaltemperatur: 2 °C.*

☼ 💧💧 🏆F1 ↕bis 6 m

THYMUS × *CITRIODORUS* 'BERTRAM ANDERSON'

Niedriger, rundlicher, immergrüner Thymianstrauch mit kleinen, schmalen, graugrünen Blättern, die kräftig gelb überlaufen sind. Die Blätter sind sehr aromatisch und können als Gewürz verwendet werden. Im Sommer erscheinen oberhalb der Blätter Köpfe mit blaß lavendelrosa Blüten. Sehr hübsch für Kräutergärten. Auch als 'Anderson's Gold' bekannt.

KULTUR: *Am besten in wasserdurchlässigem, neutralem bis alkalischem Boden in voller Sonne pflanzen. Nach der Blüte trimmen und nach Bedarf Zweige für die Küche entfernen.*

☼ 💧 🏆F4 ↕bis 30 cm ↔bis 25 cm

THYMUS X *CITRIODORUS* 'SILVER QUEEN'

Dieser rundliche, immergrüne Strauch ähnelt 'Bertram Anderson' (siehe vorherige Seite), trägt aber silberweißes Laub. Im Sommer erscheinen Massen länglicher, lavendelrosa Blütenstände. In Kräutergärten pflanzen; die aromatischen Blätter eignen sich als Gewürz.

KULTUR: *In wasserdurchlässigem, neutralem bis alkalischem Boden in voller Sonne pflanzen. Nach der Blüte trimmen und jederzeit Zweige für die Küche abschneiden.*

☼ ◊ 🏆F4 ↕bis 30 cm ↔bis 25 cm

THYMUS SERPYLLUM VAR. *COCCINEUS*

Mattenbildender, immergrüner, halbstrauchiger Feldthymian mit weich behaarten, kriechenden Trieben, die kleine, aromatische, mittelgrüne Blätter tragen. Im Sommer erscheinen karminrosa Blüten in dicht gedrängten Wirteln. Kann in Wegritzen gepflanzt werden; die Blätter geben ihren Duft ab, wenn man auf die Pflanze tritt. Wird auch unter dem Namen *T. praecox* 'Coccineus' angeboten.

KULTUR: *In wasserdurchlässigem, neutralem bis alkalischem, grusigem Boden in voller Sonne pflanzen. Nach der Blüte trimmen, um die Pflanze formschön zu halten.*

☼ ◊ 🏆F4 ↕25 cm ↔45 cm

TIARELLA CORDIFOLIA

Die Schaumblüte ist eine wüchsige, sommerblühende, immergrüne Staude, deren kleine, sternförmige, cremeweiße Blüten namengebend waren. Die Blüten stehen in üppigen Mengen an aufrechten Trieben oberhalb der gelappten, blaßgrünen Blätter, die sich im Herbst bronzerot färben. Ein idealer Bodendecker für Gehölzgärten.

KULTUR: *Am besten in kühlem, feuchtem, humusreichem Boden im Schatten oder Halbschatten pflanzen. Verträgt viele verschiedene Bodenarten.*

F4 ↕10–30 cm ↔bis 30 cm

TOLMIEA MENZIESII 'TAFF'S GOLD'

Sich ausbreitende, gruppenbildende, halbimmergrüne Staude, die efeuähnliche, lang gestielte, blaß lindgrüne Blätter mit cremefarbenen und blaßgelben Flecken trägt. Im späten Frühjahr und Frühsommer erscheinen zahlreiche schlanke, aufrechte Ähren kleiner, nickender, schwach duftender, grünbrauner Blüten. In Gehölzgärten in Gruppen als Bodendecker einsetzen.

KULTUR: *In feuchtem, wasserdurchlässigem, humosem Boden im Halbschatten oder Schatten pflanzen. Direktes Sonnenlicht verbrennt die Blätter.*

F4 ↕30–60 cm ↔1 m

TRACHELOSPERMUM JASMINOIDES

Der Sternjasmin ist eine immergrüne, verholzende Kletterpflanze mit attraktiven, ovalen, glänzend dunkelgrünen Blättern. Die stark duftenden, cremeweißen Blüten altern gelblich und besitzen fünf gedrehte Kronzipfel. Sie erscheinen im Hoch- und Spätsommer und reifen zu langen Früchten. In frostgefährdeten Gebieten im Schutz einer warmen Wand und mit einer dicken Mulchschicht pflanzen.

KULTUR: *In wasserdurchlässigem, mäßig fruchtbarem Boden in Sonne oder Halbschatten pflanzen. Jungtriebe festbinden.*

☼☀ ◊ F2–3 ↕9 m

TRADESCANTIA x *ANDERSONIANA* 'J.C. WEGUELIN'

Büschelige, gruppenbildende, ausdauernde Dreimasterblume, die große, blaßblaue Blüten mit drei ausgebreiteten, dreieckigen Kronblättern trägt. Die Blüten erscheinen von Frühsommer bis Frühherbst in paarigen Gruppen an der Spitze verzweigter Triebe. Die langen, fleischigen, spitzen, mittelgrünen Blätter hängen über. Effektvoll in Misch- und Staudenrabatten.

KULTUR: *In feuchtem, fruchtbarem Boden in der Sonne oder im Halbschatten pflanzen. Welke Blüten auskneifen.*

☼☀ ♦ F4 ↕60 cm ↔45 cm

TRADESCANTIA × *ANDERSONIANA* 'OSPREY'

Diese gruppenbildende, ausdauernde Gartentradeskantie bildet von Frühsommer bis Frühherbst an der Spitze aufrechter Triebe Gruppen großer, weißer Blüten. Jede Blüte besitzt drei dreieckige Kronblätter und zwei laubblattartige Tragblätter. Die schmalen, mittelgrünen Blätter sind häufig purpurn überhaucht. Eine lange blühende Pflanze für Misch- und Staudenrabatten.

KULTUR: *In feuchtem, wasserdurchlässigem, fruchtbarem Boden in der Sonne oder im Halbschatten pflanzen. Welke Blüten entfernen, damit sich keine Samen bilden.*

F4 ↕60 cm ↔45 cm

TRICYRTIS FORMOSANA

Die Krötenlilie ist eine aufrechte Staude, die wegen ihrer sternförmigen, weißen, purpurn gefleckten Blüten kultiviert wird, die an zickzackförmigen, weich behaarten Trieben stehen. Die Blüten erscheinen im Frühherbst über lanzettlichen, dunkelgrünen, stengelumfassenden Blättern. Eine ungewöhnliche Pflanze für schattige Rabatten oder lichte Gehölzgärten.

KULTUR: *In feuchtem, humosem Boden an einer geschützten Stelle im Schatten oder Halbschatten pflanzen. In kalten Gebieten mit geringen Schneemengen einen dicken Mulch für den Winter ausbringen.*

F4 ↕bis 80 cm ↔45 cm

TRILLIUM GRANDIFLORUM

Das Dreiblatt ist eine wüchsige, gruppenbildende Staude, die wegen ihrer großen, dreizähligen, weißen Blüten kultiviert wird, die häufig rosa verblassen. Die Blüten erscheinen im Frühjahr und Sommer an schlanken Trieben oberhalb der Wirtel mit drei großen, fast runden, dunkelgrünen Laubblättern. Besonders attraktiv in Kombination mit Funkien *(Hosta)*.

KULTUR: *In feuchtem, wasserdurchlässigem, laubreichem, neutralem bis saurem Boden im Schatten oder Halbschatten pflanzen. Jährlich im Herbst einen Mulch aus Laubkompost ausbringen.*

F4 ↕bis 40 cm ↔30 cm

TRILLIUM LUTEUM

Aufrechte, gruppenbildende Staude, die wegen ihrer im Frühjahr erscheinenden, süß duftenden, gold bis bronzegrünen Blüten geschätzt wird. Diese entwickeln sich oberhalb eines Wirtels ovaler, spitzer, mittelgrüner Blätter, die blasser grün gemustert sind. Für feuchte, schattige Rabatten geeignet.

KULTUR: *In feuchtem, wasserdurchlässigem, humosem, am besten saurem bis neutralem Boden in Schatten oder Halbschatten pflanzen. Jeden Herbst mit Laubkompost mulchen.*

F4 ↕bis 40 cm ↔bis 30 cm

TROLLIUS × *CULTORUM* 'ORANGE PRINCESS'

Diese Trollblume ist eine kräftige, gruppenbildende Staude mit orangegoldenen Blüten, die im späten Frühjahr und Frühsommer oberhalb des mittelgrünen Laubes stehen. Die Blätter sind tief in fünf rundliche Zipfel geteilt. Bringt leuchtende Farbe in Uferbereiche oder feuchte Rabatten.

KULTUR: *Am besten in schwerem, feuchtem, fruchtbarem Boden in voller Sonne oder im Halbschatten pflanzen. Nach der ersten Blühphase die Triebe kräftig zurückschneiden, um weitere Blütenbildung zu erzielen.*

☼ ◑ 💧 🏆F4 ↕bis 90 cm ↔45 cm

TROPAEOLUM MAJUS 'HERMINE GRASSHOF'

Diese gefüllte Kapuzinerkresse ist eine wüchsige, häufig klimmende, einjährige Kletterpflanze. Im Sommer und Herbst öffnen sich die lang gespornten, hellroten Blüten über hellgrünen, am Rand welligen Blättern. Ausgezeichnet für Ampeln und Kübel geeignet.

KULTUR: *In feuchtem, wasserdurchlässigem, recht armem Boden in voller Sonne pflanzen. Die klimmenden Triebe brauchen eine Stütze. Mindesttemperatur: 2 °C.*

☼ 💧 🏆F1+3 ↕1–3 m ↔1,5–5 m

TROPAEOLUM SPECIOSUM

Schlanke, krautige, kletternde Kapuzinerkresse, die von Sommer bis Herbst lang gespornte, zinnoberrote Blüten hervorbringt. Die Blüten reifen zu kleinen, hellblauen Früchten. Die mittelgrünen Blätter sind aus mehreren Fiedern zusammengesetzt. Hübsch als Kletterpflanze in dunklen Hecken, die schön mit den Blüten kontrastieren.

KULTUR: *In feuchtem, humosem, neutralem bis saurem Boden in Sonne oder Halbschatten pflanzen. Die Wurzeln im Schatten halten und klimmende Triebe stützen.*

☼◑ 💧💧 🏆F4 ↕bis 3 m

TSUGA CANADENSIS 'JEDDELOH'

Diese Zwergform der Hemlocktanne ist eine kleine, vasenförmige Konifere mit tief rissiger, purpurgrauer Borke. Die hellgrünen Nadeln stehen in zwei Reihen an den Zweigen. Ausgezeichnet als kleine Solitärpflanze und beliebt als Bonsai.

KULTUR: *In feuchtem, aber wasserdurchlässigem, humosem Boden in voller Sonne oder im Halbschatten pflanzen. Vor kalten, austrocknenden Winden schützen. Im Sommer trimmen.*

☼◑ 💧💧 🏆F4 ↕1,5 m ↔2 m

TULIPA CLUSIANA VAR. *CHRYSANTHA*

Diese gelbe Tulpe ist eine Zwiebelpflanze, die im zeitigen bis mittleren Frühjahr blüht. Die schüssel- bis sternförmigen, außen rot oder bräunlichpurpurn überhauchten Blüten erscheinen in Gruppen mit bis zu drei Blüten pro Trieb oberhalb der linealen, graugrünen Blätter. Für Hochbeete oder Steingärten geeignet.

KULTUR: *In wasserdurchlässigem, fruchtbarem Boden in voller Sonne und vor starkem Wind geschützt pflanzen. Welke Blüten auskneifen und abgefallene Blütenblätter aufsammeln.*

☼ ♢ ♆F4 ↕30 cm

TULIPA LINIFOLIA

Schlanke, vielgestaltige Zwiebelpflanze mit schüsselförmigen, roten Blüten, die im zeitigen und mittleren Frühjahr erscheinen. Die Blüten stehen oberhalb der linealen, graugrünen Blätter, die gewellte, rote Ränder besitzen. Die Blütenblätter haben gelbe Ränder und einen purpurschwarzen Fleck am Grund.

KULTUR: *In sehr gut wasserdurchlässigem, fruchtbarem Boden in voller Sonne und vor starken Winden geschützt pflanzen. Welke Blüten und abgefallene Blütenblätter entfernen.*

☼ ♢ ♆F4 ↕20 cm

TULIPA LINIFOLIA BATALINII-GRUPPE

Schlanke Zwiebelpflanzen, auch als *T. batalinii* bekannt, die einzelne, schüsselförmige, blaßgelbe Blüten mit dunkelgelben oder bronzefarbenen Saftmalen auf der Innenseite tragen. Die Blüten erscheinen von Anfang bis Mitte Frühjahr oberhalb der linealen, graugrünen Blätter mit gewellten, roten Rändern. Für Frühjahrsbeete verwenden; auch als Schnittblume geeignet.

KULTUR: *In sehr gut wasserdurchlässigem, fruchtbarem Boden sonnig pflanzen. Vor starkem Wind schützen. Welke Blüten entfernen, abgefallene Blütenblätter auflesen.*

☼ ♢ 🏆F4 ↕35 cm

TULIPA TURKESTANICA

Diese Tulpe bildet im zeitigen bis mittleren Frühjahr bis zu zwölf weiße Blüten pro Trieb. Die Blüten sind außen graugrün überhaucht und besitzen ein gelbes oder orangefarbenes Zentrum. Die linealen, graugrünen Blätter stehen unterhalb der Blüten. Diese Zwiebelpflanze in Steingärten oder sonnigen Rabatten in einiger Entfernung von Sitzecken oder Wegen pflanzen, weil sie unangenehm riecht.

KULTUR: *In wasserdurchlässigem, fruchtbarem Boden in voller Sonne pflanzen. Vor starkem Wind schützen. Welke Blüten und abgefallene Blütenblätter entfernen.*

☼ ♢ 🏆F4 ↕30 cm

TULIPA (TULPEN-KULTIVARE)

Die Kulturformen der Tulpe sind frühjahrsblühende Zwiebelpflanzen, die eine viel breitere Farbpalette bieten als andere Frühjahrsblüher. Sie reicht von der gelben 'Hamilton' über die blauviolette 'Blue Heron' bis zur mehrfarbigen, rot-weiß-blauen 'Union Jack'. Durch diese Vielfalt können Tulpen Abwechslung in den Garten bringen, entweder als Gruppen in Töpfen oder Beeten oder in Mischrabatten gesetzt. Auch die Blütenform ist recht veränderlich: Neben den bekannten, becherförmigen Blüten, wie bei 'Dreamland', gibt es auch konische, pokal- oder becherförmige Blüten. Alle Tulpen sind gute Schnittblumen.

KULTUR: *In wasserdurchlässigem, fruchtbarem Boden an einer sonnigen, windgeschützten Stelle pflanzen. Im Winter vor übermäßiger Feuchtigkeit schützen. Abgewelkte Blüten entfernen. Zwiebeln herausnehmen, wenn die Blätter abgestorben sind, und in einem kühlen Gewächshaus nachreifen lassen. Die größten Zwiebeln im Herbst wieder einpflanzen.*

☼ ◊ F4

1 ↕15 cm

2 ↕60 cm

3 ↕50 cm

4 ↕40 cm

5 ↕50 cm

6 ↕30 cm

1 *T.* 'Ancilla' **2** *T.* 'Blue Heron' **3** *T.* 'China Pink' **4** *T.* 'Don Quichotte' **5** *T.* 'Hamilton' **6** *T.* 'Oriental Splendour'

7 ↕60 cm

8 ↕30 cm

9 ↕35 cm

10 ↕60 cm

11 ↕20 cm

12 ↕40 cm

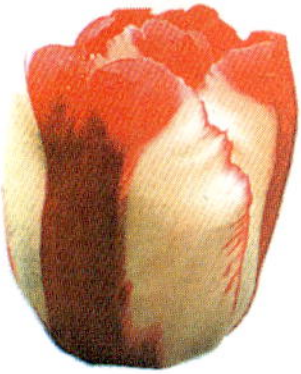

13 ↕60 cm

14 ↕50 cm

7 *T.* 'Dreamland' **8** *T.* 'Keizerskroon' **9** *T.* 'Prinses Irene' **10** *T.* 'Queen of Sheba'
11 *T.* 'Red Riding Hood' **12** *T.* 'Spring Green' **13** *T.* 'Union Jack' **14** *T.* 'West Point'

UVULARIA GRANDIFLORA

Sich langsam ausbreitende, gruppenbildende Staude mit einzelnen oder paarigen, hängenden, schmal glockenförmigen, gelben, manchmal grün überhauchten Blüten. Diese erscheinen von Mitte bis Ende Frühjahr an schlanken, aufrechten Trieben oberhalb der lanzettlichen, mittelgrünen, nach unten weisenden Blätter. Ausgezeichnet für schattige Rabatten und Gehölzgärten geeignet.

KULTUR: *In feuchtem, wasserdurchlässigem, fruchtbarem, humusreichem Boden im Halbschatten oder Schatten pflanzen.*

☼☀ 💧💧 🏆F4 ↕bis 75 cm ↔30 cm

VACCINIUM CORYMBOSUM

Die Amerikanische Blaubeere ist ein dichter, laubwerfender, säureliebender Strauch mit leicht überhängenden Trieben. Die ovalen Blätter sind mittelgrün und färben sich im Herbst gelb oder rot. Im späten Frühjahr und Frühsommer erscheinen hängende Gruppen kleiner, rosa überhauchter, weißer Blüten, die zu süßen, blauschwarzen Beeren reifen. Für Gehölze auf sauren Böden geeignet.

KULTUR: *In feuchtem, wasserdurchlässigem, torfhaltigem oder sandigem, saurem Boden in der Sonne oder im Halbschatten pflanzen. Im Winter trimmen.*

☼☀ 💧💧 🏆F4 ↕↔ 1,5 m

VACCINIUM GLAUCOALBUM

Kuppelförmiger, dichter, immergrüner Strauch mit elliptischen, ledrigen, dunkelgrünen Blättern, deren Unterseiten bläulichweiß sind. Sehr kleine, weiße, rosa überhauchte Blüten öffnen sich im späten Frühjahr und Frühsommer an hängenden Trieben und reifen zu eßbaren, blauschwarzen, weiß bereiften Beeren. Für Gehölzgärten auf kalkfreien Böden.

KULTUR: *In feuchtem, wasserdurchlässigem, torfhaltigem oder sandigem, saurem Boden in der Sonne oder im Halbschatten pflanzen. Im Frühjahr trimmen.*

☼◐ 💧💧 F3–4 ↕50–120 cm ↔1 m

VACCINIUM VITIS-IDAEA KORALLE-GRUPPE

Diese gut fruchtende Preiselbeere ist ein kriechender, immergrüner Strauch mit ovalen, glänzenden, dunkelgrünen Blättern, die an der Spitze leicht gekerbt sind. Im späten Frühjahr öffnen sich an hängenden Blütenständen kleine, glockenförmige, weiße bis dunkelrosa Blüten. Diese reifen zu kugeligen, hellroten Beeren, die eßbar, aber sauer sind. Für Gehölzgärten auf kalkfreiem Boden.

KULTUR: *In torfhaltigem oder sandigem, feuchtem, wasserdurchlässigem, saurem Boden in Sonne oder Halbschatten pflanzen. Im Frühjahr trimmen.*

☼◐ 💧💧 F4 ↕25 cm ↔unbegrenzt

VERBASCUM 'GAINSBOROUGH'

Kurzlebige, sommerblühende, halbimmergrüne, ausdauernde Königskerze, die wegen ihrer Blütenstände mit schalenförmigen, zartgelben Blüten geschätzt wird. Die meisten der ovalen, graugrünen Blätter stehen in grundständigen Rosetten an der Basis der Triebe. Eine sehr schöne, lange blühende Staude für Rabatten.

KULTUR: *In wasserdurchlässigem, fruchtbarem Boden an einer offenen, sonnigen Stelle setzen. Häufig kurzlebig, aber durch Wurzelschnittlinge, die im Winter genommen werden, leicht zu vermehren.*

☼ ♢ 🏆F4 ↕bis 1,2 m ↔30 cm

VERBASCUM DUMULOSUM

Immergrüner Halbstrauch, der kleine, ausladende Kuppeln dicht filzig behaarter, grauer oder graugrüner Blätter an weißfilzigen Trieben bildet. Im Frühjahr erscheinen zwischen dem Laub Gruppen kleiner, schalenförmiger, gelber Blüten mit purpurrotem Zentrum. In kühlen Gebieten in kleinen Ritzen einer warmen, sonnigen Mauer halten.

KULTUR: *Am besten in grushaltigem, sehr gut wasserdurchlässigem, am besten alkalischem Boden in voller Sonne pflanzen. Im Winter vor übermäßiger Feuchtigkeit schützen.*

☼ ♢ 🏆F2–3 ↕bis 25 cm ↔bis 40 cm

VERBASCUM 'HELEN JOHNSON'

Immergrüne, ausdauernde Königskerze mit Ähren schalenförmiger, ungewöhnlicher, hell rosabrauner Blüten, die von Früh- bis Spätsommer erblühen. Die ovalen, runzeligen, filzig behaarten, graugrünen Blätter stehen in Rosetten am Grund der Triebe. Läßt sich in Wildblumengärten gut auswildern.

KULTUR: *In wasserdurchlässigem, armem, alkalischem Boden in voller Sonne pflanzen. Auf fruchtbarem Boden müssen die Blütentriebe, die dann größer werden, gestützt werden.*

☼ ◊ 🏆F4 ↕90 cm ↔30 cm oder mehr

VERBASCUM 'LETITIA'

Dichter, rundlicher, immergrüner Halbstrauch, der während des ganzen Sommers üppige Mengen kleiner, gelber Blüten mit purpurrotem Zentrum bildet. Die lanzettlichen, unregelmäßig gelappten, graugrünen Blätter stehen unterhalb der Blütenstände. Für Hochbeete und Steingärten geeignet. In kalten Klimaten in den Fugen einer warmen, geschützten Trockenmauer halten.

KULTUR: *Am besten in sehr gut wasserdurchlässigem, relativ fruchtbarem, alkalischem Boden in der Sonne pflanzen. Einen Standort wählen, der im Winter nicht übermäßig naß wird.*

☼ ◊ 🏆F3 ↕bis 25 cm ↔bis 30 cm

VERBENA 'SISSINGHURST'

Mattenbildendes, ausdauerndes Eisenkraut mit rundlichen Blütenständen kleiner, leuchtend magentarosa gefärbter Blüten, die vom späten Frühjahr bis zum Herbst erscheinen. Die meisten Blüten werden im Sommer gebildet. Die dunkelgrünen Blätter sind zerschlitzt und gesägt. Ausgezeichnete Pflanze für Wegeinfassungen oder Kübelpflanzungen. In kalten Gebieten unter Glas überwintern.

KULTUR: *In feuchtem, wasserdurchlässigem, mäßig fruchtbarem Boden oder Topferde halten. Einen Standort in voller Sonne wählen.*

☼ ◊ ♈F2–3 ↕bis 20 cm ↔bis 1 m

VERONICA GENTIANOIDES

Mattenbildender, ausdauernder Ehrenpreis, der im Frühsommer flach becherförmige, blaßblaue oder weiße Blüten trägt. Diese sind in aufrechten Ähren angeordnet, die aus Rosetten glänzender, breit lanzettlicher, dunkelgrüner Blätter am Grund der Pflanze entspringen. Hervorragend zur Einfassung von Rabatten geeignet.

KULTUR: *In feuchtem, wasserdurchlässigem, mäßig fruchtbarem Boden in Sonne oder Halbschatten pflanzen.*

☼ ◑ ◊ ♈F4 ↕↔ 45 cm

VERONICA PROSTRATA

Der Niederliegende Ehrenpreis ist eine dichte, mattenbildende Staude. Im Frühsommer erscheinen an der Spitze der kriechenden Triebe Ähren schalenförmiger, blaß- bis dunkelblauer Blüten. Die kleinen, hell- bis mittelgrünen Blätter sind schmal und gesägt. In Steingärten pflanzen.

KULTUR: *Am besten in feuchtem, wasserdurchlässigem, armem bis mäßig fruchtbarem Boden pflanzen. Einen Platz in voller Sonne wählen.*

☼ ◊ F4 ↕bis 15 cm ↔bis 40 cm

VERONICA SPICATA SSP. *INCANA*

Eine vollständig silbrig behaarte Unterart des Ährigen Ehrenpreises. Die mattenbildende Staude trägt von Früh- bis Spätsommer aufrechte, hohe Ähren mit sternförmigen, purpurblauen Blüten. Die schmalen Blätter sind silbrig behaart und gesägt. Ideal für Steingärten.

KULTUR: *In wasserdurchlässigem, armem bis mäßig fruchtbarem Boden in voller Sonne pflanzen. Im Winter vor übermäßiger Feuchtigkeit schützen.*

☼ ◊ F4 ↕↔ 30 cm

VIBURNUM × *BODNANTENSE* 'DAWN'

Steif aufrechter, laubwerfender Strauch mit gesägten, dunkelgrünen Blättern, die beim Austrieb bronzefarben sind. Von Spätherbst bis zum zeitigen Frühjahr erscheinen an der unbelaubten Pflanze kleine, stark duftende, dunkelrosa Röhrenblüten, die weiß verblassen und in dichten Gruppen stehen. Die Blüten reifen zu kleinen, blauschwarzen Früchten.

KULTUR: *In tiefem, feuchtem, wasserdurchlässigem, fruchtbarem Boden sonnig pflanzen. Zu dichten Wuchs verhindern, indem die ältesten Triebe nach der Blüte bis zur Basis zurückgeschnitten werden.*

☼ ◊◆ F4 ↕3 m ↔2 m

VIBURNUM × *CARLCEPHALUM*

Dieser wüchsige, rundliche, strauchförmige, laubwerfende Schneeball besitzt breit herzförmige, unregelmäßig gesägte, dunkelgrüne Blätter, die sich im Herbst rot färben. Im späten Frühjahr erscheinen zwischen dem Laub kugelige Gruppen kleiner, duftender, weißer Blüten. Für Strauchrabatten oder Gehölzgärten geeignet.

KULTUR: *In tiefem, feuchtigkeitsspeicherndem, fruchtbarem Boden pflanzen. Verträgt Sonne und Halbschatten und muß fast nicht beschnitten werden.*

☼◐ ◆ F4 ↕↔ 3 m

VIBURNUM DAVIDII

Gedrungener, immergrüner, strauchförmiger Schneeball, der halbkugelig wächst und ovale, dunkelgrüne Blätter mit drei auffälligen Adern trägt. Im späten Frühjahr erscheinen flache Blütenstände mit kleinen, weißen Röhrenblüten; auf weiblichen Pflanzen reifen später kleine, ovale, metallischblaue Früchte heran. Wirkt in Gruppen gepflanzt besonders gut.

KULTUR: *In tiefem, feuchtem, wasserdurchlässigem, fruchtbarem Boden sonnig oder im Halbschatten pflanzen. Männliche und weibliche Exemplare zusammen kultivieren (Fruchtbildung). Im Frühjahr störende Zweige bis zur Basis zurückschneiden.*

☼◑ ◊♦ F4 ↕↔ 1–1,5 m

VIBURNUM FARRERI

Steif aufrechter, laubwerfender Strauch mit ovalen, gesägten, dunkelgrünen Blättern, die bronzefarben austreiben und sich im Herbst purpurrot färben. Bei mildem Wetter erscheinen im Winter und zeitigen Frühjahr kleine, duftende, weiße oder rosa überhauchte Blüten, die in dichten Gruppen an den unbelaubten Trieben stehen. Gelegentlich reifen kleine rote Früchte heran.

KULTUR: *In jedem zuverlässig feuchten, wasserdurchlässigen, fruchtbaren Boden in Sonne oder Halbschatten pflanzen. Nach der Blütezeit alte Triebe ausdünnen.*

☼◑ ◊♦ F4 ↕3 m ↔2,5 m

VIBURNUM OPULUS 'XANTHOCARPUM'

Wüchsiger, laubwerfender Strauch, der ahornähnliche, gelappte, mittelgrüne Blätter trägt, welche sich im Herbst gelb färben. Flache Blütenstände mit hübschen, weißen Blüten erscheinen im späten Frühjahr oder Frühsommer und reifen zu großen Schirmrispen mit kugeligen, hellgelben Beeren.

KULTUR: *In feuchtem, wasserdurchlässigem Boden in der Sonne oder im Halbschatten halten. Nach der Blütezeit ältere Triebe herausschneiden, um einen zu dichten Wuchs zu verhindern.*

☼◑ 💧💧 🏆F4 ↕5 m ↔4 m

VIBURNUM PLICATUM 'MARIESII'

Ausladender, laubwerfender, strauchförmiger Schneeball mit Zweigen, die in Lagen angeordnet sind. Die herzförmigen, gesägten, dunkelgrünen Blätter färben sich im Herbst purpurrot. Im späten Frühjahr öffnen sich an kugeligen Blütenständen weiße Blüten. Es werden nur wenige Früchte gebildet.

KULTUR: *In jedem wasserdurchlässigen, fruchtbaren Boden in Sonne oder Halbschatten pflanzen. Wenig Rückschnitt, abgesehen vom Entfernen kranker Zweige. Nach der Blütezeit vorsichtig schneiden, um die Form nicht zu verderben.*

☼◑ 💧 🏆F4 ↕3 m ↔4 m

VIBURNUM TINUS 'EVE PRICE'

Sehr gedrungener, immergrüner Schneeball-Strauch mit dichtem, dunkelgrünem Laub. Vom späten Winter bis zum Frühjahr öffnen sich über lange Zeit hinweg rosa Knospen zu kleinen, sternförmigen, weißen Blüten, die in flachen Blütenständen stehen. Die Blüten reifen zu kleinen, dunkel blauschwarzen Früchten. Eine schöne, lockere Heckenpflanze.

KULTUR: *In feuchtem, wasserdurchlässigem, mäßig fruchtbarem Boden in der Sonne oder im Halbschatten pflanzen. Nach der Blütezeit aufbinden oder beschneiden, um die gewünschte Form zu erzielen.*

☼◐ ◊♦ ♈F4 ↕↔ 3 m

VINCA MAJOR 'VARIEGATA'

Diese panaschierte Sorte des Großen Immergrüns ist auch als 'Elegantissima' bekannt. Der immergrüne Halbstrauch besitzt lange, schlanke Triebe, die ovale, dunkelgrüne Blätter mit cremeweißen Rändern tragen. Von Mitte Frühjahr bis zum Herbst erscheinen dunkelviolette Blüten. Ein schöner Bodendecker für schattige Böschungen, der allerdings wuchern kann.

KULTUR: *In feuchtem, wasserdurchlässigem Boden pflanzen. Verträgt Schatten, blüht aber besser, wenn es zeitweilig Sonne bekommt.*

◐● ◊♦ ♈F4 ↕45 cm ↔unbegrenzt

VINCA MINOR 'ATROPURPUREA'

Dieses dunkelpurpurn blühende Kleine Immergrün ist ein mattenbildender, bodendeckender Halbstrauch mit langen, kriechenden Trieben. Die Blüten erscheinen über lange Zeit hinweg vom Hochsommer bis zum Herbst zwischen den ovalen, dunkelgrünen Blättern.

KULTUR: *In jedem nicht sehr trockenen Boden in voller Sonne halten, um die besten Blühergebnisse zu erzielen. Die Pflanzen vertragen auch Halbschatten. Durch einen kräftigen Rückschnitt im zeitigen Frühjahr das Wachstum begrenzen.*

☼◑ 00 F4 ↕10–20 cm ↔unbegrenzt

VIOLA CORNUTA

Das Hornveilchen ist eine sich ausbreitende, immergrüne Staude, die im Frühjahr und Sommer zahlreiche schwach duftende, gespornte, violette bis fliederblaue Blüten bildet. Die Blütenblätter überlappen einander nicht und die unteren sind weiß gezeichnet. Die Blätter sind oval und mittelgrün. Für Steingärten geeignet.

KULTUR: *In feuchtem, wasserdurchlässigem, armem bis mäßig fruchtbarem Boden in der Sonne oder im Halbschatten pflanzen. Nach der Blüte zurückschneiden, um einen kompakten Wuchs zu erzielen.*

☼◑ 00 F4 ↕bis 15 cm ↔bis 40 cm

VIOLA 'JACKANAPES'

Kräftiges, gruppenbildendes, immergrünes, ausdauerndes Veilchen, dessen kriechende Triebe ovale, gesägte, hellgrüne Blätter tragen. Die gespornten, goldgelben Blüten mit purpurnen Streifen erscheinen im späten Frühjahr und Sommer. Die beiden oberen Kronblätter sind bräunlichpurpurn gefärbt. Gut als Topfpflanze und für Sommerbeete geeignet.

KULTUR: *In feuchtem, wasserdurchlässigem, relativ fruchtbarem Boden in voller Sonne oder im Halbschatten pflanzen. Diese oft kurzlebigen Veilchen lassen sich durch Aussaat im Frühjahr vermehren.*

☼◑ 💧💧 🏆F4 ↕bis 12 cm ↔bis 30 cm

VIOLA 'NELLIE BRITTON'

Gruppenbildende, immergrüne Staude mit kriechenden Trieben und zahlreichen gespornten, malvenrosa Blüten, die im Sommer über lange Zeit hinweg gebildet werden. Die ovalen, mittelgrünen Blätter sind gesägt und glänzend. Für den Vordergrund von Rabatten geeignet.

KULTUR: *Am besten in wasserdurchlässigem, aber feuchtem, mäßig fruchtbarem Boden in Sonne oder Halbschatten pflanzen. Häufig die welken Blüten auskneifen, um die Blütezeit zu verlängern.*

☼◑ 💧💧 🏆F4 ↕bis 15 cm ↔bis 30 cm

VITIS COIGNETIAE

Schnell wachsende, laubwerfende Kletterpflanze mit großen, herzförmigen, schwach gelappten, dunkelgrünen Blättern, die sich im Herbst leuchtendrot färben. Die unscheinbaren Blüten reifen im Herbst zu kleinen, blauschwarzen Beeren. An einer Wand klettern lassen.

KULTUR: *In wasserdurchlässigem, neutralem bis alkalischem Boden in Sonne oder Halbschatten pflanzen. Auf armen Böden entwickelt sich die beste Herbstfärbung. Nach dem Pflanzen die Triebspitzen auskneifen und mit den kräftigsten Trieben ein permanentes Astwerk aufbauen. Jährlich im Winter auf dieses Astwerk zurückschneiden.*

☼ ◐ ◇ 🏆F4 ↕15 m

VITIS VINIFERA 'PURPUREA'

Dieser purpurblättrige Wein ist eine verholzende, laubwerfende Kletterpflanze mit rundlichen, gelappten, gesägten Blättern. Diese sind beim Austrieb weiß behaart, im Sommer purpurn, im Herbst dunkelpurpurn. Im Sommer öffnen sich kleine, blaßgrüne Blüten, die zu purpurnen Weintrauben reifen. An Zäunen oder in Bäumen klettern lassen.

KULTUR: *In durchlässigem, schwach alkalischem Boden in Sonne oder Halbschatten pflanzen. Die Herbstfärbung ist auf armen Böden am schönsten. Jährlich im Winter auf dauerhaftes Astwerk zurückschneiden.*

☼ ◐ ◇ 🏆F4 ↕7 m

WEIGELA FLORIDA 'FOLIIS PURPUREIS'

Kompakter, laubwerfender Strauch mit überhängenden Zweigen, die im späten Frühjahr und Frühsommer Büschel trichterförmiger, dunkelrosa Blüten mit blassem Schlund tragen. Die bronzegrünen Blätter sind oval und laufen spitz zu. Weigelien sind unempfindlich gegen Luftverschmutzung, deshalb ideal für Gärten in Innenstädten.

KULTUR: *Am besten in wasserdurchlässigem, fruchtbarem, humosem Boden in voller Sonne pflanzen. Jährlich nach der Blüte einige ältere Äste bis zum Boden zurückschneiden.*

☼ ◊ F4 ↕1 m ↔1,5 m

WEIGELA 'FLORIDA VARIEGATA'

Dichter, laubwerfender Strauch, der üppige Büschel trichterförmiger, dunkel rosaroter Blüten mit hellem Schlund bildet. Die Blüten erscheinen im späten Frühjahr und Frühsommer zwischen den attraktiven, graugrünen Blättern mit weißen Blatträndern. Diese Weigelie ist für Misch- und Strauchrabatten oder lichte Gehölzgärten geeignet. Sie verträgt Luftverschmutzung.

KULTUR: *In wasserdurchlässigem, fruchtbarem, humosem Boden in voller Sonne pflanzen. Jährlich nach der Blütezeit einige der ältesten Triebe an der Basis kappen.*

☼ ◊ F4 ↕2–2,5 m

WISTERIA FLORIBUNDA 'ALBA'

Diese weiß blühende Glyzine ist eine schnell wachsende, verholzende Kletterpflanze mit hellgrünen, zusammengesetzten Blättern. Die duftenden, wickenartigen Blüten werden im Frühsommer an sehr langen, hängenden Trauben gebildet. Sie reifen meist zu bohnenartigen, samtgrünen Hülsen. An Wänden, Bäumen oder Bögen klettern lassen.

KULTUR: *In feuchtem, wasserdurchlässigem, fruchtbarem Boden in Sonne oder Halbschatten pflanzen. Jungwuchs im Sommer und im Winter zurückschneiden: gegen die Ausbreitung, für bessere Blütenbildung.*

☼◐ ◊◊ F4 ↕9 m oder mehr

WISTERIA FLORIBUNDA 'MULTIJUGA'

Dieser fliederblau blühende Blauregen ist eine wüchsige, holzige Kletterpflanze. Lange, hängende Blütenstände erscheinen im Frühsommer. Die Blüten reifen meist zu bohnenartigen, samtgrünen Früchten. Die mittelgrünen Blätter sind aus zahlreichen, ovalen Fiedern zusammengesetzt. An einer Wand oder in einem Baum klettern lassen.

KULTUR: *In feuchtem, wasserdurchlässigem, fruchtbarem Boden in voller Sonne oder im Halbschatten pflanzen. In der Mitte des Winters und nochmals zwei Monate nach der Blütezeit beschneiden.*

☼◐ ◊◊ F4 ↕9 m oder mehr

WISTERIA SINENSIS

Die Chinesische Glyzine ist eine wüchsige, laubwerfende Kletterpflanze mit langen, hängenden Trauben duftender, wickenartiger, fliederblauer oder weißer Blüten. Diese erscheinen im späten Frühjahr und Frühsommer zwischen den hellgrünen, zusammengesetzten Blättern. Später reifen gewöhnlich samtgrüne, bohnenartige Früchte heran.

KULTUR: *In feuchtem, wasserdurchlässigem, fruchtbarem Boden pflanzen. Einen geschützten Standort in der Sonne oder im Halbschatten wählen. Im späten Winter lange Triebe auf zwei oder drei Knospen zurückschneiden.*

☼ ◑ ◊◊ 🏆F4 ↕9 m oder mehr

YUCCA FILAMENTOSA 'BRIGHT EDGE'

Diese Palmlilie ist ein fast stammloser, büscheliger Strauch mit grundständigen Rosetten steifer, lanzettlicher, bis 75 cm langer, dunkelgrüner Blätter, die einen breiten, gelben Rand besitzen. Im Hoch- und Spätsommer tragen hohe, bis 2 m lange Blütenstände nickende, glockenförmige, weiße, grün oder cremefarben überhauchte Blüten. Eine Solitärpflanze mit attraktivem Aufbau.

KULTUR: *In wasserdurchlässigem Boden sonnig pflanzen. Welke Blütenstände am Ende der Blütezeit entfernen. In frostgefährdeten Gebieten im Winter mulchen.*

☼ ◊ 🏆F3 ↕75 cm ↔1,5 m

YUCCA FLACCIDA 'IVORY'

Beinahe stammloser, immergrüner Strauch, der dichte, grundständige Büschel schwertförmiger Blätter bildet. Die bis zu 1,5 m langen Blütenstände dieser Palmlilie tragen im Sommer nickende, glockenförmige, weiße Blüten. Die dunkel blaugrünen Blätter besitzen am Rand gedrehte oder gerade Fasern und stehen in grundständigen Rosetten. Gedeiht auf sandigen Böden.

KULTUR: *In wasserdurchlässigem Boden pflanzen; benötigt einen heißen, trockenen Standort in voller Sonne, um gut zu blühen. In frostgefährdeten Gebieten im Winter eine Mulchschicht ausbringen.*

☼ ◊ F3–4 ↕55 cm ↔1,5 m

ZANTEDESCHIA AETHIOPICA

Die Zimmerkalla ist eine relativ kleinblütige, gruppenbildende Staude. Vom späten Frühjahr bis zum Hochsommer erscheinen nacheinander aufrechte, cremegelbe Blütenstände und die langen, pfeilförmigen Blätter. Kann in sehr milden Gebieten immergrün bleiben, in kalten Gebieten ist sie oft nicht winterhart.

KULTUR: *Am besten in feuchtem, fruchtbarem, humosem Boden in voller Sonne oder im Halbschatten pflanzen. In frostgefährdeten Regionen im Winter eine dicke Mulchschicht ausbringen.*

☼ ◐ ◊ ♦ F3 ↕90 cm ↔60 cm

ZANTEDESCHIA AETHIOPICA 'GREEN GODDESS'

Diese kräftige, gruppenbildende Staude ist in milden Klimaten immergrün. Die aufrechten Blütenstände mit einer grün-weißen Spatha erscheinen vom späten Frühjahr bis zum Hochsommer über stumpfen, grünen, pfeilförmigen Blättern. Sollte vor starkem Frost geschützt in flachem Wasser gepflanzt werden.

KULTUR: *In feuchtem, humosem, fruchtbarem Boden in Sonne oder Halbschatten pflanzen. In frostgefährdeten Gebieten im Winter eine dicke Mulchschicht ausbringen.*

☼◑ ◊♦ ♈F3 ↕90 cm ↔60 cm

ZAUSCHNERIA CALIFORNICA 'DUBLIN'

Diese laubwerfende, gruppenbildende Staude wird manchmal als 'Glasnevin' verkauft und trägt im Spätsommer und Frühherbst röhrenförmige, hellrote Blüten. Die graugrünen Blätter sind lanzettlich und behaart. Diese Pflanze sorgt an Trockenmauern und Rabatten für einen spektakulären Farbtupfer am Ende der Saison. In kalten Regionen am Grund einer warmen Mauer pflanzen.

KULTUR: *Am besten in wasserdurchlässigem, mäßig fruchtbarem Boden in voller Sonne pflanzen. Vor kalten, austrocknenden Winden schützen.*

☼ ◊ ♈F3 ↕bis 25 cm ↔bis 30 cm

PFLANZEN FÜR JEDEN STANDORT

Die Auswahl der richtigen Pflanzen, die für den Garten oder einzelne Bereiche geeignet sind, ist das Geheimnis des Erfolges. Dieses Kapitel stellt »Einkaufslisten« mit Pflanzen für die verschiedensten Zwecke vor, etwa für die Nutzung problematischer Standorte – zum Beispiel feuchte, schattige Plätze –, oder, um besondere Effekte oder Pflanzengemeinschaften zu schaffen, wie einen Naturgarten oder farblich aufeinander abgestimmte Blattpflanzengruppen. Auf Pflanzen, die im alphabetischen Teil abgebildet sind, wird mit der entsprechenden Seitenzahl verwiesen.

KÜBELPFLANZEN FÜR FRÜHLINGSFLOR

Ein Topf leuchtender Frühlingsblumen an der Eingangstür oder im Innenhof belebt die Stimmung. Das Substrat muß den Pflanzen entsprechend gewählt werden: Kamelien und Rhododendren sollten in Heidekrauttopferde gepflanzt werden. Um einen frühen Flor zu erzielen, plaziert man die Kübel geschützt, gießt während des Winters, wenn nötig, und düngt mit dem Beginn des Wachstums im Frühling.

AGAPANTHUS CAMPANULATUS 'ALBOVITTATUS'
Staude, frostempfindlich Zartblaue Blüten in Dolden über weiß gestreiften Blättern.
↕ 90 cm ↔ 45 cm

AJUGA REPTANS 'CATLIN'S GIANT'
♀ **Staude** Büschel grüner Blätter und Ähren mit blauen Blüten.
↕ 20 cm ↔ 60–90 cm

BERGENIA PURPURASCENS 'BALLAWLEY'
♀ **Staude** s. Seite **72**

CAMELLIA JAPONICA 'ADOLPHE AUDUSSON'
♀ **Immergrüner Strauch** s. Seite **84**

CAMELLIA × *WILLIAMSII* 'DONATION'
♀ **Immergrüner Strauch** s. Seite **86**

CHAENOMELES 'GEISHA GIRL'
Strauch Orangefarbene, halbgefüllte Blüten.
↕ 1 m ↔ 1,2 m

CHAMAECYPARIS LAWSONIANA 'MINIMA GLAUCA'
♀ **Immergrüner Strauch** Eine kleine, zierliche Konifere mit blaugrünen Nadeln.
↕ 60 cm

CHIONODOXA FORBESII 'PINK GIANT'
Zwiebelpflanze Sternförmige, rosa Blüten mit weißem Saftmal. ↕ 10–20 cm ↔ 3 cm

CHIONODOXA SARDENSIS
♀ **Zwiebelpflanze** Leuchtendblaue Sternblüten im Vorfrühling.
↕ 10–20 cm ↔ 3 cm

CROCUS CHRYSANTHUS 'LADYKILLER'
♀ **Zwiebelpflanze** Weiße, duftende Blüten mit purpurnen Streifen auf den Knospen.
↕ 7 cm ↔ 5 cm

ERICA CARNEA 'MYRETOUN RUBY'
♀ **Immergrüner Strauch** Ausladender Wuchs, rosarote Blüten, die im Alter dunkler werden. ↕ 15 cm ↔ 45 cm

HEDERA HELIX 'KOLIBRI'
♀ **Immergrüner Strauch** Kriechende bzw. überhängende Triebe mit panaschierten, weiß-grünen Blättern. ↕ 45 cm

HYACINTHUS ORIENTALIS 'CITY OF HAARLEM'
♀ **Zwiebelpflanze** s. Seite **225**

HYACINTHUS ORIENTALIS 'GIPSY QUEEN'
♀ **Zwiebelpflanze** Lachsfarbene, duftende Blüten. ↕ 25 cm

HYACINTHUS ORIENTALIS 'HOLLYHOCK'
Zwiebelpflanze Dichte Trauben mit gefüllten, roten Blüten. ↕ 20 cm

HYACINTHUS ORIENTALIS 'VIOLET PEARL'
Zwiebelpflanze Trauben mit duftenden, amethystblauen, hellrandigen Blüten.
↕ 25 cm

ILEX × *ALTACLERENSIS* 'GOLDEN KING'
♀ **Immergrüner Strauch** Eine kompakte weibliche Stechpalme mit panaschierten Blättern, die einige Jahre im Topf stehen kann. ↕↔ 6 m

MYOSOTIS 'BLUE BALL'
♀ **Zweijährige** Kompakte Pflanze mit azurblauen Blüten.
↕ 15 cm ↔ 20 cm

NARCISSUS 'CEYLON'
Zwiebelpflanze s. Seite **298**

NARCISSUS 'CHEERFULNESS'
Zwiebelpflanze s. Seite **298**

NARCISSUS
KLEINE NARZISSEN
Zwiebelpflanzen s. Seiten **296–297**

PIERIS 'FOREST FLAME'
♀ **Immergrüner Strauch** s. Seite **340**

PIERIS FORMOSA VAR. *FORRESTII* 'WAKEHURST'
♀ **Immergrüner Strauch** s. Seite **340**

PIERIS JAPONICA 'PURITY'
♀ **Immergrüner Strauch** Eine kompakte Sorte mit weißen Blüten und hellem Austrieb.
↕↔ 1 m

PRIMULA 'GUINEVERE'
♀ **Staude** s. Seite **351**

RHODODENDRON CILPINENSE-GRUPPE
♀ **Immergrüne Sträucher** s. Seite **374**

RHODODENDRON 'CURLEW'
♀ **Immergrüner Strauch** Kleine Blütenstände mit leuchtendgelben Blüten.
↕↔ 60 cm

RHODODENDRON 'DOC'
♀ **Immergrüner Strauch** s. Seite **374**

RHODODENDRON 'HOMEBUSH'
♀ **Strauch** s. Seite **368**

RHODODENDRON 'MOTHER'S DAY'
♀ **Immergrüner Strauch** Leuchtendrot blühende, immergrüne Azalee.
↕↔ 1,5 m

RHODODENDRON 'PTARMIGAN'
♀ **Immergrüner Strauch** s. Seite **374**

RHODODENDRON 'SUSAN'
♀ **Immergrüner Strauch** s. Seite **371**

TULIPA 'APRICOT BEAUTY'
Zwiebelpflanze Sehr schöne, pastellfarbene, lachsrosa Blüten.
↕ 35 cm

TULIPA 'CAPE COD'
Zwiebelpflanze Gelbe, rot gestreifte Blüten über schön gezeichnetem Laub.
↕ 20 cm

TULIPA 'CARNAVAL DE NICE'
Zwiebelpflanze Rot und weiß gestreifte Blüten wie gefüllte Pfingstrosen.
↕ 40 cm

TULIPA CLUSIANA VAR. *CHRYSANTHA*
♀ **Zwiebelpflanze** s. Seite **440**

TULIPA-KULTIVARE
♀ **Zwiebelpflanzen** s. Seiten **442-443**

TULIPA PRAESTANS 'UNICUM'
Zwiebelpflanze Cremefarben berandete Blätter und ein bis vier scharlachrote Blüten pro Trieb.
↕ 30cm

TULIPA 'TORONTO'
♀ **Zwiebelpflanze** Mehrblütige Tulpe mit drei bis fünf dunkel korallenroten Blüten.
↕ 25 cm

VIOLA UNIVERSAL-SERIE
♀ **Zweijährige** Große Farbenpalette, blüht den ganzen Frühling.
↕ 15 cm ↔ 30 cm

VIOLA 'VELOUR BLUE'
Zweijährige Kompakte Pflanze mit vielen kleinen, hellblauen Blüten.
↕ 15 cm ↔ 20 cm

KÜBELPFLANZEN FÜR SOMMERFLOR

Kübel können Farbe auch an Orte ohne Bodenreich bringen; sie können mit ausdauernden Pflanzen bestückt werden; zusätzliche Farbe ergibt sich durch Einjährige und frostempfindliche Stauden. In großen Kübeln kann man beides kombinieren, indem man zu einem Strauch niedrigere Saisonpflanzen setzt. Jeder Kübel benötigt regelmäßige Bewässerung und Düngung, wenn er stets gepflegt aussehen soll.

ABUTILON 'CANARY BIRD'
♀ **Strauch, frostempfindlich** Buschige Pflanze mit hängenden, gelben Blüten.
↕↔ 3 m

ABUTILON MEGAPOTAMICUM
♀ **Strauch, frostempfindlich** s. Seite **30**

AGAPANTHUS CAMPANULATUS SSP. *PATENS*
♀ **Staude, frostempfindlich** s. Seite **39**

ARGYRANTHEMUM 'VANCOUVER'
♀ **Staude, frostempfindlich** s. Seite **53**

CLEMATIS 'DOCTOR RUPPEL'
♀ **Kletterpflanze** s. Seite **109**

CROCOSMIA 'LUCIFER'
♀ **Staude** s. Seite **130**

CUPHEA IGNEA
♀ **Staude, frostempfindlich** s. Seite **133**

DIASCIA BARBERAE 'BLACKTHORN APRICOT'
♀ **Staude, frosthart (Grenzfall)** s. Seite **146**

DIASCIA VIGILIS
♀ **Staude, frostempfindlich** Die kriechenden Triebe entwickeln lockere Trauben mit rosa Blüten, die gelbe Saftmale tragen.
↕ 30 cm ↔ 60 cm

FUCHSIA 'ANNABEL'
♀ **Strauch, frostempfindlich** s. Seite **185**

FUCHSIA 'CELIA SMEDLEY'
♀ **Strauch, frostempfindlich** s. Seite **185**

FUCHSIA 'DISPLAY'
♀ **Strauch, frostempfindlich** Aufrechte Pflanze mit karmin- und rosaroten Blüten.
↕ 60–75 cm ↔ 45–60 cm

FUCHSIA 'NELLIE NUTTALL'
♀ **Strauch, frostempfindlich** s. Seite **185**

FUCHSIA 'SNOWCAP'
♀ **Strauch, frostempfindlich** Buschige Pflanze mit rot-weißen Blüten.
↕ 60 cm ↔ 45 cm

FUCHSIA 'SWINGTIME'
♀ **Strauch, frostempfindlich** s. Seite **185**

FUCHSIA 'THALIA'
♀ **Strauch, frostempfindlich** s. Seite **185**

FUCHSIA 'WINSTON CHURCHILL'
♀ **Strauch, frostempfindlich** Rosalavendelfarbene, gefüllte Blüten.
↕↔ 45–75cm

GAZANIA CHANSONETTE-SERIE
♀ **Staude, frostempfindlich** s. Seite **191**

HOSTA 'FRANCEE'
♀ **Staude** s. Seite **222**

HYDRANGEA MACROPHYLLA 'AYESHA'
♀ **Strauch** Ungewöhnlich durch die becherförmigen Blüten, die denen von *Syringa* (Flieder) ähneln. ↕ 1,5 m ↔ 2 m

LILIUM FORMOSANUM VAR. *PRICEI*
♀ **Staude** s. Seite **265**

LILIUM LONGIFLORUM
♀ **Staude, frostempfindlich** s. Seite **266**

LILIUM MONADELPHUM
♀ **Staude** s. Seite **267**

LOTUS MACULATUS
♀ **Staude, frostempfindlich** Schmale, silbrige Blätter kontrastieren mit orangefarbenen, hakenförmigen Blüten an kriechenden Trieben.
↕ 20 cm ↔ unbegrenzt

NICOTIANA LANGSDORFII
♀ **Einjährige** Blütenstand mit kleinen, grünen, röhrenförmigen Blüten mit glockigem Saum. ↕ 1,5 m ↔ 35 cm

OSTEOSPERMUM 'BUTTERMILK'
♀ **Staude, frostempfindlich** s. Seite **308**

OSTEOSPERMUM 'PINK WHIRLS'
♀ **Staude, frostempfindlich** Schön verzweigte Pflanze, die den ganzen Sommer blüht, mit gefältelten Blütenblättern.
↕↔ 60 cm

PELARGONIEN, BLÜTEN–
♀ **Stauden, frostempfindlich**
s. Seiten **320–321**

PELARGONIUM 'ATTAR OF ROSES'
♀ **Staude, frostempfindlich** Nach Rosen duftende Blätter und kleine, blaß malvenfarbene Blüten.
↕ 50–60 cm ↔ 25–30 cm

PENSTEMON 'ANDENKEN AN FRIEDRICH HAHN'
♀ **Staude** s. Seite **322**

PENSTEMON 'HEWELL PINK BEDDER'
♀ **Staude, frostempfindlich** Buschige Pflanze mit röhrenförmigen, rosa Blüten.
↕ 45 cm ↔ 30 cm

PETUNIA 'LAVENDER STORM'
Einjährige Kompakte, den Boden bedeckende Pflanze mit großen Blüten.
↕ 30 cm ↔ 40 cm

PETUNIA 'MILLION BELLS BLUE'
Einjährige Sehr viele kleine Blüten an buschigen, kompakten Pflanzen.
↕ 25 cm

PETUNIA 'PRISM SUNSHINE'
Einjährige Die zuverlässigste Petunie mit großen, gelben Blüten.
↕ 38 cm

PLUMBAGO AURICULATA
♀ **Kletterstrauch, frostempfindlich**
s. Seite **345**

ROSA 'ANNA FORD'
♀ **Kompakte Floribunda-Rose** s. Seite **384**

ROSA 'GENTLE TOUCH'
♀ **Kompakte Floribunda-Rose** s. Seite **384**

ROSA 'QUEEN MOTHER'
Kompakte Floribunda-Rose s. Seite **384**

ROSA 'SWEET MAGIC'
♀ **Kompakte Floribunda-Rose** s. Seite **384**

ROSA 'THE FAIRY'
♀ **Kompakte Floribunda-Rose** s. Seite **384**

SALVIA PATENS 'CAMBRIDGE BLUE'
♀ **Staude, frostempfindlich** s. Seite **395**

SCAEVOLA AEMULA
'BLUE WONDER'
Staude, frostempfindlich Blaue, fächerförmige Blüten an einem kriechenden, kräftigen Busch.
↕ 15 cm ↔ 1,5 m

TROPAEOLUM MAJUS
'HERMINE GRASSHOF'
♀ **Kletterpflanze, frostempfindlich**
s. Seite **438**

VERBENA 'LAWRENCE JOHNSTON'
♀ **Staude, frostempfindlich**
Leuchtendgrünes Laub und intensiv feuerrote Blüten.
↕ 45 cm ↔ 60 cm

VERBENA 'SISSINGHURST'
Einjährige Ausladende Pflanze mit zarten Blättern und magentaroten Blüten.
↕ 20 cm ↔ 1 m

KÜBELPFLANZEN FÜR DEN HERBSTASPEKT

Der Herbst ist die Jahreszeit der großen Veränderungen. Die Blätter der laubwerfenden Pflanzen verfärben sich leuchtend, bevor sie abfallen. Die Pracht der meisten Einjährigen ist vorüber, aber einige frostempfindliche Stauden wie Fuchsien, Zwergchrysanthemen und Dahlien erfreuen noch mit farbenfrohen Blüten. Immergrüne bilden einen klaren und dichten Hintergrund für alle Pflanzungen im Garten.

ARGYRANTHEMUM 'JAMAICA PRIMROSE'
🏆 **Staude, frostempfindlich** s. Seite **53**

CANNA 'LUCIFER'
Staude, frostempfindlich Zwergkulturform mit grünen Blättern und roten, gelb gesäumten Blüten.
↕ 60 cm ↔ 50 cm

CHAMAECYPARIS LAWSONIANA 'ELLWOOD'S GOLD'
🏆 **Konifere** s. Seite **99**

CLEMATIS 'MADAME JULIA CORREVON'
🏆 **Kletterpflanze** s. Seite **111**

ESCALLONIA LAEVIS 'GOLD BRIAN'
Immergrüner Strauch Rosa Blüten kontrastieren mit leuchtendgelben Blättern.
↕↔ 1 m

GAULTHERIA MUCRONATA 'CRIMSONIA'
🏆 **Immergrüner Strauch** Strauch mit auffälligen, tief rosaroten Beeren, der sauren Boden liebt.
↕↔ 1,2 m

HIBISCUS SYRIACUS 'WOODBRIDGE'
🏆 **Strauch** s. Seite **221**

HYPERIUM X *MOSERIANUM* 'TRICOLOR'
Strauch Panaschierte, schmale Blätter, rosa und gelbe Blüten in verschwenderischer Fülle.
↕ 30 cm ↔ 60 cm

JUNIPERUS COMMUNIS 'COMPRESSA'
🏆 **Konifere** s. Seite **247**

MYRTUS COMMUNIS
🏆 **Immergrüner Strauch** s. Seite **294**

NANDINA DOMESTICA 'FIREPOWER'
Strauch Kompakte Pflanze mit roter Herbstfärbung und Beeren.
↕ 45 cm ↔ 60 cm

OSMANTHUS HETEROPHYLLUS 'VARIEGATUS'
🏆 **Immergrüner Strauch** Stechpalmenähnliche, cremefarben gesäumte Blätter und im Herbst duftende, weiße Blüten.
↕↔ 5 m

RUDBECKIA HIRTA 'TOTO'
Einjährige Orangefarbene Blütenstände mit schwarzem Zentrum an sehr kompakten Pflanzen.
↕↔ 20 cm

THUJA ORIENTALIS 'AUREA NANA'
🏆 **Konifere** s. Seite **430**

VIBURNUM TINUS 'VARIEGATUM'
Immergrüner Strauch Die Blätter sind breit cremegelb berandet.
↕↔ 3 m

ZIERKOHL 'NORTHERN LIGHTS'
Zweijährige Krauser Zierkohl in weißen, rosa und roten Schattierungen.
↕↔ 30 cm

KÜBELPFLANZEN FÜR DEN WINTERASPEKT

Wenige Pflanzen blühen während des Winters; man sollte solche einsetzen, die in Töpfen gedeihen, und sie dort aufstellen, wo sie ins Auge fallen. Viele Immergrüne – besonders mit panaschierten Blättern – erfreuen nun, da andere Pflanzen kahl sind. Sträucher, die einige Jahre in Töpfen gestanden haben, sollte man auspflanzen. Um die Wurzeln vor Kälte zu schützen, packt man die Töpfe in Luftpolsterfolie.

AUCUBA JAPONICA 'CROTONIFOLIA'
♀ **Immergrüner Strauch** s. Seite **64**

CYCLAMEN COUM
♀ **Knollenpflanze** Tiefgrüne, herzförmige Blätter und rosarote Blüten.
↕5–8 cm ↔ 10 cm

ERICA CARNEA 'SPRINGWOOD WHITE'
♀ **Immergrüner Strauch** s. Seite **159**

ERICA × DARLEYENSIS 'ARTHUR JOHNSON'
♀ **Immergrüner Strauch** Die aufrechten Triebe haben tiefgrüne Blätter und tragen im Winter rosarote Blüten.
↕75 cm ↔ 60 cm

EUONYMUS FORTUNEI 'HARLEQUIN'
Immergrüner Strauch Kompakter Strauch; die jungen Blätter sind kräftig weiß gefleckt.
↕↔ 40 cm

FATSIA JAPONICA 'VARIEGATA'
♀ **Immergrüner Strauch** Große, gelappte Blätter, die weiß berandet sind, an ausgewachsenen Pflanzen cremeweiße Blüten.
↕↔ 2 m

FESTUCA GLAUCA 'BLAUFUCHS'
♀ **Ziergras** s. Seite **179**

GAULTHERIA MUCRONATA 'MULBERRY WINE'
♀ **Immergrüner Strauch** s. Seite **190**

HEDERA HELIX 'EVA'
♀ **Immergrüne Kletterpflanze** Kleine, graugrüne Blätter mit weißem Rand.
↕1,2 m

ILEX AQUIFOLIUM 'FEROX ARGENTEA'
♀ **Immergrüner Strauch** s. Seite **233**

JUNIPERUS COMMUNIS 'HIBERNICA'
♀ **Konifere** Kompakte, aufrechte Pflanze mit graugrünen Nadeln.
↕3–5 m ↔ 30 cm

LAMIUM MACULATUM 'BEACON SILVER'
Staude Leuchtend silbergraues Laub und magentarote Blüten. ↕20 cm ↔ 1 m

LAURUS NOBILIS
♀ **Immergrüner Strauch oder kleiner Baum** s. Seite **256**

LIRIOPE MUSCARI 'JOHN BURCH'
Staude Grasartige Pflanze mit goldfarben gestreiften Blättern und violetten Blüten.
↕30 cm ↔ 45 cm

SKIMMIA JAPONICA 'RUBELLA'
♀ **Immergrüner Strauch** s. Seite **413**

VIBURNUM DAVIDII
♀ **Immergrüner Strauch** s. Seite **451**

VIOLA 'FLORAL DANCE'
Zweijährige Winter-Stiefmütterchen in verschiedenen Farben. ↕15 cm ↔ 30 cm

VIOLA 'MELLO 21'
Zweijährige Stiefmütterchen-Mischung in 21 Farben. ↕15 cm ↔ 30 cm

YUCCA GLORIOSA 'VARIEGATA'
♀ **Immergrüner Strauch** Aufrechter Strauch mit scharf zugespitzten Blättern, die gelb berandet sind.
↕↔ 2 m

PFLANZEN FÜR KÜBEL AN SONNIGEN STELLEN

An sonnigen Standorten kann man eine große Palette an Pflanzen kultivieren. Anders als die meisten Beetpflanzen müssen frostempfindliche Pflanzen die kalten Monate unter Glas verbringen; sie gedeihen an geschützten, sonnigen Stellen und verleihen dem Garten einen Hauch Exotik. Die einzelnen Pflanzen wachsen am besten im eigenen Topf; für Arrangements stellt man sie einfach in Gruppen zusammen.

BRACHYCOME 'STRAWBERRY MIST'
Staude, frostempfindlich Niedrige, ausladende Pflanze mit fedrigem Laub und rosaroten Blütenständen. Auch als *Brachyscome* bekannt. ↕25 cm ↔45 cm

CORDYLINE AUSTRALIS 'ALBERTII'
♀ **Immergrüner Strauch, frostempfindlich**
s. Seite **115**

CORREA BACKHOUSEANA
♀ **Immergrüner Strauch, frostempfindlich**
s. Seite **118**

ERICA ERIGENA 'IRISH DUSK'
♀ **Immergrüner Strauch** Tief rosarote Blüten von Herbst bis Frühling an Pflanzen mit graugrünen Blättern. ↕60 cm ↔45 cm

FELICIA AMELLOIDES 'SANTA ANITA'
♀ **Halbstrauch, frostempfindlich**
s. Seite **178**

FUCHSIA 'MADAME CORNÉLLISSEN'
♀ **Strauch** Aufrechter Wuchs mit zahlreichen rot-weißen Blüten. ↕↔60 cm

GAZANIA 'DAYBREAK RED STRIPE'
Staude, frostempfindlich Kann aus Samen gezogen werden; auffällige, gelbe Blüten, die rot gestreift sind. ↕20 cm ↔25 cm

GERANIUM 'ANN FOLKARD'
♀ **Staude** s. Seite **194**

GERANIUM CINEREUM VAR. *SUBCAULESCENS*
♀ **Staude** s. Seite **195**

GERANIUM PALMATUM
♀ **Staude, frostempfindlich** Große, malvenfarbene Blüten. ↕↔ bis 1,2 m

HEBE ALBICANS
♀ **Immergrüner Strauch** Kompakt, mit grauen Blättern und kurzen Ähren mit weißen Blüten, die im Frühsommer blühen. ↕60 cm ↔30 cm

HEBE 'MRS WINDER'
♀ **Immergrüner Strauch** Dunkles Laub, das in Purpur übergeht, und im Spätsommer violette Blüten. ↕1 m ↔1,2 m

HOSTA 'KROSSA REGAL'
♀ **Staude** Eine prächtige Kulturform mit aufrechten, grauen Blättern und großen Ähren, die mit fliederfarbenen Blüten besetzt sind. ↕70 cm ↔75 cm

IMPATIENS SUPER-ELFIN-SERIE
♀ **Einjährige** s. Seite **235**

IPOMOEA 'HEAVENLY BLUE'
♀ **Einjährige Kletterpflanze** s. Seite **237**

JASMINUM MESNYI
♀ **Kletterpflanze, nicht voll frosthart**
s. Seite **245**

LATHYRUS ODORATUS 'JAYNE AMANDA'
♀ **Einjährige Kletterpflanze** s. Seite **255**

LATHYRUS ODORATUS 'NOEL SUTTON'
♀ **Einjährige Kletterpflanze** s. Seite **255**

LATHYRUS ODORATUS 'WHITE SUPREME'
♀ **Einjährige Kletterpflanze** s. Seite **255**

LEPTOSPERMUM SCOPARIUM 'RED DAMASK'
♀ **Immergrüner Strauch** Frostempfindliche Pflanze mit winzigen Blättern und tief rosaroten, gefüllten Blüten. ↕↔3 m

LOBELIA ERINUS 'KATHLEEN MALLARD'
Staude, frostempfindlich Zierliche Lobelie mit gefüllten, blauen Blüten.
↕ 10 cm ↔ 30 cm

MIMULUS AURANTIACUS
♀ **Immergrüner Strauch, frostempfindlich** s. Seite **291**

MYRTUS COMMUNIS SSP. *TARENTINA*
♀ **Immergrüner Strauch, frostempfindlich** s. Seite **295**

OSTEOSPERMUM 'SILVER SPARKLER'
♀ **Staude, frostempfindlich** Weiße, gänseblümchenähnliche Blütenstände und leuchtende, panaschierte Blätter.
↕↔ 45 cm

PASSIFLORA 'AMETHYST'
♀ **Kletterpflanze, frostempfindlich** Schnell wachsende Kletterpflanze, erfreut den ganzen Sommer mit schönen, lavendelfarbenen Blüten.
↕ 4 m

PELARGONIUM 'CLORINDA'
Staude, frostempfindlich Duftendes Laub und recht große, leuchtend rosarote Blüten.
↕ 45–50 cm ↔ 20–25 cm

PELARGONIUM 'DEACON MOONLIGHT'
Staude, frostempfindlich Blaß fliederfarbene, gefüllte Blüten über zierlichem Laub an kompakten Pflanzen.
↕ 20 cm ↔ 25 cm

PELARGONIUM 'DOLLY VARDEN'
Staude, frostempfindlich s. Seite **321**

PELARGONIUM 'VISTA DEEP ROSE'
Staude, frostempfindlich Nur eine Farbe in dieser aus Samen gezogenen F2-Generation.
↕↔ 30 cm

PENSTEMON 'APPLE BLOSSOM'
♀ **Staude, frostempfindlich** s. Seite **322**

PENSTEMON 'OSPREY'
♀ **Staude** Ähren mit weißen, rosa gesäumten Blüten an aufrechten Pflanzen.
↕↔ 45 cm

PETUNIA 'DUO PEPPERMINT'
♀ **Einjährige** Gefüllte, rosa Blüten, die in ungünstigen Sommern wetterbeständig sind.
↕ 20 cm ↔ 30 cm

PHORMIUM 'SUNDOWNER'
♀ **Staude** Aufrechte, immergrüne Blätter von tiefgrüner Grundfarbe, rosa und cremefarben gestreift.
↕↔ 2 m

REHMANNIA GLUTINOSA
♀ **Staude** Etwas klebrige Blätter an großen Trieben, die blaß rosarote, fingerhutförmige Blüten tragen.
↕ 15–30 cm ↔ 30 cm

RHODOCHITON ATROSANGUINEUS
♀ **Immergrüne Kletterpflanze, frostempfindlich** s. Seite **367**

SEMPERVIVUM ARACHNOIDEUM
♀ **Sukkulente** s. Seite **410**

SOLENOPSIS AXILLARIS
Staude, frostempfindlich Kuppelförmig, fedrig, mit zarten, aber auffälligen, sternförmigen, blauen Blüten.
↕↔ 30 cm

THYMUS X *CITRIODORUS* 'AUREUS'
♀ **Immergrüner Strauch** Niedrig bleibender Busch, der nach Zitrone duftet, mit goldfarbenen Blättern und rosa Blüten.
↕ 30 cm ↔ 25 cm

TROPAEOLUM MAJUS 'MARGARET LONG'
Staude, frostempfindlich Kompakte, kriechende bzw. überhängende Pflanze mit gefüllten, zart orangefarbenen Blüten.
↕↔ 30 cm

TWEEDIA CAERULEA
♀ **Staude, frostempfindlich** Eine windende, klimmende Pflanze mit grauen Blättern und himmelblauen Sternblüten.
↕ 60 cm–1 m

PFLANZEN FÜR KÜBEL AN SCHATTIGEN STELLEN

Schattige Stellen können beim Heranziehen von Pflanzen Probleme bereiten, doch eine große Auswahl interessanter Pflanzen läßt sich in Kübel setzen. Zu bedenken ist, daß Pflanzen unter Bäumen keinen Regen erhalten; regelmäßige Bewässerung ist notwendig, im Sommer zusätzlich Düngung. Zwiebelpflanzen schaffen im Frühling Farbtupfer. Pflanzen sind nach Gestalt, Beschaffenheit oder Farben zu kombinieren.

ACER PALMATUM 'CRIMSON QUEEN'
♈ **Strauch** Bogenförmige Zweige mit fein gezähnten, purpurnen Blättern.
↕ 3 m ↔ 4 m

AGERATUM 'SOUTHERN CROSS'
Einjährige Zierliche, buschige Pflanzen mit weißen und blauen Blütenständen.
↕↔ 25 cm

AJUGA REPTANS 'RAINBOW'
Staude Bronzefarbene Blätter mit rosaroten und gelben Flecken, blaue Blüten.
↕ 15 cm ↔ 45 cm

BEGONIA NONSTOP-SERIE
Stauden, frostempfindlich Kompakte Pflanzen mit gefüllten Blüten in vielen Farben. ↕↔ 30 cm

CAMELLIA JAPONICA 'LAVINIA MAGGI'
♈ **Immergrüner Strauch** Robuste Kulturform mit weißen Blüten, die variabel rot und rosa gestreift sind.
↕ 3 m ↔ 2 m

DRYOPTERIS ERYTHROSORA
♈ **Frostharter Farn** Farbenprächtiger Farn mit kupferroten jungen Wedeln.
↕ 60 cm ↔ 38 cm

DRYOPTERIS WALLICHIANA
♈ **Frostharter Farn** s. Seite **152**

X *FATSHEDERA LIZEI* 'ANNEMIEKE'
♈ **Immergrüner Strauch** Niederliegende Zweige und Blätter mit leuchtendgoldener Mitte. Manchmal als 'Lemon and Lime' angeboten. ↕ 1,2–2 m oder mehr ↔ 3 m

FATSIA JAPONICA
♈ **Immergrüner Strauch** s. Seite **178**

FUCHSIA 'DOLLAR PRINCESS'
♈ **Frostempfindlicher Strauch** Eine kräftige Pflanze mit kleinen, gefüllten, roten und purpurnen Blüten. ↕ 30–45 cm ↔ 45–60 cm

HEDERA HELIX 'IVALACE'
♈ **Immergrüne Kletterpflanze** s. Seite **210**

HEDERA HELIX 'MANDA'S CRESTED'
♈ **Immergrüne Kletterpflanze** Ungleichmäßig gelockte und gedrehte, fingerförmige Blätter, die im Winter kupferfarben sind.
↕ 1,2 m

HOSTA 'ROYAL STANDARD'
♈ **Staude** s. Seite **223**

ILEX CRENATA 'CONVEXA'
♈ **Immergrüner Strauch** s. Seite **234**

IMPATIENS 'BLACKBERRY ICE'
Einjährige Gefüllte, purpurne Blüten und weiß panaschiertes Laub.
↕ 70 cm

IMPATIENS SUPER-ELFIN-SERIE
♈ **Einjährige** s. Seite **235**

IPHEION UNIFLORUM 'WISLEY BLUE'
♈ **Zwiebelpflanze** s. Seite **236**

PIERIS JAPONICA 'LITTLE HEATH'
♈ **Immergrüner Strauch** Kompakt, liebt sauren Boden, mit weißrandigen, im Frühling rosarot getönten Blättern.
↕↔ 60 cm

RHODODENDRON 'VUYK'S SCARLET'
♈ **Immergrüner Strauch** s. Seite **369**

VIOLA 'IMPERIAL ANTIQUE SHADES'
Zweijährige Große, rosa-, creme- und beigefarbene Blüten. ↕ 15 cm ↔ 25 cm

GRÜNPFLANZEN FÜR AMPELN

Obwohl in Ampeln meist blühende Pflanzen eingesetzt werden, kann man durch attraktive Grünpflanzen ihr Aussehen noch verbessern. Silberblättrige Pflanzen werden als Hintergrund für Blüten bevorzugt, doch gibt es auch überhängende Pflanzen mit goldfarbenen, grünen und roten Blättern; eine schöne Ampel erhält man leicht, wenn man Pflanzen mit farbigen und kontrastierenden Blättern wählt.

AJUGA REPTANS 'BURGUNDY GLOW'
♀ **Staude** s. Seite **41**

ASPARAGUS DENSIFLORUS 'MYERSII'
♀ **Staude** s. Seite **56**

BLATTBEGONIEN
♀ **Stauden, frostempfindlich** s. Seite **67**

CHLOROPHYTUM COMOSUM 'VITTATUM'
♀ **Staude, nicht voll frosthart** Panaschierte, schmale Blätter; die überhängenden Triebe tragen kleine Pflanzen. ↕15–20 cm ↔ 15–30 cm

GLECHOMA HEDERACEA 'VARIEGATA'
Staude Lange, hängende Triebe mit graugrünen, weiß berandeten Blättern.
↔ kriechend bis 2 m

HEDERA HELIX 'GOLDCHILD'
♀ **Immergrüne Kletterpflanze** s. Seite **210**

HELICHRYSUM PETIOLARE
♀ **Immergrüner Strauch, frostempfindlich** s. Seite **214**

HELICHRYSUM PETIOLARE 'LIMELIGHT'
♀ **Frostempfindlicher Strauch** Gebogene Triebe mit filzigen, blaßgrünen, in der Sonne gelben Blättern. ↕1 m ↔ unbegrenzt

HELICHRYSUM PETIOLARE 'VARIEGATUM'
♀ **Immergrüner Strauch, frostempfindlich** s. Seite **215**

LAMIUM MACULATUM 'AUREUM'
Staude Kriechend, mit leuchtendgelben, weiß gezeichneten Blättern und rosaroten Blüten. ↕20 cm ↔ 1 m

LOTUS BERTHELOTII
♀ **Halbstrauch, frostempfindlich** s. Seite **276**

LYSIMACHIA CONGESTIFLORA 'OUTBACK SUNSET'
Staude, frostempfindlich Überhängend, mit grünen, creme- und bronzefarbenen Blättern und Büscheln von gelben Blüten.
↕15 cm ↔ 30 cm

LYSIMACHIA NUMMULARIA 'AUREA'
♀ **Staude** s. Seite **279**

PELARGONIUM 'L'ELÉGANTE'
♀ **Staude, frostempfindlich** s. Seite **319**

PELARGONIUM 'SWANLAND LACE'
Staude, frostempfindlich Überhängende Pflanze mit rosaroten Blüten und gelb geaderten Blättern. ↕↔ 30 cm

PLECTRANTHUS FORSTERI 'MARGINATUS'
Staude, frostempfindlich Duftendes, weiß berandetes Laub. Neutriebe stark bogig wachsend.
↕25 cm ↔ 1 m

SAXIFRAGA STOLONIFERA 'TRICOLOR'
♀ **Staude** Runde, weißrandige Blätter, die rosarot werden; bildet lange Ausläufer mit kleinen Pflanzen. ↕↔ 30 cm

SELAGINELLA KRAUSSIANA
♀ **Staude, frostempfindlich** s. Seite **409**

TROPAEOLUM ALASKA-SERIE
♀ **Einjährige** Einfach zu ziehende Kapuzinerkressen mit weißfleckigen Blättern.
↕30 cm ↔ 45 cm

BLÜTENPFLANZEN FÜR AMPELN

Viele Gärten, aber auch Häuser und Wohnungen ohne Gärten, werden mit Ampeln attraktiver. Es gibt jede Menge Pflanzen, die sich für Ampeln eignen, mit langen Blühperioden und niedrigem oder hängendem Wuchs. Ampeln benötigen regelmäßige Bewässerung und Düngung, damit die Pflanzen wachsen und blühen. Automatische Bewässerungssysteme entheben der Sorge um das Gießen im Urlaub.

ABUTILON MEGAPOTAMICUM
🏆 **Strauch, frostempfindlich** s. Seite **30**

ACALYPHA REPTANS
Staude, frostempfindlich Ausladende Pflanze mit rotglühenden Fuchsschwänzen.
↕ 15 cm ↔ 60 cm

ANAGALLIS MONELLI
🏆 **Staude** Ausladende Pflanze mit kleinen Blättern und leuchtenden, intensiv tiefblauen Blüten.
↕ 10–20 cm ↔ 40 cm

ANTIRRHINUM 'CANDELABRA LEMON BLUSH'
Staude, frostempfindlich Buschiger Wuchs mit hängenden Blütentrieben, die blaßgelbe, rosa geflammte Blüten tragen.
↕↔ 40 cm

BEGONIA FUCHSIOIDES
🏆 **Staude, frostempfindlich** Bogenförmige Triebe, mit winzigen Blättern besetzt, tragen hängende, rosarote oder rote Blüten.
↕ 75 cm ↔ 45 cm

BEGONIA 'ILLUMINATION ORANGE'
🏆 **Staude, frostempfindlich** s. Seite **66**

BEGONIA 'IRENE NUSS'
🏆 **Staude, frostempfindlich** s. Seite **66**

BEGONIA SUTHERLANDII
🏆 **Staude, frostempfindlich** Rötliche, bogige Triebe tragen blaßgrüne Blätter und sehr viele kleine, orangefarbene Blüten.
↔ 45 cm

BIDENS FERULIFOLIA
🏆 **Staude, frostempfindlich** s. Seite **74**

CONVOLVULUS SABATIUS
🏆 **Staude, frostempfindlich** s. Seite **114**

DIASCIA 'LILAC BELLE'
🏆 **Staude** Lockere Ähren mit rosamalvenfarbenen Blüten an niedrig wachsenden Pflanzen. ↕ 20 cm ↔ 30 cm

FUCHSIA 'GOLDEN MARINKA'
🏆 **Strauch, frostempfindlich** s. Seite **186**

FUCHSIA 'JACK SHAHAN'
🏆 **Strauch, frostempfindlich** s. Seite **186**

FUCHSIA 'LA CAMPANELLA'
🏆 **Strauch, frostempfindlich** s. Seite **186**

FUCHSIA 'LENA'
🏆 **Strauch, frostempfindlich** s. Seite **186**

IMPATIENS TEMPO-SERIE
🏆 **Einjährige** s. Seite **235**

LOBELIA 'COLOUR CASCADE'
🏆 **Einjährige** Hängende Triebe mit Blüten in Blau-, Rosa- und Weißtönen. ↕ 15 cm

LOBELIA RICHARDSONII
🏆 **Staude, frostempfindlich** Buschig, aber relativ dünne, überhängende Triebe mit kleinen Blättern und blauen Blüten.
↕ 15 cm ↔ 30 cm

MIMULUS AURANTIACUS
🏆 **Immergrüner Strauch, frostempfindlich** s. Seite **291**

PAROCHETUS COMMUNIS
🏆 **Staude, frostempfindlich** Schnell wachsend, mit überhängenden Trieben, kleeförmigen Blättern und blaßblauen Blüten.
↕ 10 cm ↔ 30 cm

PELARGONIUM 'AMETHYST'
♀ **Staude, frostempfindlich** s. Seite 320

PELARGONIUM 'THE BOAR'
♀ **Staude, frostempfindlich** s. Seite 321

PELARGONIUM 'L'ELÉGANTE'
♀ **Staude, frostempfindlich** s. Seite 319

PELARGONIUM 'LILAC MINI CASCADE'
Staude, frostempfindlich Einzelne, rosarote Blüten an einer kompakten, robusten Pflanze. ↕45–50 cm ↔ 15–20 cm

PELARGONIUM 'MADAME CROUSSE'
♀ **Staude, frostempfindlich** Überhängende Pflanze mit halbgefüllten, rosaroten Blüten.
↕50–60 cm ↔ 15–20 cm

PELARGONIUM 'OLDBURY CASCADE'
Staude, frostempfindlich Reich mit roten Blüten besetzt, Pflanze kompakt, mit cremefarben panaschierten Blättern.
↕45 cm ↔ 30 cm

PELARGONIUM 'ROULETTA'
Staude, frostempfindlich Gefüllte, weiße Blüten, die kräftig rot berandet sind.
↕50–60 cm ↔ 15–20 cm

PELARGONIUM 'VILLE DE PARIS'
Staude, frostempfindlich Einzelne, rosarote Blüten in verschwenderischer Fülle an einer hängenden Pflanze.
↕60 cm ↔ 45 cm

PELARGONIUM 'YALE'
♀ **Staude, frostempfindlich** Die überhängenden Triebe tragen Blütenstände mit halbgefüllten, leuchtendroten Blüten.
↕20–25 cm ↔ 15–20 cm

PETUNIA DADDY-SERIE
Einjährige Große Blüten, die stark mit dunkleren Tönen geadert sind.
↕bis 35 cm ↔ 30–90 cm

PETUNIA 'MARCO POLO ADVENTURER'
Einjährige Überhängende Pflanze mit großen, gefüllten, leuchtend rosaroten Blüten.
↕↔ 38 cm

PETUNIA 'SURFINIA PASTEL PINK'
Einjährige Große, rosarote Blüten an kräftigen Pflanzen, die schön überhängen.
↕23–40 cm ↔ 30–90 cm

SUTERA CORDATA 'KNYSNA HILLS'
Staude, frostempfindlich Buschige Pflanze, zahlreiche Blütenstände mit winzigen, blaßrosa Blüten.
↕10 cm ↔ 60 cm

SUTERA CORDATA 'SNOWFLAKE'
Staude, frostempfindlich Ausladende, kleinblättrige Pflanze mit winzigen, fünfblättrigen, weißen Blüten.
↕10 cm ↔ 60 cm

VERBENA 'IMAGINATION'
♀ **Staude, frostempfindlich** Aus Samen gezogene, locker verzweigte Pflanze mit kleinen, tiefvioletten Blüten.
↕↔ 40 cm

VERBENA 'TAPIEN PINK'
Staude, frostempfindlich Überhängende Triebe mit kleinen, rosaroten Blüten.
↕↔ 40 cm

VIOLA 'SUNBEAM'
Zweijährige Halbüberhängende Pflanze mit kleinen, gelben Blüten.
↕↔ 30 cm

FRÜHLINGSBLÜHENDE ZWIEBELPFLANZEN

Die ersten Anzeichen, daß der Frühling naht, sind die Blüten der Frühlingszwiebelpflanzen. Von winzigen Winterlingen, die sich früh entfalten, bis zu majestätischen Kaiserkronen gibt es Zwiebelpflanzen für jeden Standort. Die meisten vertragen die unterschiedlichsten Bodenarten, und viele können auch im Schatten von Bäumen wachsen. In Töpfen gezogen, kann man sie auch ins Zimmer stellen.

ALLIUM CRISTOPHII
♡ **Frosthart (Grenzfall)** s. Seite **42**

ANEMONE BLANDA 'WHITE SPLENDOUR'
♡ **Frosthart** s. Seite **46**

CAMASSIA CUISICKII
Frosthart Schmale Blätter und große Blütenstände mit blauen, sternförmigen Blüten. ↕60–80 cm ↔ 10 cm

CHIONODOXA LUCILIAE
♡ **Frosthart** s. Seite **102**

CHIONODOXA SARDENSIS
♡ **Frosthart** Tiefblaue Sternblüten an schlanken Trieben.
↕10–20 cm ↔ 3 cm

CORYDALIS FLEXUOSA
Frosthart Feingliedrige Blätter und nickende, leuchtendblaue Blüten.
↕15–30 cm ↔ 20 cm

CORYDALIS SOLIDA 'GEORGE BAKER'
♡ **Frosthart** s. Seite **120**

CROCUS ANGUSTIFOLIUS
♡ **Frosthart** Im Frühling büschelweise orangegelbe Blüten.
↕↔ 5 cm

CROCUS CHRYSANTHUS 'BLUE PEARL'
♡ **Frosthart** Fliederfarbene Blüten mit weißen und gelben Saftmalen.
↕8 cm ↔ 4 cm

CROCUS CHRYSANTHUS 'E. A. BOWLES'
♡ **Frosthart** s. Seite **131**

CROCUS SIEBERI 'HUBERT EDELSTEIN'
♡ **Frosthart** s. Seite **131**

CROCUS SIEBERI 'TRICOLOR'
♡ **Frosthart** s. Seite **131**

CROCUS TOMMASINIANUS
♡ **Frosthart** Ein früh blühender Krokus mit schlanken, silbrig fliederfarbenen Blüten. ↕8–10 cm ↔ 2,5 cm

ERANTHIS HYEMALIS
♡ **Frosthart** s. Seite **157**

ERYTHRONIUM CALIFORNICUM 'WHITE BEAUTY'
♡ **Frosthart** Die weißen Blüten erheben sich über marmorierten Blättern.
↕15–35 cm ↔ 10 cm

ERYTHRONIUM 'PAGODA'
♡ **Frosthart** s. Seite **166**

FRITILLARIA ACMOPETALA
♡ **Frosthart** s. Seite **182**

FRITILLARIA IMPERIALIS 'AUREOMARGINATA'
Frosthart Hohe Triebe tragen einen Schopf mit orangefarbenen Blüten, die Blätter sind gelb berandet.
↕1,5 m ↔ 25–30 cm

FRITILLARIA PALLIDIFLORA
♡ **Frosthart** s. Seite **183**

GALANTHUS NIVALIS
♡ **Frosthart** Das verbreitete Schneeglöckchen kann leicht gezogen werden. Die Zwiebeln sollten nicht gelagert werden, da sie sonst austrocknen.
↕↔ 10 cm

HERMODACTYLUS TUBEROSUS
Frosthart Die Blätter verdecken fast die lebhaft grünen und schwarzen, irisähnlichen Blüten. ↕20–40 cm ↔ 5 cm

HYACINTHUS ORIENTALIS 'ANNA MARIE'
♀ **Frosthart** Blütenstände mit duftenden, blaßrosa Blüten. ↕20 cm ↔ 8 cm

HYACINTHUS ORIENTALIS 'BLUE JACKET'
♀ **Frosthart** s. Seite **224**

IPHEION UNIFLORUM 'FROYLE MILL'
♀ **Frosthart** Gruppenbildende Pflanze mit nach Zwiebel riechenden Blättern und violetten, sternförmigen Blüten.
↕15–20 cm

IRIS BUCHARICA
♀ **Frosthart** s. Seite **239**

IRIS RETICULATA 'CANTAB'
Frosthart Blaßblaue Blüten mit dunkleren Malen. Die langen Blätter entwickeln sich erst nach der Blüte.
↕10–15 cm

MUSCARI LATIFOLIUM
Frosthart Breite Blätter und zweifarbige Blütenstände mit blaß- und dunkelblauen Blüten. ↕20 cm ↔ 5 cm

NARCISSUS 'ACTAEA'
♀ **Frosthart** s. Seite **298**

NARCISSUS BULBOCODIUM
♀ **Frosthart** s. Seite **296**

NARCISSUS 'FEBRUARY GOLD'
♀ **Frosthart** s. Seite **296**

NARCISSUS 'HAWERA'
♀ **Frosthart** s. Seite **297**

NARCISSUS 'ICE FOLLIES'
♀ **Frosthart** s. Seite **299**

NARCISSUS 'LITTLE WITCH'
Frosthart Goldgelbe Blüten mit zurückgeschlagenen Tepalen.
↕22 cm

NARCISSUS MINOR
Frosthart s. Seite **297**

NARCISSUS 'PASSIONALE'
♀ **Frosthart** s. Seite **299**

NARCISSUS TRIANDRUM
Frosthart s. Seite **297**

SCILLA BIFOLIA
♀ **Frosthart** s. Seite **405**

SCILLA MISCHTSCHENKOANA 'TUBERGENIANA'
♀ **Frosthart** s. Seite **405**

SCILLA SIBIRICA
♀ **Frosthart** Schön geformte, kobaltblaue Blüten über leuchtendgrünen Blättern.
↕10–20 cm ↔ 5 cm

TULIPA 'APELDOORN'S ELITE'
♀ **Frosthart** Sattgelbe Blüten, mit Rot geflammt, ergeben einen prächtigen Effekt.
↕60 cm

TULIPA 'BALLADE'
♀ **Frosthart** Elegante, sattrosa Blüten, deren Spitzen und Ränder weiß sind.
↕50 cm

TULIPA 'CHINA PINK'
♀ **Frosthart** s. Seite **442**

TULIPA 'MAUREEN'
♀ **Frosthart** Ovale, elfenbeinweiße Blüten.
↕50 cm

TULIPA 'MRS JOHN T. SCHEEPERS'
♀ **Frosthart** Große, frisch blaßgelbe Blüten.
↕60 cm

TULIPA 'RED SURPRISE'
♀ **Frosthart** Leuchtendrote Blüten, die sich sternförmig öffnen.
↕20 cm

SOMMERBLÜHENDE ZWIEBELPFLANZEN

Sommerblühende Zwiebelpflanzen sind mit ihren leuchtenden Farben und exotischen Formen Glanzlichter des Gartens. Leider sind viele nicht frosthart, doch man kann sie im Herbst aus dem Boden nehmen und frostfrei überwintern. Dahlien und Gladiolen kennt wahrscheinlich jeder, aber die neuen Liliensorten sind ebenfalls leicht zu pflegen, und Tigerblumen und Hedychien sind sehr extravagant.

ALLIUM CERNUUM
♈ **Frosthart** s. Seite **42**

ALLIUM GIGANTEUM
♈ **Frosthart** s. Seite **42**

ALLIUM x *HOLLANDICUM* 'PURPLE SENSATION'
♈ **Frosthart** Kugelige Blütenstände mit kleinen, tiefpurpurnen Blüten.
↕1 m ↔ 10 cm

ALLIUM KARATAVIENSE
♈ **Frostempfindlich** s. Seite **42**

BLETILLA STRIATA
Frostempfindlich Relativ empfindliche Erdorchidee; beblätterte Pflanze mit Blütenständen aus ein bis sechs rosaroten Blüten. ↕↔ 30–60 cm

CRINUM x *POWELLII*
♈ **Frosthart** Große Zwiebeln entwickeln lange Blätter und große, rosarote Trompetenblüten. ↕1,5 m ↔ 30 cm

CROCOSMIA 'EMILY MCKENZIE'
Frosthart Schwertförmige Blätter und leuchtend orangefarbene Blüten, die bronzefarben gezeichnet sind.
↕60 cm ↔ 8 cm

DAHLIA 'BISHOP OF LLANDAFF'
♈ **Knollenpflanze, frostempfindlich** s. Seite **138**

DAHLIA 'GLORIE VAN HEEMSTEDE'
♈ **Knollenpflanze, frosthart** Mittelgroße, leuchtendgelbe Blütenstände in der Form von Seerosen.
↕1,3 m ↔ 60 cm

DAHLIA 'JESCOT JULIE'
Knollenpflanze, frostempfindlich Große, orangefarbene und rote Blüten.
↕1 m ↔ 45 cm

DAHLIA 'PEARL OF HEEMSTEDE'
♈ **Knollenpflanze, frosthart** Die seerosenblütige Dahlie hat silbrig rosarote Blüten.
↕1 m ↔ 45 cm

DRACUNCULUS VULGARIS
Frosthart Gefleckte Triebe tragen interessante Blätter und von großen, purpurnen Hochblättern umgebene Blütenstände, die sehr übel riechen. ↕1,5 m ↔ 60 cm

EREMURUS 'CLEOPATRA'
Frosthart Rosetten riemenförmiger Blätter und hohe Blütenstände mit kleinen, zart orangefarbenen Blüten.
↕1,5 m ↔ 60 cm

EUCOMIS BICOLOR
Frostempfindlich Rosetten mit breiten Blättern, über die sich Blütenstände mit sternförmigen, cremefarbenen, purpurrandigen Blüten erheben.
↕30–60 cm ↔ 20 cm

GLADIOLUS CALLIANTHUS
♈ **Frostempfindlich** s. Seite **199**

GLADIOLUS COMMUNIS SSP. *BYZANTINUS*
♈ **Frostempfindlich** s. Seite **200**

GLADIOLUS 'GREEN WOODPECKER'
♈ **Frostempfindlich** Grünlichgelbe, rot gezeichnete Blüten.
↕1,5 m ↔ 12 cm

HEDYCHIUM COCCINEUM
♀ **Frosthart** Eine exotisch aussehende Pflanze mit duftenden, röhrenförmigen, orange-, rosa- oder cremefarbenen Blüten.
↕3 m ↔ 1 m

HEDYCHIUM GARDNERIANUM
♀ **Frostempfindlich** s. Seite **523**

HEDYCHIUM 'TARA'
♀ **Frosthart** Eine Auslese von *H. coccineum* mit tiefer gefärbten Blüten.
↕3 m ↔ 1 m

IXIA VIRIDIFLORA
Frostempfindlich Ungewöhnliche, blaß türkisgrüne Blüten an hohen, drahtigen Trieben. ↕30–60 cm

LEUCOJUM AESTIVUM 'GRAVETYE GIANT'
♀ **Frosthart** s. Seite **261**

LILIUM 'BLACK DRAGON'
♀ **Frosthart** Hohe Triebe tragen reinweiße, duftende Blüten, die in der Knospe tief kastanienbraun sind. ↕1,5 m

LILIUM 'EVEREST'
Frosthart Große, weiße, stark duftende Blüten mit dunklen Flecken an hohen Trieben.
↕1,5 m

LILIUM HENRYI
♀ **Frosthart** s. Seite **265**

LILIUM 'KAREN NORTH'
♀ **Frosthart** Elegante Blüten mit zurückgebogenen Spitzen in Orangerosa mit dunkleren Flecken.
↕1–1,3 m

LILIUM MARTAGON VAR. *ALBUM*
♀ **Frosthart** s. Seite **266**

LILIUM PYRENAICUM
♀ **Frosthart** s. Seite **268**

LILIUM REGALE
♀ **Frosthart** s. Seite **268**

NECTAROSCORDUM SICULUM
Frosthart Pflanzen riechen stark nach Knoblauch und entwickeln lockere Dolden mit hängenden, cremefarbenen Blüten.
↕1,2 m ↔ 10 cm

RHODOHYPOXIS BAURII 'TETRA RED'
Frostempfindlich Bildet Gruppen oder Matten mit leuchtenden, sitzenden, sternförmigen Blüten.
↕↔ 10 cm

TIGRIDIA PAVONIA
Frostempfindlich Breite, gefleckte Blüten in Rot-, Gelb- und Weißtönen, die nur einen Tag geöffnet sind.
↕1,5 m ↔ 10 cm

TROPAEOLUM POLYPHYLLUM
Frosthart Kriechende bzw. überhängende Triebe mit feingliedrigen, grauen Blättern und leuchtendgelben Blüten.
↕5–8 cm ↔ 1 m

ZANTEDESCHIA AETHIOPICA 'GREEN GODDESS'
♀ **Frosthart** s. Seite **461**

HERBSTBLÜHENDE ZWIEBELPFLANZEN

Frostharte Zwiebel- und Knollenpflanzen können noch Aufmerksamkeit erwecken, wenn andere Pflanzen schon absterben. Die meisten benötigen volle Sonne und gut durchlässigen Boden, wenn sie noch von den letzten schönen Tagen des Jahres profitieren sollen. Viele sind nicht leicht zu vermehren und blühen nicht üppig, bis sie sich im Garten eingewöhnt haben, so daß man schon einige Mühe aufwenden muß.

ALLIUM CALLIMISCHON
Frosthart Schlanke Triebe mit weißen oder blaßrosa Blüten; für trockene Böden geeignet. ↕8–35 cm ↔5 cm

x *AMARYGIA PARKERI*
Frosthart Diese seltene Hybride entwickelt in geschützten Gärten große, rosarote Trompetenblüten.
↕1 m ↔30 cm

AMARYLLIS BELLADONNA
Frosthart An geschützten Stellen erblühen die herrlichen, rosaroten Trompetenblüten.
↕60 cm ↔10 cm

COLCHICUM SPECIOSUM 'ALBUM'
♀ **Frosthart** s. Seite **113**

COLCHICUM 'WATERLILY'
♀ **Frosthart** Herrliche, weiße Kugelblüten, die ohne Blätter erscheinen.
↕18 cm ↔10 cm

CRINUM x *POWELLII* 'ALBUM'
♀ **Frosthart** s. Seite **129**

CROCUS BANATICUS
♀ **Frosthart** s. Seite **132**

CROCUS BORYI
♀ **Frosthart** Jede Zwiebel entwickelt bis zu vier blaß flieder- und cremefarbene Blüten. ↕8 cm ↔5 cm

CROCUS GOULIMYI
♀ **Frosthart** s. Seite **132**

CROCUS KOTSCHYANUS
♀ **Frosthart** s. Seite **132**

CROCUS MEDIUS
♀ **Frosthart** s. Seite **132**

CROCUS OCHROLEUCUS
♀ **Frosthart** s. Seite **132**

CROCUS PULCHELLUS
♀ **Frosthart** s. Seite **132**

CROCUS SPECIOSUS
♀ **Frosthart** Violettblaue, duftende Blüten mit orangefarbenen Narben.
↕15 cm

CYCLAMEN HEDERIFOLIUM
♀ **Frosthart** s. Seite **134**

LEUCOJUM AUTUMNALE
♀ **Frosthart** s. Seite **261**

MERENDERA MONTANA
Frosthart Sternförmige, fliederfarbene Blüten; braucht gut wasserdurchlässigen Boden.
↕↔5 cm

NERINE BOWDENII
♀ **Frosthart** s. Seite **300**

STERNBERGIA LUTEA
Frosthart Tiefgrüne Blätter und leuchtendgelbe, krokusähnliche Blüten.
↕15 cm ↔8 cm

TROPAEOLUM TUBEROSUM 'KEN ASLET'
♀ **Frostempfindlich** Kletternde Triebe mit kleinen Blättern und gelben, haubenförmigen Blüten. ↕2–4 m

ZEPHYRANTHES CANDIDA
Frosthart Büschelig wachsende, schmale Blätter und weiße, krokusähnliche Blüten, die wochenlang blühen.
↕10–20 cm ↔8 cm

FRÜHLINGSBEETPFLANZEN

Im Spätherbst wird es Zeit, Pflanzen einzusetzen, die den Winter überdauern und im Frühling blühen. Die meisten sind Zweijährige wie Marienglockenblumen, Bartnelken und Goldlack. Winterblühende Stiefmütterchen in Töpfen dazwischen, sind willkommene Farbtupfer. Außerdem lassen sich Frühlings-Zwiebelpflanzen zwischen die Beetpflanzen setzen, um besondere Effekte zu erzielen.

BELLIS PERENNIS 'POMPONETTE'
♀ **Zweijährige** s. Seite **68**

CAMPANULA MEDIUM 'CALYCANTHEMA'
Zweijährige Marienglockenblume mit rosaroten, blauen und weißen Blüten.
↕75 cm

DIANTHUS BARBATUS 'AURICULA-EYED MIXED'
♀ **Zweijährige** Herkömmliche Bartnelke mit Blüten, die weiß, rosarot und kastanienbraun gezeichnet sind.
↕60 cm

ERYSIMUM CHEIRI 'CLOTH OF GOLD'
Zweijährige Leuchtendgelbe, duftende Blüten.
↕45 cm

ERYSIMUM CHEIRI 'FIREKING IMPROVED'
Zweijährige Gut eingeführter Goldlack mit orangeroten Blüten.
↕45 cm

ERYSIMUM CHEIRI 'PRINCE PRIMROSE YELLOW'
Zweijährige Zwergform mit großen Blüten.
↕30 cm

HYACINTHUS ORIENTALIS 'FONDANT'
Zwiebelpflanze Klare, rein rosarote Blüten ohne Blaustich. ↕25 cm

HYACINTHUS ORIENTALIS 'OSTARA'
♀ **Zwiebelpflanze** s. Seite **225**

HYACINTHUS ORIENTALIS 'PINK PEARL'
♀ **Zwiebelpflanze** s. Seite **226**

HYACINTHUS ORIENTALIS 'VIOLET PEARL'
Zwiebelpflanze Amethystblaue Blüten.
↕25 cm

MYOSOTIS 'SPRING SYMPHONY BLUE'
Zweijährige Die blauen Blüten harmonieren gut mit den meisten Frühlings-Zwiebelpflanzen.
↕15 cm

TULIPA 'HALCRO'
♀ **Zwiebelpflanze** Große, tief lachsrote Blüten.
↕70 cm

TULIPA 'ORANJE NASSAU'
♀ **Zwiebelpflanze** Feurige Blüten in Rot- und Scharlachrottönen.
↕30 cm

TULIPA 'SPRING GREEN'
♀ **Zwiebelpflanze** s. Seite **443**

VIOLA 'FELIX'
Zweijährige Gelbe und purpurne Blüten an buschigen Pflanzen.
↕15 cm

VIOLA 'RIPPLING WATERS'
Zweijährige Große, purpurne Blüten, die weiß gesäumt sind.
↕15 cm

VIOLA ULTIMA-SERIE
♀ **Zweijährige** Große Farbpalette; Pflanzen blühen während milder Perioden auch im Winter.
↕15 cm

SOMMERBEETPFLANZEN

Obwohl Beetpflanzungen im großen Stil nie mehr so populär sein werden wie im Viktorianischen Zeitalter, finden Gärtner immer noch Platz für Pflanzen, die schnell wachsen und blühen, wenn sie einmal ausgepflanzt sind. Die meisten davon sind nicht frosthart, einige sind Einjährige, andere frostempfindliche Stauden. Sie haben lange Blühperioden und sind, auch wenn sie nur eine Saison blühen, sehr wertvoll.

AGERATUM HOUSTONIANUM 'PACIFIC'
♀ **Einjährige** Kompakte Pflanzen mit dichten, purpurblauen Blütenständen.
↕20 cm

ANTIRRHINUM SONNET-SERIE
♀ **Einjährige** s. Seite **50**

BEGONIA COCKTAIL-SERIE
♀ **Stauden, frostempfindlich** s. Seite **66**

BEGONIA 'PIN UP'
♀ **Staude, frostempfindlich** s. Seite **66**

BEGONIA SEMPERFLORENS OLYMPIA-SERIE
♀ **Stauden, frostempfindlich** Kompakte, großblütige Beetbegonien.
↕↔ 20 cm

DAHLIA 'COLTNESS GEM'
Staude, frostempfindlich Zuverlässige Dahlie in klaren, leuchtenden Farben.
↕↔ 45cm

DIASCIA RIGESCENS
♀ **Staude, frostempfindlich** s. Seite **146**

HELIOTROPIUM ARBORESCENS 'PRINCESS MARINA'
♀ **Staude, frostempfindlich** s. Seite **216**

IMPATIENS DECO-SERIE
Einjährige Große, leuchtende Blüten an Pflanzen mit dunkelgrünen Blättern.
↕↔ bis 20 cm

LOBELIA 'CRYSTAL PALACE'
♀ **Einjährige** s. Seite **272**

LOBELIA 'COMPLIMENT SCARLET'
♀ **Staude** Auffällige Pflanze mit grünem Laub und großen, scharlachroten Blüten an hohen Blütenständen. ↕75 cm ↔ 30 cm

LOBELIA ERINUS 'MRS CLIBRAN'
♀ **Einjährige** Eine kompakte Pflanze mit leuchtendblauen Blüten mit weißem Saftmal. ↕10–15 cm

NICOTIANA 'LIME GREEN'
♀ **Einjährige** s. Seite **300**

NICOTIANA X *SANDERAE* 'DOMINO SALMON PINK'
Einjährige Aufwärts gerichtete, lachsrosa Blüten an kompakten Pflanzen.
↕30–45 cm

NICOTIANA SYLVESTRIS
♀ **Staude** s. Seite **301**

NIGELLA 'MISS JEKYLL'
♀ **Einjährige** s. Seite **301**

PELARGONIUM MULTIBLOOM-SERIE
♀ **Stauden, frostempfindlich** s. Seite **321**

PELARGONIUM VIDEO-SERIE
♀ **Stauden, frostempfindlich** s. Seite **321**

PENSTEMON 'BEECH PARK'
♀ **Staude** Große, rosarote und weiße Trompetenblüten den ganzen Sommer. Manchmal als 'Barbara Barker' angeboten.
↕75 cm ↔ 45 cm

PENSTEMON 'BURGUNDY'
Staude Tief weinrote Blüten über dunkelgrünen Blättern.
↕90 cm ↔ 45 cm

PENSTEMON 'MAURICE GIBBS'
♡ **Staude, frostempfindlich** Die großblättrigen Pflanzen tragen Blütenstände mit kirschroten Blüten mit weißem Schlund.
↕ 75 cm ↔ 45 cm

PENSTEMON 'MYDDELTON GEM'
Staude Langblühende Pflanze mit blaßgrünen Blättern und tief rosaroten, röhrigen Blüten.
↕ 75 cm ↔ 45 cm

PETUNIA CARPET-SERIE
♡ **Einjährige** s. Seite **326**

PETUNIA 'MIRAGE REFLECTIONS'
♡ **Einjährige** Wetterbeständige, vielblütige Petunien mit pastellfarbenen Blüten, die dunkler geadert sind.
↕ 30 cm ↔ 60 cm

PHLOX DRUMMONDII 'TAPESTRY'
Einjährige Große Palette an Pastellfarben und Zweifarbigkeit; buschige Pflanzen.
↕ 50 cm ↔ 38 cm

POLEMONIUM 'LAMBROOK MAUVE'
♡ **Staude** s. Seite **346**

PORTULACA GRANDIFLORA SUNDIAL-SERIE
Einjährige Sonnenliebende Pflanzen mit strahlenden, satinartigen Blüten.
↕ 10 cm ↔ 15 cm

RUDBECKIA HIRTA 'RUSTIC DWARFS'
Einjährige Mischung von Herbstfarben, Blütenköpfchen mit dunkler Mitte.
↕ 60 cm

SALPIGLOSSIS CASINO-SERIE
♡ **Einjährige** s. Seite **393**

SALVIA COCCINEA 'LADY IN RED'
♡ **Einjährige** Buschige Pflanzen tragen schlanke Ähren mit kleinen, aber auffälligen, roten Blüten, die den ganzen Sommer blühen.
↕ 40 cm

SALVIA FARINACEA 'VICTORIA'
♡ **Einjährige** Die kleinen, tiefblauen Blüten sind in Ähren zusammengefaßt, die weit über den Blättern stehen.
↕ 60 cm ↔ 30 cm

SALVIA FULGENS
♡ **Halbstrauch** s. Seite **394**

SALVIA PRATENSIS HAEMATODES-GRUPPE
♡ **Stauden, frostempfindlich** s. Seite **396**

SALVIA SPLENDENS 'SCARLET KING'
♡ **Staude, frostempfindlich** s. Seite **396**

SALVIA SPLENDENS SIZZLER-SERIE
Einjährige, einige ♡
Frühblühende Pflanzen mit Blütenfarben von Rot bis Lavendel und Weiß.
↕ 25–30 cm

TAGETES 'DISCO ORANGE'
♡ **Einjährige** Wetterbeständige Blütenstände.
↕ 20–25 cm

TAGETES 'SAFARI SCARLET'
♡ **Einjährige** Große, leuchtende, gefüllte Blüten.
↕ 20–25 cm

TAGETES 'ZENITH RED'
Einjährige Studentenblume mit gefüllten, roten Blüten.
↕ 30 cm

VERBENA × *HYBRIDA* 'PEACHES AND CREAM'
Einjährige Aus Samen gezogene, ausladende Pflanzen mit pfirsichfarbenen Blüten, die cremefarben verblassen.
↕ 30 cm ↔ 45 cm

VERBENA × *HYBRIDA* 'SILVER ANNE'
♡ **Staude, frostempfindlich** Süßlich duftende, rosarote Blüten, die fast weiß verblassen, über gefiederten Blättern.
↕ 30 cm ↔ 60 cm

STAUDEN MIT PANASCHIERTEN BLÄTTERN

Die Panaschierung kann auf einen schmalen Saum begrenzt oder spektakulärer sein. Eine regelmäßige Musterung in Weiß, Creme oder Gold betont die Umrisse großer Blätter, doch unregelmäßige Streifen und Flecken bewirken oft unsauberes Aussehen. Die Pflanzen können in ihre einfarbige Form zurückschlagen: deshalb alle Triebe mit einfarbigen grünen Blättern abschneiden.

AQUILEGIA VULGARIS VERVAENEANA-GRUPPE
Staude Die Blätter sind gelb und grün marmoriert und gefleckt, die Blüten sind rosarot oder blau.
↕ 90 cm ↔ 45 cm

ARABIS PROCURRENS 'VARIEGATA'
♡ **Staude, nicht voll frosthart** s. Seite **51**

ARMORACIA RUSTICANA 'VARIEGATA'
Staude Tief wurzelnde Pflanzen mit großen Blättern, die besonders im Frühling stark weiß gefleckt sind.
↕ 1 m ↔ 45 cm

ASTRANTIA 'SUNNINGDALE VARIEGATED'
♡ **Staude** s. Seite **63**

BRUNNERA MACROPHYLLA 'HADSPEN CREAM'
♡ **Staude** s. Seite **76**

COREOPSIS 'CALYPSO'
Staude Schmale, goldgesäumte Blätter und gelbe Blütenstände mit rotem Zentrum.
↕ ↔ 40 cm

GAURA LINDHEIMERI 'CORRIE'S GOLD'
Staude Weiße Blüten auf zarten, dünnen Trieben und kleine, goldgesäumte Blätter.
↕ 1,5 m ↔ 90 cm

HEMEROCALLIS FULVA 'KWANZO VARIEGATA'
Staude Übergebogene Blätter mit leuchtenden, weißen Streifen und gelegentlich gefüllte, orangefarbene Blüten.
↕ 75 cm

HOSTA FORTUNEI VAR. *ALBOPICTA*
♡ **Staude** s. Seite **222**

HOSTA 'GOLDEN TIARA'
♡ **Staude** s. Seite **222**

HOSTA 'GREAT EXPECTATIONS'
Staude Bereifte, grüne, gefaltete Blätter mit breiter, gelber Mitte und grauweißen Blüten.
↕ 55 cm ↔ 85 cm

HOSTA 'SHADE FANFARE'
♡ **Staude** s. Seite **223**

HOSTA SIEBOLDII VAR. *ELEGANS*
♡ **Staude** s. Seite **223**

HOSTA TARDA-GRUPPE 'HALCYON'
♡ **Staude** s. Seite **223**

HOSTA UNDALATA VAR. *UNIVITTATA*
♡ **Staude** Diese beliebte Pflanze entwickelt gedrehte Blätter mit einem cremefarbenen Fleck in der Mitte.
↕ 45 cm ↔ 70 cm

HOSTA VENUSTA
♡ **Staude** s. Seite **223**

HOSTA 'WIDE BRIM'
♡ **Staude** s. Seite **223**

HOUTTUYNIA CORDATA 'CHAMELEON'
Staude Lebhaft grünliche, rötliche und cremefarbene Blätter, kleine, weiße Blüten
↕ bis 15–30 cm oder mehr ↔ unbegrenzt

IRIS LAEVIGATA 'VARIEGATA'
♡ **Staude** s. Seite **238**

IRIS PALLIDA 'VARIEGATA'
♀ **Staude** s. Seite **242**

IRIS VARIEGATA
♀ **Staude** s. Seite **244**

LYSIMACHIA PUNCTATA 'ALEXANDER'
Staude Kriechende Pflanze mit spiralig angeordneten, gelben Blüten und weiß gesäumtem Laub, das im Frühjahr rosarot überlaufen ist.
↕ 1 m ↔ 60 cm

MIMULUS LUTEUS 'VARIEGATUS'
Staude Kriechende Pflanze mit gelben Blüten und blaßgrünen, weiß gesäumten Blättern.
↕ 30 cm ↔ 45 cm

MOLINIA CAERULEA 'VARIEGATA'
♀ **Ziergras** s. Seite **292**

PERSICARIA VIRGINIANA
'PAINTER'S PALETTE'
Staude Glänzendes, weiß geflecktes und rot und braun gezeichnetes Laub an roten Trieben.
↕ 40–120 cm ↔ 60–140 cm

PHALARIS ARUNDINACEA 'PICTA'
♀ **Ziergras** s. Seite **327**

PHLOX PANICULATA 'PINK POSIE'
Staude Kompakter, stark wachsender Phlox mit weißrandigen Blättern und rosaroten Blüten.
↕ 75 cm ↔ 60 cm

PHORMIUM COOKIANUM
SSP. *HOOKERI* 'TRICOLOR'
♀ **Immergrüne Staude** s. Seite **334**

PHYSOSTEGIA VIRGINIANA
'VARIEGATA'
Staude Aufrechte Pflanze mit grauen, weißrandigen Blättern und tief rosaroten Blüten.
↕ 75 cm ↔ 60 cm

PLEIOBLASTUS AURICOMUS
♀ **Bambus** s. Seite **344**

PULMONARIA RUBRA 'DAVID WARD'
Staude Im Frühling korallenrote Blüten und große Blätter mit breitem, weißem Rand.
↕ 40 cm ↔ 90 cm

SAXIFRAGA STOLONIFERA
'TRICOLOR'
♀ **Immergrüne Staude** Eine relativ frostempfindliche Pflanze mit runden, weiß und rosarot gesäumten Blättern.
↕↔ 30 cm

SISYRINCHIUM STRIATUM
'AUNT MAY'
Staude Aufrechte Fächer aus schmalen, grauen, cremefarben gesäumten Blättern und Blütenständen mit cremefarbenen Blüten.
↕↔ 50 cm

SYMPHYTUM × UPLANDICUM
'VARIEGATUM'
♀ **Staude** s. Seite **423**

VERONICA GENTIANOIDES
'VARIEGATA'
Staude Matten aus tiefgrünen, weiß berandeten Blättern und Blütenstände mit kleinen, blaßblauen Blüten.
↕↔ 45 cm

VINCA MAJOR 'VARIEGATA'
♀ **Staude** s. Seite **453**

PANASCHIERTE STRÄUCHER

Blüten erscheinen nur kurz, Laub dagegen wenigstens ein halbes Jahr – oder das ganze Jahr bei Immergrünen. Panaschierte Sträucher erhöhen diesen Effekt durch ihre Farbigkeit; einige haben zudem Blüten, die diese Beblätterung ergänzen. Panaschierte Immergrüne können schattige Regionen aufhellen, wozu Kübelpflanzen bestens geeignet sind; auch in Verbindung mit Blütenpflanzen sind sie beliebt.

ACER CAMPESTRE 'CARNIVAL'
Baum Ein Baum, der beschnitten werden kann, um ihn klein zu halten, mit rosa gefleckten Blättern.
↕8 m ↔5 m

ACER NEGUNDO 'FLAMINGO'
♡ **Baum** s. Seite **33**

ACER PALMATUM 'BUTTERFLY'
♡ **Strauch oder kleiner Baum** s. Seite **34**

ACER PLATANOIDES 'DRUMMONDII'
♡ **Baum** Die Blätter sind kräftig weiß gesäumt: kann in einfarbig grüne Blätter zurückschlagen, diese Triebe sollten entfernt werden. ↕↔ 10–12 m

ACER PSEUDOPLATANUS 'LEOPOLDII'
♡ **Baum** Die Blätter sind im Frühjahr erst rosarot, dann gelb gesprenkelt.
↕↔ 10 m

ARALIA ELATA 'VARIEGATA'
♡ **Strauch** Riesige Blätter, die in viele weiß gesäumte Blattfiedern zerteilt sind, an hohen Trieben.
↕↔ 5 m

BERBERIS THUNBERGII 'ROSE GLOW'
♡ **Strauch** s. Seite **70**

BUDDLEJA DAVIDII 'HARLEQUIN'
Strauch Auffällige, weißrandige Blätter und purpurne Blüten.
↕↔ 2,5 m

BUDDLEJA DAVIDII 'SANTANA'
Strauch Marmorierte Blätter in Grün- und Gelbtönen und purpurne Blüten.
↕↔ 2,5 m

BUXUS SEMPERVIRENS 'ELEGANTISSIMA'
♡ **Immergrüner Strauch** s. Seite **79**

CAMELLIA x *WILLIAMSII* 'GOLDEN SPANGLES'
Immergrüner Strauch Kalkmeidender Strauch mit leuchtend rosaroten Blüten und goldfleckigen Blättern.
↕↔ 2,5 m

CEANOTHUS 'PERSHORE ZANZIBAR'
Immergrüner Strauch Schnell wachsender Strauch mit flaumigen, blauen Blütenständen im Spätfrühling und zitronengelbem, glänzendgrünem Laub.
↕↔ 2,5 m

CORNUS ALBA 'ELEGANTISSIMA'
♡ **Strauch** Dunkelrote Triebe mit graugrünen, weißrandigen Blättern, die sich im Herbst rosarot verfärben.
↕↔ 3 m

CORNUS ALBA 'SPAETHII'
♡ **Strauch** s. Seite **116**

CORNUS ALTERNIFOLIA 'ARGENTEA'
♡ **Strauch** Reihen horizontaler Äste, die mit kleinen, weißrandigen Blättern besetzt sind.
↕3 m ↔ 2,5 m

CORNUS MAS 'VARIEGATA'
♀ **Frostharter Strauch** Nach gelben Blüten im Frühjahr schmückt sich die Pflanze mit weiß gesäumten Blättern.
↕ 2,5 m ↔ 2 m

COTONEASTER ATROPURPUREUS 'VARIEGATUS'
♀ **Strauch** s. Seite **123**

ELAEAGNUS PUNGENS 'MACULATA'
♀ **Immergrüner Strauch** s. Seite **154**

EUONYMUS FORTUNEI 'SILVER QUEEN'
♀ **Immergrüner Strauch** s. Seite **172**

FUCHSIA MAGELLANICA VAR. *GRACILIS* 'VARIEGATA'
♀ **Frostharter Strauch** Die Blätter sind in rauchigen Rosa- und Grautönen gefärbt, die Blüten sind klein und rot-purpurn.
↕ 3 m ↔ 2–3 m

FUCHSIA MAGELLANICA VAR. *MOLINAE* 'SHARPITOR'
Strauch Relativ frostempfindliche Pflanze mit hübschen, weißrandigen Blättern und blaßrosa Blüten. ↕ 3 m ↔ 2–3 m

HEDERA HELIX 'GLACIER'
♀ **Immergrüne Kletterpflanze** s. Seite **210**

HIBISCUS SYRIACUS 'MEEHANII'
Strauch Sonnenliebend, mit purpurblauen Blüten; Blätter mit breitem, weißem Saum.
↕ 3 m ↔ 2 m

HYDRANGEA MACROPHYLLA 'TRICOLOR'
♀ **Strauch** Graugrüne, weiß gezeichnete Blätter und blaßrosa Blüten.
↕ 1,5 m ↔ 1,2 m

ILEX X *ALTACLERENSIS* 'LAWSONIANA'
♀ **Immergrüner Strauch** s. Seite **232**

LIGUSTRUM LUCIDUM 'EXCELSUM SUPERBUM'
♀ **Immergrüner Strauch** s. Seite **264**

OSMANTHUS HETEROPHYLLUS 'VARIEGATUS'
Immergrüner Strauch Stechpalmenähnliche Blätter mit breiten, gelben Rändern und im Herbst duftenden, winzigen Blüten.
↕↔ 2,5 m

PHILADELPHUS 'INNOCENCE'
Strauch Bogig wachsend, mit cremegelben Blättern und halbgefüllten, weißen Blüten.
↕ 3 m ↔ 2 m

PHILADELPHUS CORONARIUS 'VARIEGATUS'
♀ **Strauch** s. Seite **329**

PIERIS 'FLAMING SILVER'
♀ **Immergrüner Strauch** Bevorzugt sauren Boden, mit schmalem, weißrandigem Laub, das im Frühjahr rosarot ist. ↕↔ 2,5 m

PITTOSPORUM TENUIFOLIUM 'IRENE PATERSON'
♀ **Immergrüner Strauch** Langsam wachsender, relativ frostempfindlicher Strauch mit weiß gesprenkelten Blättern.
↕ 1,2 m ↔ 60 cm

PSEUDOPANAX LESSONII 'GOLD SPLASH'
♀ **Immergrüner Strauch, frostempfindlich** s. Seite **360**

RHAMNUS ALATERNUS 'ARGENTEOVARIEGATA'
♀ **Immergrüner Strauch** s. Seite **366**

RHODODENDRON 'PRESIDENT ROOSEVELT'
Immergrüner Strauch Verzweigt sich schwach, liebt sauren Boden; mit goldgefleckten Blättern und roten Blüten. ↕↔ 2 m

SAMBUCUS NIGRA 'PULVERULENTA'
Strauch Herrlicher, langsam wachsender Strauch für Halbschatten, dessen junge Blätter kräftig weiß gefleckt sind.
↕↔ 2 m

WEIGELA FLORIDA 'VARIEGATA'
♀ **Strauch** s. Seite **457**

GOLDBLÄTTRIGE PFLANZEN

Goldblättrige Pflanzen bringen Licht in den Garten. Die meisten völlig goldblättrigen Pflanzen neigen dazu, in praller Sonne zu verbrennen: Sie gedeihen am besten im lichten Schatten (in dunklem Schatten werden die Blätter lindgrün). Einige Pflanzen sind nur in bestimmten Wachstumsperioden goldblättrig; die goldenen Spitzen der Blätter verblassen grün, aber auch das ist sehr attraktiv.

ACER CAPPADOCICUM 'AUREUM'
♡ **Baum** Die Blätter entfalten sich im Frühling gelb, werden im Sommer grün und im Herbst golden.
↕15 m ↔ 10 m

ACER SHIRASAWANUM 'AUREUM'
♡ **Baum** Die leuchtendgelben Blätter werden im Herbst rot.
↕↔ 6 m

CALLUNA VULGARIS 'BEOLEY GOLD'
♡ **Immergrüner Strauch** s. Seite **82**

CAREX ELATA 'AUREA'
♡ **Ziergras** s. Seite **91**

CAREX HACHIJOENSIS 'EVERGOLD'
♡ **Ziergras** s. Seite **91**

CHAMAECYPARIS LAWSONIANA 'MINIMA AUREA'
♡ **Konifere** Kleiner, immergrüner, kegelförmiger Strauch mit lindgrünen und goldfarbenen Schuppenblättern.
↕1 m

CHAMAECYPARIS LAWSONIANA 'STARDUST'
♡ **Konifere** Die gelben Schuppenblätter stehen in farnwedelähnlichen Gruppen.
↕15 m ↔ 8 m

CHAMAECYPARIS OBTUSA 'CRIPPSII'
♡ **Konifere** Ein langsam wachsender Baum mit goldfarbenen Schuppenblättern.
↕15 m ↔ 8 m

CHOISYA TERNATA 'SUNDANCE'
♡ **Immergrüner Strauch** s. Seite **103**

CORNUS ALBA 'AUREA'
Strauch Schönes, zartgoldenes Laub, auf trockenen Böden anfällig für Sonnenbrand.
↕↔ 1 m

CORTADERIA SELLOANA 'AUREOLINEATA'
♡ **Ziergras** s. Seite **119**

ERICA ARBOREA 'ALBERT'S GOLD'
♡ **Immergrüner Strauch** Attraktiver, aufrechter Wuchs mit goldfarbener Beblätterung, aber wenigen Blüten.
↕2 m ↔ 80 cm

ERICA CARNEA 'FOXHOLLOW'
♡ **Immergrüner Strauch** s. Seite **159**

ERICA CARNEA 'WESTWOOD YELLOW'
♡ **Immergrüner Strauch** Aufrechter Wuchs mit gelber Beblätterung und im Winter blaßrosa Blüten.
↕20 cm ↔ 30 cm

ERICA X *STUARTII* 'IRISH LEMON'
♡ **Immergrüner Strauch** s. Seite **161**

FAGUS SYLVATICA 'DAWYCK GOLD'
♡ **Baum** Ein aufrechter, schmaler, kompakter Baum mit leuchtendgelben Blättern.
↕18 m ↔ 7 m

FRAXINUS EXCELSIOR 'JASPIDEA'
♡ **Baum** Die Wintertriebe sind wie die Blätter im Frühling und Herbst gelb.
↕30 m ↔ 20 m

FUCHSIA 'GENII'
♡ **Strauch** s. Seite **184**

GLEDITSIA TRIACANTHOS 'SUNBURST'
♈ **Baum** s. Seite **200**

HAKONECHLOA MACRA 'AUREOLA'
♈ **Ziergras** s. Seite **203**

HEDERA HELIX 'BUTTERCUP'
♈ **Immergrüne Kletterpflanze** s. Seite **210**

HOSTA 'SUM AND SUBSTANCE'
♈ **Staude** Riesige, blaßgrüne oder goldene Blätter und blaß lavendelfarbene Blüten.
↕ 75 cm ↔ 1,2 m

HUMULUS LUPULUS 'AUREUS'
♈ **Kletternde Staude** s. Seite **224**

ILEX CRENATA 'GOLDEN GEM'
♈ **Immergrüner Strauch** Kompakter, kleinblättriger Strauch mit leuchtenden, goldenen Blättern und wenigen schwarzen Beeren.
↕ 1 m ↔ 1,2–1,5 m

IRIS PSEUDACORUS 'VARIEGATUS'
♈ **Staude** Blaßgrün und gelb gestreifte Blätter, die im Hochsommer grün sind.
↕↔ 1–1,5 m

LAURUS NOBILIS 'AUREA'
♈ **Immergrüner Strauch** s. Seite **256**

LONICERA NITIDA
'BAGGESEN'S GOLD'
♈ **Immergrüner Strauch** s. Seite **273**

ORIGANUM VULGARE 'AUREUM'
♈ **Staude** s. Seite **306**

PHYSOCARPUS OPULIFOLIUS
'DART'S GOLD'
♈ **Strauch** s. Seite **337**

RIBES SANGUINEUM
'BROCKLEBANKII'
♈ **Strauch** s. Seite **375**

ROBINIA PSEUDOACACIA 'FRISIA'
♈ **Baum** s. Seite **377**

SAMBUCUS RACEMOSA
'SUTHERLAND GOLD'
♈ **Strauch** Feinfiedriges, leuchtendgelbes Laub, das am besten aussieht, wenn die Pflanzen regelmäßig beschnitten werden.
↕↔ 2 m

SPIRAEA JAPONICA 'GOLDFLAME'
♈ **Strauch** s. Seite **419**

DUNKLES UND PURPURNES LAUB

Dunkellaubige Pflanzen werden im Garten hauptsächlich als Hintergrund für andere Pflanzen verwendet. Eine purpurblättrige Pflanze läßt goldene oder silbrige Pflanzen leuchtender erscheinen und ist ein perfekter Hintergrund für helle bis orangefarbene Blüten. Viele purpurblättrige Pflanzen entwickeln nur in voller Sonne eine intensive Farbe und sehen im Schatten eher stumpf und grünlich aus.

ACER PLATANOIDES 'CRIMSON KING'
♀ **Baum** Die auffälligen Blätter sind tiefpurpurn, in der Jugend etwas heller.
↕25 m ↔ 15 m

AEONIUM ARBOREUM 'ZWARTKOP'
♀ **Strauch, frostempfindlich** Diese bemerkenswerte Pflanze hat tief purpurfarbene Rosetten.
↕↔ 2 m

AJUGA REPTANS 'ATROPURPUREA'
♀ **Staude** s. Seite **40**

BERBERIS THUNBERGII F. *ATROPURPUREA*
♀ **Strauch** Das tiefpurpurne Laub wird im Herbst, bevor es abfällt, leuchtendrot, dann zeigen sich die dornigen Äste.
↕2 m ↔ 2,5 m

BERBERIS THUNBERGII 'RED CHIEF'
♀ **Strauch** Tief rötlichpurpurnes Laub an einem aufrechten Strauch.
↕1,.5 m ↔ 60 cm

CERCIS CANADENSIS 'FOREST PANSY'
♀ **Baum** Im zeitigen Frühjahr erscheinen die rosaroten Blüten an kahlen Ästen und werden von schönem, purpurnem Laub abgelöst.
↕↔ 10 m

CIMICIFUGA SIMPLEX 'BRUNETTE'
Staude Grob gefiedertes, purpurnes Laub, dunkle Triebe und weiße, flaumige Blütenstände im Herbst.
↕1–1,2 m ↔ 60 cm

CLEMATIS MONTANA 'TETRAROSE'
♀ **Kletterpflanze** s. Seite **108**

CORYLUS MAXIMA 'PURPUREA'
♀ **Strauch** s. Seite **121**

COTINUS COGGYGRIA 'ROYAL PURPLE'
♀ **Strauch** s. Seite **122**

COTINUS 'GRACE'
♀ **Strauch** s. Seite **123**

CRYPTOTAENIA JAPONICA F. *ATROPURPUREA*
Zweijährige Sowohl die dreilappigen Blätter als auch die aufrechten Triebe sind purpurn gefärbt; Blüten sehr klein.
↕↔ 60 cm

ERICA CARNEA 'VIVELLII'
♀ **Immergrüner Strauch** s. Seite **159**

EUPHORBIA DULCIS 'CHAMELEON'
Staude Purpurnes Laub an buschigen Pflanzen; Blütenstände mit lindgrün getönten Hochblättern.
↕↔ 30 cm

FAGUS SYLVATICA 'DAWYCK PURPLE'
♀ **Baum** Dieser säulenförmige Baum trägt tiefpurpurne Blätter.
↕20 m ↔ 5 m

FAGUS SYLVATICA 'PURPUREA PENDULA'
♀ **Baum** Die tiefpurpurnen Blätter sitzen an hängenden Ästen an diesem kleinen, kuppelförmigen Baum.
↕↔ 3 m

GERANIUM SESSILIFLORUM SSP. *NOVAE-ZELANDIAE* 'NIGRICANS'
Staude Kleine, mattenbildende Pflanze mit mattem, bronzepurpurnem Laub und kleinen, weißen Blüten.
↕8 cm ↔ 15 cm

HEBE 'MRS. WINDER'
♀ **Immergrüner Strauch** Ein kompakter Strauch mit dunklen, in der Jugend purpurnen Blättern und violettblauen Blüten.
↕1 m ↔ 1,2 m

HEDERA HELIX 'ATROPURPUREA'
♀ **Immergrüne Kletterpflanze** s. Seite **210**

HEUCHERA MICRANTHA VAR. *DIVERSIFOLIA* 'PALACE PURPLE'
♀ **Staude** s. Seite **219**

OPHIOPOGON PLANISCAPUS 'NIGRESCENS'
♀ **Staude** s. Seite **305**

PENSTEMON DIGITALIS 'HUSKER'S RED'
Staude Halbimmergrüne Staude mit roten und purpurnen Blättern und blaßrosa Blüten. ↕50–75 cm ↔ 30 cm

PHYSOCARPUS OPULIFOLIUS 'DIABLO'
Strauch Tiefpurpurne, fast braune Blätter und kleine, rosarote Blüten.
↕2 m ↔ 1 m

RHEUM PALMATUM 'ATROSANGUINEUM'
Staude Scharlachrote Knospen geben große, formschöne Blätter frei, die tiefgrün verblassen. ↕2 m

SALVIA OFFICINALIS PURPURASCENS-GRUPPE
♀ **Immergrüner Strauch** Matte, purpurne, duftende Blätter an einer ausladend wachsenden Pflanze; sie ist nur gut ausgefärbt, wenn man sie im Frühling zurückschneidet.
↕75 cm ↔ 1 m

SAMBUCUS NIGRA 'GUINCHO PURPLE'
♀ **Strauch** s. Seite **398**

SEDUM TELEPHIUM SSP. *MAXIMUM* 'ATROPURPUREUM'
♀ **Staude** s. Seite **409**

TRADESCANTIA PALLIDA 'PURPUREA'
♀ **Staude, frostempfindlich** Diese kriechende Pflanze hat leuchtende, purpurne Blätter und kleine, rosarote Blüten.
↕20 cm ↔ 40 cm

VIBURNUM SARGENTII 'ONONDAGA'
♀ **Strauch** Aufrecht wachsender Strauch mit purpurnen Blättern, die sich im Herbst rot verfärben, und blaßrosa Blüten.
↕2 m

VIOLA RIVINIANA 'PURPUREA'
Staude Langsam wachsende Pflanze mit kleinen, purpurnen Blättern und Blüten, die reichlich Samen erzeugen.
↕10–20 cm ↔ 20–40 cm

VITIS VINIFERA 'PURPUREA'
♀ **Kletterpflanze** s. Seite **456**

WEIGELA FLORIDA 'FOLIIS PURPUREIS'
♀ **Strauch** s. Seite **457**

SILBRIGES LAUB

Pflanzen mit silbrigen Blättern sind an heiße Regionen angepaßt, weshalb sie sich für vollsonnige Lagen eignen. Einige haben sich auch an geringe Niederschläge angepaßt, so daß sie den Grundstock für einen Trocken- oder Kiesgarten bilden können. Ihre Farbe macht sie zu idealen Partnern für rosa- und weißblütige oder purpurblättrige Pflanzen. Außerdem haben viele duftende Blätter.

ACACIA BAILEYANA
♀ **Strauch, frostempfindlich** Das Laub ist weniger fein als bei *A. dealbata,* aber stahlgrau, und die Blüten sind leuchtendgelb.
↕5–8 m ↔ 3–6 m

ACCA SELLOWIANA
Immergrüner Strauch Blätter oben grün, unterseits silbern, Blüten mit fleischigen, roten und weißen, eßbaren Blütenblättern.
↕2 m ↔ 2,5 m

ANAPHALIS TRIPLINERVIS
♀ **Staude** Gruppenbildende Pflanze mit silbergrauen Blättern und weißen Blüten im Spätsommer.
↕80–90 cm ↔ 45–60 cm

ANAPHALIS TRIPLINERVIS 'SOMMERSCHNEE'
♀ **Staude** s. Seite **44**

ANTENNARIA MICROPHYLLA
♀ **Staude** s. Seite **49**

ANTHEMIS PUNCTATA SSP. *CUPANIANA*
♀ **Staude** s. Seite **49**

ARTEMISIA ABSINTHIUM 'LAMBROOK SILVER'
♀ **Staude** s. Seite **55**

ARTEMISIA ALBA 'CANESCENS'
♀ **Staude** Sehr fein gefiederte, graue Blätter, die ein federiges Blattwerk bilden.
↕45 cm ↔ 30 cm

ARTEMISIA LUDOVICIANA 'SILVER QUEEN'
♀ **Staude** s. Seite **55**

ARTEMISIA PONTICA
♀ **Immergrüne Staude** Eine kriechende Pflanze mit zahlreichen, aufrechten Trieben und federigen Blättern, die massige Polster bilden.
↕40–80 cm ↔ unbegrenzt

ATRIPLEX HALIMUS
Strauch Eine relativ frostempfindliche, aber windbeständige, schnell wachsende Pflanze mit kleinen, glänzenden, silbernen Blättern.
↕2 m ↔ 2,5 m

BRACHYGLOTTIS 'SUNSHINE'
♀ **Immergrüner Strauch** s. Seite **75**

CEDRUS ATLANTICA F. *GLAUCA*
♀ **Konifere** Die Blaue Atlaszeder entwickelt sich zu einem großen Baum mit blaugrauen Nadeln.
↕40 m ↔ 10 m

CONVOLVULUS CNEORUM
♀ **Immergrüner Strauch** s. Seite **114**

CYTISUS BATTANDIERI
♀ **Strauch** s. Seite **135**

DIANTHUS 'BECKY ROBINSON'
♀ **Staude** Polsterförmig, graue Blätter und rubin- und rosarot gestreifte Blüten.
↕38 cm ↔ unbegrenzt

DIANTHUS 'HAYTOR WHITE'
♀ **Staude** s. Seite **145**

ECHEVERIA AGAVOIDES
♀ **Sukkulente** s. Seite **153**

ELAEAGNUS 'QUICKSILVER'
♀ **Immergrüner Strauch** s. Seite **155**

ERICA TETRALIX 'ALBA MOLLIS'
♀ **Immergrüner Strauch** s. Seite **161**

EUCALYPTUS GUNNII
♀ **Immergrüner Baum** s. Seite **169**

HALIMIUM 'SUSAN'
♀ **Immergrüner Strauch** s. Seite **205**

HEBE 'RED EDGE'
♀ **Immergrüner Strauch** Ausladender Strauch mit grauen, rotrandigen Blättern.
↕ 45 cm ↔ 60 cm

HEBE PIMELEOIDES 'QUICKSILVER'
♀ **Immergrüner Strauch** Dem Boden aufliegender Strauch mit winzigen Silberblättern und blaß fliederfarbenen Blüten.
↕ 30 cm ↔ 60 cm

HEBE PINGUIFOLIA 'PAGEI'
♀ **Immergrüner Strauch** s. Seite **208**

HELIANTHEMUM 'WISLEY PRIMROSE'
♀ **Immergrüner Strauch** s. Seite **213**

HELICHRYSUM SPLENDIDUM
♀ **Staude** s. Seite **215**

HELICTOTRICHON SEMPERVIRENS
♀ **Ziergras** Eine buschförmige Staude, die Horste mit graublauen Blättern bildet, mit hohen Blütenständen im Frühsommer.
↕ 1,4 m ↔ 60 cm

PYRUS SALICIFOLIA 'PENDULA'
♀ **Baum** s. Seite **364**

ROMNEYA COULTERI
♀ **Staude** Robuste, ausläuferbildende Pflanze mit grob gesägten, silbernen Blättern und weißen Blüten mit gelber Mitte.
↕ 2 m ↔ unbegrenzt

SALIX 'BOYDII'
♀ **Strauch** s. Seite **391**

SALIX LANATA
♀ **Strauch** s. Seite **393**

SALVIA ARGENTEA
♀ **Staude** s. Seite **394**

SANTOLINA CHAMAECYPARISSUS
♀ **Immergrüner Strauch** s. Seite **398**

SEDUM SPATHULIFOLIUM 'CAPE BLANCO'
♀ **Staude** s. Seite **407**

SENECIO CINERARIA 'SILVER DUST'
♀ **Immergrüner Strauch** s. Seite **411**

SENECIO CINERARIA 'WHITE DIAMOND'
♀ **Immergrüner Strauch** Die nahezu weißen Blätter gleichen in ihrer Form Eichenblättern.
↕ 30–40 cm ↔ 30 cm

SENECIO VIRAVIRA
♀ **Strauch, frostempfindlich** Die feinfiederigen Blätter sitzen an kriechenden Trieben, die schließlich cremefarbene, pomponförmige Blütenstände entwickeln.
↕ 60 cm ↔ 1 m

BÄUME, STRÄUCHER UND STAUDEN FÜR DEN FRÜHLING

Der Frühling ist eine herrliche Zeit im Garten: Die frühesten Blüten erscheinen zögerlich und trotzen Schnee, Graupel und Wind. Im April werden die Blüten größer und kecker, und die gelben, weißen und blauen Blüten der Frühlings-Zwiebelpflanzen vereinigen sich mit rosa- und kirschroten Blüten, auffälligen Magnolien, Rhododendren, Waldreben und Glyzinen.

ACER PSEUDOPLATANUS 'BRILLIANTISSIMUM'
♀ **Baum** s. Seite **35**

BERGENIA PURPURASCENS
♀ **Staude** Die kräftigen Blätter verfärben sich bei Kälte rot; im Frühjahr mit leuchtenden, purpurnen Blüten.
↕45 cm ↔ 30 cm

CALTHA PALUSTRIS
♀ **Staude** s. Seite **83**

CAMELLIA × *WILLIAMSII* KULTIVARE
♀ **Strauch** s. Seiten **86–87**

CHAENOMELES SPECIOSA 'MOERLOOSEI'
♀ **Strauch** s. Seite **97**

CLEMATIS ALPINA
♀ **Kletterpflanze** Die blauen, glockenförmigen Blüten mit weißer Mitte verwandeln sich in flaumige Samenstände.
↕2–3 m

CLEMATIS ALPINA 'FRANCES RIVIS'
♀ **Kletterpflanze** Glockenförmige Blüten mit vier gedrehten, blauen Blütenblättern.
↕2–3 m

CLEMATIS MACROPETALA 'MARKHAM'S PINK'
♀ **Kletterpflanze** s. Seite **108**

CLEMATIS MONTANA VAR. *RUBENS*
♀ **Kletterpflanze** s. Seite **108**

CORYDALIS SOLIDA
♀ **Knollenpflanze** Röhrenförmige, rosarote Blüten stehen über fedrigem, grauem Laub.
↕25 cm ↔ 20 cm

CORYLOPSIS PAUCIFLORA
♀ **Strauch** s. Seite **120**

DAPHNE TANGUTICA
♀ **Immergrüner Strauch** An den Spitzen der Triebe drängen sich im Spätfrühling duftende, rosarote und weiße Blüten.
↕↔ 1 m

DICENTRA 'LUXURIANT'
♀ **Staude** Tief gelappte Blätter und über eine große Zeitspanne hinweg rote Blüten.
↕30 cm ↔ 45 cm

DODECATHEON MEADIA
♀ **Staude** Eine gruppenbildende Pflanze mit magentaroten Blüten, die denen des Alpenveilchens gleichen.
↕40 cm ↔ 25 cm

EPIMEDIUM × *RUBRUM*
♀ **Staude** s. Seite **156**

EPIMEDIUM × *VERSICOLOR* 'SULPHUREUM'
♀ **Staude** Immergrüne, gruppenbildende Pflanze mit gefiederten Blättern und hübschen, blaßgelben Blüten.
↕↔ 30 cm

EUPHORBIA × *MARTINII*
♀ **Immergrüner Halbstrauch** s. Seite **174**

EUPHORBIA POLYCHROMA
♀ **Staude** s. Seite **175**

FORSYTHIA × *INTERMEDIA* 'LYNWOOD'
♀ **Strauch** s. Seite **180**

FOTHERGILLA MAJOR
♀ **Strauch** s. Seite **181**

HEPATICA NOBILIS
♀ **Staude** s. Seite **219**

MAGNOLIA CAMPBELLII 'CHARLES RAFFILL'
♀ **Strauch** s. Seite **282**

MAGNOLIA 'ELIZABETH'
♀ **Strauch** s. Seite **282**

MAGNOLIA × *LOEBNERI* 'MERRILL'
♀ **Strauch** s. Seite **282**

MAGNOLIA × *SOULANGEANA* 'LENNEI'
♀ **Baum** Herrlicher, ausladend wachsender Baum mit großen, tiefpurpurnen Blüten.
↕↔ 6 m

MAGNOLIA STELLATA
♀ **Baum** s. Seite **283**

MALUS FLORIBUNDA
♀ **Baum** s. Seite **286**

PIERIS JAPONICA 'MOUNTAIN FIRE'
♀ **Immergrüner Strauch** Liebt saure Böden; weiße Blüten und rote Neutriebe, die dann bronzefarben und später grün werden.
↕ 4 m ↔ 3 m

PRIMULA VERIS
♀ **Staude** s. Seite **353**

PRIMULA VIALII
♀ **Staude** Eine kurzlebige Staude mit fliederfarbenen Blüten und roten Knospen.
↕ 30–60 cm ↔ 30 cm

PRUNUS AVIUM 'PLENA'
♀ **Baum** s. Seite **358**

PRUNUS GLANDULOSA 'ALBA PLENA'
♀ **Strauch** s. Seite **355**

PRUNUS 'KANZAN'
♀ **Baum** s. Seite **358**

PRUNUS PADUS 'COLORATA'
♀ **Baum** s. Seite **358**

PRUNUS PADUS 'WATERERI'
♀ **Baum** s. Seite **358**

PRUNUS 'PANDORA'
♀ **Baum** s. Seite **358**

PRUNUS 'PINK PERFECTION'
♀ **Baum** s. Seite **359**

PRUNUS 'SHIROFUGEN'
♀ **Baum** s. Seite **359**

PRUNUS 'SHÔGETSU'
♀ **Baum** s. Seite **359**

PRUNUS 'SPIRE'
♀ **Baum** s. Seite **359**

PRUNUS × *SUBHIRTELLA* 'AUTUMNALIS ROSEA'
♀ **Baum** s. Seite **359**

PRUNUS 'UKON'
♀ **Baum** s. Seite **359**

PRUNUS × *YEDOENSIS*
♀ **Baum** s. Seite **359**

PULMONARIA RUBRA
♀ **Staude** Blätter nicht gefleckt, Blüten korallenrot. ↕ 40 cm ↔ 1 m

RHODODENDRON ARTEN UND KULTIVARE
♀ **Sträucher** s. Seiten **368–374**

SAXIFRAGA 'TUMBLING WATERS'
♀ **Gebirgspflanze** Rosetten silbergrüner Blätter entwickeln gebogene Blütenstände mit Hunderten winziger, weißer Blüten.
↕ 45 cm ↔ 30 cm

VIOLA 'MAGGIE MOTT'
♀ **Staude** Hübsche, blaue und weiße Blüten an buschigen Pflanzen.
↕ 15 cm ↔ 25 cm

WISTERIA FLORIBUNDA 'MACROBOTRYS'
♀ **Kletterpflanze** s. Seite **458**

WISTERIA FLORIBUNDA 'ROSEA'
♀ **Kletterpflanze** Lange Blütenstände mit blaßrosa Blüten ergießen sich von dieser kräftigen Pflanze.
↕ 9 m

PFLANZEN FÜR SOMMERFLOR

Oft dominieren im Garten in den Sommermonaten die Beetpflanzen, doch es gibt auch viele leuchtend gefärbte Stauden, die sich von ihrer besten Seite zeigen. Im Hochsommer blühen zwar weniger Sträucher als im Frühling, doch eine große Ausnahme sind die Rosen, ohne die ein Garten sehr arm wäre. Rosen gibt es für jede Gartensituation, von Kletterpflanzen bis hin zu Bodendeckern.

ANCHUSA AZUREA 'LODDON ROYALIST'
♀ **Staude** s. Seite **45**

AQUILEGIA VULGARIS 'NORA BARLOW'
♀ **Staude** s. Seite **51**

BUDDLEJA DAVIDII 'DARTMOOR'
♀ **Strauch** Die schmalen Blätter sind tief gesägt und die Blüten satt rötlichpurpurn.
↕3 m ↔5 m

BUDDLEJA GLOBOSA
♀ **Strauch** s. Seite **78**

CAMPANULA LACTIFLORA 'LODDON ANNA'
♀ **Staude** s. Seite **89**

CLEMATIS 'BEES' JUBILEE'
♀ **Kletterpflanze** Große, rosarote Blüten, deren Blütenblätter von einem dunklen Band durchzogen werden, an einer kompakten Pflanze.
↕2,5 m

CLEMATIS X *DURANDII*
♀ **Staude** Hybride, die nicht klettert, sich aber durch andere Pflanzen hangelt, mit großen, blauen Blüten.
↕1–2 m

CLEMATIS 'GIPSY QUEEN'
♀ **Kletterpflanze** Samtige, purpurne Blüten mit roten Staubblättern, blüht den ganzen Sommer.
↕3 m

CLEMATIS 'PERLE D'AZUR'
♀ **Kletterpflanze** s. Seite **111**

DEUTZIA X *HYBRIDA* 'MONT ROSE'
♀ **Strauch** s. Seite **144**

DICENTRA 'LANGTREES'
♀ **Staude** Blasse, perlmutterweiße Blüten hängen an glänzenden Trieben über fedrigem, grauem Laub.
↕30 cm ↔45 cm

DIGITALIS LANATA
♀ **Staude** Beblätterte Triebe, dicht mit kleinen, cremefarbenen oder rehbraunen Blüten besetzt.
↕60 cm ↔30 cm

ERICA CINEREA 'VELVET NIGHT'
♀ **Immergrüner Strauch** Die außergewöhnlich dunkle Beblätterung wird durch tiefpurpurne Blüten gekrönt.
↕60 cm ↔80 cm

ERICA VAGANS 'LYONESSE'
♀ **Immergrüner Strauch** s. Seite **161**

ERICA VAGANS 'MRS D. F. MAXWELL'
♀ **Immergrüner Strauch** s. Seite **161**

EUPHORBIA SCHILLINGII
♀ **Staude** s. Seite **175**

FUCHSIA FROSTHARTE FORMEN
♀ ***Sträucher** s. Seite **184**

FUCHSIA 'PHYLLIS'
♀ **Strauch** Die halbgefüllten, kirschroten Blüten hängen an aufrechten, frostharten Pflanzen.
↕1–1,5 m ↔75–90 cm

GERANIUM, FROSTHARTE, GROSSE
♀ **Staude** s. Seiten **196–197**

HEBE 'GREAT ORME'
♈ **Immergrüner Strauch** s. Seite **207**

HEMEROCALLIS KULTIVARE
♈ **Stauden** s. Seite **218**

HEMEROCALLIS 'PINK DAMASK'
♈ **Staude** Große, dunkel lachsrosa Blüten stehen über bogig überhängenden Blättern.
↕1 m

HYDRANGEA SERRATA 'BLUEBIRD'
♈ **Strauch** s. Seite **230**

HYPERICUM 'HIDCOTE'
♈ **Strauch** s. Seite **231**

IRIS 'ARCTIC FANCY'
♈ **Staude** Weiße Blütenblätter, kräftig tiefviolett gesäumt.
↕50 cm

IRIS 'BLUE-EYED BRUNETTE'
♈ **Staude** Große, blaßbraune Blüten mit einem fliederfarbenen Mal am Grund des Bartes.
↕90 cm

IRIS LAEVIGATA
♈ **Staude** s. Seite **238**

JASMINUM HUMILE 'REVOLUTUM'
♈ **Strauch** Duftende, leuchtendgelbe Blüten, die fast den ganzen Sommer blühen, bilden einen Gegensatz zu den gefiederten Blättern.
↕2,5 m ↔ 3 m

LATHYRUS LATIFOLIUS
'WHITE PEARL'
♈ **Kletterpflanze** Diese krautige Staude besitzt reinweiße, duftlose Blüten.
↕2 m

OENOTHERA FRUTICOSA
'FYRVERKERI'
♈ **Staude** s. Seite **302**

PENSTEMON KULTIVARE
♈ **Stauden** s. Seiten **322–323**

PHOTINIA × *FRASERI* 'RED ROBIN'
♈ **Immergrüner Strauch** s. Seite **335**

PHYGELIUS AEQUALIS
'YELLOW TRUMPET'
♈ **Immergrüner Strauch** s. Seite **335**

PLATYCODON GRANDIFLORUS
♈ **Staude** s. Seite **344**

POTENTILLA 'GIBSON'S SCARLET'
♈ **Staude** s. Seite **349**

ROSA 'JUST JOEY'
♈ **Teehybride** s. Seite **379**

ROSA 'MANY HAPPY RETURNS'
♈ **Floribunda-Rose** s. Seite **379**

ROSA 'MOUNTBATTEN'
♈ **Floribunda-Rose** s. Seite **379**

ROSA 'SWEET DREAM'
♈ **Floribunda-Rose** Dichte Büschel mit pfirsichrosafarbenen, gefüllten Blüten.
↕40 cm ↔ 60 cm

ROSA 'TEQUILA SUNRISE'
♈ **Teehybride** Leuchtendgelbe Blüten, die kräftig scharlachrot gesäumt sind.
↕75 cm ↔ 60 cm

ROSEN, RAMBLER-
♈ **Halbimmergrüne Kletterpflanzen** s. Seiten **382–383**

SALVIA × *SYLVESTRIS* 'MAINACHT'
♈ **Staude** s. Seite **397**

THALICTRUM DELAVAYI
'HEWITT'S DOUBLE'
♈ **Staude** s. Seite **428**

TRADESCANTIA × *ANDERSONIANA*
'J. C. WEUGELIN'
♈ **Staude** s. Seite **435**

TRADESCANTIA × *ANDERSONIANA*
'OSPREY'
♈ **Staude** s. Seite **436**

PFLANZEN FÜR HERBSTFLOR

Der Herbst ist die Jahreszeit großer Veränderungen im Garten; obwohl viele Einjährige und Stauden weiterhin ihre Sommerpracht entfalten, sind es die Farben der Blätter und Früchte (s.S. 502–503), die die Aufmerksamkeit auf sich ziehen. Alles hat jetzt seinen Höhepunkt erreicht, auch die Rabatten erglühen noch einmal in Orange- und Rottönen, bevor die düsteren Aspekte des Winters die Oberhand gewinnen.

ACER GROSSERI VAR. *HERSII*
♡ **Baum** s. Seite **32**

ACER PALMATUM 'BLOODGOOD'
♡ **Kleiner Baum** s. Seite **34**

ACER PALMATUM 'GARNET'
♡ **Strauch** s. Seite **34**

ACER PALMATUM 'OSAKAZUKI'
♡ **Strauch oder kleiner Baum** s. Seite **34**

AMELANCHIER LAMARCKII
♡ **Großer Strauch** s. Seite **44**

ANEMONE HUPEHENSIS 'HADSPEN ABUNDANCE'
♡ **Staude** s. Seite **47**

ANEMONE HUPEHENSIS 'SEPTEMBER CHARM'
♡ **Staude** Zierliche Wuchsform mit blaßrosa Blüten.
↕ 60–90 cm ↔ 40 cm

ASTER AMELLUS 'KING GEORGE'
♡ **Staude** s. Seite **58**

ASTER ERICOIDES 'PINK CLOUD'
♡ **Staude** Die buschigen Pflanzen schmücken sich im Herbst mit kleinen, rosaroten Blüten.
↕ 1 m ↔ 30 cm

ASTER LATERIFOLIUS 'HORIZONTALIS'
♡ **Staude** s. Seite **59**

BERBERIS WILSONIAE
♡ **Strauch** s. Seite **71**

CEANOTHUS X *DELILEANUS* 'GLOIRE DE VERSAILLES'
♡ **Strauch** s. Seite **95**

CLEMATIS 'ALBA LUXURIANS'
♡ **Kletterpflanze** s. Seite **110**

CLEMATIS 'DUCHESS OF ALBANY'
♡ **Kletterpflanze** s. Seite **110**

CLEMATIS X *TRITERNATA* 'RUBROMARGINATA'
♡ **Kletterpflanze** Starke Triebe tragen zahlreiche kleine, kreuzförmige, tief rosarote und weiße Blüten.
↕ 5 m

CORNUS KOUSA VAR. *CHINENSIS*
♡ **Baum** s. Seite **117**

CORTADERIA SELLOANA 'SUNNINGDALE SILVER'
♡ **Ziergras** s. Seite **119**

COTONEASTER MICROPHYLLUS
♡ **Immergrüner Strauch** Ein bogig überhängender Strauch, im Herbst mit blaß rosaroten Beeren.
↕ 1 m ↔ 1,5 m

DAHLIA KULTIVARE
Stauden s. Seite **119**

EUCRYPHIA X *NYMANSENSIS* 'NYMANSAY'
♡ **Immergrüner Baum** s. Seite **170**

EUONYMUS ALATUS
♡ **Strauch** s. Seite **170**

EUONYMUS EUROPAEUS 'RED CASCADE'
♡ **Strauch** s. Seite **171**

FUCHSIA 'MRS POPPLE'
♡ **Strauch** s. Seite **184**

GENTIANA SEPTEMFIDA
♡ **Staude** s. Seite **193**

GINKGO BILOBA
♡ **Frostharter Baum** Diese Konifere hat breite Blätter, die sich buttergelb färben, bevor sie im Herbst abgeworfen werden.
↕ bis 30 m ↔ 8 m

HELIANTHUS 'LODDON GOLD'
♡ **Staude** s. Seite **213**

HIBISCUS SYRIACUS 'OISEAU BLEU'
♡ **Strauch** s. Seite **220**

INDIGOFERA AMBLYANTHA
♡ **Strauch** Schlanke Triebe tragen fedrige Blätter und aufrechte Blütenstände mit winzigen, rosaroten Blüten.
↕ 2 m ↔ 2,5 m

LIRIODENDRON TULIPIFERA
♡ **Baum** s. Seite **270**

LIRIOPE MUSCARI
♡ **Staude** s. Seite **271**

MALUS 'JOHN DOWNIE'
♡ **Baum** s. Seite **286**

NANDINA DOMESTICA
♡ **Strauch** s. Seite **295**

PARTHENOCISSUS TRICUSPIDATA
♡ **Kletterpflanze** s. Seite **317**

PHYGELIUS CAPENSIS
♡ **Strauch** Aufrechte Äste mit großen, lockeren Büscheln röhrenförmiger, orangefarbener Blüten.
↕ 1,2 m ↔ 1,5 m

PRUNUS SARGENTII
♡ **Baum** s. Seite **359**

PRUNUS X *SUBHIRTELLA* 'AUTUMNALIS ROSEA'
♡ **Baum** s. Seite **359**

PSEUDOLARIX AMABILIS
♡ **Baum** Eine nadelwerfende Konifere, die wegen ihrer attraktiven, kegelförmigen Gestalt und der goldgelben Färbung im Herbst beliebt ist.
↕ 15–20 m ↔ 6–12 m

RHUS TYPHINA 'DISSECTA'
♡ **Strauch** s. Seite **375**

RUDBECKIA FULGIDA VAR. *DEAMII*
♡ **Staude** Orangefarbene Blütenstände mit schwarzem Zentrum, ähnlich denen von Margeriten.
↕ 60 cm ↔ 45 cm

RUDBECKIA 'GOLDQUELLE'
♡ **Staude** s. Seite **390**

SALVIA ULIGINOSA
♡ **Staude** s. Seite **397**

SCHIZOSTYLIS COCCINEA 'MAJOR'
♡ **Staude** s. Seite **404**

SEDUM 'RUBY GLOW'
♡ **Staude** s. Seite **406**

SEDUM SPECTABILE 'ICEBERG'
Staude Pflanze mit fleischigen, bleichen Blättern und reinweißen Blüten.
↕ 30–45 cm ↔ 35 cm

SORBUS REDUCTA
♡ **Strauch** s. Seite **417**

SORBUS VILMORINII
♡ **Strauch oder kleiner Baum** s. Seite **418**

TRICYRTIS FORMOSANA
♡ **Staude** Aufrechte Triebe mit glänzenden Blättern und blaßrosa, dunkler gefleckten Sternblüten.
↕ 80 cm ↔ 45 cm

VIBURNUM PLICATUM 'MARIESII'
♡ **Strauch** s. Seite **452**

VITIS COIGNETIAE
♡ **Kletterpflanze** s. Seite **456**

PFLANZEN FÜR DEN WINTERASPEKT

Gärtner, die denken, daß sich im Winter im Garten nichts ereignet, kennen einige interessante Pflanzen noch nicht. Düfte und Blüten erfreuen uns weiter, auch in kältesten Regionen. Viele dieser Pflanzen gedeihen an schattigen Stellen; das ist der ideale Platz, um einen »Wintergarten« anzulegen, vorzugsweise in der Nähe einer Türe oder dort, wo er von einem Fenster aus eingesehen werden kann.

ACER GRISEUM
♀ **Baum** s. Seite **32**

ASPLENIUM SCOLOPENDRIUM CRISTATUM-GRUPPE
Immergrüne Farne Aufrechte, ledrige Wedel mit verbreiterten, unregelmäßigen Spitzen, die im Winter sehr keck aussehen.
↕45 cm ↔60 cm

AUCUBA JAPONICA 'CROTONIFOLIA'
♀ **Immergrüner Strauch** s. Seite **64**

BERGENIA PURPURASCENS 'BALLAWLEY'
♀ **Staude** s. Seite **72**

CALLUNA VULGARIS 'ROBERT CHAPMAN'
♀ **Heidekraut** s. Seite **82**

CHAMAECYPARIS OBTUSA 'NANA AUREA'
♀ **Konifere** Diese Zwergkonifere hat eine kugelige, oben abgeflachte Gestalt und gelbe Blätter.
↕2 m

CHIMONANTHUS PRAECOX 'GRANDIFLORUS'
♀ **Strauch** s. Seite **102**

CLEMATIS CIRRHOSA VAR. *BALEARICA*
♀ **Kletterpflanze** Diese immergrüne Kletterpflanze besitzt blaß cremefarbene, glockenförmige, duftende Blüten.
↕2,5–3 m

CORNUS ALBA 'SIBIRICA'
♀ **Strauch** s. Seite **115**

CORNUS MAS
♀ **Strauch oder kleiner Baum** s. Seite **117**

CORNUS MAS 'AUREA'
Strauch Im Winter erscheinen zahlreiche winzige, gelbe Blüten, die von gelbem Laub im Frühling abgelöst werden, das sich im Sommer grün verfärbt.
↕↔5 m

CYCLAMEN COUM PEWTER-GRUPPE
♀ **Frostharte Knollenpflanzen** s. Seite **134**

DAPHNE BHOLUA 'GURKHA'
♀ **Strauch** s. Seite **140**

ERICA CARNEA 'ANN SPARKES'
♀ **Immergrüner Strauch** s. Seite **159**

ERICA CARNEA 'PINK SPANGLES'
♀ **Immergrüner Strauch** Dieses prächtige Heidekraut besitzt rosarote Blüten, die, wenn sie sich erstmals öffnen, rosarot und weiß sind. ↕15 cm ↔45 cm

ERICA CARNEA 'VIVELLII'
♀ **Immergrüner Strauch** s. Seite **159**

ERICA x *DARLEYENSIS* 'FURZEY'
♀ **Immergrüner Strauch** Dieser kleine Strauch hat eine dunkle Beblätterung und tief rosarote Blüten. ↕30 m ↔60 cm

ERICA x *DARLEYENSIS* 'J. W. PORTER'
♀ **Immergrüner Strauch** Tiefgrüne Blätter, die im Frühling cremefarben und rot bespitzt sind, und tief rosarote Blüten.
↕30 cm ↔60 cm

HAMAMELIS x *INTERMEDIA* 'ARNOLD PROMISE'
♀ **Strauch** s. Seite **205**

HAMAMELIS × *INTERMEDIA* 'JELENA'
♀ **Strauch** Die Blätter verfärben sich im Herbst rot, im Winter erscheinen spinnenförmige, bronze- und orangefarbene Blüten. ↕↔ 4 m

HELLEBORUS ARGUTIFOLIUS
♀ **Staude** s. Seite **216**

HELLEBORUS FOETIDUS
♀ **Staude** s. Seite **217**

HELLEBORUS NIGER
♀ **Staude** s. Seite **217**

HELLEBORUS × *NIGERCORS*
♀ **Staude** Gruppenbildende Pflanze mit kurzen, verzweigten Blütenständen mit weißen Blüten, die grün und rosarot werden. ↕ 30 cm ↔ 1 m

ILEX AQUIFOLIUM 'GOLDEN MILKBOY'
♀ **Stechpalme** s. Seite **233**

ILEX × *MESERVEAE* 'BLUE PRINCESS'
♀ **Stechpalme** s. Seite **234**

IRIS UNGUICULARIS
♀ **Staude** s. Seite **243**

JUNIPERUS COMMUNIS 'REPANDA'
♀ **Konifere** Die Nadeln dieser bodendeckenden Konifere sind im Winter oft bronzefarben. ↕ 20 cm ↔ 1 m

LONICERA × *PURPUSII* 'WINTER BEAUTY'
♀ **Strauch** s. Seite **275**

MAHONIA × *MEDIA* 'LIONEL FORTESCUE'
♀ **Immergrüner Strauch** Gefiederte Blätter mit stechpalmenähnlichen Fiedern und aufrechte Blütenstände mit gelben Blüten. ↕ 5 m ↔ 4 m

MAHONIA × *MEDIA* 'WINTER SUN'
♀ **Immergrüner Strauch** Der Reiz dieses stachligen, aufrecht wachsenden Strauches sind seine gelben Blüten im Winter. ↕ 5 m ↔ 4 m

RUBUS THIBETANUS
♀ **Strauch** s. Seite **389**

SALIX BABYLONICA VAR. *PEKINENSIS* 'TORTUOSA'
♀ **Baum** s. Seite **391**

SALIX HASTATA 'WEHRHAHNII'
♀ **Strauch** s. Seite **392**

SKIMMIA JAPONICA 'NYMANS'
♀ **Immergrüner Strauch** Dieser ausladende Strauch ist weiblich und trägt büschelweise rote Beeren. ↕ 1 m ↔ 2 m

STACHYURUS PRAECOX
♀ **Strauch** s. Seite **421**

SYMPHORICARPUS × *DOORENBOSII* 'WHITE HEDGE'
Strauch Ausläuferbildender Strauch mit aufrechtem Wuchs und weißen Beeren. ↕ 2 m ↔ unbegrenzt

VIBURNUM × *BODNANTENSE* 'DAWN'
♀ **Strauch** s. Seite **450**

VIBURNUM FARRERI
♀ **Strauch** s. Seite **451**

VIBURNUM TINUS 'EVE PRICE'
♀ **Immergrüner Strauch** s. Seite **453**

PFLANZEN MIT BEERENFRÜCHTEN

Beeren können den Garten viele Monate bereichern, wenn sich Vögel nicht daran gütlich tun. Rote Beeren sind häufig, doch es gibt auch schwarze, weiße, gelbe, rosarote, blaue und sogar purpurne Beeren, die in fast jedem Garten wachsen können. Blasse Beeren wirken vor dunklen Hintergründen wie immergrünen Hecken, rote Beeren sind gegen einen winterlichen, sonnigen Himmel besonders attraktiv.

ACTAEA ALBA

♀ **Staude** Gruppenbildende Pflanze mit gefiederten Blättern und flaumigen Blütenständen, die zu perlmutterweißen Beeren mit schwarzen Malen heranreifen.
↕ 90 cm ↔ 45–60 cm

ARBUTUS UNEDO 'RUBRA'

♀ **Immergrüner Baum** Sowohl die rosaroten Blüten als auch die roten, kugeligen Früchte haben im Herbst ihren Höhepunkt.
↕↔ 8 m

ARUM ITALICUM 'MARMORATUM'

♀ **Staude** Immergrüne, marmorierte Blätter und im Herbst Fruchtstände mit roten Beeren, wenn die Blätter schon abgestorben sind.
↕ 30 cm ↔ 15 cm

BERBERIS DICTYOPHYLLA

♀ **Strauch** Dieser laubwerfende Strauch zeigt sich im Winter von seiner besten Seite, wenn die weißen Äste mit roten Beeren übersät sind.
↕ 2 m ↔ 1,5 m

BERBERIS x *STENOPHYLLA* 'CORALLINA COMPACTA'

♀ **Immergrüner Strauch** s. Seite **69**

BERBERIS VERRUCULOSA

♀ **Immergrüner Strauch** s. Seite **71**

CALLICARPA BODINIERI VAR. *GIRALDII* 'PROFUSION'

♀ **Strauch** s. Seite **80**

CELASTRUS ORBICULATUS

Kletterpflanze Stark wachsende Kletterpflanze mit gelber Herbstfarbe und gelben Früchten, die sich öffnen, um rote Samen zu entlassen.
↕ 14 m

CLERODENDRON TRICHOTOMUM VAR. *FARGESII*

♀ **Strauch** Schnell wachsende Pflanze mit duftenden, weißen Blüten und türkisfarbenen Beeren, die sich von den roten Kelchen absetzen.
↕↔ 5 m

CORIARIA TERMINALIS VAR. *XANTHOCARPA*

Strauch, nicht voll frosthart Überhängender Halbstrauch mit kleinen Blättern und Büscheln mit durchscheinenden, gelben Beeren.
↕ 1 m ↔ 2 m

CORNUS 'NORMAN HADDEN'

♀ **Immergrüner Baum** Einige Blätter verfärben sich gelb und fallen im Herbst ab, dann erscheinen auch die großen, roten Früchte, die aus cremefarbenen und rosaroten Blüten hervorgehen.
↕↔ 8 m

COTONEASTER CONSPICUUS 'DECORUS'

♀ **Immergrüner Strauch** s. Seite **124**

COTONEASTER 'ROTHSCHILDIANUS'

♀ **Immergrüner Strauch** Ein überhängender Strauch mit weißen Blüten und im Herbst goldgelben Beeren.
↕↔ 5 m

EUONYMUS PLANIPES
♀ **Strauch** Das Laub ist im Herbst rot; die roten Kapselfrüchte enthalten orangefarbene Samen. ↕↔ 3 m

GAULTHERIA MUCRONATA 'WINTERTIME'
♀ **Immergrüner Strauch** s. Seite **190**

HIPPOPHAE RHAMNOIDES
♀ **Strauch** s. Seite **221**

ILEX AQUIFOLIUM 'J. C. VAN TOL'
♀ **Immergrüner Strauch** s. Seite **233**

ILEX x *MESERVEAE* 'BLUE ANGEL'
♀ **Immergrüner Strauch** Kompakter, langsam wachsender Strauch mit dunklen, bläulichgrünen Blättern und roten Beeren.
↕4 m ↔ 2 m

ILEX VERTICILLATA 'WINTER RED'
Strauch Laubwerfender Strauch, im Frühling mit weißen Blüten und im Winter mit unzähligen kleinen, roten Beeren.
↕2,5–3 m ↔ 3 m

LEYCESTERIA FORMOSA
Strauch Große, überhängende Zweige mit weißen Blüten und braunen Hochblättern; im Winter purpurne Beeren. ↕↔ 2 m

LONICERA NITIDA 'BAGGESEN'S GOLD'
♀ **Immergrüner Strauch** s. Seite **273**

LONICERA PERICLYMENUM 'GRAHAM THOMAS'
♀ **Kletterpflanze** s. Seite **274**

PHYSALIS ALKEKENGI
♀ **Staude** Kriechende Pflanze mit aufrechten Trieben; aus weißen Blüten entstehen orangefarbene Lampione, die Beeren umschließen. ↕60–75 cm ↔ 90 cm

PYRACANTHA 'CADROU'
Immergrüner Strauch Dorniger Strauch mit weißen Blüten und roten Beeren, der resistent gegen Rost ist.
↕↔ 2 m

ROSA 'FRAU DAGMAR HASTRUP'
♀ **Strauchrose** Rugosa-Rose mit einzelnen, großen, rosaroten Blüten und riesigen, tomatenroten Hagebutten.
↕1 m ↔ 1,2 m

ROSA MOYESII 'GERANIUM'
♀ **Strauchrose** Überhängende, stachelige Triebe mit zierlichen, roten Blüten und großen, roten Hagebutten.
↕2,5 m ↔ 1,5 m

ROSA 'SCHARLACHGLUT'
♀ **Strauchrose** Kräftige, langtriebige Rose, die als Kletterpflanze gezogen werden kann, mit prächtigen, scharlachroten Blüten und leuchtenden, scharlachroten Hagebutten.
↕3 m ↔ 2 m

SAMBUCUS RACEMOSA 'PLUMOSA AUREA'
Strauch Im Sommer mit gefiederten, gelben Blättern und Büscheln kleiner, roter Beeren.
↕↔ 3 m

SKIMMIA JAPONICA 'FRUCTU ALBO'
Immergrüner Strauch Zierlicher Strauch mit weißen Blüten und leuchtenden, weißen Früchten.
↕60 cm ↔ 1 m

SORBUS ARIA 'LUTESCENS'
♀ **Baum** s. Seite **416**

SORBUS HUPEHENSIS VAR. *OBTUSA*
♀ **Baum** s. Seite **416**

TROPAEOLUM SPECIOSUM
♀ **Kletternde Staude** s. Seite **439**

VIBURNUM DAVIDII
♀ **Immergrüner Strauch** s. Seite **451**

VIBURNUM OPULUS 'XANTHOCARPUM'
♀ **Strauch** s. Seite **452**

KONIFEREN FÜR KLEINE GÄRTEN

Koniferen bieten eine große Palette an Formen, Größen, Farben und Strukturen. Man kann sie verwenden, um eine Rabatte zu strukturieren, als dichten Sichtschutz und immergrüne Bodenbedeckung. Sie tolerieren verschiedenste Böden, aber die meisten, außer Eiben, benötigen Sonne. Viele sind im Frühsommer besonders attraktiv, wenn der Neuzuwachs mit den alten Nadeln kontrastiert.

ABIES BALSAMEA F. *HUDSONIA*
♈ **Konifere** Diese Zwergform wächst als kugeliger Strauch, entwickelt aber keine Zapfen.
↕60 cm ↔ 1 m

ABIES KOREANA 'SILBERLOCKE'
♈ **Konifere** Mit gedrehten Nadeln, so daß die silberne Rückseite der Nadeln sichtbar wird, und attraktiven Zapfen.
↕10 m ↔ 6 m

ABIES LASIOCARPA 'COMPACTA'
♈ **Konifere** Langsam wachsender, kegelförmiger Baum mit blaugrauen Nadeln.
↕3–5 m ↔ 2–3 m

ABIES NORDMANNIANA 'GOLDEN SPREADER'
♈ **Konifere** Kleine, langsam wachsende Pflanze mit leuchtenden, goldenen Nadeln.
↕1 m ↔ 1,5 m

CHAMAECYPARIS LAWSONIANA 'CHILWORTH SILVER'
♈ **Konifere** Langsam wachsender, kegelförmiger Strauch mit silbergrauen Nadeln.
↕1,5 m

CHAMAECYPARIS LAWSONIANA 'ELLWOOD'S GOLD'
♈ **Konifere** s. Seite **99**

CHAMAECYPARIS OBTUSA 'NANA GRACILIS'
♈ **Konifere** s. Seite **100**

CHAMAECYPARIS OBTUSA 'TETRAGONA AUREA'
♈ **Konifere** s. Seite **101**

CRYPTOMERIA JAPONICA 'ELEGANS COMPACTA'
♈ **Konifere** s. Seite **133**

CRYPTOMERIA JAPONICA 'VILMORINIANA'
♈ **Konifere** Bildet ein dichtes Nadelknäuel, das im Sommer grün und im Winter bronzefarben ist.
↕↔ 45 cm

JUNIPERUS CHINENSIS 'BLAAUW'
♈ **Konifere** Bildet einen dichten, aufrechten Strauch mit blaugrauen Nadeln.
↕1,2 m ↔ 1 m

JUNIPERUS CHINENSIS 'OBELISK'
♈ **Konifere** Wächst langsam zu einer interessanten, aufrechten Form mit bläulichgrünen Nadeln heran.
↕2,5 m ↔ 60 cm

JUNIPERUS COMMUNIS 'COMPRESSA'
♈ **Konifere** s. Seite **247**

JUNIPERUS × *PFITZERIANA* 'PFITZERIANA'
♈ **Konifere** s. Seite **247**

JUNIPERUS PROCUMBENS 'NANA'
♈ **Konifere** s. Seite **248**

JUNIPERUS SCOPULORUM 'BLUE HEAVEN'
♈ **Konifere** Zierlich im Wuchs, mit kegelförmiger Gestalt und blauen Nadeln.
↕2 m ↔ 60 cm

JUNIPERUS SQUAMATA 'BLUE STAR'
♈ **Konifere** s. Seite **248**

JUNIPERUS SQUAMATA 'HOLGER'
♀ **Konifere** Ausladende Immergrüne mit bläulichen Nadeln, die mit dem gelblichen Neuzuwachs kontrastieren.
↕↔ 2 m

MICROBIOTA DECUSSATA
♀ **Konifere** Ausladende Konifere mit feinen Nadeln, die im Winter bronzefarben werden.
↕ 1 m ↔ unbegrenzt

PICEA ABIES 'NIDIFORMIS'
♀ **Konifere** Diese langsam wachsende Pflanze bildet in ihrem Zentrum ein sogenanntes »Nest« aus.
↕ 1,5 m ↔ 3–4 m

PICEA GLAUCA VAR. *ALBERTIANA* 'CONICA'
♀ **Konifere** s. Seite **338**

PICEA MARIANA 'NANA'
♀ **Konifere** s. Seite **339**

PICEA PUNGENS 'KOSTER'
♀ **Konifere** s. Seite **339**

PINUS MUGO 'MOPS'
♀ **Konifere** s. Seite **342**

PINUS PARVIFLORA 'ADCOCK'S DWARF'
♀ **Konifere** Eine Zwergform der Mädchen-Kiefer mit gräulichen Nadeln.
↕ 2 m

PINUS SYLVESTRIS 'BEUVRONENSIS'
♀ **Konifere** Eine rundliche Zwergform der Gemeinen Kiefer.
↕ 1 m

TAXUS BACCATA 'DOVASTONII AUREA'
♀ **Konifere** s. Seite **427**

TAXUS BACCATA 'FASTIGIATA AUREOMARGINATA'
♀ **Konifere** Betont aufrecht wachsende Pflanze mit gelbrandigen Nadeln und roten, beerenähnlichen Früchten.
↕ 3–5 m ↔ 1–2,5 m

TAXUS BACCATA 'FASTIGIATA'
♀ **Konifere** s. Seite **428**

TAXUS BACCATA 'REPENS AUREA'
♀ **Konifere** Diese ausladende Form der Eibe besitzt goldfarbene Nadeln.
↕↔ 1–1,5 m

THUJA OCCIDENTALIS 'HOLMSTRUP'
♀ **Konifere** s. Seite **429**

THUJA OCCIDENTALIS 'RHEINGOLD'
♀ **Konifere** s. Seite **430**

THUJA OCCIDENTALIS 'SMARAGD'
♀ **Konifere** Ein zwergiger, kegelförmiger Busch mit leuchtendgrünen Nadeln.
↕ 1 m ↔ 80 cm

THUJA ORIENTALIS 'AUREA NANA'
♀ **Konifere** s. Seite **430**

THUJA PLICATA 'STONEHAM GOLD'
♀ **Konifere** s. Seite **431**

TSUGA CANADENSIS 'JEDDELOH'
♀ **Konifere** s. Seite **439**

BÄUME FÜR KLEINE GÄRTEN

Bäume spenden Schatten und sind in Gärten markante Pflanzen. Große Waldbäume sollten nie in kleine Gärten oder zu nahe am Haus gepflanzt werden. Kleine Bäume sind zu bevorzugen, die über einen langen Zeitraum hinweg Interessantes bieten. Die Schattenwirkung muß beachtet werden: Durch dichte Immergrüne entstehen Zonen, die trocken und dunkel sind, so daß kaum etwas wächst.

ACER DAVIDII 'ERNEST WILSON'
Laubwerfender Baum Ungelappte Blätter färben sich im Herbst orange.
↕8 m ↔ 10 m

ACER PALMATUM KULTIVARE
♀ **Laubwerfende Bäume oder große Sträucher** s. Seite **34**

AMELANCHIER X *GRANDIFLORA* 'BALLERINA'
♀ **Laubwerfender Baum** s. Seite **43**

BETULA UTILIS VAR. *JACQUEMONTII*
♀ **Laubwerfender Baum** s. Seite **74**

CERCIS SILIQUASTRUM
♀ **Laubwerfender Baum** s. Seite **97**

CORNUS 'EDDIE'S WHITE WONDER'
♀ **Laubwerfender Baum** Vielstämmiger Baum, der kleine, tiefpurpurne Blüten trägt, die von großen, weißen Hochblättern umgeben sind.
↕6 m ↔ 5 m

CRATAEGUS LAEVIGATA 'PAUL'S SCARLET'
♀ **Laubwerfender Baum** s. Seite **127**

GENISTA AETNENSIS
♀ **Laubwerfender Baum oder großer Strauch** s. Seite **191**

GLEDITSIA TRIACANTHOS 'RUBYLACE'
Laubwerfender Baum Elegant gefiederte Blätter, die in der Jugend leuchtend weinrot sind und später bronzegrün verblassen.
↕12 m ↔ 10 m

LABURNUM X *WATERERI* 'VOSSII'
♀ **Laubwerfender Baum** s. Seite **252**

LIGUSTRUM LUCIDUM
♀ **Immergrüner Baum** s. Seite **263**

MAGNOLIA 'HEAVEN SCENT'
♀ **Laubwerfender Baum** Im Frühling und Frühsommer erscheinen kugelförmige, rosarote Blüten mit weißem Zentrum.
↕↔ 10 m

MAGNOLIA X *LOEBNERI* 'LEONARD MESSEL'
♀ **Laubwerfender Baum** s. Seite **283**

MALUS CORONARIA 'CHARLOTTAE'
Baum Ausladender Baum, im Frühling mit duftenden, halbgefüllten, blaßrosa Blüten.
↕↔ 9 m

MALUS TSCHONOSKII
♀ **Laubwerfender Baum** s. Seite **287**

PRUNUS SERRULA
♀ **Laubwerfender Baum** s. Seite **357**

PYRUS CALLERYANA 'CHANTICLEER'
♀ **Laubwerfender Baum** s. Seite **363**

SALIX CAPREA 'KILMARNOCK'
♀ **Laubwerfender Baum** s. Seite **392**

SALIX 'ERYTHROFLEXUOSA'
Laubwerfender Baum Halbtrauerform mit gedrehten, orangegelben Zweigen.
↕↔ 5 m

SORBUS 'JOSEPH ROCK'
♀ **Laubwerfender Baum** s. Seite **417**

STYRAX JAPONICUS
♀ **Laubwerfender Baum** s. Seite **422**

STYRAX OBASSIA
♀ **Laubwerfender Baum** s. Seite **422**

HECKENPFLANZEN MIT ATTRAKTIVEM LAUB

Heckenpflanzen müssen einen regelmäßigen Schnitt vertragen. Eiben brauchen nur einen Schnitt, im Gegensatz zu Liguster, der zwei- bis dreimal beschnitten werden muß. Als Windschutz sind Immergrüne am beliebtesten, doch kann man auch laubwerfende Pflanzen verwenden, die oft preisgünstiger sind. (Die Größenangaben sind die Maße für unbeschnittene Pflanzen.)

BUXUS SEMPERVIRENS 'ELEGANTISSIMA'
♀ **Immergrüner Strauch** s. Seite **79**

BUXUS SEMPERVIRENS 'SUFFRUTICOSA'
♀ **Immergrüner Strauch** s. Seite **79**

CHAMAECYPARIS LAWSONIANA 'FLETCHERI'
♀ **Konifere** Dichte, graue Nadeln an aufrechten, kompakten Sträuchern.
↕ 12 m

CHAMAECYPARIS LAWSONIANA 'LANE'
♀ **Konifere** s. Seite **99**

CHAMAECYPARIS LAWSONIANA 'PEMBURY BLUE'
♀ **Konifere** s. Seite **99**

x *CUPRESSOCYPARIS LEYLANDII*
Konifere Sehr kräftige Pflanze, die in Form gezogen werden kann, wenn sie früh und dann regelmäßig beschnitten wird.
↕ 35 m ↔ 5 m

x *CUPRESSOCYPARIS LEYLANDII* 'HAGGERSTON GREY'
♀ **Konifere** Die beliebteste Form dieser schnell wachsenden Konifere mit graugrünen Nadeln.
↕ 35 m ↔ 5 m

x *CUPRESSOCYPARIS LEYLANDII* 'ROBINSON'S GOLD'
♀ **Konifere** Die beste goldfarbene Form mit Nadeln, die in der Jugend bronzefarben sind.
↕ 35 m ↔ 5 m

FAGUS SYLVATICA
♀ **Laubwerfender Baum** Die Gemeine Buche und ihre purpurne Form behalten im Winter ihre abgestorbenen Blätter, wenn sie auf 2 m zurückgeschnitten werden.
↕ 25 m ↔ 15 m

LIGUSTRUM OVALIFOLIUM 'AUREUM'
♀ **Immergrüner Strauch** Ist dort eine gute Wahl, wo eine leuchtendgelbe Hecke erwünscht und regelmäßiger Schnitt möglich sind.
↕↔ 4 m

PRUNUS x *CISTENA*
♀ **Laubwerfender Strauch** s. Seite **355**

PRUNUS LAUROCERASUS
♀ **Immergrüner Strauch** Die Lorbeer-Kirsche benötigt einen vorsichtigen Rückschnitt, kann aber auch einen starken Rückschnitt überstehen und attraktiv aussehen.
↕ 8 m ↔ 10 m

PRUNUS LAUROCERASUS 'OTTO LUYKEN'
♀ **Immergrüner Strauch** s. Seite **356**

PRUNUS LUSITANICA
♀ **Immergrüner Strauch** Schöne Immergrüne mit dunkelgrünen Blättern, roten Ästen und unbeschnitten mit weißen Blüten.
↕↔ 20 m

TAXUS BACCATA
♀ **Immergrüner Baum** s. Seite **427**

BLÜHENDE HECKEN

Blühende Hecken sind viel mehr als nur gliedernde Elemente im Garten: sie können zu einem attraktiven Anziehungspunkt werden. Viele blühende Sträucher, die einen Schnitt vertragen, können verwendet werden, aber wenn sie Schnittmaßnahmen erfordern, um gut zu blühen, sind sie untauglich für Hecken mit Formschnitt oder Rabattenhecken, wo Sichtschutz ganzjährig erforderlich ist.

ESCALLONIA 'APPLE BLOSSOM'
♀ **Immergrüner Strauch** s. Seite **166**

FORSYTHIA X *INTERMEDIA* 'LYNWOOD'
♀ **Strauch** s. Seite **180**

FUCHSIA 'RICCARTONII'
♀ **Strauch** s. Seite **184**

HEBE 'MIDSUMMER BEAUTY'
♀ **Immergrüner Strauch** Leuchtendgrüne Blätter und von Hoch- bis Spätsommer purpurne Blüten, die weiß verblassen, an kurzen Trieben.
↕1 m ↔ 1,2 m

HYPERICUM 'ROWALLANE'
♀ **Strauch** Halbimmergrün, trägt im Sommer Büschel mit becherförmigen, gelben Blüten an überhängenden Trieben.
↕2 m ↔ 1 m

LAVANDULA ANGUSTIFOLIA 'HIDCOTE'
♀ **Immergrüner Strauch** s. Seite **257**

OSMANTHUS X *BURKWOODII*
♀ **Immergrüner Strauch** s. Seite **307**

PHILADELPHUS CORONARIUS 'AUREUS'
♀ **Strauch** Goldgelbes Laub, das in voller Sonne auf nährstoffarmen Böden zu Verbrennungen neigt, und duftende, weiße Blüten.
↕2,5 m ↔ 1,5 m

POTENTILLA FRUTICOSA 'PRIMROSE BEAUTY'
♀ **Strauch** s. Seite **307**

PRUNUS X *CISTENA*
♀ **Strauch** s. Seite **355**

PRUNUS LUSITANICA SSP. *AZORICA*
♀ **Strauch, frosthart (Grenzfall)** s. Seite **357**

RHODODENDRON 'HINO-MAYO'
♀ **Immergrüner Strauch** s. Seite **368**

RIBES SANGUINEUM 'PULBOROUGH SCARLET'
♀ **Strauch** s. Seite **376**

ROSA 'BUFF BEAUTY'
♀ **Strauchrose** s. Seite **386**

ROSA 'CHINATOWN'
♀ **Floribunda-Rose** s. Seite **378**

ROSA 'FELICIA'
♀ **Strauchrose** s. Seite **387**

SPIRAEA X *VANHOUTTEI*
♀ **Strauch** s. Seite **420**

SYRINGA PUBESCENS SSP. *MICROPHYLLA* 'SUPERBA'
♀ **Strauch** s. Seite **424**

VIBURNUM TINUS 'GWENLLIAN'
♀ **Immergrüner Strauch** Dichter Strauch mit blaßrosa Blüten, die sich aus tief rosaroten Knospen entfalten.
↕↔ 3 m

DORNIGE HECKEN

Es gibt im Garten Stellen, wo die natürliche Barriere einer Hecke nicht ausreicht und erst Pflanzen mit Dornen die Privatsphäre gewährleisten und den Zutritt für Tiere verhindern. Wenn diese Pflanzen auch viele Vorzüge haben, muß der Rückschnitt doch vorsichtig durchgeführt werden, und heruntergefallene Äste können künftig mehr Verdruß bereiten, wenn Unkraut gejätet werden muß.

BERBERIS DARWINII
🏆 **Immergrüner Strauch** s. Seite **68**

BERBERIS × *OTTAWENSIS* 'SUPERBA'
🏆 **Strauch** s. Seite **69**

BERBERIS × *STENOPHYLLA*
🏆 **Immergrüner Strauch** Lange, überhängende Äste sind mit Dornen und im Frühling mit kleinen, orangefarbenen Blüten bedeckt.
↕3 m ↔ 5 m

BERBERIS THUNBERGII
🏆 **Strauch** Dornige Äste mit purpurnen Blättern, die sich im Herbst rot färben, bevor sie abfallen.
↕1 m ↔ 2,5 m

CRATAEGUS MONOGYNA
Strauch Der Gemeine Weißdorn ist eine schnell wachsende, dornige Heckenpflanze, aber nicht so attraktiv wie andere Arten.
↕10 m ↔ 8 m

ILEX AQUIFOLIUM
🏆 **Immergrüner Strauch** Die Gemeine Stechpalme bildet eine dichte, undurchdringliche Hecke, doch ihre toten, abgefallenen Blätter sind ein schmerzliches Ärgernis.
↕25 m ↔ 8 m

ILEX AQUIFOLIUM 'MADAME BRIOT'
🏆 **Strauch** s. Seite **233**

MAHONIA JAPONICA
🏆 **Immergrüner Strauch** s. Seite **284**

MAHONIA × *MEDIA* 'BUCKLAND'
🏆 **Immergrüner Strauch** s. Seite **285**

PONCIRUS TRIFOLIATA
Strauch Kantige, grüne Äste mit kräftigen Dornen, duftenden weißen Blüten und im Herbst orangenähnlichen Früchten.
↕↔ 5 m

PRUNUS SPINOSA
Strauch Die Schlehe ist ein dichter Strauch, im Frühling mit weißen Blüten und im Herbst mit Schlehenfrüchten.
↕5 m ↔ 4 m

PYRACANTHA 'ORANGE GLOW'
🏆 **Immergrüner Strauch** s. Seite **362**

PYRACANTHA 'WATERERI'
🏆 **Immergrüner Strauch** s. Seite **363**

ROSA GLAUCA
🏆 **Strauchrose** s. Seite **387**

ROSA RUGOSA 'ALBA'
🏆 **Strauchrose** Entwickelt Dickichte dorniger Triebe und weiße Blüten, die zu großen, roten Hagebutten heranreifen.
↕↔ 1–2,5 m

BODENDECKER FÜR SONNIGE LAGEN

Viele Pflanzen mit kriechendem, hängendem oder buschigem Wuchs dienen als Bodendecker in sonnigen Gärten. Sehr wenige aber können sich gegen existierende Unkräuter durchsetzen, so daß der Boden vor der Pflanzung unkrautfrei sein sollte. Durch verschiedenartige Pflanzen erhält man interessante Aspekte, und ein paar höhere Pflanzen wirken der Eintönigkeit einen ebenen Fläche entgegen.

ALCHEMILLA MOLLIS
♀ **Staude** s. Seite **41**

ARTEMISIA STELLERIANA 'BOUGHTON SILVER'
Staude Das gefiederte, immergrüne, silbrige Laub bildet dichte Matten.
↕15 cm ↔ 30–45 cm

CAMPANULA GLOMERATA 'SUPERBA'
♀ **Staude** s. Seite **88**

CEANOTHUS THYRSIFLORUS VAR. *REPENS*
♀ **Immergrüner Strauch, nicht voll frosthart** s. Seite **95**

CORNUS CANADENSIS
♀ **Staude** s. Seite **116**

DICENTRA 'STUART BOOTHMAN'
♀ **Staude** s. Seite **148**

ERICA X DARLEYENSIS 'JENNY PORTER'
♀ **Immergrüner Strauch** s. Seite **159**

GERANIUM 'JOHNSON'S BLUE'
♀ **Staude** s. Seite **195**

GERANIUM X OXONIANUM 'WARGRAVE PINK'
♀ **Staude** s. Seite **197**

HOSTA FORTUNEI VAR. *AUREOMARGINATA*
♀ **Staude** s. Seite **222**

JUNIPERUS SQUAMATA 'BLUE CARPET'
♀ **Konifere** Langsam wachsende Pflanze mit Trieben, die sanft ansteigen.
↕30–45 cm ↔ 1,5–1,8 m

LAMIUM MACULATUM 'WHITE NANCY'
♀ **Staude** s. Seite **253**

OSTEOSPERMUM JUCUNDUM
♀ **Staude, frosthart (Grenzfall)** s. Seite **309**

PERSICARIA VACCINIFOLIA
♀ **Staude** s. Seite **326**

PHALARIS ARUNDINACEA 'PICTA'
♀ **Ziergras** s. Seite **327**

PHLOMIS RUSSELIANA
♀ **Staude** s. Seite **330**

PHLOX SUBULATA 'MCDANIEL'S CUSHION'
♀ **Gebirgspflanze** Das Laub wird im Spätfrühling von rosa Sternblüten überdeckt.
↕5–15 cm ↔ 50 cm

POTENTILLA MEGALANTHA
♀ **Staude** s. Seite **349**

ROSA BODENDECKENDE FORMEN
♀ **Sträucher** s. Seite **385**

ROSMARINUS OFFICINALIS 'SEVERN SEA'
♀ **Immergrüner Strauch** Eine polsterbildende Pflanze mit bogig überhängenden Ästen und leuchtendblauen Blüten.
↕1 m ↔ 1,5 m

SEMPERVIVUM CILIOSUM
♀ **Gebirgspflanze** s. Seite **410**

VERONICA GENTIANOIDES
♀ **Staude** s. Seite **448**

VIOLA 'NELLIE BRITTON'
♀ **Staude** s. Seite **455**

BODENDECKER FÜR SCHATTIGE LAGEN

Schatten ist oft problematisch, doch es gibt eine Menge Pflanzen, die als Bodendecker verwendet werden können und keine volle Sonne benötigen. Die schlechtesten Bedingungen vertragen Immergrüne, wenn auch langsam wachsende. Bei weniger feindseligen Bedingungen breiten sich viele dieser Pflanzen schnell aus: eine ausgezeichnete Alternative zum üblichen Gras unter Bäumen.

AJUGA REPTANS 'CATLIN'S GIANT'
♀ **Staude** Sehr lange, purpurne Blätter und hohe, blaublütige Ähren.
↕20 cm ↔ 60–90 cm

BERGENIA 'SILBERLICHT'
♀ **Staude** s. Seite **72**

CONVALLARIA MAJALIS
♀ **Staude** s. Seite **113**

COTONEASTER DAMMERI
♀ **Immergrüner Strauch** Ausladend, mit weißen Blüten und später roten Beeren.
↕20 cm ↔ 2 m

EPIMEDIUM x *PERRALCHICUM*
♀ **Staude** s. Seite **156**

EUONYMUS FORTUNEI 'EMERALD GAIETY'
♀ **Immergrüner Strauch** Buschig, mit weißrandigen, im Winter rosa getönten Blättern. ↕1 m ↔ 1,5 m

EUPHORBIA AMYGDALOIDES VAR. *ROBBIAE*
♀ **Staude** s. Seite **172**

GAULTHERIA PROCUMBENS
♀ **Immergrüner Strauch** Kriechend, mit nach Wintergrün duftenden Blättern, blaßrosa Blüten und roten Beeren.
↕15 cm ↔ 1 m

GERANIUM MACRORRHIZUM 'CZAKOR'
Staude Matten duftenden Laubes, das im Herbst purpur getönt ist, und magentarote Blüten im Sommer.
↕50 cm ↔ 60 cm

GERANIUM SYLVATICUM 'ALBUM'
♀ **Staude** Für feuchte Böden; mit tief gelappten Blättern und weißen Blüten.
↕75 cm ↔ 60 cm

HEDERA HIBERNICA
♀ **Immergrüne Kletterpflanze** s. Seite **211**

HEUCHERA 'RED SPANGLES'
♀ **Staude** s. Seite **220**

HOSTA 'FRANCES WILLIAMS'
♀ **Staude** s. Seite **222**

OMPHALODES CAPPADOCICA
♀ **Staude** s. Seite **303**

PACHYSANDRA TERMINALIS
♀ **Staude** s. Seite **310**

POLYSTICHUM SETIFERUM
♀ **Farn** s. Seite **347**

SANGUINARIA CANADENSIS 'PLENA'
♀ **Staude** Für feuchte Böden; mit bereiften Blättern und weißen, gefüllten Blüten.
↕15 cm ↔ 30 cm

TIARELLA CORDIFOLIA
♀ **Staude** s. Seite **434**

TOLMIEA 'TAFF'S GOLD'
♀ **Staude** s. Seite **434**

TRACHYSTEMON ORIENTALIS
Staude Große, rauhe, herzförmige Blätter und borretschähnliche Blüten.
↕30 cm ↔ 1 m

VINCA MINOR 'ARGENTEOVARIEGATA'
♀ **Staude** Blaßblaue Blüten zwischen graugrünen und cremefarbenen Blättern.
↕15 cm ↔ 1 m

PFLANZEN MIT DUFTENDEM LAUB

Im Gegensatz zu Blüten, die süßliche, fruchtige Düfte produzieren, riechen Blätter eher würzig oder harzig. Einige Pflanzen geben ihren Duft direkt in die Luft ab und andere benötigen dafür eine sachte Berührung. Es ist wahrscheinlich, daß diese Pflanzen ihre Düfte entwickelten, um schädliche Insekten abzuschrecken; Gärtner finden sie unwiderstehlich.

ALOYSIA TRIPHYLLA
♀ **Strauch** Relativ frostempfindlicher Strauch mit schmalen, matten Blättern, die bei Berührung intensiv nach Zitrone riechen.
↕↔ 3 m

AMICIA ZYGOMERIS
Staude Ungewöhnliche, wickenverwandte Pflanze mit graugrünen Blättern, die nach Gurke riechen, wenn sie zerrieben werden.
↕ 2,2 m ↔ 1,2 m

CALOCEDRUS DECURRENS
♀ **Konifere** Ein säulenförmiger Baum mit Nadeln, die zerrieben süßlich riechen.
↕ 20–40 m ↔ 2–9 m

CALYCANTHUS OCCIDENTALIS
Strauch Große Blätter mit würzigem Aroma und ziegelroten, nach Essig duftenden Blüten.
↕ 3 m ↔ 4 m

CERCIDIPHYLLUM JAPONICUM
♀ **Baum** Im Herbst verfärben sich die Blätter dieses reizvollen Baumes orange und rot und duften nach Karamel.
↕ 20 m ↔ 15 m

CHAMAEMELUM NOBILE 'TRENEAGUE'
Staude Diese nichtblühende Form der Kamille wächst dicht über dem Boden, und das Laub duftet fruchtig, wenn man es berührt.
↕ 10 cm ↔ 45 cm

CISTUS × HYBRIDUS
♀ **Immergrüner Strauch** s. Seite **107**

CISTUS LADANIFER
♀ **Immergrüner Strauch** Die dunkelgrünen Blätter sind klebrig und wohlriechend; die Blüten sind weiß mit einem gelben Saftmal.
↕ 2 m ↔ 1,5 m

HELICHRYSUM ITALICUM
♀ **Immergrüner Strauch** Schmales, silbriges, nach Curry duftendes Laub an einem kleinen Strauch.
↕ 60 cm ↔ 1 m

HOUTTUYNIA CORDATA 'FLORE PLENO'
Staude Eine wuchernde, kriechende Pflanze mit purpurnen Blättern, die beim Zerreiben stark nach Zitrone riechen.
↕ 15–30 cm ↔ unbegrenzt

LAVANDULA ANGUSTIFOLIA 'TWICKEL PURPLE'
♀ **Immergrüner Strauch** s. Seite **257**

LAVANDULA STOECHAS
♀ **Strauch** Purpurne Blütenstände werden von purpurnen Hochblättern gekrönt.
↕↔ 60 cm

MELISSA OFFICINALIS 'AUREA'
Staude Form der Zitronenmelisse mit gelben Flecken auf den Blättern.
↕ 1 m ↔ 45 cm

MENTHA SUAVEOLENS 'VARIEGATA'
Staude Die panaschierte Apfelminze hat ein gutes Aroma und auffällige Blätter.
↕ 1 m ↔ unbegrenzt

MONARDA 'CAMBRIDGE SCARLET'
♀ **Staude** s. Seite **292**

MONARDA 'SCORPION'
Staude Wirtel mit Hochblättern und violetten Blüten an hohen Stengeln.
↕ 1,5 m ↔ 1 m

ORIGANUM LAEVIGATUM
♀ **Staude** s. Seite **305**

ORIGANUM LAEVIGATUM 'HERRENHAUSEN'
♀ **Staude** s. Seite **306**

PELARGONIUM CRISPUM 'VARIEGATUM'
♀ **Staude, frostempfindlich** s. Seite **319**

PELARGONIUM 'LADY PLYMOUTH'
♀ **Staude, frostempfindlich** s. Seite **319**

PELARGONIUM 'MABEL GREY'
♀ **Staude, frostempfindlich** s. Seite **319**

PELARGONIUM TOMENTOSUM
♀ **Staude, frostempfindlich** s. Seite **319**

PERILLA FRUTESCENS VAR. *CRISPA*
♀ **Einjährige** s. Seite **324**

PEROVSKIA ATRIPLICIFOLIA
♀ **Strauch** Die aufrechten Äste tragen im Herbst winzige, blaue Blüten, die grauen Blätter duften den ganzen Sommer.
↕ 1,2 m ↔ 1 m

PEROVSKIA 'BLUE SPIRE'
♀ **Halbstrauch** s. Seite **324**

PROSTANTHERA CUNEATA
♀ **Immergrüner Strauch** Eine frostempfindliche Pflanze mit kleinen, nach Minze duftenden Blättern und weißen Blüten.
↕↔ 30–90 cm

PROSTANTHERA ROTUNDIFOLIA
♀ **Strauch, frostempfindlich** Im Spätfrühling werden nach Minze duftende Blätter von fliederfarbenen Blüten überdeckt.
↕ 2–4 m ↔ 1–3 m

PSEUDOTSUGA MENZIESII
♀ **Konifere** Ein großer Baum mit harzigen Nadeln.
↕ 25–50 m ↔ 6–10 m

PTELEA TRIFOLIATA 'AUREA'
♀ **Baum** Sowohl das goldfarbene Laub als auch die Rinde duften stark.
↕ 5 m

ROSA EGLANTERIA
♀ **Strauchrose** Sehr stachelige, überhängende Triebe mit kleinen, rosaroten Blüten und Blättern, die naß nach Äpfeln riechen.
↕↔ 2,5 m

ROSMARINUS OFFICINALIS 'SILVER SPIRES'
Immergrüner Strauch Eine Sorte des Küchen-Rosmarins, aber mit silbrig panaschierten Blättern an aufrechten Pflanzen.
↕ 1 m ↔ 60 cm

SALVIA DISCOLOR
♀ **Strauch, frostempfindlich** Attraktive grüne Blätter mit silbernen Unterseiten, die nach Schwarzen Johannisbeeren riechen, und kleine, dunkle Blüten.
↕ 45 cm ↔ 30 cm

SALVIA OFFICINALIS 'ICTERINA'
♀ **Halbstrauch** s. Seite **395**

SKIMMIA × CONFUSA 'KEW GREEN'
♀ **Immergrüner Strauch** s. Seite **412**

PFLANZEN MIT DUFTENDEN BLÜTEN

Duft wird bei der Anlage eines Gartens oft vergessen. Es gibt viele Nuancen von Düften: Sie können Stimmungen auslösen, in die Kindheit zurückversetzen oder in ein fernes Land entführen – nur mit einem einzigen Atemzug. Stark duftende Blüten sind oft weiß oder unscheinbar; diese Pflanzen haben sich dahingehend entwickelt, sich auf andere Weise bemerkbar zu machen.

ABELIA CHINENSIS
Strauch Ausladend, im Spätsommer mit Blütenständen aus blaßrosa Blüten.
↕ 1,5 m ↔ 2,5 m

BUDDLEJA ALTERNIFOLIA
🏆 **Strauch** s. Seite **76**

CAMELLIA 'INSPIRATION'
🏆 **Immergrüner Strauch** s. Seite **83**

CAMELLIA JAPONICA 'ALEXANDER HUNTER'
🏆 **Immergrüner Strauch** s. Seite **84**

CAMELLIA JAPONICA 'ELEGANS'
🏆 **Immergrüner Strauch** s. Seite **85**

CHIMONANTHUS PRAECOX 'LUTEUS'
🏆 **Strauch** Im Winter erfüllen blaßgelbe Blüten die Luft mit ihrem Duft.
↕ 4 m ↔ 3 m

CHOISYA 'AZTEC PEARL'
🏆 **Immergrüner Strauch** Schmal gefiederte, tiefgrüne Blätter und im Frühling und Herbst weiße, rosa getönte Blüten.
↕↔ 2,5 m

CLEMATIS MONTANA F. *GRANDIFLORA*
🏆 **Kletterpflanze** s. Seite **108**

DAPHNE BHOLUA 'GURKHA'
🏆 **Strauch** s. Seite **140**

DAPHNE TANGUTICA RETUSA-GRUPPE
🏆 **Immergrüne Sträucher** s. Seite **141**

DIANTHUS 'DORIS'
🏆 **Staude** s. Seite **145**

ERICA ERIGENA 'GOLDEN LADY'
🏆 **Immergrüner Strauch** s. Seite **159**

HAMAMELIS MOLLIS
🏆 **Strauch** Im Spätwinter sprießen aus den kahlen Ästen spinnenförmige, stark duftende, gelbe Blüten.
↕↔ 4 m

HOSTA 'HONEYBELLS'
🏆 **Staude** s. Seite **223**

JASMINUM OFFICINALE
🏆 **Kletterpflanze** Eine wüchsige, windende Kletterpflanze, im Sommer mit weißen Blüten, die einen intensiven, süßen Geruch verbreiten.
↕ 12 m

JASMINUM OFFICINALE 'ARGENTEOVARIEGATUM'
🏆 **Kletterpflanze** s. Seite **246**

LILIUM PINK-PERFECTION-GRUPPE
🏆 **Zwiebelpflanzen** s. Seite **267**

LONICERA CAPRIFOLIUM
🏆 **Kletterpflanze** Das Jelängerjelieber besitzt im Sommer rosa- und cremefarbene, duftende Blüten.
↕ 6 m

LONICERA PERICLYMENUM 'BELGICA'
🏆 **Kletterpflanze** Bereits im Frühsommer entwickelt das Waldgeißblatt cremegelbe, braun gestreifte Blüten.
↕ 7 m

LONICERA PERICLYMENUM 'GRAHAM THOMAS'
🏆 **Kletterpflanze** s. Seite **274**

MAGNOLIA GRANDIFLORA 'GOLIATH'
♀ **Immergrüner Baum** s. Seite **281**

MAHONIA × *MEDIA* 'CHARITY'
♀ **Immergrüner Strauch** s. Seite **285**

OSMANTHUS DELAVAYI
♀ **Immergrüner Strauch** s. Seite **307**

PAEONIA LACTIFLORA 'DUCHESSE DE NEMOURS'
♀ **Staude** s. Seite **312**

PHILADELPHUS 'BEAUCLERK'
♀ **Strauch** s. Seite **328**

PHILADELPHUS 'BELLE ETOILE'
♀ **Strauch** s. Seite **328**

PHLOX PANICULATA 'WHITE ADMIRAL'
♀ **Staude** Große Blütenstände mit reinweißen Blüten, die süßlich duften, erscheinen im Sommer.
↕1 m

PITTOSPORUM TENUIFOLIUM
♀ **Immergrüner Strauch** s. Seite **342**

PITTOSPORUM TOBIRA
♀ **Immergrüner Strauch** s. Seite **343**

PRIMULA FLORINDAE
♀ **Staude** s. Seite **351**

ROSA 'ALBERTINE'
♀ **Rambler-Rose** s. Seite **382**

ROSA 'ARTHUR BELLE'
♀ **Floribunda-Rose** s. Seite **378**

ROSA 'BLESSINGS'
♀ **Teehybride** s. Seite **378**

ROSA 'COMPASSION'
♀ **Kletterrose** s. Seite **380**

ROSA 'GRAHAM THOMAS'
♀ **Englische Strauchrose** s. Seite **387**

ROSA 'ICEBERG CLIMBING'
♀ **Kletterrose** Diese Rose blüht den ganzen Sommer mit reinweißen Blüten.
↕2,5 m

ROSA 'JUST JOEY'
♀ **Teehybride** s. Seite **379**

ROSA 'MARGARET MERRIL'
♀ **Floribunda-Rose** s. Seite **379**

ROSA 'PEACE'
♀ **Teehybride** s. Seite **379**

ROSA 'PENELOPE'
♀ **Strauchrose** Große Büschel mit cremerosa Blüten verströmen einen ausgeprägten Duft.
↕↔ 1,1 m

ROSA 'REMEMBER ME'
♀ **Teehybride** s. Seite **379**

SARCOCOCCA HOOKERIANA VAR. *DIGYNA*
♀ **Immergrüner Strauch** s. Seite **401**

SKIMMIA JAPONICA 'RUBELLA'
♀ **Immergrüner Strauch** s. Seite **413**

SMILACINA RACEMOSA
♀ **Staude** s. Seite **413**

SYRINGA MEYERI 'PALIBIN'
♀ **Strauch** s. Seite **423**

SYRINGA VULGARIS 'MADAME LEMOINE'
♀ **Strauch** s. Seite **425**

ULEX EUROPAEUS 'FLORE PLENO'
♀ **Immergrüner Strauch** Die dornigen Büsche haben das Jahr über gefüllte Blüten, die nach Kokosnuß riechen.
↕2,5 m ↔ 2 m

VIBURNUM × *BURKWOODII* 'PARK FARM HYBRID'
♀ **Immergrüner Strauch** Aufrechter Strauch mit im Spätfrühling rosaroten, duftenden Blüten.
↕3 m ↔ 2 m

VIBURNUM CARLESII 'AURORA'
♀ **Strauch** Buschig, im Spätfrühling mit rosaroten Blüten.
↕↔ 2 m

FUGENPFLANZEN

Mit Pflanzen kann man große Kiesflächen oder Pflasterungen unterbrechen. Die zarten Blüten kleiner Pflanzen werden vor Erdverschmutzung bewahrt, die Hitze strahlt zu den sonnenliebenden Pflanzen zurück. Wenige Pflanzen dulden das Betreten; man sollte da, wo viel gelaufen wird, nur die widerstandsfähigsten aussuchen. Wenig frequentierte Stellen sind für Zwergsträucher und Gebirgspflanzen geeignet.

ACAENA 'BLUE HAZE'
Staude Eine ausladende Staude mit gefiederten, graublauen Blättern und kugeligen, weißen Blütenköpfchen, die sich zu roten Klettfrüchten entwickeln.
↕ 10–15 cm ↔ 1 m

ACAENA MICROPHYLLA
♀ **Staude** s. Seite **31**

AETHIONEMA 'WARLEY ROSE'
♀ **Strauch** s. Seite **38**

AJUGA REPTANS 'ATROPURPUREA'
♀ **Staude** s. Seite **40**

ANTHEMIS PUNCTATA SSP. *CUPANIANA*
♀ **Staude** s. Seite **49**

ARENARIA MONTANA
♀ **Staude** s. Seite **52**

ARMERIA JUNIPERIFOLIA
♀ **Halbstrauch** s. Seite **54**

CAMPANULA COCHLEARIFOLIA
♀ **Staude** s. Seite **88**

CHAMAEMELUM NOBILE 'TRENEAGUE'
Staude Diese nichtblühende Form der Kamille bedeckt den Boden; das Laub duftet fruchtig, wenn daran gerieben wird.
↕ 10 cm ↔ 45 cm

DIANTHUS 'PIKE'S PINK'
♀ **Staude** Kleine Gebirgsnelke mit süßlich duftenden, rosaroten Blüten.
↕ 15 cm

DIASCIA 'JOYCE'S CHOICE'
♀ **Staude** Im Sommer blühende Pflanze mit langen Blütenständen blasser, aprikosenfarbener, rosa getönter Blüten.
↕ 30 cm ↔ 45 cm

ERIGERON KARVINSKIANUS
♀ **Staude** s. Seite **162**

ERINUS ALPINUS
♀ **Staude** s. Seite **162**

HELIANTHEMUM 'RHODANTHE CARNEUM'
♀ **Immergrüner Strauch** s. Seite **212**

LYSIMACHIA NUMMULARIA 'AUREA'
♀ **Staude** s. Seite **279**

PENSTEMON RUPICOLA
♀ **Zwergstrauch** Winzig, verglichen mit den Rabatten-Bartfäden, immergrün, mit ledrigen Blättern und im Sommer kleinen, röhrenförmigen, tiefrosa Blüten.
↕ 10 cm ↔ 45 cm

PHLOX DOUGLASII 'CRACKERJACK'
♀ **Staude** Ein kompakter, immergrüner Staudenphlox mit schmalen, steifen Blättern und magentaroten Blüten.
↕ 12 cm ↔ 20 cm

PHLOX DOUGLASII 'RED ADMIRAL'
♀ **Staude** s. Seite **332**

PRATIA PEDUNCULATA
Staude Schwach wuchernde, kriechende Pflanze mit winzigen Blättern und im Sommer sternförmigen, blaßblauen Blüten.
↕ 1,5 cm ↔ unbegrenzt

SAPONARIA OCYMOIDES
🏆 **Staude** s. Seite **399**

SEDUM ACRE 'AUREUM'
Staude Schwach wuchernde Sukkulente mit winzigen Trieben, in der Jugend gelben Blättern und gelben Blüten.
↕ 5 cm ↔ 60 cm

SEDUM KAMTSCHATICUM 'VARIEGATUM'
🏆 **Staude** s. Seite **406**

SEDUM SPATHULIFOLIUM 'PURPUREUM'
🏆 **Staude** s. Seite **407**

SEDUM SPURIUM 'SCHORBUSER BLUT'
🏆 **Staude** s. Seite **408**

SOLEIROLIA SOLEIROLII 'AUREA'
Staude Relativ frostempfindliche, aber stark wuchernde Pflanze mit leuchtend lindgrünen, winzigen Blättern, die Polster bilden.
↕ 5 cm ↔ 1 m

THYMUS 'PINK CHINTZ'
🏆 **Staude** Kriechende Triebe, die bewurzeln, mit grauen Blättern und rosaroten Blüten, die Bienen anlocken.
↕ 25 cm ↔ 45 cm

THYMUS POLYTRICHUS SSP. *BRITANNICUS* 'ALBUS'
🏆 **Halbstrauch** Eine mattenbildende, holzige Pflanze mit behaarten Blättern und weißen Blüten.
↕ 5 cm ↔ 60 cm

THYMUS x *CITRIODORUS* 'BERTRAM ANDERSON'
🏆 **Immergrüner Strauch** s. Seite **432**

THYMUS x *CITRIODORUS* 'SILVER QUEEN'
🏆 **Immergrüner Strauch** Die Blätter dieser Kulturform sind panaschiert und haben mit den lavendelrosa Blüten eine gute Wirkung.
↕ 30 cm ↔ 25 cm

THYMUS SERPYLLUM VAR. *COCCINEUM*
🏆 **Halbstrauch** s. Seite **433**

VIOLA 'JACKANAPES'
🏆 **Staude** s. Seite **455**

PFLANZEN MIT INTERESSANTEM ERSCHEINUNGSBILD

Jeder Garten benötigt Pflanzen mit einer prägnanten Gestalt und Struktur. Zu viele dieser Pflanzen würden einen überladenen Eindruck vermitteln. Aber an ausgewählten Stellen, zwischen weniger außergewöhnliche Pflanzen gesetzt, sind sie ein Blickfang oder das i-Tüpfelchen in einer Rabatte. Man sollte den Effekt von Licht und Schatten nutzen, um klare Umrisse hervorzuheben.

ACANTHUS SPINOSUS
♀ **Staude** s. Seite **31**

AESCULUS PARVIFLORA
♀ **Strauch** s. Seite **38**

AGAVE AMERICANA
♀ **Sukkulente** Gefährlich bedornte Pflanze mit stahlgrauen Blättern, die eine stattliche Rosette bilden.
↕ 2 m ↔ 3 m

AILANTHUS ALTISSIMA
♀ **Baum** Kann hoch werden; wenn man ihn jedes Jahr zurückschneidet, werden die gefiederten Blätter 1,2 m lang.
↕ 25 m ↔ 15 m

BETULA NIGRA
♀ **Baum** s. Seite **73**

BETULA PENDULA 'YOUNGII'
♀ **Baum** s. Seite **73**

CATALPA BIGNONIOIDES 'AUREA'
♀ **Baum** Ein großer, ausladender Baum, der jährlich stark zurückgeschnitten werden kann, so daß er große, goldfarbene Blätter entwickelt.
↕↔ 10 m

CHAMAECYPARIS NOOTKATENSIS 'PENDULA'
♀ **Konifere** s. Seite **100**

CHAMAECYPARIS PISIFERA 'FILIFERA AUREA'
♀ **Konifere** Ein breiter, überhängend wachsender Strauch mit peitschenähnlichen, goldenen Trieben.
↕ 12 m ↔ 5 m

CORYLUS AVELLANA 'CONTORTA'
♀ **Strauch** s. Seite **121**

CROCOSMIA MASONIORUM
♀ **Staude** s. Seite **130**

ERYNGIUM GIGANTEUM
♀ **Zweijährige** Rosetten mit tiefgrünen Blättern und im zweiten Jahr mit dornigen, weißen Trieben und Blütenköpfchen.
↕ 90 cm ↔ 30 cm

EUCALYPTUS PAUCIFLORA SSP. *NIPHOPHILA*
♀ **Immergrüner Baum** s. Seite **169**

EUPHORBIA CHARACIAS
♀ **Staude** s. Seite **173**

FAGUS SYLVATICA 'PENDULA'
♀ **Baum** Ein Baum von großen Ausmaßen mit horizontalen und überhängenden Ästen, die wasserfallähnlich wachsen.
↕ 15 m ↔ 20 m

FARGESIA NITIDA
♀ **Ziergras** s. Seite **177**

GUNNERA MANICATA
♀ **Staude** s. Seite **201**

HELIANTHUS 'MONARCH'
♀ **Staude** s. Seite **214**

KNIPHOFIA CAULESCENS
♀ **Staude** Eine immergrüne Fackellilie mit blaugrünen Blättern und blaß orangefarbenen Blüten an kurzen Trieben.
↕ 1,2 m ↔ 60 cm

MACLEAYA × *KEWENSIS* 'KELWAY'S CORAL PLUME'
♀ **Staude** s. Seite **280**

MELIANTHUS MAJOR
♀ **Staude, frostempfindlich** s. Seite **290**

PAEONIA DELAVAYI
♀ **Strauch** s. Seite **311**

PAULOWNIA TOMENTOSA
♀ **Baum** Entwickelt bei natürlichen Wachstumsbedingungen fliederfarbene Blüten, ist jährlich zurückgeschnitten eine prächtige Blattpflanze.
↕12 m ↔ 10 m

PHORMIUM TENAX
♀ **Staude** Aufrecht; immergrüne, schmale, ledrige Blätter, die große, überhängende Blütenstände umgeben.
↕4 m ↔ 2 m

PHORMIUM TENAX PURPUREUM-GRUPPE
♀ **Stauden** s. Seite **334**

PHYLLOSTACHYS AUREOSULCATA VAR. *AUREOCAULIS*
Bambus Großer Bambus mit goldenen Trieben und schmalen Blättern.
↕3–6 m ↔ unbegrenzt

PHYLLOSTACHYS NIGRA
♀ **Bambus** s. Seite **336**

PHYLLOSTACHYS NIGRA VAR. *HENONIS*
♀ **Bambus** s. Seite **337**

PLEIOBLASTUS VARIEGATUS
♀ **Bambus** s. Seite **345**

PRUNUS 'AMANOGAWA'
♀ **Baum** Schmaler, aufrechter Wuchs, gleicht einer Pyramiden-Pappel, im Frühling mit rosaroten Blüten.
↕8 m ↔ 4 m

PRUNUS 'KIKU-SHIDARE-ZAKURA'
♀ **Baum** s. Seite **356**

RODGERSIA AESCULIFOLIA
♀ **Staude** Kriechende Rhizome entwickeln Büschel großer Blätter und rosarote Blüten.
↕2 m ↔ 1 m

SORBARIA TOMENTOSA VAR. *ANGUSTIFOLIA*
♀ **Strauch** Ein ausladender Strauch mit fedrigen Blättern, roten Ästen und flaumigen, weißen Blütenständen.
↕3 m

STIPA GIGANTEA
♀ **Ziergras** s. Seite **421**

TRACHYCARPUS FORTUNEI
♀ **Frostharte Palme** Langsam wachsende Palme mit fächerförmigen Blättern und einem mit zunehmendem Alter pelzigen Stamm.
↕20 m ↔ 2,5 m

VIBURNUM PLICATUM 'PINK BEAUTY'
♀ **Strauch** Ein ausladender Strauch mit horizontalen Reihen von Ästen, die mit weißen, rosa werdenden Blüten bedeckt sind.
↕3 m ↔ 4 m

WOODWARDIA RADICANS
♀ **Frostharter Farn** Ein großer, immergrüner Farn mit riesigen, überhängenden Wedeln.
↕2 m ↔ 3 m

YUCCA FILAMENTOSA
♀ **Immergrüner Strauch** Eine gruppenbildende, stammlose Pflanze mit weichen Blättern und spiralig angeordneten, cremefarbenen Blüten.
↕75 cm ↔ 1,5 m

YUCCA FILAMENTOSA 'BRIGHT EDGE'
♀ **Strauch** s. Seite **459**

YUCCA FLACCIDA 'IVORY'
♀ **Strauch** s. Seite **460**

YUCCA GLORIOSA
♀ **Immergrüner Strauch** Aufrechte Stämme mit graugrünen, schmalen, scharf zugespitzten Blättern und großen Büscheln weißer Blüten.
↕↔ 2 m

STRÄUCHER UND KLETTERPFLANZEN FÜR KALTE MAUERN

Die kältesten Mauern und Zäune sind fast ganzjährig ohne Sonne, aber die gleichmäßigen Temperaturen und der meist feuchte Boden sind für einige Pflanzen gut geeignet. Mauern, die nur Morgensonne erhalten, sind in frostgefährdeten Regionen problematisch: schnelles Auftauen schädigt Triebe und Blüten. Aber sie sind der ideale Platz für Waldreben und Rosen, *Chaenomeles* und Geißblatt.

AKEBIA QUINATA
Halbimmergrüne Kletterpflanze Windende Triebe mit dunkelgrünen, gefiederten Blättern und im Frühling duftenden, purpurnen Blüten.
↕ 10 m

CAMELLIA × WILLIAMSII 'FRANCIS HANGER'
Immergrüner Strauch Glänzende Blätter bilden einen guten Hintergrund für die weißen Blüten mit goldenen Staubblättern.
↕ 1,5 m

CHAENOMELES SPECIOSA 'GEISHA GIRL'
Strauch Buschige Pflanze mit halbgefüllten, blaß aprikosenrosa Blüten.
↕ 1,5 m

CLEMATIS 'HELSINGBORG'
♀ **Frühblühende Waldrebe** Unmengen von zierlichen, tief purpurblauen Blüten, die sich in flaumige Fruchtstände verwandeln.
↕ 2–3 m ↔ 1,5 m

CLEMATIS 'CARNABY'
Mittelfrühblühende Waldrebe Kompakte Kletterpflanze mit großen, rosaroten Blüten, wobei jedes Blütenblatt zur Mitte hin dunkler wird.
↕ 2,5 m ↔ 1 m

CLEMATIS 'HENRYI'
♀ **Mittelfrühblühende Waldrebe** s. Seite **109**

CLEMATIS 'MINUET'
♀ **Mittelfrühblühende Waldrebe** s. Seite **111**

CLEMATIS 'NELLY MOSER'
♀ **Mittelfrühblühende Waldrebe** s. Seite **109**

CLEMATIS 'NIOBE'
♀ **Mittelfrühblühende Waldrebe** Einzelne, große, tiefrote Blüten mit gelben Staubblättern.
↕ 2–3 m ↔ 1 m

CLEMATIS 'VENOSA VIOLACEA'
♀ **Spätblühende Waldrebe** s. Seite **111**

CODONOPSIS CONVOLVULACEA
♀ **Staudenförmige Kletterpflanze** s. Seite **112**

CORYLOPSIS PAUCIFLORA
♀ **Strauch** s. Seite **120**

COTONEASTER HORIZONTALIS
♀ **Strauch** s. Seite **124**

DAPHNE ODORA 'AUREOMARGINATA'
Immergrüner Strauch Langsam wachsender, polsterförmiger Strauch mit goldrandigen Blättern und blaßrosa, duftenden Blüten.
↕ 1,5 m

EUONYMUS FORTUNEI 'EMERALD 'N' GOLD'
♀ **Immergrüner Strauch** s. Seite **171**

FORSYTHIA SUSPENSA
♀ **Immergrüner Strauch** s. Seite **181**

GARRYA ELLIPTICA 'JAMES ROOF'
♀ **Immergrüner Strauch** s. Seite **189**

HEDERA CANARIENSIS 'GLOIRE DE MARENGO'
♀ **Immergrüne Kletterpflanze** Silbergrüne, weiß panaschierte Blätter, die im Winter rosa getönt sind.
↕4 m

HEDERA COLCHICA 'DENTATA'
♀ **Immergrüne Kletterpflanze** s. Seite **209**

HEDERA COLCHICA 'SULPHUR HEART'
♀ **Immergrüne Kletterpflanze** s. Seite **209**

HEDERA HELIX 'GOLDHEART'
Immergrüne Kletterpflanze Rote Triebe mit tiefgrünen Blättern, die in der Mitte golden gefleckt sind.
↕8 m

HYDRANGEA ANOMALA SSP. *PETIOLARIS*
♀ **Kletterpflanze** s. Seite **226**

JASMINUM HUMILE
Immergrüner Strauch Wenig verzweigter, bogiger Strauch, im Sommer mit leuchtendgelben Blüten.
↕2,5 m

JASMINUM NUDIFLORUM
♀ **Strauch** s. Seite **245**

KERRIA JAPONICA 'PLENIFLORA'
♀ **Strauch** Robuste, aufrechte Pflanze mit dünnen, grünen Trieben und gefüllten, orangegoldenen Blüten.
↕3 m

LONICERA JAPONICA 'HALLIANA'
♀ **Immergrüne Kletterpflanze** Stark wachsende Kletterpflanze mit duftenden, weißen, später gelb werdenden Blüten.
↕10 m

MUEHLENBECKIA COMPLEXA
Kletterpflanze Zahlreiche faserartige, dunkle, gewundene Triebe mit winzigen, geigenförmigen Blättern.
↕3 m

PARTHENOCISSUS HENRYANA
♀ **Kletterpflanze** s. Seite **317**

PARTHENOCISSUS QUINQUEFOLIA
♀ **Kletterpflanze** Kräftige, laubwerfende Kletterpflanze mit in fünf Fiedern geteilten Blättern, die im Herbst lebhaft rote Farbtöne annehmen.
↕15 m

PILEOSTEGIA VIBURNOIDES
♀ **Immergrüne Kletterpflanze** Längliche, dunkelgrüne Blätter und Büschel mit flaumigen, weißen Blüten.
↕6 m

PYRACANTHA 'HARLEQUIN'
Immergrüner Strauch Dorniger Strauch mit weiß panaschierten Blättern, weißen Blüten und roten Beeren.
↕1,5 m ↔2 m

ROSA 'ALBÉRIC BARBIER'
♀ **Rambler-Rose** s. Seite **382**

ROSA 'DUBLIN BAY'
♀ **Kletterrose** s. Seite **380**

ROSA 'HANDEL'
♀ **Kletterrose** s. Seite **381**

ROSA 'MERMAID'
♀ **Kletterrose** Kräftige, stachelige Kletterpflanze mit dunklen, glänzenden Blättern und einzelnen, primelgelben Blüten.
↕6 m

SCHIZOPHRAGMA INTEGRIFOLIUM
♀ **Kletterpflanze** Große Kletterpflanze mit gesägten, dunkelgrünen Blättern und auffälligen, weißen Blüten.
↕12 m

PFLANZEN FÜR WARME MAUERN

Man sollte die wärmsten und sonnigsten Gartenmauern nutzen, um frostempfindliche Pflanzen zu kultivieren. Diese Stellen können sehr trocken sein, besonders wenn die Einfassung schmal ist oder im Schatten eines Daches liegt; dann kann es schwierig sein, Pflanzen einzugewöhnen. An Mauern, die nur am Nachmittag Sonne erhalten, wachsen Pflanzen schneller, weil mehr Feuchtigkeit vorhanden ist.

ABELIA 'EDWARD GOUCHER'
♀ **Halbimmergrüner Strauch** s. Seite **28**

ABELIA FLORIBUNDA
♀ **Immergr. Strauch, frostempf.** s. Seite **28**

ABELIA X *GRANDIFLORA*
♀ **Halbimmergrüner Strauch** s. Seite **29**

ABELIA X *GRANDIFLORA* 'FRANCIS MASON'
♀ **Immergrüner Strauch** Gelbe und dunkelgrüne Blätter, im Sommer blaßrosa Blüten. ↕1,5 m

ABUTILON 'KENTISH BELLE'
♀ **Strauch, frostempfindlich** s. Seite **29**

ACACIA DEALBATA
♀ **Immergrüner Baum** Nicht sehr frosthart, aber besonders schön, mit fedrigem, graugrünem Laub und im Frühling duftenden, gelben Blüten. ↕15–30 m

ACTINIDIA KOLOMIKTA
♀ **Kletterpflanze** s. Seite **37**

CALLISTEMON CITRINUS 'SPLENDENS'
♀ **Immergr. Strauch, frostempf.** s. Seite **81**

CAMPSIS X *TAGLIABUANA* 'MADAME GALEN'
♀ **Kletterpflanze** s. Seite **90**

CARPENTERIA CALIFORNICA
♀ **Immergr. Strauch, frostempf.** s. Seite **92**

CEANOTHUS 'AUTUMNAL BLUE'
♀ **Immergr. Strauch, frostempf.** s. Seite **94**

CEANOTHUS 'CONCHA'
Immergrüner Strauch Dunkelblaue Blüten. ↕3m

CESTRUM PARQUI
♀ **Strauch** Weichtriebiger Busch mit schmalen Blättern und im Sommer Büschel mit lindgrünen, röhrenförmigen, nachts duftenden Blüten. ↕2 m

CLEMATIS CIRRHOSA 'FRECKLES'
♀ **Frühblühende Waldrebe** Purpurn getönte, cremefarben gefleckte Blätter, im Winter glockenförmige Blüten. ↕2,5–3 m ↔ 1,5 m

CLEMATIS 'LASURSTERN'
♀ **Mittelfrühblühende Waldrebe** s. Seite **109**

CLEMATIS 'ETOILE VIOLETTE'
♀ **Spätblühende Waldrebe** s. Seite **110**

CLEMATIS 'JACKMANNII'
♀ **Spätblühende Waldrebe** s. Seite **111**

CLEMATIS REHDERIANA
♀ **Spätblühende Waldrebe** s. Seite **111**

CLEMATIS 'THE PRESIDENT'
♀ **Mittelfrühblühende Waldrebe** s. Seite **109**

CLEMATIS VITICELLA 'PURPUREA PLENA ELEGANS'
♀ **Spätblühende Waldrebe** s. Seite **111**

CLIANTHUS PUNICEUS
♀ **Immergr. Strauch, frostempf.** s. Seite **112**

CYTISUS BATTANDIERI
♀ **Halbimmergrüner Strauch** s. Seite **135**

ECCREMOCARPUS SCABER
♀ **Kletterpflanze, frostempfindlich** s. Seite **152**

ESCALLONIA 'LANGLEYENSIS'
♀ **Immergrüner Strauch** s. Seite **167**

FREMONTODENDRON 'CALIFORNIA GLORY'
♀ **Strauch, frostempfindlich** s. Seite **182**

HEDYCHIUM GARDNERIANUM
♀ **Staude** Große Blütenstände spinnenförmiger, auffälliger, süßlich duftender, cremefarbener Blüten. ↕2–2,2 m

IPOMOEA INDICA
♀ **Kletterpflanze, frostempf.** s. Seite **237**

JASMINUM × *STEPHANENSE*
♀ **Kletterpflanze** Schnell wachsend, im Sommer mit Büscheln rosaroter, duftender Blüten. ↕5 m

JOVELLANA VIOLACEA
♀ **Halbimmergrüner Strauch** Frostempfindlicher, schwacher Strauch mit blaßvioletten glockigen Blüten. ↕60 cm ↔ 1 m

LAPAGERIA ROSEA
♀ **Kletterpflanze, frostempf.** s. Seite **253**

LONICERA × *ITALICA*
♀ **Kletterpflanze** s. Seite **273**

LONICERA × *TELLMANNIANA*
♀ **Kletterpflanze** s. Seite **275**

MAGNOLIA GRANDIFLORA 'EXMOUTH'
♀ **Immergrüner Strauch** s. Seite **280**

PASSIFLORA CAERULEA
♀ **Kletterpflanze, frosthart (Grenzfall)** s. Seite **318**

PHYGELIUS AEQUALIS 'YELLOW TRUMPET'
♀ **Strauch, frosthart (Grenzfall)** s. Seite **335**

PHYGELIUS × *RECTUS* 'AFRICAN QUEEN'
♀ **Strauch, frosthart (Grenzfall)** s. Seite **336**

PITTOSPORUM TENUIFOLIUM 'SILVER QUEEN'
♀ **Immergrüner Strauch** Drahtige Zweige tragen graugrüne, weißrandige Blätter und im Herbst purpurne, duftende Blüten. ↕1–4 m ↔ 2 m

RIBES SPECIOSUM
♀ **Strauch** Dorniger Strauch mit borstigen Trieben, kleinen, glänzenden Blättern und hängenden, roten Blüten, die Fuchsien gleichen. ↕2 m

RHODANTHEMUM HOSMARIENSE
♀ **Halbstrauch** s. Seite **367**

ROSEN: KLETTERROSEN
♀ **Halbimmergrüne Kletterpflanzen** s.Seiten **380–381**

SOLANUM CRISPUM 'GLASNEVIN'
♀ **Kletterpflanze, frostempf.** s. Seite **414**

SOLANUM JASMINOIDES 'ALBUM'
♀ **Kletterpflanze, frostempf.** s. Seite **414**

THUNBERGIA GRANDIFLORA
♀ **Kletterpflanze, frostempf.** s. Seite **431**

TRACHELOSPERMUM JASMINOIDES
♀ **Immergrüne Kletterpflanze, frostempfindlich** s. Seite **435**

VESTIA FOETIDA
♀ **Strauch** Eine kurzlebige, frostempfindliche Pflanze mit unangenehm riechenden Blättern und zahlreichen hängenden, gelben Blüten. ↕2 m ↔ 1,5 m

VITIS 'BRANT'
♀ **Kletterpflanze** Ein Zierwein mit grünen Blättern, die sich im Herbst rot verfärben, und schwarzen, eßbaren Trauben. ↕7 m

WISTERIA FLORIBUNDA 'ALBA'
♀ **Kletterpflanze** s. Seite **458**

WISTERIA SINENSIS
♀ **Kletterpflanze** s. Seite **459**

WISTERIA SINENSIS 'SIERRA MADRE'
♀ **Immergrüner Strauch** Attraktive Kulturform mit zweifarbigen, duftenden Blüten. ↕9 m

ZAUSCHNERIA CALIFORNICA 'DUBLIN'
♀ **Staude, frostempfindlich** s. Seite **461**

PFLANZEN FÜR BIENEN UND SCHMETTERLINGE

Pflanzen, die diese Insekten anlocken, haben einfache, röhrenförmige Blüten oder margeritenähnliche Blütenstände, vor allem in Rosa- und Purpurtönen. Sorten mit gefüllten Blüten sind ungeeignet. Schmetterlinge bevorzugen fruchtige Düfte. Im Raupenstadium benötigen sie andere Futterpflanzen. Brennesseln sind Futterpflanzen für Perlmutterfalter, doch hohes Gras und Unkräuter dienen anderen Arten.

AJUGA REPTANS 'BRAUNHERZ'
♀ **Staude** Kriechende Pflanze mit glänzenden, purpurnen Blättern und im Frühling blauen Blüten. ↕15 cm ↔90 cm

ALLIUM SCHOENOPRASUM 'FORESCATE'
Staude Eine Zierform des Schnittlauchs mit zahlreichen Blütenköpfchen rosaroter Blüten. ↕60 cm

ASCLEPIAS INCARNATA
Staude Dicke, aufrechte Triebe tragen kleine Blütenstände mit ungewöhnlichen, blaßrosa Blüten, die zu interessanten Früchten heranreifen. ↕1,2 m ↔60 cm

ASTER AMELLUS 'SONIA'
Staude Eine behaarte, beblätterte Pflanze, die sich mit blaßrosa Blütenköpfchen mit gelber Mitte schmückt.
↕60 cm ↔45 cm

ASTER 'ANDENKEN AN ALMA PÖTSCHKE'
♀ **Staude** s. Seite **58**

ASTER × *FRIKARTII* 'MÖNCH'
♀ **Staude** s. Seite **59**

ASTER TURBINELLUS
♀ **Staude** Drahtige, fast schwarze Triebe mit kleinen Blättern und im Spätsommer zerstreut erscheinenden, fliederfarbenen Blütenköpfchen. ↕1,2 m ↔60 cm

BUDDLEJA AURICULATA
Immergrüner Strauch Kleine Gruppen weißer oder orangefarbener, duftender Blüten erscheinen im Herbst.
↕3 m

BUDDLEJA DAVIDII 'BLACK KNIGHT'
♀ **Strauch** Große Blütenstände mit tiefpurpurnen Blüten, wächst am besten nach starkem Rückschnitt zu Vegetationsbeginn.
↕3 m ↔5 m

BUDDLEJA 'LOCHINCH'
♀ **Strauch, frosthart (Grenzfall)** s. Seite **78**

CALLUNA VULGARIS 'WICKWAR FLAME'
♀ **Immergrüner Strauch** Matten goldener Blätter, die im Winter rot werden; im Sommer rosarote Blüten. ↕50 cm ↔65 cm

CARYOPTERIS × *CLANDONENSIS* 'HEAVENLY BLUE'
♀ **Strauch** s. Seite **92**

CEANOTHUS 'PUGET BLUE'
♀ **Immergrüner Strauch** Sich auftürmende Massen feinen Laubes, mit mittelblauen Blüten bedeckt. ↕2,2 m

CYTISUS × *BEANII*
♀ **Strauch** s. Seite **136**

DAHLIA MERCKII
Staude, frostempfindlich Knollenpflanze mit dünnen Trieben und malvenfarbenen, nickenden Blütenständen. ↕2 m ↔1 m

DIGITALIS PURPUREA 'SUTTON'S APRICOT'
♀ **Zweijährige** Hoher Fingerhut, im Sommer mit aprikosenrosa Blüten. ↕1–2 m

ECHINACEA PURPUREA
Staude Steife Triebe tragen große Blütenköpfchen mit rosa Randblüten und dunkler Mitte. ↕1 m ↔45 cm

ECHIUM VULGARE 'BLUE BEDDER'
Einjährige Buschige Pflanze mit stacheligen, graugrünen Blättern und zartblauen Blüten. ↕45 cm

ERICA VAGANS 'BIRCH GLOW'
♀ **Immergrüner Strauch** s. Seite **161**

ERICA VAGANS 'VALERIE PROUDLEY'
♀ **Immergrüner Strauch** Goldenes Laub und im Sommer weiße Blüten.
↕15 cm ↔ 30 cm

ERICA × VEITCHII 'EXETER'
♀ **Immergr. Strauch, frostempf.** s. Seite **158**

ERYNGIUM PLANUM
Staude Verzweigte, stahlblaue Triebe mit kleinen, hellblauen Blütenköpfchen erheben sich aus immergrünen Blattrosetten.
↕90 cm ↔ 45 cm

HELIOTROPIUM 'PRINCESS MARINA'
♀ **Strauch, frostempfindlich** s. Seite **216**

HYSSOPUS OFFICINALIS
Immergrüner Strauch Pflanze mit grünen Blättern und im Sommer Blütenständen mit blauen Blüten.
↕60 cm ↔ 1 m

LAMIUM ORVALA
Staude Eine gruppenbildende Pflanze, die nicht kriecht, mit großen Blättern und im Frühling purpurnen Blüten. ↕60cm ↔ 30cm

LAVANDULA ANGUSTIFOLIA
'LODDON PINK'
Immergrüner Strauch Kompakter Strauch mit grauen Blättern und Ähren mit blaßrosa Blüten. ↕45 cm ↔ 60 cm

LUNARIA REDIVIVA
Staude Blaß fliederfarbene, duftende Blüten reifen zu flachen, durchscheinenden Früchten. ↕60–90 cm ↔ 30 cm

MENTHA LONGIFOLIA
BUDDLEJA-MINT-GRUPPE
Stauden Hohe Triebe mit grauen Blättern und dicht mit rosa Blüten besetzte Blütenstände. ↕1 m

MONARDA 'CROFTWAY PINK'
♀ **Staude** s. Seite **293**

ORIGANUM LAEVIGATUM
'HERRENHAUSEN'
♀ **Staude** s. Seite **306**

PAPAVER ORIENTALE
'CEDRIC MORRIS'
♀ **Staude** s. Seite **315**

PAPAVER RHOEAS 'MOTHER OF PEARL'
Einjährige Eine unkomplizierte Einjährige, die im Frühling oder Herbst ausgesät wird, mit zarten Blüten in Pastelltönen.
↕90 cm ↔ 30 cm

PENSTEMON 'SOUR GRAPES'
Staude Attraktive Blüten in Graublau-, Rosa- und Malventönen an Blütenständen über großen, grünen Blättern.
↕60 cm ↔ 45 cm

PRUNELLA GRANDIFLORA
'LOVELINESS'
♀ **Staude** s. Seite **354**

ROSMARINUS OFFICINALIS
'MISS JESSOP'S UPRIGHT'
♀ **Immergrüner Strauch** s. Seite **388**

SEDUM 'HERBSTFREUDE'
♀ **Staude** Aufrechte, unverzweigte Triebe mit blaßgrünen, fleischigen Blättern und im Spätsommer tief rosaroten Blüten in flachen Blütenständen.
↕↔ 60 cm

TAGETES 'NAUGHTY MARIETTA'
Einjährige Buschige Pflanzen mit gelben, rot gezeichneten Blütenköpfchen.
↕30–40 cm

TRACHELIUM CAERULEUM
♀ **Einjährige** Als Einjährige gezogen entwickelt diese drahtige, aufrechte Pflanze im Sommer flache Blütenstände mit kleinen, purpurnen Blüten.
↕1 m ↔ 30 cm

PFLANZEN, DIE GARTENVÖGEL ANLOCKEN

Einheimische und Zugvögel nutzen eine breite Palette von Nahrungspflanzen, so daß Pflanzen mit Beeren und Samen viele verschiedene Vogelarten in den Garten locken. Leider bedeutet die Fütterung zwangsläufig, daß die Nahrungsquelle – und der attraktive Herbstaspekt – nicht lange vorhält, so daß es nötig ist, viele verschiedene Arten zu kultivieren, um zusätzliches Futter anbieten zu können.

ATRIPLEX HORTENSIS VAR. *RUBRA*
Einjährige Kräftige Pflanze mit tiefroten Blättern, die gut mit anderen Pflanzen kontrastieren; Vögel lieben die Samen dieser Pflanze. ↕1,2 m ↔ 30 cm

BERBERIS THUNBERGII
♀ **Strauch** Grüne Blätter und im Sommer kleine, gelbe Blüten verwandeln sich im Herbst in rote Blätter und Beeren.
↕2 m ↔ 2,5 m

CORTADERIA SELLOANA 'PUMILA'
♀ **Ziergras** Ein kompaktes Pampasgras mit kurzen Blütenständen.
↕1,5 m ↔ 1,2 m

COTONEASTER LACTEUS
♀ **Immergrüner Strauch** s. Seite **125**

COTONEASTER SIMONSII
♀ **Strauch** s. Seite **125**

CRATAEGUS x *LAVALLEI* 'CARRIEREI'
♀ **Baum** s. Seite **128**

CYNARA CARDUNCULUS
♀ **Staude** s. Seite **135**

DAPHNE MEZEREUM
Strauch Kleiner Strauch mit aufrechten Ästen, im Frühling duftenden, rosaroten Blüten und roten Beeren im Herbst.
↕1,2 m ↔ 1 m

HEDERA HELIX
Immergrüne Kletterpflanze Wenn der Efeu sein blühfähiges Stadium erreicht, sind die schwarzen Beeren für viele Vögel wertvoll.
↕3 m

HELIANTHUS ANNUUS 'MUSIC BOX'
Einjährige Vielfarbige Sonnenblumen mit Fruchtständen, die geerntet werden können, um einige Monate später die Vögel damit zu füttern. ↕70 cm ↔ 60 cm

ILEX AQUIFOLIUM
'HANDSWORTH NEW SILVER'
♀ **Immergrüner Strauch** s. Seite **233**

LONICERA PERICLYMENUM
'SEROTINA'
♀ **Kletterpflanze** s. Seite **274**

MAHONIA AQUIFOLIUM
Immergrüner Strauch Ein ausläuferbildender Strauch mit weichstacheligen Blättern und gelben Blüten, die zu schwarzen Beeren heranreifen. ↕1 m ↔ 1,5 m

MALUS ZUMI 'GOLDEN HORNET'
♀ **Baum** s. Seite **287**

MISCANTHUS SINENSIS
♀ **Ziergras** Dieses Gras bildet Horste mit langen, überhängenden Blättern, und im Spätsommer erscheinen silbrige oder rosarote Blütenstände. ↕2,5 m ↔ 1,2 m

ONOPORDUM NERVOSUM
♀ **Zweijährige** Eine große, silbrige, stachelige Pflanze mit purpurnen Blüten in distelartigen Blütenständen. ↕2,5 m ↔ 1 m

PAPAVER SOMNIFERUM
'WHITE CLOUD'
Einjährige Weiße, gefüllte Blüten und hübsche Fruchtkapseln, deren Samen Vögel anlocken.
↕1 m ↔ 30 cm

PRUNUS PADUS
Baum Ein ausladender Baum mit hängenden Büscheln kleiner, weißer Blüten, aus denen schwarze Früchte hervorgehen.
↕15 m ↔ 10 m

PYRACANTHA 'MOHAVE'
Immergrüner Strauch Dichter, dorniger Strauch mit dunkelgrünen Blättern und leuchtendroten Früchten.
↕4 m ↔ 5 m

RIBES ODORATUM
Strauch Wenig verzweigter Strauch mit frischgrünen Blättern, im Frühling gelben, duftenden Blüten und im Spätsommer schwarzen Beeren. ↕↔ 2 m

ROSA FILIPES 'KIFTSGATE'
♕ **Kletterrose** s. Seite **380**

ROSA PIMPINELLIFOLIA
Solitär-Strauchrose Die sehr stachelige Pflanze besitzt einzelne, weiße Blüten, die sich zu purpurschwarzen Hagebutten entwickeln. ↕1 m ↔ 1,2 m

ROSA 'SCABROSA'
♕ **Rugosa-Strauchrose** Tief rosarote Blüten und leuchtendrote Hagebutten an einem polsterförmig wachsenden Busch mit tief geaderten Blättern. ↕↔ 1,7 m

SAMBUCUS NIGRA
'AUREOMARGINATA'
Strauch Schnellwüchsige Pflanze für jeden Boden mit gelbrandigen Blättern, weißen Blüten und später schwarzen Holunderbeeren. ↕↔ 6 m

SILYBUM MARIANUM
Zweijährige Rosetten stacheliger Blätter, die weiß geadert sind, und stachelige, malvenfarbene Fruchtstände mit Distelsamen. ↕1,5 m ↔ 60–90 cm

SORBUS AUCUPARIA 'FASTIGIATA'
Baum Aufrechter, schmaler Baum, im Spätsommer mit roten Früchten, die sich aus weißen Blüten entwickeln.
↕8 m ↔ 5 m

VIBURNUM BETULIFOLIUM
Strauch Attraktives Wechselspiel von roten Beeren, die sich im Sommer aus weißen Blüten entwickeln; mehrere Pflanzen sollten beisammenstehen.
↕↔ 3 m

VIBURNUM OPULUS
Strauch Starkwüchsiger Strauch, im Sommer mit weißen Blüten und im Herbst mit roten Beeren und leuchtender Laubfärbung.
↕5 m ↔ 4 m

VITIS VINIFERA 'PURPUREA'
♕ **Kletterpflanze** s. Seite **456**

SCHNITTBLUMEN

Mit Blumen aus dem Garten bereitet man sich selbst wie auch anderen eine Freude. Viele Einjährige werden speziell als Schnittblumen kultiviert, aber auch andere Gartenpflanzen können Blüten für den Hausschmuck liefern, ohne das Gartenbild zu beeinträchtigen. Für eine gute Verzweigung muß man die Triebe, z.B. bei Astern und Rittersporn, im Frühsommer auskneifen.

ACHILLEA 'CORONATION GOLD'
♀ **Staude** Büschel silbriger Blätter und kleine, goldene Blüten in abgeflachten Blütenständen. ↕75–90 cm

ACONITUM 'BRESSINGHAM SPIRE'
♀ **Staude** s. Seite **36**

ASTER 'LITTLE CARLOW'
♀ **Staude** s. Seite **60**

ASTER PRINGLEI 'MONTE CASSINO'
♀ **Staude** Schmaler, aufrechter Wuchs und dünne Triebe; bildet einen dichten Busch mit nadelförmiger Beblätterung und kleinen, weißen Blütenständen. ↕1 m ↔ 30 cm

ASTILBE × *ARENDSII* 'FANAL'
♀ **Staude** s. Seite **60**

ASTRANTIA MAJOR 'SHAGGY'
♀ **Staude** Die Hochblätter, die die Blütenstände umgeben, sind größer als gewöhnlich. ↕30–90 cm ↔ 45 cm

BAPTISIA AUSTRALIS
♀ **Staude** s. Seite **65**

CALLISTEPHUS MILADY SUPER MIXED
♀ **Einjährige** s. Seite **81**

CAMPANULA LACTIFLORA 'PRITCHARD'S VARIETY'
♀ **Staude** Kompakte Kulturform, im Sommer mit violettblauen Blüten. ↕75 cm ↔ 45 cm

CAMPANULA PERSICIFOLIA 'CHETTLE CHARM'
Staude Matten tiefgrüner Blätter und dünne Triebe mit weißen, blau getönten Blüten. ↕1 m ↔ 30 cm

CHRYSANTHEMUM 'BRONZE FAIRY'
♀ **Staude** s. Seite **104**

CHRYSANTHEMUM 'CLARA CURTIS'
Staude Lange haltbare, rosarote Blütenstände mit gelbem Zentrum. ↕75 cm ↔ 60 cm

CHRYSANTHEMUM 'GEORGE GRIFFITHS'
♀ **Staude** s. Seite **104**

CHRYSANTHEMUM 'MADELEINE'
♀ **Staude** s. Seite **105**

CHRYSANTHEMUM 'MARGARET'
♀ **Staude** Im Spätsommer gefüllte, rosarote Blüten in köpfchenförmigen Blütenständen. ↕1,2 m ↔ 60–75 cm

CHRYSANTHEMUM 'PENNINE ALFIE'
♀ **Staude** s. Seite **105**

CHRYSANTHEMUM 'PENNINE FLUTE'
♀ **Staude** s. Seite **105**

CHRYSANTHEMUM 'PENNINE ORIEL'
♀ **Staude** s. Seite **105**

CHRYSANTHEMUM 'PURPLE PENNINE WINE'
♀ **Staude** s. Seite **105**

CHRYSANTHEMUM 'SALMON MARGARET'
♀ **Staude** s. Seite **105**

CHRYSANTHEMUM 'WENDY'
♀ **Staude** s. Seite **105**

CHRYSANTHEMUM 'YVONNE ARNAUD'
♀ **Staude** s. Seite **105**

CLEMATIS 'VYVYAN PENNELL'
♡ **Kletterpflanze** s. Seite **109**

CROCOSMIA × *CROCOSMIIFLORA* 'SOLFATERRE'
♡ **Staude** s. Seite **129**

DELPHINIUM 'BELLAMOSUM'
Staude Reich verzweigte Triebe und schmale Trauben mit tiefblauen Blüten, die lange halten. ↕1–1,2 m ↔45 cm

DELPHINIUM 'BRUCE'
♡ **Staude** s. Seite **143**

DELPHINIUM 'SUNGLEAM'
♡ **Staude** s. Seite **143**

DIANTHUS 'CORONATION RUBY'
♡ **Staude** Eine gestreifte Nelke mit rosa- und rubinroten Blüten und Gewürznelkenduft. ↕38 cm ↔30 cm

ERYNGIUM × *TRIPARTITUM*
♡ **Staude** s. Seite **164**

GEUM 'MRS J. BRADSHAW'
♡ **Staude** Behaarte Grundblätter, drahtige, verzweigte Triebe und gefüllte, scharlachrote Blüten. ↕40–60 cm ↔60 cm

KNIPHOFIA 'ROYAL STANDARD'
♡ **Staude** s. Seite **250**

LEUCANTHEMUM × *SUPERBUM* 'WIRRAL SUPREME'
♡ **Staude** s. Seite **260**

NARCISSUS 'MERLIN'
♡ **Zwiebelpflanze** s. Seite **299**

NARCISSUS 'WHITE LION'
♡ **Zwiebelpflanze** Gefüllte, weiße Blüten, die zu schwer sind, um aufrecht zu stehen; gut für den Schnitt.
↕40 cm

OSTEOSPERMUM 'WHIRLIGIG'
♡ **Halbstrauch, frostempfindlich** s. Seite **309**

PAEONIA LACTIFLORA 'SARAH BERNHARDT'
♡ **Staude** s. Seite **312**

PHLOX MACULATA 'OMEGA'
♡ **Staude** Kegelförmige Blütenstände mit duftenden, kleinen, weißen Blüten, die im Zentrum tief rosarot sind. ↕90 cm ↔45 cm

PHYSOSTEGIA VIRGINIANA 'VIVID'
♡ **Staude** s. Seite **338**

ROSA 'ALEXANDER'
♡ **Teehybride** s. Seite **378**

ROSA 'ICEBERG'
♡ **Floribunda-Rose** s. Seite **379**

ROSA 'ROYAL WILLIAM'
♡ **Teehybride** s. Seite **379**

ROSA 'SILVER JUBILEE'
♡ **Teehybride** s. Seite **379**

ROSEN: STRAUCHROSEN
♡ **Halbimmergrüne Sträucher**
s. Seiten **386–387**

RUDBECKIA FULGIDA VAR. *SULLIVANTII* 'GOLDSTURM'
♡ **Staude** s. Seite **390**

RUDBECKIA 'GOLDQUELLE'
♡ **Staude** s. Seite **390**

SCABIOSA CAUCASICA 'CLIVE GREAVES'
♡ **Staude** s. Seite **403**

SCHIZOSTYLIS COCCINEA 'SUNRISE'
♡ **Staude** s. Seite **404**

SOLIDAGO 'GOLDENMOSA'
♡ **Staude** s. Seite **415**

× *SOLIDASTER LUTEUS* 'LEMORE'
♡ **Staude** Diese Gattungshybride bildet gelbe, margeritenähnliche Blütenstände.
↕90 cm ↔30 cm

TANACETUM COCCINEUM 'BRENDA'
♡ **Staude** s. Seite **426**

TULIPA 'SORBET'
♡ **Zwiebelpflanze** Die spät erscheinenden Blüten sind blaßrosa mit karminroten Streifen und Flammen. ↕60 cm

VERONICA SPICATA SSP. *INCANA*
♡ **Staude** s. Seite **449**

BLUMEN ZUM TROCKNEN

Getrocknete Blumen bewahren die Schönheit des Sommers das ganze Jahr über. Man hängt sie kopfüber an einen schattigen, luftigen Platz. In warmem Sand oder Kieselgel getrocknet, lassen sich fast alle Blumen verwenden, sie müssen aber trocken aufbewahrt werden. Man wählt junge, unbeschädigte Blumen aus, die noch nicht ganz geöffnet sind, und entfernt vor dem Bündeln die Blätter.

ACHILLEA FILIPENDULINA
'GOLD PLATE'
♀ **Staude** Blütenstände mit goldenen Blüten, die einen Kontrast zum grauen Laub bilden. ↕1,2 m ↔ 45 cm

ACHILLEA 'MOONSHINE'
♀ **Staude** s. Seite **35**

AMARANTHUS HYPOCHONDRIACUS
'GREEN THUMB'
♀ **Einjährige** Beblätterte Pflanzen bilden aufrechte, verzweigte Ähren mit blaßgrünen Blüten. ↕60 cm ↔ 30 cm

ASTRANTIA MAXIMA
♀ **Staude** s. Seite **62**

BRACTEANTHA BRIGHT-BIKINI-SERIE
♀ **Einjährige** s. Seite **75**

CATANANCHE CAERULEA 'MAJOR'
♀ **Staude** Kornblumenähnliche, papierartige Blütenstände an drahtigen Stielen über schmalen, grauen Blättern.
↕50–90 cm ↔ 30 cm

CENTAUREA CYANUS
'FLORENCE PINK'
Einjährige Aufrecht wachsende, buschige Einjährige mit rosaroten Blütenköpfchen.
↕35 cm ↔ 45 cm

CONSOLIDA AJACIS
GIANT-IMPERIAL-SERIE
Einjährige Diese Rittersporne entwickeln elegante Blütenstände.
↕60–100 cm ↔ 35 cm

CORTADERIA SELLOANA
'SUNNINGDALE SILVER'
♀ **Ziergras** s. Seite **119**

ECHINOPS RITRO
♀ **Staude** s. Seite **153**

GOMPHRENA HAAGEANA
'STRAWBERRY FIELDS'
♀ **Einjährige** s. Seite **201**

HYDRANGEA MACROPHYLLA
KULTIVARE
♀ **Strauch** s. Seite **228**

HYDRANGEA SERRATA 'BLUEBIRD'
♀ **Strauch** s. Seite **230**

LAGURUS OVATUS
♀ **Ziergras** s. Seite **252**

LIMONIUM SINUATUM 'ART SHADES'
Einjährige Krause Blüten in Rosa-, Lachs-, Orange- und Blautönen.
↕60 cm ↔ 30 cm

LIMONIUM SINUATUM
'FOREVER GOLD'
♀ **Staude, frostempfindlich** s. Seite **269**

NIGELLA DAMASCENA
'MULBERRY ROSE'
♀ **Einjährige** Fedriges Laub, Blüten in purpurrosa Tönen und aufgetriebene Fruchtstände.
↕45 cm ↔ 23 cm

RHODANTHE MANGLESII
'SUTTON'S ROSE'
♀ **Einjährige** Drahtige Pflanzen mit grauen Blättern und weißen oder rosaroten Blüten von strohartiger Beschaffenheit.
↕60 cm ↔ 15 cm

SEDUM SPECTABILE 'BRILLIANT'
♀ **Staude** s. Seite **408**

PFLANZEN MIT ATTRAKTIVEN SAMEN ODER FRÜCHTEN

Es gibt viele Schönheiten unter den Samen und Früchten, obwohl sie die Leuchtkraft der Blüten vermissen lassen. Einige werden für Dekorationszwecke geschnitten, andere verbleiben im Garten, um der winterlichen Szenerie Stroh- und Bronzetöne zu verleihen, und sehen besonders gut aus, wenn Eiskristalle sie umhüllen, bis die Vögel, auf der Suche nach Nahrung, sie ernten.

ALLIUM CRISTOPHII
♀ **Zwiebelpflanze** s. Seite **42**

ASTILBE CHINENSIS VAR. *PUMILA*
♀ **Staude** Gedrungene, rosarote Blütenähren werden mit zunehmender Reife rostbraun.
↕ 25 cm ↔ 20 cm

CLEMATIS 'BILL MACKENZIE'
♀ **Kletterpflanze** s. Seite **110**

CLEMATIS MACROPETALA 'WHITE SWAN'
Kletterpflanze Eine sehr kompakte, frühblühende Waldrebe mit weißen Blüten und silbrigen Fruchtständen.
↕ 1 m

COTINUS COGGYGRIA
♀ **Strauch** Im Sommer grüne Blätter, die im Herbst scharlachrot werden, und duftige Fruchtstände.
↕↔ 5 m

HYDRANGEA PANICULATA 'GRANDIFLORA'
♀ **Strauch** s. Seite **229**

HYOSCYAMUS NIGER
Einjährige Giftige Pflanze mit geaderten Blüten und herrlichen Fruchtständen, die an Federbälle erinnern.
↕ 0,6–1,4 m ↔ 1 m

IRIS FOETIDISSIMA
♀ **Staude** Blaßblaue und braune Blüten reifen zu grünen Kapseln, die sich im Herbst öffnen, um orangefarbene Samen zu entlassen.
↕ 30–90 cm ↔ 30 cm

IRIS 'SHELFORD GIANT'
♀ **Staude** Lange, grüne Blätter, hohe Triebe mit gelben und weißen Blüten und deutlich gerippten Früchten.
↕ 1,8 m ↔ 60 cm

NIGELLA ORIENTALIS 'TRANSFORMER'
Einjährige Buschige Einjährige mit fein gefiederten Blättern und kleinen, gelben Blüten, die zu schirmähnlichen Früchten reifen.
↕ 45 cm ↔ 22–30 cm

PAEONIA LUTEA VAR. *LUDLOWII*
♀ **Strauch** s. Seite **313**

PAPAVER SOMNIFERUM 'HENS AND CHICKENS'
Einjährige Die einzelnen Blüten reifen zu ungewöhnlichen Kapseln, die von einem Ring winziger Kapseln umgeben sind.
↕ 1,2 m ↔ 30 cm

PHYSALIS ALKEKENGI
♀ **Staude** Kräftige, ausläuferbildende Staude, die im Herbst leuchtend orangefarbene »Chinesische-Laternen«-Früchte bildet.
↕ 60–75 cm ↔ 90 cm

SCABIOSA STELLATA 'DRUMSTICK'
♀ **Einjährige** Drahtige, behaarte Einjährige mit blaß fliederfarbenen Blüten und kugeligen, krausen Fruchtständen.
↕ 30 cm ↔ 23 cm

PFLANZEN FÜR DEN LANDHAUSGARTEN

Ein Sommertag in einem Landhausgarten, wie man sich ihn vorstellt: Bienen summen träge um die Rosen, Lilien, Stockrosen und Pfingstrosen. Tatsächlich war der ursprüngliche Landhausgarten eine gelungene Mischung, weil er auch alte, traditionelle Blütenpflanzen enthielt. Die Pflanzen des Landhausgartens duften oft, sind krautig und vermitteln den Eindruck eines besseren, vergangenen Zeitalters.

ACONITUM 'SPARK'S VARIETY'
♀ **Staude** s. Seite **36**

ALCEA ROSEA 'NIGRA'
Zweijährige »Schwarzblütige« Stockrose.
↕2 m ↔ 60 cm

CALENDULA 'FIESTA GITANA'
♀ **Einjährige** s. Seite **80**

CAMPANULA 'BURGHALTII'
♀ **Staude** Eine Hybride, die Polster mittelgrüner Blätter und große, röhrenförmige, graublaue Blüten bildet.
↕60 cm ↔ 30 cm

CAMPANULA PERSICIFOLIA 'WHITE CUP AND SAUCER'
Staude Die reinweißen Blüten sind glockenförmig mit einer weißen, kreisrunden Scheibe an der Basis der Blüte, die einer Untertasse gleicht.
↕90 cm ↔ 30 cm

CAMPANULA PORTENSCHLAGIANA
♀ **Staude** s. Seite **89**

DELPHINIUM KULTIVARE
♀ **Stauden** s. Seite **142**

DIANTHUS 'GRAN'S FAVOURITE'
♀ **Staude** s. Seite **145**

DICENTRA SPECTABILIS
♀ **Staude** s. Seite **147**

ERYNGIUM ALPINUM
♀ **Staude** s. Seite **163**

ESCHSCHOLZIA CALIFORNICA
♀ **Einjährige** s. Seite **168**

GERANIUM MACRORRHIZUM 'ALBUM'
♀ **Staude** Duftende, immergrüne Blätter und im Sommer weiße Blüten.
↕50 cm ↔ 60 cm

GERANIUM x *OXONIANUM* 'A. T. JOHNSON'
♀ **Staude** Diese buschige Pflanze besitzt silberrosa Blüten.
↕30 cm

GERANIUM SANGUINEUM 'ALBUM'
♀ **Staude** Eine kompakte Pflanze mit gefiederten Blättern und weißen Blüten.
↕20 cm ↔ 30 cm

GERANIUM SYLVATICUM 'MAYFLOWER'
♀ **Staude** s. Seite **197**

GEUM 'LADY STRATHEDEN'
♀ **Staude** s. Seite **198**

KNIPHOFIA TRIANGULARIS
♀ **Staude, frosthart (Grenzfall)** s. Seite **251**

LILIUM CANDIDUM
♀ **Zwiebelpflanze** s. Seite **264**

LUPINUS POLYPHYLLUS 'BAND OF NOBLES'
♀ **Staude** Eine gute Samenmischung mit hohen Blütenständen und zweifarbigen Blüten. ↕1,5 m ↔ 75 cm

LUPINUS 'THE CHATELAINE'
Staude Hohe Blütenstände und zweifarbige, tief rosarote und weiße Blüten. ↕90 cm ↔ 75 cm

LYCHNIS CHALCEDONICA
♀ **Staude** s. Seite **277**

PAEONIA LACTIFLORA 'BOWL OF BEAUTY'
♀ **Staude** s. Seite **311**

PAEONIA OFFICINALIS 'RUBRA PLENA'
♀ **Staude** s. Seite **313**

PAPAVER ORIENTALE 'BEAUTY OF LIVERMERE'
♀ **Staude** s. Seite **314**

PAPAVER ORIENTALE 'MRS PERRY'
♀ **Staude** Lachsrosa Blüten mit satinartigen Blütenblättern über rauhem Laub.
↕75 cm ↔ 60–90 cm

PAPAVER RHOEAS SHIRLEY MIXED
♀ **Einjährige** s. Seite **315**

PHLOX 'KELLY'S EYE'
♀ **Staude** s. Seite **332**

PHLOX PANICULATA 'BRIGADIER'
♀ **Staude** s. Seite **333**

PHLOX PANICULATA 'EVENTIDE'
♀ **Staude** s. Seite **333**

PHLOX PANICULATA 'FUJIYAMA'
♀ **Staude** s. Seite **333**

PHLOX PANICULATA 'MOTHER OF PEARL'
♀ **Staude** s. Seite **333**

PRIMULA 'WANDA'
♀ **Staude** s. Seite **345**

ROSA 'BALLERINA'
♀ **Kompakte Floribunda-Rose** s. Seite **384**

ROSA 'FANTIN-LATOUR'
♀ **Zentifolia-Rose** s. Seite **387**

ROSA 'GERTRUDE JEKYLL'
♀ **Englische Strauchrose** s. Seite **387**

ROSA XANTHINA 'CANARY BIRD'
♀ **Strauchrose** s. Seite **387**

SAXIFRAGA × *URBIUM*
♀ **Staude** Matten immergrüner Blattrosetten und im Spätfrühling Blütenstände mit zierlichen, weißen Blüten.
↕30 cm ↔ unbegrenzt

SCABIOSA CAUCASICA 'MISS WILLMOTT'
♀ **Staude** s. Seite **403**

SCHIZOSTYLIS COCCINEA 'SUNRISE'
♀ **Staude** s. Seite **404**

VERBASCUM 'PINK DOMINO'
♀ **Staude** Dunkelgrüne Blätter, aus denen sich unverzweigte Triebe mit rundlichen, tief rosaroten Blüten erheben.
↕1,2 m ↔ 30 cm

VIOLA CORNUTA
♀ **Staude** s. Seite **454**

PFLANZEN FÜR DEN STEINGARTEN

Steingärten sind ideale Plätze, um kleine Pflanzen zu kultivieren und dem Betrachter vor Augen zu führen. Die oberhalb des Erdbodens liegenden Beete erlauben es, den Boden individuell aufzubereiten. Die meisten der unten aufgeführten Pflanzen sind einfach zu kultivieren und verlangen keine besondere Behandlung, was sie noch empfehlenswerter macht. Steingärten sind ein Hobby, dem man verfallen kann.

ADIANTUM PEDATUM
♀ **Frostharter Farn** s. Seite **37**

ALLIUM MOLY
♀ **Zwiebelpflanze** s. Seite **42**

ANCHUSA CAESPITOSA
♀ **Gebirgspflanze** Im Frühling erscheinen zwischen schmalen Blättern blaue Blüten mit weißem Zentrum. ↕5–10cm ↔ 15–20cm

ANDROSACE CARNEA SSP. *LAGGERI*
♀ **Staude** s. Seite **45**

ANDROSACE SEMPERVIVOIDES
♀ **Gebirgspflanze** Blattrosetten bilden lockere Matten, und im Spätfrühling öffnen sich rosarote Blüten. ↕2,5–5 cm ↔ 15–20 cm

ARENARIA MONTANA
♀ **Staude** s. Seite **52**

ARMERIA MARITIMA 'VINDICTIVE'
♀ **Staude** Die schmalen Blätter bilden kleine Erhebungen; dünne Triebe mit tief rosaroten Blüten. ↕15 cm ↔ 20 cm

AUBRIETA X *CULTORUM* 'BRESSSINGHAM PINK'
Staude Polster grüner Blätter, die im Frühling mit gefüllten, rosaroten Blüten bedeckt sind. ↕5 cm ↔ 60 cm

AURINIA SAXATILIS
♀ **Staude** s. Seite **64**

BERBERIS THUNBERGII 'BAGATELLE'
♀ **Strauch** s. Seite **70**

CAMPANULA 'BIRCH HYBRID'
♀ **Staude** Eine starkwüchsige, ausladende Pflanze mit tiefblauen, glockenförmigen Blüten. ↕10 cm ↔ 50 cm

CAMPANULA CHAMISSONIS 'SUPERBA'
♀ **Gebirgspflanze** Die Rosetten aus blaßgrünen Blättern verschwinden im Frühsommer unter der Fülle blaßblauer Blüten. ↕5 cm ↔ 20 cm

CROCUS CORSICUS
♀ **Frühlings-Zwiebelpflanze** s. Seite **131**

DAPHNE PETRAEA 'GRANDIFLORA'
♀ **Immergrüner Strauch** s. Seite **140**

DIANTHUS 'LA BOURBOULE'
♀ **Staude** s. Seite **145**

DIASCIA 'RUBY FIELD'
♀ **Staude** Matten herzförmiger Blätter werden im Sommer mit tief lachsrosa Blüten bedeckt.
↕25 cm ↔ 60 cm

DRYAS OCTOPETALA
♀ **Immergrüner Strauch** Bildet Matten aus tiefgrünen Blättern; im Frühling erscheinen weiße Blüten und dann flaumige Fruchtstände.
↕10 cm ↔ 1 m

GENTIANA ACAULIS
♀ **Staude** s. Seite **192**

GERANIUM CINEREUM 'BALLERINA'
♀ **Staude** s. Seite **194**

GEUM MONTANUM
♀ **Staude** s. Seite **198**

GYPSOPHILA 'ROSENSCHLEIER'
♀ **Staude** s. Seite **203**

HELIANTHEMUM 'FIRE DRAGON'
♀ **Strauch** s. Seite **211**

HELIANTHEMUM 'HENFIELD BRILLIANT'
♀ **Strauch** s. Seite **212**

IRIS CRISTATA
♀ **Staude** In feuchtem Boden entwickeln die kriechenden Triebe hübsche Blattfächer und im Spätfrühling fliederblaue und weiße Blüten. ↕10 cm

IRIS 'KATHARINE HODGKIN'
♀ **Zwiebelpflanze** s. Seite **241**

IRIS LACUSTRIS
♀ **Staude** s. Seite **242**

LATHYRUS VERNUS
♀ **Staude** s. Seite **254**

LEPTOSPERMUM SCOPARIUM 'KIWI'
♀ **Strauch** s. Seite **260**

LEWISIA COTYLEDON
♀ **Staude** s. Seite **262**

LEWISIA TWEEDYI
♀ **Staude** s. Seite **262**

LINUM 'GEMMELL'S HYBRID'
♀ **Staude** s. Seite **270**

MUSCARI AUCHERI
♀ **Zwiebelpflanze** s. Seite **294**

NARCISSUS 'HAWERA'
♀ **Zwiebelpflanze** s. Seite **297**

OMPHALODES CAPPADOCICA 'CHERRY INGRAM'
♀ **Staude** s. Seite **304**

OXALIS ADENOPHYLLA
♀ **Zwiebelpflanze** s. Seite **310**

OXALIS ENNEAPHYLLA 'ROSA'
Zwiebelpflanze Gruppen von gekräuselten, graugrünen Blättern; im Frühsommer rosarote Blüten. ↕8 cm ↔ 15 cm

PHLOX DIVARITICA 'CHATTAHOOCHEE'
♀ **Staude** s. Seite **331**

PHLOX DOUGLASII 'BOOTHMAN'S VARIETY'
♀ **Staude** s. Seite **331**

PHLOX NANA 'MARY MASLIN'
Staude Ausladende Triebe, im Sommer mit leuchtenden, scharlachroten Blüten.
↕20 cm ↔ 30 cm

PITTOSPORUM TENUIFOLIUM 'TOM THUMB'
♀ **Immergrüner Strauch** s. Seite **343**

RAMONDA MYCONI
♀ **Staude** s. Seite **364**

RANUNCULUS CALANDRINOIDES
♀ **Staude** s. Seite **365**

RANUNCULUS GRAMINEUS
♀ **Staude** s. Seite **366**

ROSMARINUS OFFICINALIS PROSTRATUS-GRUPPE
♀ **Sträucher** s. Seite **388**

SAPONARIA X *OLIVANA*
♀ **Staude** s. Seite **400**

SAXIFRAGA 'JENKINSIAE'
♀ **Gebirgspflanze** s. Seite **402**

SAXIFRAGA 'SOUTHSIDE SEEDLING'
♀ **Staude** s. Seite **402**

SEMPERVIVUM TECTORUM
♀ **Staude** s. Seite **411**

SILENE SCHAFTA
♀ **Staude** s. Seite **412**

TULIPA LINIFOLIA BATALINII-GRUPPE
♀ **Zwiebelpflanzen** s. Seite **441**

TULIPA TURKESTANICA
♀ **Zwiebelpflanze** s. Seite **441**

VERBASCUM 'LETITIA'
♀ **Halbstrauch** s. Seite **447**

VERONICA PROSTRATA
♀ **Staude** s. Seite **449**

VERONICA SPICATA SSP. *INCANA*
♀ **Staude** s. Seite **449**

PFLANZEN FÜR WEISSE GÄRTEN

Bei einfarbig gehaltenen Gärten werden weiße bevorzugt, vielleicht weil viele weißblütige Pflanzen auch duften. Berücksichtigt wird auch die Laubfärbung, also panaschierte, silber- und graublättrige Pflanzen. Um der Gleichförmigkeit der Anlage entgegenzuwirken, ist es oft hilfreich, einige cremfarbene oder blaßblaue Blütenpflanzen hinzuzufügen – das verstärkt den Effekt tatsächlich.

ANEMONE BLANDA
'WHITE SPLENDOUR'
♀ **Zwiebelpflanze** s. Seite **46**

ANEMONE X *HYBRIDA*
'HONORINE JOBERT'
♀ **Staude** s. Seite **47**

ASTILBE 'IRRLICHT'
Staude Das grob eingeschnittene, dunkle Laub bildet einen schönen Kontrast zu den aufrechten, flaumigen Blütenständen.
↕↔ 50 cm

CLEMATIS 'MARIE BOISSELOT'
♀ **Kletterpflanze** Die großen, weißen Blüten mit den cremefarbenen Staubblättern werden im Spätsommer gebildet.
↕ 3 m

COSMOS BIPINNATUS
'SONATA WHITE'
♀ **Einjährige** s. Seite **122**

CRAMBE CORDIFOLIA
♀ **Staude** s. Seite **127**

CROCUS SIEBERI 'ALBUS'
♀ **Zwiebelpflanze** s. Seite **131**

DAHLIA 'HAMARI BRIDE'
♀ **Staude, frostempfindlich** Diese halbkaktusförmige Dahlie hat reinweiße Blüten und ist wegen ihrer Schauwirkung beliebt.
↕ 1,2 m ↔ 60 cm

DELPHINIUM 'SANDPIPER'
♀ **Staude** s. Seite **143**

DEUTZIA SETCHUENENSIS
VAR. *CORYMBIFLORA*
♀ **Strauch** Der Busch mit brauner, abblätternder Borke entwickelt große Mengen von weißen Blüten.
↕ 2 m ↔ 1,5 m

DICENTRA SPECTABILIS 'ALBA'
♀ **Staude** s. Seite **147**

DICTAMNUS ALBUS
♀ **Staude** s. Seite **148**

DIGITALIS PURPUREA F. *ALBIFLORA*
♀ **Zweijährige** s. Seite **150**

ECHINACEA PURPUREA
'WHITE LUSTRE'
Staude Die steifen Triebe tragen cremeweiße Blütenstände mit goldener Mitte.
↕ 80 cm ↔ 45 cm

ERICA CARNEA 'SPRINGWOOD WHITE'
♀ **Immergrüner Strauch** s. Seite **159**

ERICA TETRALIX 'ALBA MOLLIS'
♀ **Immergrüner Strauch** s. Seite **161**

GILLENIA TRIFOLIATA
♀ **Staude** s. Seite **199**

GYPSOPHILA PANICULATA
'BRISTOL FAIRY'
♀ **Staude** s. Seite **202**

HYDRANGEA ARBORESCENS
'ANNABELLE'
♀ **Strauch** s. Seite **227**

HYDRANGEA PANICULATA
'FLORIBUNDA'
♀ **Strauch** s. Seite **229**

HYDRANGEA QUERCIFOLIA
♀ **Strauch** s. Seite **230**

IRIS 'BEWICK SWAN'
Staude Die zerknitterten, weißen Blüten haben leuchtende, orangefarbene Bärte.
↕1 m ↔ 30 cm

IRIS CONFUSA
♀ **Zwiebelpflanze** s. Seite **239**

IRIS SIBIRICA 'WHITE SWIRL'
♀ **Staude** s. Seite **243**

JASMINUM POLYANTHUM
♀ **Kletterpflanze** s. Seite **246**

LUNARIA ANNUA VAR. *ALBIFLORA*
♀ **Zweijährige** Die weißblütige Form des herkömmlichen Judassilberling.
↕90 cm ↔ 30 cm

MALVA MOSCHATA F. *ALBA*
♀ **Staude** s. Seite **288**

NARCISSUS 'EMPRESS OF IRELAND'
♀ **Zwiebelpflanze** s. Seite **298**

PAEONIA OBOVATA VAR. *ALBA*
♀ **Staude** Eine vorzügliche Pflanze mit gerundeten, gräulichen Blattabschnitten und reinweißen Blüten, vor allem knospig attraktiv. ↕↔ 60–70 cm

PAPAVER ORIENTALE
'BLACK AND WHITE'
♀ **Staude** s. Seite **314**

PARAHEBE CATARRACTAE
♀ **Halbstrauch** s. Seite **316**

PHYSOSTEGIA VIRGINIANA
'SUMMER SNOW'
♀ **Staude** Ähren mit reinweißen Blüten an aufrechten Trieben über grünem Laub.
↕1,2 m ↔ 60 cm

PULMONARIA OFFICINALIS
'SISSINGHURST WHITE'
♀ **Staude** s. Seite **361**

PULSATILLA VULGARIS 'ALBA'
Staude s. Seite **362**

RANUNCULUS ACONITIFOLIUS
'FLORE PLENO'
♀ **Staude** s. Seite **365**

ROSA 'ICEBERG'
♀ **Floribunda-Rose** s. Seite **379**

ROSA 'MADAME HARDY'
♀ **Strauchrose** s. Seite **387**

ROSA 'MARGARET MERRIL'
♀ **Floribunda-Rose** s. Seite **379**

ROSA 'RAMBLING RECTOR'
♀ **Rambler-Rose** s. Seite **383**

RUBUS 'BENENDEN'
♀ **Strauch** s. Seite **389**

TULIPA 'PURISSIMA'
Zwiebelpflanze Die kompakten Triebe tragen im mittleren Frühjahr sehr lange, reinweiße Blüten.
↕35 cm

ZANTEDESCHIA AETHIOPICA
'CROWBOROUGH'
♀ **Staude** s. Seite **460**

PFLANZEN FÜR LEHMHALTIGE BÖDEN

Lehmiger Boden ist schlecht umzugraben, sowohl naß als auch trocken. Er bietet Schnecken Unterschlupf und erwärmt sich im Frühling nur langsam. Doch er ist reich an Nährstoffen, und wenn man viel organisches Material einbringt, kann er sehr fruchtbar sein. Ungeeignet sind Pflanzen aus Hochlagen wie etwa Gebirgspflanzen oder nicht zuverlässig winterharte Pflanzen.

CAMPANULA LATILOBA 'HIDCOTE AMETHYST'
♀ **Staude** Im Hochsommer malvenpurpurne, becherförmige Blüten an stämmigen Trieben. ↕90 cm ↔45 cm

CLEMATIS 'POLISH SPIRIT'
♀ **Kletterpflanze** Spätblühend, mit kleinen, einzelnen, purpurnen Blüten und roten Staubblättern. ↕5 m ↔2 m

CORNUS STOLONIFERA 'FLAVIRAMEA'
♀ **Strauch** s. Seite **118**

COTONEASTER × WATERERI 'JOHN WATERER'
♀ **Immergrüner Strauch** s. Seite **126**

DEUTZIA × ELEGANTISSIMA 'ROSEALIND'
♀ **Strauch** s. Seite **144**

DIGITALIS GRANDIFLORA
♀ **Staude** s. Seite **149**

FILIPENDULA PURPUREA
♀ **Staude** s. Seite **179**

GERANIUM PSILOSTEMON
♀ **Staude** s. Seite **197**

HEMEROCALLIS 'STELLA DE ORO'
♀ **Staude** s. Seite **218**

HYDRANGEA PANICULATA 'KYUSHU'
♀ **Strauch** Aufrecht wachsende Kulturform mit glänzenden Blättern und großen, cremeweißen Blüten. ↕3–7 m ↔2,5 m

IRIS SIBIRICA 'SHIRLEY POPE'
♀ **Staude** Tiefblaue und weiße Blüten über Büscheln von schmalen, grasförmigen Blättern. ↕85 cm

LONICERA NITIDA 'SILVER LINING'
Immergrüner Strauch Jedes kleine Blatt dieses hügelig geformten Strauches hat einen schmalen, weißen Rand.
↕↔1,5 m

MAHONIA AQUIFOLIUM 'APOLLO'
♀ **Immergrüner Strauch** s. Seite **284**

NARCISSUS 'JUMBLIE'
♀ **Zwiebelpflanze** s. Seite **297**

PERSICARIA CAMPANULATA
Staude Kleine Büschel rosaroter, glockenförmiger Blüten an ausladenden Trieben. ↕↔90 cm

PHILADELPHUS 'MANTEAU D'HERMINE'
♀ **Strauch** s. Seite **329**

POTENTILLA FRUTICOSA 'TANGERINE'
♀ **Strauch** Verzweigt; den ganzen Sommer mit gelben, rot werdenden Blüten.
↕1 m ↔1,5 m

ROSA 'AMBER QUEEN'
♀ **Floribunda-Rose** s. Seite **378**

SPIRAEA JAPONICA 'ANTHONY WATERER'
♀ **Strauch** s. Seite **419**

SYMPHYTUM 'GOLDSMITH'
Staude Diese ausladende Pflanze hat herzförmige, goldrandige Blätter und blaßblaue, cremefarbene und rosarote Blüten.
↕↔30 cm

SYRINGA VULGARIS 'KATHERINE HAVEMEYER'
♀ **Strauch** s. Seite **425**

PFLANZEN FÜR SANDIGE BÖDEN

Die Vorteile sandiger Böden bestehen darin, daß man sie fast immer umgraben, hacken und bearbeiten kann. Das Wasser versickert schnell im Boden, nimmt aber Nährstoffe mit, so daß es wichtig ist, organisches Material einzubringen, um die Bodenstruktur und Fruchtbarkeit zu verbessern und die Feuchtigkeit zu halten. Silberblättrige und frostempfindliche Pflanzen sind geeignet.

BUDDLEJA DAVIDII 'WHITE PROFUSION'
🏆 **Strauch** s. Seite **77**

CALLUNA VULGARIS 'DARKNESS'
🏆 **Immergrüner Strauch** s. Seite **82**

CERATOSTIGMA WILLMOTTIANUM
🏆 **Strauch** s. Seite **96**

ECHINOPS BANNATICUS 'TAPLOW BLUE'
🏆 **Staude** Eine robuste, distelähnliche Pflanze mit kugeligen, blauen Blütenköpfchen. ↕ 1,2 m ↔ 60 cm

ERICA CINEREA 'EDEN VALLEY'
🏆 **Immergrüner Strauch** s. Seite **160**

ERYNGIUM X *OLIVERIANUM*
🏆 **Staude** s. Seite **163**

ESCALLONIA 'PEACH BLOSSOM'
🏆 **Immergrüner Strauch** Buschig, überhängend, im Spätfrühling mit pfirsichrosa und weißen Blüten. ↕↔ 2,5 m

EUCALYPTUS DALRYMPLEANA
🏆 **Immergrüner Baum** Ein schnellwüchsiger Baum mit grünen Blättern und weißer Borke. ↕ 20 m ↔ 8 m

GENISTA HISPANICA
Strauch Klein, dornig, im Frühsommer mit kleinen, gelben Blüten bedeckt. ↕ 75 cm ↔ 1,5 m

GLADIOLUS COMMUNIS SSP. *BYZANTINUS*
🏆 **Zwiebelpflanze** s. Seite **200**

KNIPHOFIA 'LITTLE MAID'
🏆 **Staude** s. Seite **205**

LAVATERA ARBOREA 'VARIEGATA'
Zweijährige Eine immergrüne, frostempfindliche, kräftig panaschierte Pflanze, im zweiten Jahr mit purpurnen Blüten. ↕ 3 m ↔ 1,5 m

LAVATERA 'ROSEA'
🏆 **Strauch** s. Seite **259**

LIMNANTHES DOUGLASII
🏆 **Einjährige** s. Seite **269**

OENOTHERA MACROCARPA
🏆 **Staude** s. Seite **302**

PENSTEMON 'HIDCOTE PINK'
🏆 **Staude** Ein für Beete geeigneter Bartfaden; Trauben mit kleinen, röhrenförmigen, rosaroten Blüten. ↕ 60–75 cm ↔ 45 cm

PENSTEMON PINIFOLIUS 'MERSEA YELLOW'
Immergrüner Strauch Sehr klein, ausladend, im Sommer mit schmalen, gelben Blüten. ↕ 40 cm ↔ 25 cm

PERSICARIA AFFINIS 'SUPERBA'
🏆 **Staude** s. Seite **325**

PERSICARIA BISTORTA 'SUPERBA'
🏆 **Staude** s. Seite **325**

POTENTILLA FRUTICOSA 'DAYDAWN'
🏆 **Strauch** s. Seite **348**

POTENTILLA NEPALENSIS 'MISS WILLMOTT'
🏆 **Staude** s. Seite **350**

SANTOLINA ROSMARINIFOLIA 'PRIMROSE GEM'
🏆 **Immergrüner Strauch** s. Seite **399**

PFLANZEN FÜR KALKHALTIGE BÖDEN

Die meisten Pflanzen wachsen in Böden, die neutral oder etwas alkalisch sind, aber einige bevorzugen ganz entschieden kalk- oder kreidehaltige Böden. Zu letzteren gehören Pflanzen wie Rittersporne, Waldreben und Nelken. Aber die Bodenqualität ist wichtig: sie muß mit organischem Material verbessert werden, denn nährstoffarme, kalkhaltige Böden sind schwierig zu bepflanzen.

AQUILEGIA VULGARIS 'NIVEA'
♀ **Staude** s. Seite **50**

BUDDLEJA DAVIDII 'PINK DELIGHT'
♀ **Strauch** Leuchtende, rosarote Blüten drängen sich an dicken, kegelförmigen Blütenständen.
↕ 3 m ↔ 5 m

BUDDLEJA DAVIDII 'ROYAL RED'
Strauch s. Seite **77**

BUDDLEJA × *WEYERIANA* 'SUNGOLD'
♀ **Strauch** Eine attraktive Hybride, im Sommer mit Blütenständen aus goldgelben Blüten.
↕ 4m ↔ 3m

CERCIS SILIQUASTRUM
♀ **Baum** s. Seite **97**

CHAENOMELES SPECIOSA 'NIVALIS'
♀ **Strauch** Eine Form der Zierquitte, im Frühling mit reinweißen Blüten.
↕ 2,5 m ↔ 5 m

CLEMATIS 'COMTESSE DE BOUCHARD'
♀ **Kletterpflanze** s. Seite **111**

CLEMATIS × *JOUINIANA* 'PRAECOX'
♀ **Kletterpflanze** Diese ungewöhnliche Hybride ist ein Kletterer mit einer duftigen Masse winziger, weißer und blauer Blüten.
↕ 2–3 m

CLEMATIS 'MISS BATEMAN'
♀ **Kletterpflanze** Weiße Blüten mit kontrastierenden roten Staubblättern erscheinen im Frühsommer.
↕ 2,5 m ↔ 1 m

CONVALLARIA MAJALIS VAR. *ROSEA*
Staude Dieses Maiglöckchen hat dumpf rosarote Blüten mit dem bekannten, süßlichen Duft.
↕ 23 cm ↔ 30 cm

COTONEASTER STERNIANUS
♀ **Immergrüner Strauch** s. Seite **126**

DELPHINIUM 'BLUE NILE'
♀ **Staude** Hohe Blütenkerzen mit tiefblauen Blüten, die ein weißes Zentrum besitzen.
↕ 2 m ↔ 60–90 cm

DEUTZIA SCABRA
'PRIDE OF ROCHESTER'
Strauch Die Äste haben eine auffällige, sich ablösende Borke, aber die Hauptattraktion sind die duftenden, gefüllten, blaßrosa Blüten.
↕ 3 m ↔ 2 m

DIANTHUS ALPINUS
♀ **Staude** Polsterförmige, graue Beblätterung und duftende Blüten in Rosatönen.
↕ 8 cm ↔ 10 cm

DIANTHUS DELTOIDES
♀ **Staude** Matten tiefgrüner Blätter sind für einige Wochen im Sommer mit kleinen, rosaroten Blüten bedeckt.
↕ 20 cm ↔ 30 cm

DIANTHUS 'MONICA WYATT'
♀ **Staude** s. Seite **145**

EUONYMUS EUROPAEUS
'RED CASCADE'
♀ **Strauch** s. Seite **171**

FRAXINUS ORNUS
♈ **Baum** Buschiger, rundkroniger Baum mit auffälligen, weißen Blüten und leuchtender, purpurner Herbstfärbung.
↕↔ 15 m

FUCHSIA 'HEIDI ANN'
♈ **Strauch, frostempfindlich** Eine aufrechte, buschige Pflanze mit gefüllten, fliederfarbenen und kirschroten Blüten.
↕↔ 45 cm

FUCHSIA 'PROSPERITY'
♈ **Strauch** Eine kräftige, frostharte Pflanze mit karmin- und rosaroten, gefüllten Blüten.
↕↔ 45 cm

GALANTHUS 'MAGNET'
♈ **Zwiebelpflanze** s. Seite **188**

HELIANTHEMUM 'JUBILEE'
♈ **Strauch** Dieser kleine Strauch besitzt leuchtendgrüne Blätter und gefüllte, gelbe Blüten.
↕ 20 cm ↔ 30 cm

HELLEBORUS ORIENTALIS
Staude Im zeitigen Frühjahr entwickeln sich nickende Blüten in Rosa-, Weiß- und Grüntönen.
↕↔ 45 cm

ILEX AQUIFOLIUM 'SILVER QUEEN'
♈ **Immergrüner Baum** s. Seite **233**

MAGNOLIA × *KEWENSIS* 'WADA'S MEMORY'
♈ **Strauch** s. Seite **283**

MAGNOLIA 'RICKI'
♈ **Strauch** s. Seite **283**

MAGNOLIA SALICIFOLIA
♈ **Strauch** s. Seite **283**

MAGNOLIA × *SOULANGEANA* 'RUSTICA RUBRA'
♈ **Strauch** s. Seite **283**

MAGNOLIA WILSONII
♈ **Strauch** s. Seite **283**

MORUS NIGRA
♈ **Baum** Der Schwarze Maulbeerbaum ist ein frostharter, langlebiger, malerischer Baum mit wohlschmeckenden Früchten.
↕ 12 m ↔ 15 m

PRUNUS 'OKAME'
♈ **Baum** s. Seite **358**

PRUNUS 'TAIHAKU'
♈ **Baum** s. Seite **359**

PRUNUS TENELLA 'FIRE HILL'
♈ **Strauch** Im Frühling bedecken tief rosarote, einzelne Blüten die aufrechten Zweige.
↕↔ 1,5 m

PULSATILLA VULGARIS
♈ **Staude** s. Seite **361**

SYRINGA VULGARIS 'CHARLES JOLY'
♈ **Strauch** s. Seite **424**

PFLANZEN FÜR SAURE BÖDEN

Saure Böden enthalten wenig Kalzium, ein Pflanzennährstoff, der in Kalk und Kreide vorkommt. Aber z. B. Rhododendren, Heidekräuter und *Pieris* sind daran angepaßt, nur in solchen kalziumarmen Böden gut zu gedeihen. Vorteilhaft ist auch lichter Schatten und nahrhafter Boden. Dort, wo der Boden ungeeignet ist, setzt man die Pflanzen in große Töpfe oder Kübel mit Heidekrauttopferde.

ACER JAPONICUM 'ACONITIFOLIUM'
♀ **Strauch** s. Seite **33**

ACER PALMATUM VAR. *DISSECTUM*
♀ **Strauch** Hügelförmiger Strauch mit fein eingeschnittenen Blättern, die sich im Herbst gelb färben. ↕2 m ↔ 3 m

ACER PALMATUM 'SEIRYU'
♀ **Strauch** Ein aufrechter Strauch mit gefiederten Blättern, die im Herbst orangefarben werden. ↕2 m ↔ 1,2 m

CAMELLIA 'LEONARD MESSEL'
♀ **Immergrüner Strauch** s. Seite **85**

CAMELLIA SASANQUA 'NARUMIGATA'
♀ **Immergrüner Strauch** Kleine, duftende, blaßrosa Blüten öffnen sich im Herbst. ↕6 m ↔ 3 m

CAMELLIA X *WILLIAMSII* 'DEBBIE'
♀ **Immergrüner Strauch** Blüten halbgefüllt und tief rosarot. ↕2–5 m ↔ 1–3 m

CASSIOPE 'EDINBURGH'
♀ **Immergrüner Strauch** s. Seite **93**

CRINODENDRON HOOKERIANUM
♀ **Immergrüner Strauch** s. Seite **128**

DABOECIA CANTABRICA 'BICOLOR'
♀ **Immergrüner Strauch** s. Seite **137**

DABOECIA CANTABRICA 'WILLIAM BUCHANAN'
♀ **Immergrüner Strauch** s. Seite **137**

ENKIANTHUS CAMPANULATUS
♀ **Strauch** s. Seite **155**

ERICA ARBOREA VAR. *ALPINA*
♀ **Immergrüner Strauch** s. Seite **158**

ERICA ARBOREA 'ESTRELLA GOLD'
♀ **Immergrüner Strauch** Duftende, weiße Blüten erscheinen zwischen den lindgrünen Blättern und gelben Triebspitzen. ↕1,2 m ↔ 75 cm

ERICA 'C. D. EASON'
♀ **Strauch** s. Seite **160**

ERICA CILIARIS 'CORFE CASTLE'
♀ **Strauch** s. Seite **160**

ERICA CILIARIS 'DAVID MCLINTOCK'
♀ **Strauch** s. Seite **160**

ERICA ERIGENA 'W. T. RATCLIFF'
♀ **Immergrüner Strauch** Eine kompakte Pflanze mit grünen Blättern und weißen Blüten. ↕75 cm ↔ 55 cm

ERICA 'FIDDLER'S GOLD'
♀ **Strauch** s. Seite **160**

ERICA 'WINDLEBROOKE'
♀ **Strauch** s. Seite **160**

EUCRYPHIA NYMANSENSIS 'NYMANSAY'
♀ **Immergrüner Strauch** s. Seite **170**

HAMAMELIS X *INTERMEDIA* 'PALLIDA'
♀ **Strauch** s. Seite **206**

HYDRANGEA MACROPHYLLA 'BLUE WAVE'
♀ **Strauch** Diese Hortensie bietet ein dezentes, aber prächtiges Schauspiel mit großen und kleinen blauen Blüten in jedem Blütenstand. ↕1,5 m ↔ 2 m

IRIS DOUGLASIANA
♀ **Staude** s. Seite **240**

KALMIA LATIFOLIA
♀ **Strauch** s. Seite **249**

LITHODORA DIFFUSA
'HEAVENLY BLUE'
♀ **Immergrüner Strauch** s. Seite **271**

MAGNOLIA LILIIFLORA 'NIGRA'
♀ **Strauch** s. Seite **281**

MECONOPSIS BETONICIFOLIA
♀ **Staude** s. Seite **289**

MECONOPSIS GRANDIS
♀ **Staude** s. Seite **290**

PIERIS 'FOREST FLAME'
♀ **Immergrüner Strauch** s. Seite **340**

PIERIS JAPONICA 'BLUSH'
♀ **Immergrüner Strauch** s. Seite **341**

PRIMULA PULVERULENTA
♀ **Staude** s. Seite **352**

RHODODENDRON 'BEETHOVEN'
♀ **Immergrüne Azalee** s. Seite **368**

RHODODENDRON 'DORA AMATEIS'
♀ **Zwergrhododendron** s. Seite **374**

RHODODENDRON 'GINNY GEE'
♀ **Zwergrhododendron** Eine kompakte Pflanze mit rosaroten Blüten, die mit zunehmendem Alter fast weiß verblassen.
↕↔ 60–90 cm

RHODODENDRON IMPEDITUM
♀ **Zwergrhododendron** Die graugrünen Blätter werden im Frühling durch die lavendelblauen Blüten fast verdeckt.
↕↔ 60 cm

RHODODENDRON 'PALESTRINA'
♀ **Immergrüne Azalee** s. Seite **369**

RHODODENDRON 'ROSE BUD'
♀ **Immergrüne Azalee** s. Seite **369**

RHODODENDRON 'VUYK'S ROSYRED'
♀ **Immergrüne Azalee** s. Seite **369**

SARRACENIA FLAVA
♀ **Staude** s. Seite **401**

SKIMMIA JAPONICA 'RUBELLA'
♀ **Immergrüner Strauch** s. Seite **413**

SOLLYA HETEROPHYLLA
♀ **Kletterpflanze, frostempfindlich** s. Seite **415**

TRILLIUM GRANDIFLORUM
♀ **Staude** s. Seite **437**

VACCINIUM CORYMBOSUM
♀ **Strauch** s. Seite **444**

VACCINIUM GLAUCOALBUM
♀ **Strauch** s. Seite **445**

VACCINIUM VITIS-IDAEA
KORALLE-GRUPPE
♀ **Sträucher** s. Seite **445**

PFLANZEN FÜR NÄHRSTOFFARME BÖDEN

Obwohl die meisten Pflanzen in optimal vorbereiteten Böden besser wachsen, gibt es einige, die auch in nährstoffarmen Böden ohne Aufbereitung oder Pflege gut gedeihen. Viele Einjährige breiten sich an offenen Stellen aus und verschwinden, sobald der Boden sich verbessert hat und große Pflanzen vordringen; sie sind also bestens geeignet, aber es gibt Sträucher und Stauden, die ebenso überleben.

ACHILLEA 'MOONSHINE'
♀ **Staude** s. Seite **35**

ARTEMISIA ABROTANUM
♀ **Strauch** Dieser Strauch hat grüne, fein gefiederte, angenehm duftende Blätter. ↕↔ 1 m

BUDDLEJA DAVIDII 'EMPIRE BLUE'
♀ **Strauch** s. Seite **77**

CEANOTHUS 'BLUE MOUND'
♀ **Immergrüner Strauch** s. Seite **94**

CISTUS × *PURPUREUS*
♀ **Immergrüner Strauch** s. Seite **107**

CYTISUS PRAECOX 'ALLGOLD'
♀ **Strauch** s. Seite **136**

CYTISUS PRAECOX 'WARMINSTER'
♀ **Strauch** Überhängende Triebe, im Frühling dicht mit cremegelben Blüten besetzt. ↕1,2 m ↔ 1,5 m

ERYSIMUM CHEIRI 'HARPUR CREWE'
♀ **Staude** s. Seite **165**

ESCHSCHOLZIA CAESPITOSA 'SUNDEW'
Einjährige Zart, langsam wachsend, mit gefiederten, grauen Blättern und blaßgelben Blüten. ↕↔ 15 cm

FALLOPIA BALDSCHUANICA
♀ **Kletterpflanze** s. Seite **176**

FESTUCA GLAUCA 'BLAUFUCHS'
♀ **Ziergras** s. Seite **179**

GAILLARDIA 'DAZZLER'
♀ **Staude** s. Seite **187**

GENISTA LYDIA
♀ **Strauch** s. Seite **192**

HEBE OCHRACEA 'JAMES STIRLING'
♀ **Immergrüner Strauch** Sieht wie eine gelbe Zwergkonifere aus, bis die weißen Blüten erscheinen. ↕45 cm ↔ 60 cm

IBERIS SEMPERVIRENS
♀ **Immergrüner Strauch** s. Seite **232**

KOLKWITZIA AMABILIS 'PINK CLOUD'
♀ **Strauch** s. Seite **251**

LATHYRUS LATIFOLIUS
♀ **Kletterpflanze** s. Seite **254**

LAVANDULA ANGUSTIFOLIA 'TWICKEL PURPLE'
♀ **Immergrüner Strauch** s. Seite **257**

LAVATERA 'BARNSLEY'
♀ **Strauch** s. Seite **258**

PHLOMIS FRUTICOSA
♀ **Immergrüner Strauch** s. Seite **330**

POTENTILLA FRUTICOSA 'ELIZABETH'
♀ **Strauch** s. Seite **348**

ROBINIA HISPIDA
♀ **Strauch** s. Seite **376**

SANTOLINA CHAMAECYPARISSUS 'LEMON QUEEN'
Immergrüner Strauch Silbrige, fedrige Beblätterung und kleine, runde, blaßgelbe Blütenstände. ↕↔ 60 cm

THYMUS VULGARIS 'SILVER POSIE'
Immergrüner Strauch Thymian mit panaschierten Blättern und rosaroten Blüten. ↕15–30 cm ↔ 40 cm

PFLANZEN FÜR NASSE BÖDEN

Sumpfige, schlecht wasserdurchlässige Böden sind für die meisten Pflanzen unwirtliche Plätze. Wenn die Luftzwischenräume im Boden mit Wasser gefüllt sind, sterben die meisten Wurzeln ab und nur Gewässerrand- oder Wasserpflanzen überleben. Wenn der Boden jedoch ständig feucht ist, gedeihen viele Pflanzen, die auch eine kurzfristige Überflutung überstehen.

ASTILBE × CRISPA 'PERKEO'
♀ **Staude** s. Seite **61**

ASTILBE 'SPRITE'
♀ **Staude** s. Seite **61**

ASTILBE 'STRAUSSENFEDER'
♀ **Staude** s. Seite **62**

CARDAMINE PRATENSE 'FLORE PLENO'
♀ **Staude** Wiesenschaumkraut mit gefüllten, fliederrosa Blüten im Frühling.
↕ ↔ 20 cm

CHAMAECYPARIS PISIFERA 'BOULEVARD'
♀ **Konifere** s. Seite **101**

CIMICIFUGA RACEMOSA
♀ **Staude** s. Seite **106**

CORNUS ALBA 'SIBIRICA'
♀ **Strauch** s. Seite **115**

DARMERA PELTATA
♀ **Staude** s. Seite **141**

EUPHORBIA GRIFFITHII 'DIXTER'
♀ **Staude** Im Herbst mit orangefarbenen Hochblättern. ↕ 75 cm ↔ 1 m

FILIPENDULA RUBRA 'VENUSTA'
♀ **Staude** s. Seite **180**

FRITILLARIA MELEAGRIS
♀ **Zwiebelpflanze** s. Seite **183**

IRIS FORRESTII
♀ **Staude** s. Seite **240**

IRIS PSEUDACORUS
♀ **Staude** s. Seite **238**

IRIS × ROBUSTA 'GERALD DARBY'
♀ **Staude** s. Seite **238**

IRIS VERSICOLOR
♀ **Staude** s. Seite **238**

LIGULARIA 'GREGYNOG GOLD'
♀ **Staude** s. Seite **263**

LOBELIA 'QUEEN VICTORIA'
♀ **Staude** s. Seite **272**

LYSICHITON AMERICANUS
♀ **Staude** s. Seite **277**

LYSICHITON CAMTSCHATCENSIS
♀ **Staude** s. Seite **278**

LYSIMACHIA CLETHROIDES
♀ **Staude** s. Seite **278**

LYSIMACHIA NUMMULARIA 'AUREA'
♀ **Staude** s. Seite **279**

LYTHRUM SALICARIA 'FEUERKERZE'
♀ **Staude** s. Seite **279**

MATTEUCCIA STRUTHIOPTERIS
♀ **Frostharter Farn** s. Seite **288**

MIMULUS CARDINALIS
♀ **Staude** s. Seite **291**

OSMUNDA REGALIS
♀ **Frostharter Farn** s. Seite **308**

PRIMULA: KANDELABERPRIMELN
♀ **Stauden** s. Seite **352**

PRIMULA DENTICULATA
♀ **Staude** s. Seite **350**

PRIMULA ROSEA
♀ **Staude** s. Seite **353**

RODGERSIA PINNATA 'SUPERBA'
♀ **Staude** s. Seite **377**

PFLANZEN FÜR HEISSE, TROCKENE STANDORTE

Wenn es deutliche Probleme mit der Wasserversorgung gibt, kommen Pflanzen in Betracht, die geringe Wasseransprüche haben. Oft besitzen diese silbrige oder kleine Blätter und einige duften. Sie sehen attraktiv aus, wenn sie in Kies wachsen – ein ausgezeichnetes Material, um die Feuchtigkeit zu halten. Außerdem gewöhnen sich viele schnell ein, sind immergrün und anspruchslos.

ABUTILON VITIFOLIUM 'VERONICA TENNANT'
♀ **Strauch** s. Seite **30**

AGAVE VICTORIAE-REGINA
♀ **Staude** s. Seite **40**

ALLIUM x *HOLLANDICUM*
Zwiebelpflanze Hohe Triebe tragen im Frühsommer kugelige Köpfchen aus kleinen, purpurnen Blüten.
↕1 m

ALSTROEMERIA LIGTU HYBRIDEN
♀ **Stauden** s. Seite **43**

ARMERIA JUNIPERIFOLIA 'BEVAN'S VARIETY'
♀ **Staude** s. Seite **54**

ARTEMISIA 'POWIS CASTLE'
♀ **Staude** s. Seite **56**

ARTEMISIA SCHMIDTIANA 'NANA'
♀ **Staude** Eine Immergrüne, die im Sommer einen fedrigen, silbrigen Teppich mit kleinen, gelben Blütenköpfchen bildet.
↕8 cm ↔ 30 cm

BALLOTA PSEUDODICTAMNUS
♀ **Immergrüner Strauch** s. Seite **65**

CEANOTHUS ARBOREUS 'TREWITHEN BLUE'
♀ **Strauch** s. Seite **93**

CEANOTHUS 'CASCADE'
♀ **Immergrüner Strauch** Die überhängenden Äste tragen im Spätfrühling Unmengen rauchblauer Blüten.
↕↔ 4 m

CEDRONELLA CANARIENSIS
Staude, frostempfindlich Die etwas klebrigen Blätter sind aromatisch; bildet im Spätsommer kleine Büschel malvenfarbener Blüten. ↕1,2 m ↔ 60 cm

CERATOSTIGMA PLUMBAGINOIDES
♀ **Staude** s. Seite **96**

CISTUS x *AGUILARII* 'MACULATUS'
♀ **Immergrüner Strauch** s. Seite **106**

CONVOLVULUS CNEORUM
♀ **Immergrüner Strauch** s. Seite **114**

CYTISUS BATTANDIERI
♀ **Strauch** s. Seite **135**

CYTISUS x *KEWENSIS*
♀ **Strauch** Überhängende Zweige sind im Frühling mit cremefarbenen Blüten bedeckt. ↕30 cm ↔ 1,5 m

CYTISUS MULTIFLORUS
♀ **Strauch** Zuerst ein aufrechter Strauch, dann ausladend, mit Unmengen kleiner, weißer Blüten.
↕3 m ↔ 2,5 m

DIANTHUS 'HAYTOR WHITE'
♀ **Staude** s. Seite **145**

DICTAMNUS ALBUS VAR. *PURPUREUS*
♀ **Staude** s. Seite **149**

DIERAMA PULCHERRIMUM
Staude Gruppen grasähnlicher Blätter entwickeln überhängende Triebe mit hängenden, rosaroten, glockenförmigen Blüten.
↕1–1,5 m ↔ 60 cm

ERYNGIUM BOURGATII
Staude Silbrig geaderte, stachelige Blätter an kompakten, verzweigten Trieben mit stahlblauen, stacheligen Blütenköpfchen.
↕ 15–45 cm ↔ 30 cm

ERYSIMUM 'BOWLES' MAUVE'
♀ **Immergrüner Strauch** s. Seite **164**

ERYSIMUM 'WENLOCK BEAUTY'
♀ **Staude** s. Seite **165**

ESCHSCHOLZIA CAESPITOSA
♀ **Einjährige** s. Seite **168**

EUPHORBIA CHARACIAS
♀ **Staude** s. Seite **173**

EUPHORBIA CHARACIAS SSP. *WULFENII* 'JOHN TOMLINSON'
♀ **Staude** s. Seite **173**

EUPHORBIA MYRSINITES
♀ **Staude** s. Seite **174**

GERANIUM MADERENSE
♀ **Staude** Eine relativ frostempfindliche, große Pflanze mit gefiederten Blättern und im Sommer einem farbenprächtigen Anblick durch die malvenfarbenen Blüten.
↕↔ 60 cm

GYMNOCALYCIUM ANDRAEA
♀ **Kaktee** s. Seite **202**

x *HALIMIOCISTUS SAHUCII*
♀ **Immergrüner Strauch** s. Seite **204**

x *HALIMIOCISTUS WINTONENSIS*
♀ **Immergrüner Strauch** Blaß cremefarbene Blüten, die eine kastanienbraune Mitte besitzen, stehen büschelweise über wolligen Blättern.
↕ 60 cm ↔ 90 cm

HALIMIUM LASIANTHUM
♀ **Immergrüner Strauch** Der graugrüne Busch bildet blaßgelbe Blüten mit purpurnen Flecken.
↕ 1 m ↔ 1,5 m

HEBE MACRANTHA
♀ **Immergrüner Strauch** Im Gegensatz zu den meisten *Hebe*-Arten stehen die Blüten in Gruppen zu dritt beisammen, dafür sind sie aber groß und weiß.
↕ 60 cm ↔ 90 cm

HEBE RAKAIENSIS
♀ **Immergrüner Strauch** s. Seite **208**

HIBISCUS SYRIACUS 'WOODBRIDGE'
♀ **Strauch** s. Seite **221**

LAVANDULA STOECHAS SSP. *PEDUNCULATA*
♀ **Immergrüner Strauch** s. Seite **258**

PARAHEBE PERFOLIATA
♀ **Immergrüner Strauch** s. Seite **316**

ROSMARINUS OFFICINALIS 'BENENDEN BLUE'
Immergrüner Strauch Aufrechte Zweige mit tiefgrünen Blättern und lebhaft blauen Blüten.
↕↔ 1,5 m

SPARTIUM JUNCEUM
♀ **Strauch** s. Seite **418**

TULIPA LINIFOLIA
♀ **Zwiebelpflanze** s. Seite **440**

TULIPA TARDA
♀ **Zwiebelpflanze** Jede Zwiebel bildet ein Büschel gelber und weißer Blüten an kurzen Trieben.
↕ 15 cm

VERBASCUM COTSWOLD-GRUPPE 'GAINSBOROUGH'
♀ **Staude** s. Seite **446**

VERBASCUM DUMULOSUM
♀ **Staude** s. Seite **446**

VERBASCUM 'HELEN JOHNSON'
♀ **Staude** s. Seite **447**

PFLANZEN FÜR FEUCHTE, SCHATTIGE STELLEN

Eine schattige Rabatte mit feuchtem Boden ist ein guter Platz für Waldpflanzen, ohne daß man gleich einen Wald anpflanzen muß. Ohne den Trockeneffekt der Bäume kann eine Reihe von Pflanzen an diesem Standort wachsen. Es gedeihen exotische Pflanzen aus dem Himalaja und Südamerika, besonders, wenn der Boden sauer ist. Es ist auch ein guter Platz für Nieswurz, Lilien und Farne.

ANEMONE NEMOROSA 'ROBINSONIANA'
♀ **Staude** s. Seite **48**

ANEMONE RANUNCULOIDES
♀ **Staude** s. Seite **48**

ATHYRIUM FILIX-FEMINA
♀ **Frostharter Farn** s. Seite **63**

CARDIOCRINUM GIGANTEUM
♀ **Staude** s. Seite **90**

DIGITALIS X *MERTONENSIS*
♀ **Staude** s. Seite **150**

DODECATHEON MEADIA F. *ALBUM*
♀ **Staude** s. Seite **151**

EPIMEDIUM YOUNGIANUM 'NIVEUM'
♀ **Staude** s. Seite **157**

GALANTHUS ELWESII
♀ **Zwiebelpflanze** s. Seite **187**

GALANTHUS 'S. ARNOTT'
♀ **Zwiebelpflanze** s. Seite **189**

GENTIANA ASCLEPIADEA
♀ **Staude** s. Seite **193**

HACQUETIA EPIPACTIS
♀ **Staude** Waldpflanze; kleine Kragen aus Blättern umgeben Gruppen gelber Blüten.
↕ 5 cm ↔ 15–30 cm

HEPATICA TRANSSILVANICA
♀ **Staude** Frühlingsblüten in Pastelltönen.
↕ 15 cm ↔ 20 cm

HYDRANGEA ASPERA VILLOSA-GRUPPE
♀ **Sträucher** s. Seite **227**

IRIS GRAMINEA
♀ **Staude** s. Seite **241**

MAHONIA JAPONICA
♀ **Strauch** s. Seite **284**

ONOCLEA SENSIBILIS
♀ **Frostharter Farn** s. Seite **304**

POLYGONATUM X *HYBRIDUM*
♀ **Staude** s. Seite **346**

POLYSTICHUM ACULEATUM
♀ **Farn** s. Seite **347**

PRIMULA SIEBOLDII
♀ **Staude** Rosarote oder weiße Blüten.
↕ 60 cm ↔ 1 m

PULMONARIA 'LEWIS PALMER'
♀ **Staude** s. Seite **360**

SARCOCOCCA CONFUSA
♀ **Immergrüner Strauch** s. Seite **400**

THALICTRUM FLAVUM SSP. *GLAUCIUM*
♀ **Staude** s. Seite **429**

TIARELLA CORDIFOLIA
♀ **Staude** s. Seite **434**

TOLMEIA 'TAFF'S GOLD'
♀ **Staude** s. Seite **434**

TRILLIUM LUTEUM
♀ **Staude** s. Seite **437**

TROLLIUS X *CULTORUM* 'ORANGE PRINCESS'
♀ **Staude** s. Seite **438**

UVULARIA GRANDIFLORA
♀ **Staude** s. Seite **444**

VIBURNUM X *CARLCEPHALUM*
♀ **Strauch** s. Seite **450**

PFLANZEN FÜR TROCKENE, SCHATTIGE STELLEN

Trockene Stellen im Schatten unter Bäumen sind für Pflanzen nicht sehr gastfreundlich. Am zuverlässigsten überleben frühjahrsblühende Zwiebelpflanzen, die sich, bevor der Boden austrocknet, in die Erde zurückziehen. Auch einige Immergrüne und Winterblüher überdauern. Sie benötigen eine gute Bodenaufbereitung, sorgfältiges Gießen und Nährstoffe, bis sie sich etabliert haben.

ASPLENIUM SCOLOPENDRIUM
♀ **Frostharter Farn** s. Seite **57**

AUCUBA JAPONICA 'ROZANNE'
Immergrüner Strauch Sorte mit grünen Blättern; die Blüten sind zwittrig und selbstbefruchtend, so daß viele rote Beeren entstehen. ↕↔ 1 m

BERGENIA CORDIFOLIA
Staude Die großen, gerundeten, immergrünen Blätter bilden eine gute Bodenbedeckung; die im Frühling erscheinenden Blüten sind auffällig. ↕ 60 cm ↔ 75 cm

DRYOPTERIS FILIX-MAS
♀ **Frostharter Farn** s. Seite **151**

EUONYMUS FORTUNEI 'EMERALD 'N' GOLD'
♀ **Immergrüner Strauch** s. Seite **171**

GALANTHUS NIVALIS 'FLORE PLENO'
♀ **Zwiebelpflanze** s. Seite **188**

GERANIUM MACRORRHIZUM 'INGWERSEN'S VARIETY'
♀ **Staude** s. Seite **196**

HEDERA HELIX 'LITTLE DIAMOND'
♀ **Immergrüne Kletterpflanze** s. Seite **210**

HEDERA HIBERNICA 'SULPHUREA'
Immergrüne Kletterpflanze Ein Efeu mit goldrandigen Blättern für eine gute Bodenbedeckung. ↕ 3 m

HELLEBORUS FOETIDUS 'WESTER FLISK'
Staude Eine der besten Sorten mit tiefroten Trieben, dunkelgrünen, fein gefiederten Blättern und rot gesäumten, grünen Blüten. ↕ 60 cm ↔ 1 m

IRIS FOETIDISSIMA
♀ **Staude** Immergrüne Blätter, purpurne und braune Blüten und im Winter orangefarbene Samen. ↕ 30–90 cm

IRIS FOETIDISSIMA 'VARIEGATA'
♀ **Staude** Immergrüne, weiß und graugrün gestreifte Blätter, blüht aber selten. ↕ 30–60 cm

KERRIA JAPONICA 'GOLDEN GUINEA'
♀ **Strauch** s. Seite **249**

LAMIUM GALEOBDOLON 'HERMANN'S PRIDE'
Staude Kompakt, mit überhängenden, silbrig gezeichneten Trieben und blaßgelben Blüten. ↕ 45 cm ↔ 1 m

RHODODENDRON 'CECILE'
♀ **Strauch** s. Seite **368**

RUBUS TRICOLOR
Immergrüner Strauch Die kriechenden Triebe sind mit dekorativen, roten Stacheln besetzt, und die Blätter sind tiefgrün. ↕ 60 cm ↔ 2 m

RUSCUS ACULEATUS
Staude Abgeflachte, immergrüne, stachelige Triebe; manchmal reifen rote Beeren ↕ 75 cm ↔ 1 m

RUSCUS HYPOGLOSSUM
Staude Die überhängenden Triebe sind glänzend, immergrün und ohne Stacheln. ↕ 45 cm ↔ 1 m

VINCA MINOR 'ATROPURPUREA'
♀ **Staude** s. Seite **454**

PFLANZEN FÜR EXPONIERTE LAGEN

Gärten, die starken, kalten Winden ausgesetzt sind, sind nicht einfach zu pflegen. Man sollte kompakte Sorten wählen, die keine Stützen brauchen, und großblättrige Pflanzen meiden. Spätblühende Kulturformen verwenden, die durch Fröste im Frühling nicht zerstört werden können. Die Pflanzen nach dem Setzen und im Winter mit Netzen schützen. Hecken als Windschutz pflanzen.

ASTER ALPINUS
♀ **Staude** s. Seite **57**

BERBERIS THUNBERGII 'GOLDEN RING'
Strauch Ein dorniger Strauch mit purpurnen Blättern, die mit einem schmalen, goldenen Band gesäumt sind.
↕1,5 m ↔ 2 m

CALLUNA VULGARIS 'KINLOCHRUEL'
♀ **Immergrüner Strauch** s. Seite **82**

CHAENOMELES × SUPERBA 'PINK LADY'
♀ **Strauch** s. Seite **98**

DEUTZIA × HYBRIDA 'MONT ROSE'
♀ **Strauch** s. Seite **144**

DIANTHUS GRATIANOPOLITANUS
♀ **Staude** Langsam wachsende Matten aus grauem Laub und einzelne, rosarote Blüten.
↕15 cm ↔ 40 cm

ERICA CARNEA 'VIVELLI'
♀ **Immergrüner Strauch** s. Seite **159**

ERICA × WATSONII 'DAWN'
♀ **Immergrüner Strauch** s. Seite **161**

HYPERICUM OLYMPICUM
♀ **Strauch** Dieser kompakte, laubwerfende Strauch besitzt graue Blätter und große, gelbe Blüten.
↕25 cm ↔ 30 cm

PHILADELPHUS 'VIRGINAL'
♀ **Strauch** Duftende, gefüllte, weiße Blüten sitzen in Gruppen an aufrechten Ästen. ↕3 m ↔ 2,5 m

POTENTILLA FRUTICOSA 'ABBOTSWOOD'
♀ **Strauch** s. Seite **348**

SALIX GRACILISTYLA 'MELANOSTACHYS'
♀ **Strauch** Ein aufrechter Strauch mit grauen Blättern und im zeitigen Frühling schwarzen Kätzchen mit roten Staubblättern.
↕3 m ↔ 4 m

SALIX RETICULATA
♀ **Strauch** Ein langsamwüchsiger Strauch mit glänzenden Blättern und im Frühling aufrechten, gelben und rosaroten Kätzchen.
↕8 cm ↔ 30 cm

SAMBUCUS NIGRA 'GUINCHO PURPLE'
♀ **Strauch** s. Seite **398**

SPIRAEA JAPONICA 'SHIROBANA'
♀ **Strauch** Der Strauch ist den ganzen Sommer hindurch mit rosaroten und weißen Blütenständen übersät.
↕60 cm ↔ 90 cm

SPIRAEA NIPPONICA 'SNOWMOUND'
♀ **Strauch** s. Seite **420**

TAMARIX TETRANDRA
♀ **Strauch** s. Seite **426**

VIBURNUM OPULUS 'ROSEUM'
♀ **Strauch** Aufrechter, schnellwüchsiger Strauch, im Sommer mit kugeligen Köpfchen aus weißen Blüten.
↕↔ 4 m

PFLANZEN FÜR GÄRTEN AN DER KÜSTE

Küstennahe Gärten sind windig (s. Seite 550), und je näher das Ufer ist, desto mehr müssen die Pflanzen mit salzhaltigen Winden fertigwerden. Ein Vorteil ist, daß sie meist nicht frostgefährdet sind. Silbrige Pflanzen und Immergrüne gedeihen gut und auch andere Pflanzen, wenn der Windschutz verbessert werden kann. Besonders Hortensien sind der Stolz eines küstennahen Gartens.

AGAPANTHUS CAULESCENS
♀ **Staude** s. Seite **39**

ARBUTUS UNEDO
♀ **Immergrüner Baum** s. Seite **52**

BERBERIS DARWINII
♀ **Immergrüner Strauch** s. Seite **68**

BUDDLEJA GLOBOSA
♀ **Strauch** s. Seite **78**

CHOISYA TERNATA
♀ **Immergrüner Strauch** s. Seite **103**

CRAMBE MARITIMA
Staude Silberblaue Blätter und verzweigte Blütenstände aus weißen Blüten.
↕↔ 60 cm

DIANTHUS ALPINUS 'JOAN'S BLOOD'
♀ **Staude** s. Seite **145**

ELAEAGNUS × EBBINGEI 'GILT EDGE'
♀ **Immergrüner Strauch** s. Seite **154**

ERICA × WATSONII 'P. D. WILLIAMS'
♀ **Strauch** s. Seite **161**

ESCALLONIA 'DONARD RADIANCE'
♀ **Immergrüner Strauch** Rosarote Blüten im Sommer. ↕↔ 2,5 m

ESCALLONIA 'IVEYI'
♀ **Immergrüner Strauch** s. Seite **167**

× *FATSHEDERA LIZEI*
♀ **Strauch** s. Seite **177**

FUCHSIA 'MRS POPPLE'
♀ **Strauch** s. Seite **184**

FUCHSIA 'TOM THUMB'
♀ **Strauch** s. Seite **184**

× *HALIMIOCISTUS WINTONENSIS* 'MERRIST WOOD CREAM'
♀ **Immergrüner Strauch** s. Seite **204**

HEBE 'ALICIA AMHERST'
♀ **Immergrüner Strauch** Starkwüchsig; mittelgrüne Blätter und dunkelviolette Blüten. ↕↔ 1,2 m

HEBE CUPRESSOIDES 'BOUGHTON DOME'
♀ **Strauch** s. Seite **206**

HEBE × FRANCISCANA 'VARIEGATA'
♀ **Immergrüner Strauch** s. Seite **207**

HEBE 'LA SÉDUISANTE'
♀ **Immergrüner Strauch** Große, purpurn getönte Blätter und im Spätsommer purpurrote Blüten. ↕↔ 1 m

HYDRANGEA MACROPHYLLA 'ALTONA'
♀ **Strauch** s. Seite **228**

HYDRANGEA MACROPHYLLA 'GEOFFREY CHADBUND'
♀ **Strauch** Hortensie mit tiefroten Blüten.
↕1 m ↔ 1,5 m

LEPTOSPERMUM RUPESTRE
♀ **Strauch** s. Seite **259**

LUPINUS ARBOREUS
♀ **Strauch** s. Seite **276**

MATTHIOLA CINDERELLA-SERIE
♀ **Zweijährige** s. Seite **289**

OLEARIA MACRODONTA
Immergrüner Strauch s. Seite **303**

SENECIO CINERARIA 'SILVER DUST'
♀ **Zweijährige** s. Seite **411**

EMPFEHLENSWERTE OBSTBÄUME UND BEERENSTRÄUCHER

Die prämierten Fruchtsorten sollten sich als unproblematisch und fruchtsicher erweisen. **Äpfel und Birnen:** Die Sorten blühen zu unterschiedlichen Zeiten, so daß für einen guten Ernteertrag eine andere Sorte der gleichen Blühgruppe (1, 2, 3 oder 4) in die Nähe gepflanzt werden muß. **Pflaumen und Kirschen:** A = braucht einen Bestäuber (eine andere Sorte der gleichen Blühgruppe – 1, 2, 3, 4 oder 5); B = fruchtet mit Bestäuber am besten. Selbstkompatible und selbstfertile Bäume (C) fruchten auch als Einzelexemplare (und können andere Sorten bestäuben).

ÄPFEL, ZUM KOCHEN

'ARTHUR TURNER' ♀ 3 Mittelfrüh
'BRAMLEY'S SEEDLING' ♀ 3 Spät
'DUMELOW'S SEEDLING' ♀ 4 Spät
'EDWARD VII' ♀ 6 Spät
'EMNETH EARLY' syn. 'EARLY VICTORIA' ♀ 4 Spät
'GEORGE NEAL' ♀ 6 Spät
'GOLDEN NOBLE' ♀ 4 Mittelfrüh
'GRENADIER' ♀ 3 Früh
'LANE'S PRINCE ALBERT' ♀ 3 Spät
'NEWTON WONDER' ♀ 5 Spät
'PEASGOOD'S NONSUCH' ♀ 3 Mittelfrüh
'WARNER'S KING' ♀ 2 Mittelfrüh

ÄPFEL, ROHKOST

'ASHMEAD'S KERNEL' ♀ 4 Spät
'BELLE DE BOSKOOP' ♀ 3 Spät
'BLENHEIM ORANGE' ♀ 3 Mittelfrüh
'CHARLES ROSS' ♀ 3 Mittelfrüh
'CLAYGATE PEARMAIN' ♀ 4 Spät
'DISCOVERY' ♀ 3 Früh
'EGREMONT RUSSET' ♀ 2 Mittelfrüh
'ELLISON'S ORANGE' ♀ 4 Mittelfrüh
'ELSTAR' ♀ 3 Mittelfrüh
'EPICURE' ♀ 3 Früh
'FALSTAFF' ♀ 3 Mittelfrüh
'FIESTA' ♀ 3 Spät
'FORTUNE' SYN.: 'LAXTON'S FORTUNE' ♀ 3 Mittelfrüh
'GOLDEN DELICIOUS' ♀ 4 Mittelfrüh
'GREENSLEEVES' ♀ 3 Mittelfrüh
'IDARED' ♀ 2 Spät
'JAMES GRIEVE' ♀ 3 Mittelfrüh
'JONAGOLD' ♀ 3 Spät
'JUPITER' ♀ 3 Spät
'KIDD'S ORANGE RED' ♀ 3 Spät
'KING OF THE PIPPINS' ♀ 5 Mittelfrüh
'KING RUSSET' ♀ 3 Mittelfrüh
'LORD LAMBOURNE' ♀ 2 Mittelfrüh
'MERTON CHARM' ♀ 2 Früh
'MOTHER' syn. 'AMERICAN MOTHER' ♀ 5 Mittelfrüh
'PIXIE' ♀ 4 Spät
'RIBSTON PIPPIN' ♀ 2 Mittelfrüh
'ROSEMARY RUSSET' ♀ 3 Spät
'SAINT EDMUND'S PIPPIN' ♀ 2 Mittelfrüh
'SUNSET' ♀ 3 Mittelfrüh
'SUNTAN' ♀ 5 Spät
'WINSTON' ♀ 4 Spät
'WORCESTER PEARMAIN' ♀ 3 Mittelfrüh

BIRNEN, ZUM KOCHEN

'CATILLAC' ♀ 4 Spät
'PITMASTON DUCHESS' ♀ 4 Mittelfrüh
'WILLIAMS' BON CHRÉTIEN' ♀ 3 Früh

BIRNEN, ROHKOST

'BETH' ♀ 4 Früh
'BEURRÉ HARDY' ♀ 3 Mittelfrüh
'CONCORDE' ♀ 3 Mittelfrüh
'CONFERENCE' ♀ 3 Mittelfrüh
'DOYENNÉ DU COMICE' ♀ 4 Mittelfrüh
'JOSÉPHINE DE MALINES' ♀ 3 Spät
'ONWARD' ♀ 4 Früh
'PITMASTON DUCHESS' ♀ 4 Mittelfrüh
'WILLIAMS' BON CHRÉTIEN' ♀ 3 Früh

BROMBEEREN
'FANTASIA' 🏆 Mittelfrüh/spät
'LOCH NESS' 🏆 Dornenlos; mittelfrüh/spät

ERDBEEREN
'AROMEL' 🏆
'CAMBRIDGE FAVOURITE' 🏆 Mittelfrüh
'HAPIL' 🏆 Mittelfrüh
'HONEOYE' 🏆 Früh
'PEGASUS' 🏆 Mittelfrüh/spät
'RHAPSODY' 🏆 Spät
'SYMPHONY' 🏆 Spät

FEIGEN
'BROWN TURKEY' 🏆

HIMBEEREN
'AUTUMN BLISS' 🏆 Blattlausresistent; im Herbst fruchtend
'GEN MOY' 🏆 Blattlausresistent; früh
'GLEN PROSEN' 🏆 Mittelfrüh
'LEO' 🏆 Geringe Blattlausresistenz; spät
'MALLING ADMIRAL' 🏆 Virustolerant; mittelfrüh/spät
'MALLING DELIGHT' 🏆 Geringe Blattlausresistenz; früh/mittelfrüh
'MALLING JEWEL' 🏆 Mittelfrüh

HYBRID-BEEREN
'SILVANBERRY' 🏆
'TAYBERRY' 🏆

JOHANNISBEEREN, ROTE
'JONKHEER VAN TETS' 🏆 Früh
'RED LAKE' 🏆 Mittelfrüh
'REDSTART' 🏆 Spät
'STANZA' 🏆 Mittelfrüh/spät
'WHITE GRAPE' 🏆 Mittelfrüh

JOHANNISBEEREN, SCHWARZE
'BEN CONNAN' 🏆 Früh/mittelfrüh
'BEN LOMOND' 🏆 Mittelfrüh
'BEN SAREK' 🏆 Mittelfrüh/spät
'BLACK REWARD' Spät
'JET' Spät

KIRSCHEN
'MORELLO' 🏆 Selbstfertil; sauer
'STELLA' 🏆 Selbstfertil; süß

LOGANBEEREN
'LY 59' 🏆 Mittelfrüh
'LY 654' 🏆 Dornenlos; mittelfrüh

MELONEN
'AMBER NECTAR' 🏆
'EARLIDAWN' 🏆
'EARLIQUEEN' 🏆
'GALOUBET' 🏆
'OGEN' 🏆
'SWEETHEART' 🏆

PFLAUMEN, ZUM KOCHEN
'CZAR' 🏆 Selbstfertil; 3; C; früh
'EARLY LAXTON' 🏆 3; B; früh
'EDWARDS' 🏆 2; A; spät
'MARJORIE'S SEEDLING' 🏆 5; C; spät
'PERSHORE' syn. 'PERSHORE YELLOW EGG' 🏆 Selbstfertil; 3; C; früh

PFLAUMEN, ROHKOST
'BLUE TIT' 🏆 Selbstfertil; 5; C
'IMPERIAL GAGE' syn. 'DENNISTON'S SUPERB' 🏆 Selbstfertil; 2; C; mittelfrüh
'JEFFERSON' 🏆 1; A; mittelfrüh
'LAXTON'S DELIGHT' 🏆 3; B; spät
'OPAL' 🏆 3; C; früh
'OUILLAN'S GAGE' 🏆 Selbstfertil; 4; C; mittelfrüh
'REEVES' 🏆 3; A; mittelfrüh
'SANCTUS HUBERTUS' 🏆 Selbstfertil; 3; B; früh
'VALOR' 🏆 A; mittelfrüh
'VICTORIA' 🏆 Selbstfertil; 3; C; mittelfrüh

STACHELBEEREN
'CARELESS' 🏆 Grüne Früchte; mittelfrüh
'GREENFINCH' 🏆 Grün; mittelfrüh
'INVICTA' 🏆 Grün; mittelfrüh
'LEVELLER' 🏆 Gelbgrün; mittelfrüh
'WHINMAN'S INDUSTRY' 🏆 Rot; mittelfrüh

EMPFEHLENSWERTE GEMÜSESORTEN

Neue und bessere Gemüsesorten werden ständig auf den Markt gebracht, zum einen, um den Ernteertrag zu erhöhen, zum anderen, um noch gesündere Pflanzen zu gewährleisten. Aber es gibt auch ein Wiederaufleben von alten, traditionellen Sorten: diese werden oft separat in den Katalogen unter Überschriften wie »Erbgut« aufgelistet. Die folgende Aufzählung enthält nicht nur prämierte Sorten, sondern auch einige relativ neue Kulturformen und andere, die sich bewährt haben, sowie Sorten, die im Gemüsegarten der *Royal Horticultural Society* gut gedeihen.

ACKERSALAT (FELDSALAT)

'CAVALLO' 🏆
'ENGLISH BROAD-LEAVED'
'JADE'
'VIOLET' Purpurn

AUBERGINEN

'BONICA' 🏆
'GALINE' 🏆
'MOHICAN' 🏆 Weiß mit grauen Streifen
'OVA' 🏆 Weiß
'SLICE RITE'

BLUMENKOHL, FRÜH

'DOK ELGON' 🏆
'NAUTILUS'
'PERFECTION' 🏆

BLUMENKOHL, HERBST

'AUBADE' 🏆
'LIMELIGHT' 🏆 Grün
'MARMALADE' 🏆 Orange
'PLANA' 🏆
'RED LION' 🏆 Rot

BOHNEN: BUSCHBOHNEN

'ANNABEL' 🏆
'ARAMIS' 🏆
'CROPPER TEEPEE' 🏆
'DELINEL' 🏆
'PURPLE QUEEN'
'THE PRINCE' 🏆

BOHNEN: DICKE BOHNEN

'AQUALDULCE' 🏆 Früh
'AQUALDULCE CLAUDIA' 🏆 Früh
'EXPRESS' 🏆 Früh
'IMPERIAL GREEN LONGPOD' 🏆 Haupternte
'METEOR' 🏆 Haupternte
'RELON' 🏆 Haupternte
'THE SUTTON' 🏆 Früh, klein
'TOPIC' 🏆 Haupternte
'WITKIEM VROMA' 🏆 Früh

BOHNEN: FEUERBOHNEN

'ACHIEVEMENT' 🏆
'DESIREE'
'ENORMA' 🏆
'GULLIVER'
'KELVEDON MARVEL' 🏆
'LIBERTY' 🏆

BOHNEN: STANGENBOHNEN

'GOLDMARIE YELLOW'
'KENTUCKY BLUE'
'HUNTER' 🏆
'MASTERPIECE'
'MUSICA' 🏆
'PICKWICK'
'VIOLET PODDED'

BROKKOLI

'CLARET' 🏆
'EARLY PURPLE SPROUTING IMPROVED' 🏆
'IMPROVED WHITE'
'LATE PURPLE SPROUTING' 🏆
'RED ARROW' 🏆 Purpurn
'RED SPEAR' 🏆 Purpurn

BROKKOLI: KOPFBROKKOLI
'ARCADIA' 🏆
'CORVET' 🏆
'JEWEL' 🏆
'SHOGUN' 🏆

CHICORÉE UND RADICCHIO
'ALLOUETTE' Rot
'ANGUSTO' Tiefrot
'BELGIUM WITLOOF' Zum Treiben
'CRYSTAL HEAD' Zuckerhut

CHINAKOHL
'DASUMI'
'NAGAOKA'
'PAK CHOI-JOYCHOI'

ENDIVIENSALAT
'JETI' 🏆
'PANCALIERI' 🏆
'SALLY' 🏆

ERBSEN: GARTENERBSEN
'BAYARD' Blattlos
'CAVALIER' 🏆 Haupternte
'EARLY ONWARD' 🏆 Früh
'FELTHAM FIRST' Früh
'HURST GREENSHAFT' 🏆 Haupternte
'KELVEDON WONDER' Früh

ERBSEN: ZUCKERSCHOTEN
'EDULA' 🏆
'HONEYPOD' 🏆
'OREGON SUGARPOD' 🏆
'SUGAR SNAP' 🏆

FENCHEL
'ATOS' 🏆
'HERACLES' 🏆
'ZEFA FINO' 🏆

GRÜNKOHL
'BORNICK' 🏆
'FRIBOR' 🏆
'WINTERBOR' 🏆

GURKEN: FREILAND- UND EINLEGEGURKEN
'BUSH CHAMPION' 🏆
'FANFARE' Einlegegurke🏆
'FORTOS' 🏆
'MARKETMORE' 🏆

GURKEN: GEWÄCHSHAUS
'ATHENE' 🏆
'CARMEN' Resistent gegen Mehltau
'DANIMUS' 🏆 Kleine Frucht
'FEMDAN' 🏆

KAROTTEN, FRÜHE
'BANGOR' 🏆
'INGOT' 🏆
'NANCO' 🏆
'NANTES EXPRESS' 🏆
'NANTUCKET' 🏆
'PARMEX' 🏆 Rund
'SYTAN' 🏆 Geringe Resistenz gegen die Möhrenfliege

KAROTTEN, HAUPTERNTE
'AUTUMN KING 2' 🏆
'BERJO' 🏆
'BERTAN' 🏆
'FLYAWAY' Geringe Resistenz gegen die Möhrenfliege
'MOKUM' 🏆
'NEW RED' Sehr lang, für Ausstellungen

KARTOFFELN, FRÜHE
'ACCENT'
'CATRIONA'
'CONCORDE' 🏆
'ROCKET'
'SWIFT'
'VANESSA' Rot

KARTOFFELN, HAUPTERNTE
'AVALANCHE' 🏆
'CARA'
'CROFT' 🏆
'FAMOSA' 🏆
'MAXINE' 🏆

'ROMANO' Rot
'STROMA' 🏆 Rot

KARTOFFELN, SALAT
'CHARLOTTE'
'LINZER DELICATESS'
'PINK FIR APPLE'
'RATTE'

KOHL, FRÜHLING
'DUNCAN' 🏆
'FIRST EARLY MARKET 218' 🏆
'OFFENHAM 1 MYATT'S OFFENHAM COMPACTA' 🏆
'PIXIE' 🏆
'SPRING HERO'

KOHL, SOMMER/HERBST
'DERBY DAY' 🏆 Sommer
'FIRST OF JUNE' 🏆 Sommer
'GRENADIER' 🏆 Sommer
'HISPI' 🏆 Frühsommer
'MINICOLE' Sommer/Frühherbst
'QUICKSTEP' 🏆 Spätsommer/Herbst
'STONEHEAD' 🏆 Herbst

KOHL, WINTER
'FAMOSA' 🏆 Wirsing
'JULIUS' 🏆 Wirsing
'MARABEL' 🏆 Januar-Königs-Hybride
'MELISSA' 🏆 Wirsing
'PROTOVOY' 🏆 Wirsing
'TRAFALGA' 🏆 Wirsing
'TUNDRA' Lagerfähig

KOHLRABI
'ADRIANA'
'KONGO GREEN'
'QUICKSTART'
'PURPLE DANUBE' Purpurn
'RAPID START'
'ROWEL' 🏆

KÜRBIS
'BABY BEET' Kleiner, oranger Kürbis
'JACK O'LANTERN' Groß, orange

KÜRBIS: MARKKÜRBIS
'BADGER CROSS'
'CLARITA'
'MINIPAK'
'TIGER CROSS'

KÜRBIS: RIESENKÜRBIS
'BUTTERNUT' Cremefarbene Oberfläche
'CUSTARD WHITE' Weiß, flach
'CROWN PRINCE' Stahlblaue Oberfläche
'TIVOLI' Spaghetti-Kürbis

LAUCH (PORREE)
'AUTUMN GIANT'
'CARLTON'
'GIANT WINTER-CATALINA' 🏆
'LONGBOW' 🏆
'TOLEDO' 🏆
'VERINA' 🏆
'WINTERREUZEN-GRANADA' 🏆

MAIS: ZUCKERMAIS
'CANDLE' 🏆 Sehr süß, früh
'FIESTA' 🏆 Sehr süß,
'GOLDEN SWEET' 🏆 Sehr süß
'GOURMET' 🏆 Sehr süß
'NORTHERN EXTRA SWEET' 🏆 Sehr süß
'OVATION' 🏆 Sehr süß
'PINNACLE' 🏆
'SUGAR BOY' 🏆 Sehr süß
'SUNDANCE' 🏆

MANGOLD: BLATT- UND STIELMANGOLD
'PERPETUAL SPINACH' Blattmangold
'RAINBOW CHARD' Orange, gelb und rosa gestreifte Triebe
'RHUBARB CHARD' Rote Triebe
'SWISS CHARD' Weiße Triebe

PAPRIKA
'BELLBOY' 🏆 Grün bis rot
'CANAPE' 🏆 Grün bis rot
'GYPSY' 🏆 Orange
'MAVRAS' 🏆 Grün bis schwarz
'NEW ACE' 🏆 Dunkelgrün

PASTINAKE
'COBHAM IMPROVED MARROW' 🏆
'GLADIATOR'
'JAVELIN' 🏆
'TENDER AND TRUE' 🏆

PETERSILIE
'BRAVOUR'
'FAVORITE'
'MOSS CURLED 4 – AFRO' 🏆
'PLAIN LEAVED'

RADIESCHEN
'CHERRY BELLE' 🏆
'FRENCH BREAKFAST' 🏆
'SCARLET GLOBE' 🏆
'SPARKLER' 🏆 Weiß
'SHORT TOP FORCING' 🏆
'SUMMER CRUNCH' 🏆

RETTICH, JAPANISCHER
'APRIL CROSS'
'MINO EARLY'

RETTICH: WINTERRETTICH
'BLACK SPANISH ROUND'
'CHINA ROSE'

ROSENKOHL
'CITADEL'
'EDMUND' 🏆
'EXTENT' 🏆
'ICARUS' 🏆 Spät
'PEER GYNT'
'STAN' 🏆
'TROIKA' Purpurn

ROTKOHL
'RODEO' 🏆 Früh
'ROOKIE' 🏆 Früh
'RUBY BALL' 🏆 Früh
'SAPPORO' 🏆 Winter, lagerfähig

RÜBEN: KOHLRÜBEN
'MARIAN'
'RUBY'

RÜBEN: ROTE RÜBEN
'BIKORES' 🏆 Rund, rot
'BOLTARDY' 🏆 Rund, rot
'BURPEE'S GOLDEN' Rund, goldfarben
'CHELTENHAM GREEN TOP' 🏆 Lang, rot
'FORONO' 🏆 Lang, rot
'MOBILE' 🏆 Rund, rot
'MONOGRAM' 🏆 Rund, rot
'PABLO' 🏆 Rund, rot
'REGALA' 🏆 Rund, rot

RÜBEN: STECKRÜBEN
'MILAN RED' 🏆
'MILAN WHITE FORCING' 🏆
'PURPLE TOP MILAN'
'TOKYO CROSS' 🏆

SALAT: KOPFSALAT
'CYNTHIA' Gewächshaus, Treibkasten
'DEBBY' 🏆
'FORTUNE' Sehr früh
'LILIAN' 🏆
'SUMMIT' 🏆
'TOM THUMB'

SALAT: EISSALAT
'LAKELAND' 🏆
'MALIKA' 🏆
'MINIGREEN' 🏆
'RED ICEBERG SIOUX'
'WINDERMERE' 🏆

SALAT: PFLÜCKSALAT
'BLACK-SEEDED SIMPSON IMPROVED' 🏆
'CATALOGNA' 🏆
'COCARDE' 🏆
'FRISBY' 🏆
'GREEN SALAD BOWL' 🏆
'LOLLO ROSSO' 🏆
'NEW RED FIRE' 🏆
'PETITE ROUGE' 🏆
'RAISA' 🏆
'RED SALAD BOWL' 🏆
'ROSSIMO' 🏆

SALAT: RÖMISCHER SALAT
'BUBBLES' ♥
'CORSAIR' ♥
'JEWEL' ♥
'LITTLE GEM' ♥ Klein und kompakt
'LOBJOIT'S GREEN COS' ♥ Grün

SCHALOTTEN
'ATLANTIC' ♥
'GIANT YELLOW IMPROVED' ♥
'PIKANT' ♥
'SANTÉ' ♥
'SUCCESS' ♥

SELLERIE: BLEICHSELLERIE
'CELEBRITY' ♥
'GIANT PINK-MAMMOTH PINK' ♥
'GREEN CATHEDRAL'
'IVORY TOWER' ♥
'LATHOM SELF BLANCHING' ♥
'STARLIGHT' ♥
'VICTORIA' ♥

SELLERIE: KNOLLENSELLERIE
'BRILLIANT'
'MONARCH' ♥

SPARGEL
'CONNOVER'S COLOSSAL' ♥
'FRANKLIM EARLY'
'LIMBRAS' ♥
'LUCULLAS' ♥

SPINAT
'DOMINANT' ♥
'LONG STANDING' ♥
'MAZURKA' ♥
'MONNOPA' ♥
'SIGMALEAF' ♥
'SPACE' ♥
'TRIADE' ♥
'TRIATHLON' ♥

TOMATEN, FREILAND
'GARDENER'S DELIGHT' ♥ Kirschtomate
'GOLD NUGGET' ♥ Kirschtomate, gelb
'OUTDOOR GIRL' ♥ Hoch
'SUNGOLD' Gelb
'SWEET 100' Hoch; Kirschtomate
'TUMBLE' Busch; Kirschtomate
'YELLOW PERFECTION' ♥ Hoch; gelb

TOMATEN, GEWÄCHSHAUS
'ALICANTE' Hoch
'BLIZZARD' ♥ Hoch
'DUMBITO' Fleischtomate
'GOLDEN SUNBURST' ♥ Hoch; gelb
'SHIRLEY' ♥ Hoch
'TIGERELLA' ♥ Rot, gelb, grün gestreift

ZUCCHINI
'DEFENDER' ♥
'EARLY GEM' ♥
'GOLD RUSH' gelb
'SUPREMO' ♥

ZWIEBELN: FRÜHLINGSZWIEBELN
'ISHIKURA' ♥
'RAMROD' ♥
'SAVEL' ♥
'WHITE LISBON' ♥
'WHITE SPEAR' ♥
'WINTER WHITE BUNCHING' ♥

ZWIEBELN: KUGELIGE SORTEN
'BUFFALO' ♥
'IMAI EARLY YELLOW' ♥
'KELSAE'
'MAMMOTH RED'
'RED BARRON'
'RIJNSBURGER 5 BALSTORA' ♥
'RIJNSBURGER SITO' ♥
'ROYAL OAK' ♥
'UNWIN'S EXHIBITION' ♥

ZWIEBELN: STECKZWIEBELN
'CENTURION' ♥
'JAGRO' ♥
'JETSET' ♥
'STURON' ♥
'SUPER AILSA CRAIG' ♥
'TURBO' ♥

REGISTER

A

L

O

P

T

U

V